Die Pressepolitik der kaiserlichen Regierung
während des Ersten Weltkriegs

Europäische Hochschulschriften

Publications Universitaires Européennes
European University Studies

Reihe III

Geschichte und ihre Hilfswissenschaften

Série III Series III

Histoire, sciences auxiliaires de l'histoire
History and Allied Studies

Bd./Vol. 704

PETER LANG
Frankfurt am Main · Berlin · Bern · New York · Paris · Wien

Martin Creutz

Die Pressepolitik der kaiserlichen Regierung während des Ersten Weltkriegs

Die Exekutive, die Journalisten und der Teufelskreis der Berichterstattung

PETER LANG
Europäischer Verlag der Wissenschaften

Die Deutsche Bibliothek - CIP-Einheitsaufnahme

Creutz, Martin:

Die Pressepolitik der kaiserlichen Regierung während des Ersten Weltkriegs : die Exekutive, die Journalisten und der Teufelskreis der Berichterstattung / Martin Creutz. - Frankfurt am Main ; Berlin ; Bern ; New York ; Paris ; Wien : Lang, 1996
(Europäische Hochschulschriften : Reihe 3, Geschichte und ihre Hilfswissenschaften ; Bd. 704)
Zugl.: Düsseldorf, Univ., Diss., 1994
ISBN 3-631-30145-6

NE: Europäische Hochschulschriften / 03

Die vorliegende Arbeit ist die überarbeitete Fassung meiner Dissertation, die unter dem Titel "Presselenkung im Kaiserreich – Strukturen und Strategien" bei der Philosophischen Fakultät der Heinrich-Heine-Universität Düsseldorf eingereicht wurde.

Gedruckt mit freundlicher Unterstützung des Militärgeschichtlichen Forschungsamtes Potsdam

D 61
ISSN 0531-7320
ISBN 3-631-30145-6

Printed in Germany 1 2 3 4 6 7

Inhaltsverzeichnis

Vorwort

Der Erste Weltkrieg gilt weithin als eine der großen Katastrophen in der Geschichte Deutschlands und Europas. Er führte zu tiefgreifenden politischen und gesellschaftlichen Veränderungen, deren Folgen bis in die Gegenwart hinein unübersehbar sind. Der Aufstieg des Leninismus-Marxismus ebenso wie der des italienischen Faschismus und des deutschen Nationalsozialismus wären ohne ihn undenkbar gewesen, und in gewissem Betracht war der Zweite Weltkrieg eine Wiederholung des Ersten Weltkriegs mit ungleich radikaleren Zielsetzungen und weit brutaleren Methoden. Insofern ist die Erforschung des Ersten Weltkriegs immer noch von zentraler Bedeutung auch in unserer Gegenwart.

Die hier vorgelegte Untersuchung der Informations- und Pressepolitik des Deutschen Reiches im Ersten Weltkriege darf als grundlegender Beitrag zur Erforschung der Rolle der öffentlichen Meinung in jenen schicksalsträchtigen Jahren gelten. Sie zeigt die Gründe dafür auf, weshalb sich während der vier Kriegsjahre ein immer größerer Spalt zwischen den Erwartungen in der Öffentlichkeit und den tatsächlichen Verhältnissen öffnete, der die bescheidenen Möglichkeiten, den Krieg auf dem Verhandlungswege zu beenden, mehr und mehr obsolet machte. Im Interesse der Aufrechterhaltung der Kriegsmoral wurde die Bevölkerung über die wirkliche Kriegslage bis zum letzten Augenblick hinweggetäuscht, und dies mit aktiver Beteiligung auch der Vertreter der großen überregionalen Zeitungen, die aus nationaler Gesinnung heraus in aller Regel bereit waren, den Direktiven der Staatsbehörden und des Generalstabs hinsichtlich der Berichterstattung in der Presse Folge zu leisten. Dadurch entstand namentlich in den Führungsschichten nach und nach eine fast unwirkliche Einstellung zu den großen politischen Fragen des Tages, die ausschließlich aus einer nationalistischen Optik wahrgenommen wurden. Ein wesentliches Instrument zur Steuerung der öffentlichen Meinung bildeten, neben der Zensur, die sich immer weniger für diese Zwecke als tauglich erwies, regelmäßige Pressebesprechungen im Reichstag. Die Auswertungen der umfangreichen Protokolle dieser Besprechungen, die hier erstmals vollständig herangezogen worden sind, stellt eine wesentliche Grundlage der hier vorgelegten Analyse dar; diese wird für die künftige Forschung von erheblichem Wert sein. Es ergibt sich, daß die amtliche Pressepolitik, insbesondere seitdem Oberstleutnant Deutelmoser, dessen

Tagebücher hier ebenfalls verwertet worden sind, die Leitung der amtlichen Pressepolitik übernahm, keineswegs so ineffizient und zerfahren gewesen ist, wie man bisher allgemein annahm. Umso dramatischer gestaltete sich die Entwicklung der Dinge in den letzten Monaten und Wochen vor Kriegsende. Denn nun öffnete sich die Schere hinsichtlich der Information der amtlichen Stellen einerseits und der breiten Öffentlichkeit andererseits immer weiter und nahm schließlich grotesken Umfang an. Dies hat dem völligen Zusammenbruch der Kriegsmoral im Oktober 1918 und dem Ausbruch der Revolution vorgearbeitet.
Die Kriegspropaganda mit ihrer völligen Verkennung der tatsächlichen Gegebenheiten nicht nur auf militärischem Gebiet, sondern auch hinsichtlich der internationalen Bedingtheiten deutscher Außenpolitik, hat den öffentlichen Diskurs über diese Fragen noch in der Zeit der Weimarer Republik überschattet und dazu beigetragen, daß die Deutschen sich schließlich dem Radikalmittel des Nationalsozialismus verschrieben, in dem Wahn, daß dadurch die Resultate des Ersten Weltkriegs wieder annulliert und die großen Ziele der Kriegsjahre doch noch realisiert werden könnten.

Überdies vermittelt die hier vorgelegte Untersuchung informative Einblicke in die Techniken und Mechanismen der Beeinflussung der öffentlichen Meinung durch die staatlichen Instanzen, welche den historischen Kontext des Ersten Weltkriegs weit überschreitet. An dieser Stelle sei schließlich auch dem Militärgeschichtlichen Forschungsamt und nicht zuletzt seinem seinerzeitigen Leiter in Freiburg, Herrn Dr. Wilhelm Deist, einem ersten Kenner der Materie, für vielfältigen Rat und Unterstützung bei dieser Untersuchung gedankt.

Prof. Dr. Wolfgang J. Mommsen
Heinrich Heine-Universität
Düsseldorf

Vorbemerkungen

Die Presse wird häufig als die "vierte Gewalt" in einem Staat bezeichnet. Das setzt voraus, daß das Zusammenspiel zwischen den anderen dreien (Legislative, Judikative, Exekutive) in einem System des Gewaltenteilungsprinzips in der Verfassungsordnung verankert ist. Heute sichert das Grundgesetz in der Bundesrepublik Deutschland die freie Meinungsäußerung. Zusätzlich gibt es Landespressegesetze, welche die Pressefreiheit garantieren sollen. Zur Zeit des Ersten Weltkriegs existierte keine verfassungsrechtliche Verankerung einer Gewährleistung der Freiheit der Berichterstattung oder der Verbreitungsmöglichkeit der Presseerzeugnisse. Auch ein Informationsrecht der Presse, das den Anspruch einer Auskunftserteilung gegenüber einem Staat und einer Regierung miteinschließt, war nicht verbürgt.
Die öffentliche Meinung und die Presse stehen in einer ständigen Wechselbeziehung zueinander. Einerseits schreiben Journalisten über Dinge, bei denen sie davon ausgehen können, daß eine Berichterstattung im Interesse der Allgemeinheit liegt. Andererseits reagiert die Öffentlichkeit auf bestimmte Vorgänge und beeinflußt damit die Arbeit der Presseleute. Die Pressepolitik eines Staates schafft dafür die Rahmenbedingungen. Auch sie steuert aktiv den Meinungsbildungsprozeß in der Bevölkerung. Dabei ist die Grenze zwischen Informationsangebot an die Medien und suggestiver Steuerung der Presse fließend ineinander verschoben. In der Regel erhoffen sich die staatlichen Stellen Rückhalt und Zustimmung für die von ihnen zu verantwortende Politik.
Der Bedarf der Öffentlichkeit an Informationen stieg mit Beginn des Ersten Weltkriegs sprunghaft an. Die Notwendigkeit, auf diese gestiegene Nachfrage zu reagieren, wurde aber erst nach und nach erkannt. Die Strukturen, mit denen Staat und Behörden den gewachsenen Ansprüche begegneten, waren unzureichend. Das eigenwillige konstitutionelle Gebilde des Kaiserreiches mit seinem monarchisch-autoritären Charakter sah sich in einem ständigen Widerspruch zwischen den Erfordernissen moderner pressepolitischer Maßnahmen. Das Verhalten der Regierenden und der Militärs gegenüber der Presse, den Parlamenten und den Parteien, war stark von einem sehr traditionellen Verständnis ("Befehl und Gehorsam") geprägt. Obwohl die Journalisten ähnlich wie die gesamte Bevölkerung des deutschen Reiches getreu nach dem Burgfriedensprinzip zusammenstanden und auch ihre Arbeit in den Dienst des Vaterlandes stellen wollten, um an der "Pressefront" erfolgreich zu kämpfen, wurden die vorhandenen

Spannungen und Gegensätze meistens nur überdeckt und nicht gelöst. Gleichberechtigte Partner der Behörden waren die Pressevertreter nie. Dennoch entwickelten sich aus der Notwendigkeit ihrer Zusammenarbeit sehr moderne Strukturen, die das im Niedergang befindliche System des Kaiserreichs überlebten. Die Journalisten wurden jedoch trotz aller Neuerungen Erfüllungsgehilfen einer letztlich gescheiterten Politik, die allein vom militärischen Erfolg abhing. In gutem Glauben und Vertrauen auf die militärischen Versprechungen verlor die Presse damit am Kriegsende ihre eigene Glaubwürdigkeit. Das hatte auf Jahre hinaus verheerende Folgen für ihre Reputation im In- und Ausland. Das Verhängnis des Versagens der "vierten Gewalt" wird allerdings relativiert durch das Mißverhältnis des Gewaltenteilungsprinzips des Kaiserreiches. Unter den herrschenden Bedingungen waren die Grenzen der Pressearbeit durch Krieg und Zensur sehr eng gezogen. Es gelang der Presse nicht, den "Teufelskreis der Berichterstattung" zu durchbrechen und über ihren eigenen Schatten zu springen.

Die Idee zur Auseinandersetzung mit diesem Thema entstand bei einem Seminar von Prof. Dr. Wilhelm Deist in Freiburg. Die Archivarbeit führte in die dort ansässige Abteilung des Bundesarchivs (Militärarchiv). Weitere Recherchen erfolgten in der Abteilung IV. (Kriegsarchiv) des Bayerischen Hauptstaatsarchivs in München, in der Abteilung des Bundesarchivs (ehemals DZA) in Potsdam, im Militärischen Zwischenarchiv des Bundesarchivs (ehemals Militärarchiv der DDR) ebenfalls in Potsdam, im Sächsischen Landeshauptarchiv in Dresden, im Bundesarchiv in Koblenz und im Institut für Zeitungsforschung in Dortmund. Den Mitarbeitern und Archivaren aller Einrichtungen sei für ihre Hilfe an dieser Stelle gedankt. Die Arbeit wurde durch die Friedrich-Ebert-Stiftung in Bonn, die Mittel im Rahmen eines Graduierten-Stipendiums bereitstellte, und durch das Historial de la Grande Guerre in Peronne (Frankreich) gefördert. Beiden Institutionen bin ich für die ideelle und finanzielle Unterstützung sehr zu Dank verpflichtet.

Zahlreiche Anregungen erhielt ich durch die Gespräche mit Herrn Prof. Dr. Wilhelm Deist (MGFA, seinerzeit Freiburg) und Herrn Prof. Dr. Gerd Krumeich (Albert-Ludwigs-Universität, Freiburg), der mir schon zu Düsseldorfer Zeiten stets mit Rat und Tat zur Seite stand.

Ein ganz besonderer Dank gilt meinem akademischen Lehrer, Prof. Dr. Wolfgang J. Mommsen, ohne den die Konzeption und die Durchführung dieses Projektes nicht möglich gewesen wäre. Mit kritischer Aufmerksamkeit hat er den Fortgang der Arbeit begleitet und dadurch gewährleistet, daß angesichts der Fülle des Materials die wissenschaftliche Orientierung nicht verloren ging.

Bei den notwendigen Überarbeitungen der Dissertation waren mir die Ergebnisse der Gutachten des MGFA eine große Hilfe.
Es war ursprünglich vorgesehen, diese Druckfassung in der MGFA-Reihe bei Oldenbourg erscheinen zu lassen. Es stellte sich jedoch heraus, daß der geplante Zeitpunkt der Veröffentlichung nicht zu realisieren war. Um die wissenschaftliche Aktualität des Manuskriptes zu erhalten, konnte in enger Abstimmung mit der Schriftleitung des MGFA, Herrn Dr. Wolfgang Michalka, und dem Peter-Lang-Verlag eine Aufnahme in die Reihe der Europäischen Hochschulschriften vereinbart werden. Dafür gilt mein Dank allen Beteiligten. Meinem Bruder, Roland Creutz M.A., danke ich für seine Hilfe, dieses Schlußmanuskript redigiert und in Druckform gebracht zu haben. Last but not least danke ich allen, vor allem meiner Frau, meiner Familie und meinen Freunden, die mir in den vergangenen Jahren auf die unterschiedlichste Weise geholfen haben, dieses Projekt zu verwirklichen.

Düsseldorf, im Januar 1996
Martin Creutz

Einleitung

Die Pressepolitik während der Zeit des Ersten Weltkriegs ist in der Vergangenheit sehr unterschiedlich aufgearbeitet worden. Die ersten Schriften unmittelbar nach dem Weltkrieg betonten die mangelhafte Organisation der deutschen Pressepolitik. In der Regel stellten sie die britische oder französische Propaganda als positive Gegenbeispiele hin. Die Gründe für die vermeintliche innenpolitische Wirkungslosigkeit der Presse blieben, bei allen Vorwürfen an die Regierenden, häufig im Verborgenen[1]. Als wichtigste Dokumente für die Beschreibung der Pressearbeit dienen - trotz der Vorsicht, die gegenüber dem Autor angeraten ist - die Aufzeichnungen des Oberst Walter Nicolai, der während des Ersten Weltkriegs der Chef des geheimen Nachrichtendienstes (Abteilung IIIb) der Obersten Heeresleitung (OHL) war[2]. Nicolais Aufzeichnungen sind von Argumenten der Rechtfertigung des eigenen Handelns durchsetzt; ein Trend, der sich durch viele Biographien oder Ereignisbeschreibungen der Weltkriegszeit zieht. Dennoch bleibt ein Rückgriff auf seine Bücher notwendig.

Erwähnt werden sollten auch Darstellungen wie die eines Ludolf Gottschalk von dem Knesebeck und eines Otto von Moser, die in der zweiten Hälte der Weimarer Zeit erschienen und durchaus zur Erweiterung der Betrachtungsperspektiven beitrugen[3].

Der Archivar Walter Vogel entwarf in seiner Studie aus dem Jahre 1941 erstmals ein klar gegliedertes Organisationsbild von der deutschen Pressepolitik im Ersten Weltkrieg[4]. Vogels Arbeit skizzierte die Pressegeschichte richtungsweisend. Er zeigte, wie mangelhaft die Zusammenarbeit zwischen der zivilen und militärischen Führung gewesen ist und welchen zahlreichen Störungen und Kompetenzstreitigkeiten sie unterworfen war. Nach dem Zweiten Weltkrieg

---

[1] Mühsam, Kurt, *Wie wir belogen wurden. Die amtliche Irreführung des deutschen Volkes,* München 1918. Binder, Horst, *Was wir als Kriegsberichterstatter nicht sagen durften*, München 1919.

[2] Nicolai, Walter, *Nachrichtendienst, Presse und Volksstimmung im Weltkrieg,* Berlin 1920; ders., *Geheime Mächte*, Leipzig 1923.

[3] von dem Knesebeck, Ludolf Gottschalk, *Die Wahrheit über den Propagandafeldzug und Deutschlands Zusammenbruch*, München 1927. von Moser, Otto, *Die obersten Gewalten im Weltkrieg. Das Werk der Staatsmänner, Heerführer, Parlaments- Presse- und Volksführer bei der Entente und bei den Mittelmächten*, Stuttgart 1931.

[4] Vogel, Walter, *Zur Geschichte der deutschen Pressepolitik im Ersten Weltkrieg 1914/18,* in: Zeitungswissenschaft Nr. 16 (1941), Heft 8/9, S. 1-108.

bedurfte es der "Fischer-Kontroverse"[5], um die Themen des "Great War" wieder in den Mittelpunkt des Forschunginteresses zu rücken. In der zweiten Hälfte der sechziger und zu Beginn der siebziger Jahre erschienen eine ganze Reihe weiterer grundlegender Arbeiten zur Pressepolitik.

Wolfgang J. Mommsen beschäftigte sich intensiv mit der Person des Reichskanzlers Bethmann Hollweg. Er untersuchte die unmittelbaren Zusammenhänge zwischen der öffentlichen Meinung, der Regierungsarbeit und der Entlassung Bethmann Hollwegs 1917[6]. Nicht zuletzt der Verzicht des Reichskanzlers auf eine eigene Pressepolitik förderte schließlich seinen Sturz durch die 3. OHL unter Zuhilfenahme der Presse. Der Kommunikationsforscher Kurt Koszyk veröffentlichte ebenfalls 1968 seine Version der Pressegeschichte im Ersten Weltkrieg[7]. Er sah die Gründe für das Fiasko des Deutschen Reiches auf dieser Ebene vor allem im bürokratisch-autoritären Stil der Regierung begründet. Die Zensurbestimmungen und der Druck der OHL hätten das Versagen der Meinungsführung verabsolutiert. Obwohl Koszyk auch mit seinen zahlreichen anderen Arbeiten wichtige Aspekte herausgearbeitet hat, ist ihm eine systematische Erfassung des Themas nicht zufriedenstellend gelungen. Beide Autoren konnten leider noch nicht auf die 1970 erschienene Edition von Wilhelm Deist über "Militär und Innenpolitik 1914-1918" zurückgreifen. In diesen zwei Bänden wurde sehr umfangreiches und wichtiges Quellenmaterial mit einem hervorragenden Anmerkungsteil verbunden[8]. Vor allem die Teile über Zensurproblematik und Ausbau der amtlichen Propaganda enthalten eine Fülle von Hinweisen, mit deren Hilfe man in der Lage ist, die Zusammenhänge weiter aufzuhellen. Aufbauend auf diese exzellent kommentierte Quellenpublikation skizzierte Dirk Stegmann 1972 ein klares Bild der deutschen Inlandspropaganda in der Endphase des Krieges[9].

---

[5] Dazu: Schieder, Theodor (Hrsg.), *Der Erste Weltkrieg. Ursachen, Entstehung, Kriegsziele*, Köln, Berlin 1969.

[6] Mommsen, Wolfgang J., *Die deutsche öffentliche Meinung und der Zusammenbruch des Regierungssystems Bethmann Hollweg im Juli 1917*, in: Geschichte in Wissenschaft und Unterricht Nr. 19 (1968), S. 656-671. Neuabdruck in: Ders., *Der autoritäre Nationalstaat*, Frankfurt 1990, S. 422-440. Ders., *Die Regierung Bethmann Hollweg und die öffentliche Meinung 1914-1917*, in: Vierteljahreshefte für Zeitgeschichte, 17 (1969), Heft 2, S. 117-159.

[7] Koszyk, Kurt, *Deutsche Pressepolitik im Ersten Weltkrieg*, Düsseldorf, 1968.

[8] *Militär und Innenpolitik im Weltkrieg 1914-1918.* Bearbeitet von Wilhelm Deist. Quellen zur Geschichte des Parlamentarismus und der politischen Parteien, Band 1/I und 1/II, Düsseldorf 1970.

[9] Stegmann, Dirk, *Die deutsche Inlandspropaganda 1917/18. Zum innenpolitischen Machtkampf zwischen OHL und ziviler Reichsleitung in der Endphase des Kaiserreiches*, in: MGM 12 (1972), S. 75-116.

Der 1973 von Heinz-Dietrich Fischer herausgegebene Aufsatzband über Pressekonzentration und die Praxis der Zensur ergänzte dessen Ausführungen[10]. Karl Lange rundete im darauffolgenden Jahr das Forschungsbild vorerst ab. Mit seinem Fallbeispiel über die Verdrängung der Niederlage in der Marneschlacht vor der deutschen Bevölkerung belegte er eindrucksvoll, wie wichtig der Unterschied zwischen öffentlicher Meinung und veröffentlichter Meinung sein kann[11]. Die Bedeutung von Bildern und Filmen für die Aufklärungsarbeit, die während der Weltkriege innerhalb Deutschlands geleistet worden ist, stellte Hans Barkhausen in seinem 1982 erschienenen Buch heraus. Den Schwerpunkt der Untersuchungen, die interessante Kontinuitäten nachweisen, legte Barkhausen auf den Zeitraum des Ersten Weltkriegs[12].

Kurt Koszyk gebührt das Verdienst, daß er die Tagebücher des ehemaligen Chefs des Kriegspresseamtes und späteren Pressechefs des Reichskanzlers, Erhard Deutelmoser, der Öffentlichkeit 1987 durch Verfilmung zugänglich gemacht hat. Sein dazugehöriger Aufsatz, der eine Reihe wichtiger Zusatzinformationen zur Person Deutelmosers bekanntmacht, modifizierte an einer Reihe von Stellen Koszyks eigene Thesen aus den sechziger Jahren. Er weicht von den Kernaussagen seines "Pressepolitik"-Buches allerdings nicht ab. Vielleicht ist das auch der Grund, warum er bestimmte Einordnungsmuster nicht überwinden kann[13].

Gunter Mai lieferte 1987 seine beachtenswerte Darstellung über das "Ende des Kaiserreichs" ab. In seiner aktuellen Übersicht über die vorhandene Literatur und den Forschungsstand zum Ersten Weltkrieg wird deutlich, daß auf dem Sektor der Pressepolitik immer noch die älteren Arbeiten von Koszyk und Fischer als richtungsweisend gelten[14].

---

[10] Fischer, Heinz-Dietrich, *Pressekonzentration und Zensurpraxis im Ersten Weltkrieg*, Berlin 1973.

[11] Lange, Karl, *Marneschlacht und deutsche Öffentlichkeit 1914-1939. Eine verdrängte Niederlage und ihre Folgen*, Düsseldorf 1974.

[12] Barkhausen, Hans, *Filmpropaganda für Deutschland im Ersten und Zweiten Weltkrieg*, Hildesheim 1982.

[13] Erhard Deutelmoser: Tagebücher 1915-1948, Institut für Zeitungsforschung in Dortmund, Film F 13 373. Koszyk, Kurt, *Erhard Deutelmoser - Offizier und Pressechef (1873-1956)* in: Publizistik, 30. Jahrg. 1985, S. 509-534. Koszyk hatte Gelegenheit, den Deutelmoser-Nachlaß einzusehen und auch mit den nächsten Angehörigen Deutelmosers zu sprechen. Aufgrund von Erbstreitigkeiten und persönlichen Differenzen innerhalb der Familie konnte der Nachlaß bis heute leider keinem Archiv überlassen werden.
Koszyk nannte als einen weiteren Grund der Nichtveröffentlichung das äußerst gespannte Verhältnis des 1991 verstorbenen Sohnes, Werner Deutelmoser, zu seinem Vater, der die gesamte Familie Zeit seines Lebens mit seiner die Persönlichkeit beherrschenden "Pedanterie" terrorisiert haben muß. Der Verfasser erfuhr dies im Gespräch mit Koszyk am 21.07.1992 während einer Tagung in Peronne/Frankreich.

[14] Mai, Gunter, *Das Ende des Kaiserreichs. Politik und Kriegführung im Ersten Weltkrieg*, München 1987.

Das wird auch durch die 1990 erschienene Arbeit von Paul Hoser über die "Münchener Tagespresse zwischen 1914 und 1934" bestätigt. Darin befaßt sich ein Kapitel auch mit der Pressebeeinflussung während des Ersten Weltkriegs in Deutschland. Hoser verharrt dort auf einem Forschungsstand, der schon Mitte der siebziger Jahre veraltet gewesen ist[15].

Es fehlt bisher an einer Darstellung, die stringent über den gesamten Weltkriegszeitraum hinweg die Informationspolitik der Regierungsstellen und der Obersten Heeresleitung untersucht. Das Verhältnis der Presse und der Journalisten des Kaiserreiches zur Zensur und zu denjenigen, die politische und militärische Entscheidungsträger gewesen sind, sollte differenzierter betrachtet werden als das bisher erfolgt ist.

Eingangs ist dafür eine Bestandsaufnahme notwendig, welche Pressestellen es zu Beginn des Krieges bereits gegeben hat.

Die Bedeutung der Zeitung als das zentrale Informationsmedium der Vorweltkriegsphase kann man dabei nicht genug betonen, um den Nachholbedarf der Exekutive und der Militärs auf diesem Sektor nach Ausbruch des Krieges begreifen zu können. Auch ein Blick auf das System der internationalen Nachrichtenversorgung und die Rolle der bedeutendsten deutschen Nachrichtenagentur, des Wolffschen Telegraphen Büros (WTB), gehört dazu.

Es ist jedoch nicht daran gedacht, die Artikel der führenden Blätter miteinander zu vergleichen oder zu verfolgen, welchen Weg interne und offizielle Informationen bis hin zu ihrer (Nicht-) Veröffentlichung genommen haben. Vielmehr geht es um die Frage, warum die Informationspolitik nicht so funktionierte, wie es sich militärische und zivile Reichsleitung vorgestellt hatten. Nur wenn die Verbindungen, Engpässe und Irrwege dieser Entwicklung während des Krieg exakt verfolgt werden, kann diese Frage einer Antwort nähergebracht werden.

Hier offenbart sich das zentrale Versäumnis der bisherigen Forschungsansätze. Der Aufsatz Vogels ging noch nicht weit genug und wurde zwischenzeitlich zu sehr von anderen Forschungslinien überdeckt. Die Presselenkung blieb ein Thema, auf das es viele und doch keine überzeugenden Antworten zu geben schien. Koszyks quellenmäßig reichhaltiger Arbeit fehlte ein Rahmen, in den seine neuen Einzelaspekte zu stellen waren. Deswegen liefen einige Schlußfolgerungen von ihm in eine Richtung, die nicht unbedingt von den jetzt hier vorgelegten Ergebnis-

---

[15] Hoser, Paul, *Die politischen, wirtschaftlichen und sozialen Hintergründe der Münchener Tagespresse zwischen 1914 und 1934. Methoden der Pressebeeinflussung Teil 1 und 2*, Europäische Hochschulschriften, Reihe III, Bd 447, Frankfurt a. M. 1990, hier S. 195-204.

sen gestützt werden. Andere Veröffentlichungen behandelten nur punktuell eine Entwicklung, die organisationsgeschichtlich als Ganzes betrachtet werden muß.
Doch erscheint es nur konsequent, auch für diese Abhandlung die notwendige Standtortbestimmung vorzunehmen. Es geht nicht um eine Pressegeschichte, sondern vielmehr um die Rolle der Presse und ihrer Vertreter im Verhältnis zur Exekutive. Artikelanalysen oder Untersuchungen von Journalistenbiographien müssen auch zukünftig herangezogen werden, wenn es um die komplette Vernetzung von ausgewählten Einzelproblemen geht. In dieser Studie kann nur eine Auswahl von Themenbeispielen herangezogen werden, um Einstiegshinweise für weiterführende Forschungen zu geben.
Dennoch gibt es eine Reihe bemerkenswerter Erklärungsansätze, um die Frage, wieso es denn mit der Presse- und Informationspolitik nicht geklappt hat, einer Antwort näherzubringen. Bereits vor Kriegsbeginn war dahingehend eine wichtige Weiche gestellt worden, denn aufgrund der Verfassungslage gingen im Kriegsfalle viele Entscheidungskompetenzen, die die Presse betrafen, auf die Stellvertretenden Generalkommandos über. In deren Verantwortung lag auch die Ausübung der Zensur, deren Handhabung sich zu einem der leidigsten Themen während des Krieges entwickelte. Eine einheitliche, zentrale Koordinationsstelle für den Umgang mit diesen Vorschriften fehlte lange Zeit. Erst im Februar 1915 nahm die Oberzensurstelle (OZ) ihre Arbeit auf, sie wurde im Oktober 1915 in das neugeschaffene Kriegspresseamt (KPrA) eingegliedert. Die Einheitlichkeit der Zensur litt trotz steter Bemühungen um Verbesserungen während des gesamten Krieges unter den teilweise sehr unterschiedlich praktizierten Methoden der Kontrolle. Auseinandersetzungen mit der Magdeburger Zeitung, der Frankfurter Zeitung, dem Berliner Tageblatt, der Vossischen Zeitung oder anderen führenden überregionalen Blättern waren keine Seltenheit. Die angesehenen Chefredakteure dieser Zeitungen (Robert Faber, August Stein, Theodor Wolff und Georg Bernhard) verfolgten, dank ihrer gesellschaftlichen Stellung und ihrer Kontakte zu wichtigen Funktionsträgern und zu bedeutenden Persönlichkeiten der zivilen aber auch der militärischen Zentralstellen, ihre Ziele der Aufklärungstätigkeit eines Journalisten zur Meinungsbildung der Öffentlichkeit in ihrem Sinne und nach ihrer Überzeugung gegebenenfalls auch "zwischen den Zeilen" weiter. "Im Kriege suchten Reichskanzler und Diplomaten, Parlamentarier und Staatssekretäre, Wirtschaftsführer und Vertreter neutraler Mächte das Gespräch mit ...(ihnen)[16]." Auch hohe Militärs oder die Verbindungsoffiziere der Pressestellen

---

[16] Theodor Wolff, *Tagebücher 1914-1919,* eingeleitet und hrsg. von Bernd Sösemann, Boppard a. Rhein 1984, 2 Bände, Bd 1, S. 42.

zählten dazu. Die Journalisten besaßen schon in den ersten Kriegswochen ihr eigenes Informationsforum; aus der Zusammenarbeit mit den Behörden entstanden die Pressekonferenzen. Ihre Entwicklungsgeschichte und die wörtlichen Aufzeichnungen der Sitzungen, die "Großen Protokolle", verdienen besondere Beachtung[17].

Je länger der Krieg dauerte, umso mehr setzte sich die Erkenntnis durch, daß der Rückhalt der öffentlichen Meinung für die Aufrechterhaltung der inneren Einheit von hoher Bedeutung war. Die Zusammenarbeit mit einigen schon existierenden Interessensverbänden der Presse ließ allerdings viele Wünsche offen.

Die unzureichende Vorbereitung des Presse- und Zensursektors auf einen Krieg dieser Größenordnung und Dauer war ein wesentlicher Grund für die entstehenden Probleme. Während des Krieges entwickelten sich eine Reihe neuer Stellen (z.B. Zentralstelle für Auslandsdienst/ZfA, OZ, KPrA, Militärische Stelle des Auswärtigen Amtes/MAA, Pressechef beim Reichskanzler, Zentralstelle für Heimatdienst/ZfH). Doch eine wirklich effiziente Presselenkung war innerhalb der gewachsenen Machtstrukturen dieser und anderer bereits bestehender Ressorts (z.B. Nachrichtenabteilung des Auswärtigen Amtes, Nachrichtenbüro/N des Reichsmarineamtes/RMA) schwierig. Die Arbeit litt unter den Interessensgegensätzen und Auseinandersetzungen zwischen der militärischen und der politischen Führung. Jede Behörde dachte in erster Linie an den eigenen Vorteil und war nicht bereit, ihre einmal erkämpfte Stellung aufzugeben. In der ersten Kriegshälfte entwickelten sich die meisten Pressestellen unter militärischer Kontrolle. Die zivile Reichsleitung versuchte erst im letzten Jahr des Krieges, wichtige Schlüsselstellen für die öffentliche Meinung unter ihren Einfluß zu bringen.

An Ideen und Verbesserungsvorschlägen hat es von offizieller Seite nicht gefehlt. Erhard Deutelmoser, der sich als Chef des KPrA, als Direktor der Nachrichtenabteilung des Auswärtigen Amtes (A.A.) und als 'Pressechef' beim Reichskanzler bewährte, war der Mann, der nicht nur das Bemühen um die Gesamtheit der Pressearbeit im Blick hatte, sondern auch in einem sehr guten und vertrauensvollen Verhältnis zu vielen Journalisten stand. Als er in die Dienste der zivilen Reichsleitung übertrat, waren dort Fortschritte unverkennbar.

Es wurde von der Regierung und den Militärs als notwendig angesehen, den "Burgfrieden" und die allgemeine Verfassung der Bevölkerung mit einer positiven Informationspolitik aufrecht zu

---

17 Bundesarchiv, Potsdam, Akten der Reichskanzlei, RK 2 441, Aufzeichnungen aus den Pressebesprechungen November 1915 bis Februar 1916 und Bayerisches Hauptstaatsarchiv IV., Kriegsarchiv, München, MKr 14 025, 14 026 und 14 027 Aufzeichnungen aus den Pressebesprechungen Oktober 1917 bis November 1918.

erhalten. Doch die verbleibende Zeit, die insgesamt schlechtere Stimmungslage und das zunehmend gewachsene Mißtrauen gegen behördliche Informationen ließen diese Initiativen nicht so recht zur Entfaltung kommen. Das zentrale Problem des Jahres 1918 war, daß fast alle die drohende Gefahr einer Niederlage spürten, aber kaum jemand richtig erfaßte, was wirklich passierte. Die Bevölkerung war auf die Katastrophe einer Niederlage, eines Zusammenbruchs, der spätestens und unwiderruflich im Juli 1918 durch den Verlust der militärischen Initiative eintrat, nicht vorbereitet. Die Öffentlichkeit fühlte sich von den Behörden und der Presse getäuscht und betrogen. Die Journalisten, die Zeitungen und Verlage verloren viel von ihrer Reputation. Sie hatten - wie viele andere auch - zu lange den Siegversprechungen der OHL vertraut. Aus den Pressesitzungen in Berlin zwischen Juli und November 1918 geht deutlich hervor, welche schlimmen Befürchtungen eine ganze Reihe der Journalisten angesichts der ihnen vorliegenden Nachrichten hegten. Bis zuletzt änderte sich aber praktisch nichts an der offiziellen Informationspolitik, auch nicht durch den Regierungswechsel Anfang Oktober 1918. Die Reichsleitung brachte zwar noch durchgreifende Reformen auf den Weg, bezog aber die Pressevertreter auch nicht besser mit ein. "Die Information der Presse ist seit dem Regierungswechsel nicht einen Deut besser geworden", bemerkte Georg Bernhard am 1.11.1918, denn ohne Kenntnis der "... einheitlichen Linie der Politik seien die meisten "Informationen wertlos[18]."

Die Journalisten hatten, bei allen gesinnungsmäßigen Differenzen, ein gemeinsames Ziel: Ihren Beitrag zum Gewinn des Krieges im Geist des Burgfriedens zu leisten. Das Deutsche Reich führte einen Verteidigungskrieg, und in dieser Überzeugung stellte man den eigenen Beruf in den Dienst des Vaterlandes. Das Spektrum der Erwartungen an den Verlauf und an die Ergebnisse des Krieges war je nach gesellschaftspolitischer Stellung des Journalisten oder der Zeitung sehr verschieden. Jegliche Auffassung, was innenpolitisch dadurch verändert werden könnte, setzte aber gleichermaßen ein erfolgreiches Bestehen im militärischen Kampf voraus. Im Hinblick darauf müssen auch die Einstellungen und Bewertungen zu den militärisch-strategischen und politisch-taktischen Entscheidungen eingestuft werden. Ob Kriegszielfragen, U-Bootkrieg oder Wahlrechtsforderungen, hinter den jeweiligen Positionen, die von

---

[18] Ebd., MKr 14 027, Nr. 436 1.11.1918, S. 12 f. BA, Potsdam, Reichsamt des Innern, R.d.I. 12278, Listen über Zensurverbote, Gründe, Dauer.

den Journalisten an die Öffentlichkeit gebracht wurden, waren die wesentlichen politischen Grundüberzeugungen trotz der Zensur auszumachen.

Die zivile Reichsleitung erkannte zu spät den Stellenwert und die Möglichkeiten, die eine eigene Informationspolitik mit enger Fühlungnahme zur Presse gewährleistete. Die OHL wollte nur ihre Propaganda des Durchhaltens und des Sieges ins Volk tragen und wurde in ihrem eigenen Irrglauben gefangen. Auch die Grenzen in der Durchsetzbarkeit von Maßnahmen gegen "Flaumacherei" oder Kriegsmüdigkeit wurden in der Öffentlichkeit sichtbar. Die zahlreichen Ausbauversuche auf dem Sektor des Pressewesens, die der Krieg hervorbrachte, litten bezüglich ihrer Wirksamkeit vor allem unter den unterschiedlichen Zielsetzungen der sich im inneren Kampf befindlichen Stellen.

Doch "... no amount of propaganda, however well conducted, could alter the harsh realities of military events...[19]." Auch die Journalisten konnten die Fakten nicht ändern oder auf lange Sicht gegen bestehende Tatsachen ankämpfen. Wenn Politik oder Kriegführung nicht das halten, was sie versprechen, gibt es Kritik oder sogar am Ende ein böses Erwachen. "Von der deutschen Propaganda jedoch zu verlangen, grundsätzliche Fehler der obersten Kriegsleitung wieder gutzumachen, oder sie gar in Erfolge umzuwandeln, hieße ihr unmögliches zuzumuten. Da die höchste Gesamtführung im Weltkrieg uneinheitlich war, mußte schon aus diesem Grunde bei dem engen Zusammenhang, der zwischen Politik und Propaganda besteht, ihr letztlich der Erfolg versagt bleiben[20]."

Die Journalisten lernten, sich mit der Zensur zu arrangieren. Doch zur Überwindung der ihnen gesetzten Rahmenbedingungen ist es bei aller Kritik nicht gekommen. Sie waren trotz herausragender Einzelpersönlichkeiten zu sehr in den Lebens- und Denkstrukturen ihrer Zeit verhaftet. Die folgenden Kapitel sollen nicht nur einen Überblick über die Strukturen der Pressepolitik des Ersten Weltkriegs vermitteln, sondern auch einen Einblick in die von der Exekutive verfolgten Strategien.

---

[19] Sanders, M.L./Taylor, Philip M., *British Propaganda during the First World War, 1914-1918*, London 1982, S. 46. Deutsche Ausgabe, Sanders, M.L./Taylor, Philip M., *Britische Propaganda im Ersten Weltkrieg 1914-1918*, Berlin 1990.

[20] Vogel, *Organisation*, S. 66.

1. Die Rahmenbedingungen der Pressearbeit zu Kriegsbeginn

1.1. Das Literarische Büro

Seit der Reichsgründung gab es im Kaiserreich drei bedeutende Stellen, die für die Presse zuständig waren: Die Pressereferate des A.A. und der Reichskanzlei sowie das Literarische Büro der preußischen Staatsregierung. Die generelle Pressebeobachtung oblag von der Zuständigkeit her dem A.A.

Die älteste Einrichtung, die sich mit Pressearbeit und Zeitungswesen befaßte, war das "Literarische Büro des preußischen Staatsministeriums". Es ist 1841 aus dem preußischen Ministerialzeitungsbüro hervorgegangen. Dort wurde bei dem Versuch, eine positive Pressepolitik zu gestalten, allerdings mehr Zensur- und Berichtigungsarbeit geleistet. Während der Revolution von 1848 stellte es seine Tätigkeit ein. Im Sommer 1848 wurde es als Literarisches Kabinett neubegründet und 1851 als "Zentralstelle für Preßangelegenheiten" unter der obersten Kontrolle des Ministerpräsidenten (von Manteuffel) weiterbetrieben. Seine endgültige Bezeichnung erhielt es 1860. "Am 19. März 1862 wurde es dem preußischen Innenministerium angegliedert, um die gesamte preußische Pressepolitik in der Hand des Innenministers zu vereinigen[1]."

Nach der Reichsgründung war es zu Anfang nur offiziöses Büro für preußische und Bundesangelegenheiten, später arbeitete es in enger Abstimmung mit den beiden anderen genannten Referaten zusammen. Zu einer wirklichen Umsetzung des Staatsministerialbeschlusses vom 16. April 1898, das Literarische Büro zu einer wirklichen Zentralstelle für die einheitliche Information und Beeinflussung der Presse zu machen, ist es nicht gekommen. Die anderen Stellen, vor allem das Pressebüro des A.A. unter Otto Hamman, deckten nämlich auch die Bereiche der inneren Politik bereits ab[2].

Von preußischer Seite aus wurde trotzdem versucht, den eigenen Kompetenzbereich auszuweiten. Gelegentlich war von "Unbequemlichkeiten für die Reichspolitik die Rede", wenn

---

[1] Vogel, *Organisation*, S. 14 ff.

[2] Ebd., S. 16 f.

Aktivitäten für die preußische Innenpolitik von Seiten des Büros entfaltet wurden. Der Einfluß preußischer Behörden auf die kleine Provinzpresse ist auch nie auszuschalten gewesen. Schwere Konflikte mit dem Büro blieben der Reichsleitung jedoch bis Kriegsbeginn erspart, nicht zuletzt, weil nach einigen Wechseln ein "Vertrauensmann Hammans" die Leitung übernahm[3].

Deutlich energischere Züge trugen die Versuche des preußischen Innenministers Friedrich Wilhelm von Loebell, der schon vor 1914, dann aber verstärkt in den ersten Wochen nach Ausbruch des Krieges, einen Ausbau dieser Einrichtung in dem genannten Sinne des Staatsbeschlusses aus dem Jahre 1898 erwirken wollte. Loebell verfaßte im Oktober 1914 eine 16 Seiten starke Denkschrift über die "Verbesserung der Preßorganisation" und sandte sie an den Reichskanzler Theobald von Bethmann Hollweg[4]. Vor allem den Kontakt mit dem Wolffschen Telegraphen Büro (WTB) und den übrigen Korrespondenzen wollte der preußische Innenminister zu einem Korrespondenzapparat ausbauen, der möglichst viele Zeitungen versorgen sollte. Letzlich wollte er unter Zuhilfenahme eines ganzen Maßnahmenpaketes zu einer besseren Kontrolle der Presse und zu einer indirekten Informationslenkung kommen[5]. Ein geschickter Schachzug war dabei die geplante Nutzung der im Wolffschen Verlag erscheinenden Korrespondenz Piper, um mit halbamtlichen und nicht hochoffiziösen Meldungen "... die Wirkung einzelner Absichten auf die öffentliche Meinung auszuprobieren". Die entsprechenden Gespräche waren bereits geführt worden.

Die zweite Stufe einer mehr verdeckten Beeinflussung der wirklich oder scheinbar freien Presse durch die Regierung gestaltete sich schon schwieriger. Vorrangig die kleine und mittlere Provinzpresse sollte mit preiswertem, aber journalistisch verwertbarem Stoff versorgt werden. Das preußische Ministerium des Inneren (M.d.I.) stand deswegen in enger Verbindung mit dem Zentral Bureau für die deutsche Presse G.m.b.H. und der Neuen Deutschen Reichskorrespondenz[6]. Als wichtigste Aufgabe, die zugleich die schwerste sei, charakterisierte Loebell den Verkehr mit den Vertretern und Korrespondenten der großen Presse in Berlin: "Die großen

---

[3] Heilbron, Friedrich, *Otto Hamman*, in: Deutsches Biographisches Jahrbuch, Bd X, Das Jahr 1928, Stuttgart, 1931, S. 93-108, hier S. 97.

[4] Bundesarchiv (BA), Abteilung Potsdam, Akten der Reichskanzlei (RK), RK 2 466/4, Schreiben vom 05.10.1914 von Loebell an Bethmann Hollweg.

[5] Koszyk, *Pressepolitik*, S. 61 ff.

[6] BA, Potsdam, RK 2 466/4, Schreiben Loebells vom 05.10.1914, S. 11 und S. 13 f.

politischen Bewegungen werden von dieser Presse dirigiert, die Parteien können sich ihrem Einfluß nicht entziehen, die Urteile und Vorurteile der öffentlichen Meinung bilden sich in den Redaktionen der großen Presse." Die Redaktionen stünden einem unmittelbaren Einfluß durch die Regierung eher ablehnend gegenüber. Dennoch sei durch "persönliche Fühlungnahme" zu den Presse- und Chefredakteuren und Herstellung von Kontakten zu Autoren und Vermittlung von Schriftstellern an die Zeitungen eine indirekte Einwirkung möglich. Nur durch intensive persönliche Bemühungen könne man negative oder nachteilige Äußerungen für die Regierung verhindern oder abschwächen sowie Irrtümer korrigieren. Im positiven Sinne ermögliche dies die Vertretung von Regierungsansichten durch die Zeitungen oder die Lancierung von Meldungen, die der Staatsführung von Nutzen wären[7].

Bethmann Hollweg lehnte die Vorschläge, die ihm durch seine Mitarbeiter Clemens von Delbrück und Arnold Wahnschaffe mündlich unterbreitet worden waren, grundsätzlich zwar nicht ab, verwies aber auf das unbedingt notwendige "... einheitliche Zusammenarbeiten mit der Pressestelle des A.A., bzw. des Reichskanzlers und Ministerpräsidenten...", welche ihm in den Vorschlägen nicht gesichert zu sein schien. Der Reichskanzler, 1905-1907 Amtsvorgänger Loebells, war der Auffassung, daß "... die kommende innenpolitische Situation in ganz besonderem Maße eine starke einheitliche Leitung der preußischen und der Reichspolitik erfordert." Koszyk sieht in der freundlich verpackten, jedoch sehr bestimmten Zurückweisung der Initiative durch Bethamnn Hollweg auch dessen Sorge über zukünftige Schwierigkeiten mit dem M.d.I., vermutet aber später im Zusammenhang mit den Geschehnissen um die Wahlrechtsreform in Preußen auch "ältere Aversionen" zwischen den Beteiligten[8]. Letzterer Eindruck wird aus den verschiedenen Schreiben im Oktober 1914 nicht bestätigt. Die Zurückhaltung des Reichskanzlers im Hinblick auf Reglementierung in Pressefragen hat wohl eher etwas mit einem prinzipiellen Problem der zivilen Reichsleitung zu tun. Mit den Vorschlägen Loebells wäre die Reichsleitung selber in enge Nähe der Zensur gerückt worden. Bethmann Hollweg wollte nicht, daß er und die Reichsregierung auf der politischen Seite Dinge vertreten sollten, die aufgrund der vorhandenen Organisations- und Verfassungsstrukturen doch von der militärischen Führung übernommen worden waren. Auch dürfte eine Rolle gespielt haben, daß sich der Reichskanzler

---

[7] Ebd., S. 14 f.

[8] Koszyk, *Pressepolitik*, S. 63.

nur ungern verstärkt auf eine preußische Pressezentrale gestützt hätte, um die eigene Reichspolitik nach außen zu präsentieren. Vielleicht fürchtete er im Zweifelsfall aus Preußen mehr Widerstand als Unterstützung. Im Hinblick auf die während des Krieges immer stärker in den Mittelpunkt rückende Frage der Reform des preußischen Wahlrechts lag er damit bestimmt richtig. Eine mögliche Übernahme der Zensurhandhabung durch den Reichskanzler wäre noch mit einem weiteren Nachteil für ihn verbunden gewesen. Er hätte sich in diesem Falle nicht mehr der Schutzwirkung der Zensur bedienen können, um "... sie gegen bedenkliche politische Tendenzen einzuetzen." Auf der anderen Seite lag dem Reichskanzler sehr viel daran, die nationale Aufbruchstimmung aus den Augusttagen zugunsten einer Stärkung seiner Regierungsautorität zu nutzen. Die Disziplinierung der Parteien und der öffentlichen Meinung schien das Gebot der Stunde zu sein, welches den Erhalt des "Burgfriedens" garantierte und ihm den größten Handlungsspielraum gewährte. Sein von einer zurückhaltenden und beschwichtigenden Linie geprägter Kurs gegenüber der Presse ließ sich mit den bereits bestehenden Zuständigkeiten durchaus verwirklichen[9]. Anfangs funktionierte dieses System der indirekten Einflußnahme auf die Stellvertretenden Generalkommandos und den Generalstabschef auch recht gut. Mit zunehmender Dauer des Krieges verstärkte sich allerdings der Druck auf den Reichskanzler und die Politik der Reichsleitung. Die unterschiedlichen Akzentsetzungen der zivilen und militärischen Seite führten zu Dissonanzen bei der Handhabung der Zensuraufgaben.

Loebell setzte seine Bemühungen fort. Eine Woche später wandte er sich mit einem weiteren Schreiben erneut an Bethmann Hollweg und betonte nochmals die Wichtigkeit der Angelegenheit: "... die Neugestaltung der Preßorganisation sei die Frage des Tages." Er bedauerte jedoch den durch den Gang der Kriegsereignisse bedingten Mangel an persönlicher Aussprache und unterstrich vor allem seine absolute Loyalität zur Reichsleitung[10]. Bethmann Hollweg sah offensichtlich dennoch keinen Handlungsbedarf in der von Loebell angestrebten Richtung. Der preußische Innenminister versuchte weiterhin mit seinen "Stimmungsberichten" über die Gesamtlage, den Bedarf für Abänderungen der Pressepolitik in seinem Sinne zu erreichen. Er sprach davon, daß "... die Presse die öffentliche Meinung weder führen würde noch ihr folgen könne" und somit in die Funktion eines reinen "Nachrichten-Vermittlers" geraten sei. Im

---

[9] Mommsen, *Regierung Bethmann 1914-1917*, S. 121 und S. 126 ff. Zur Definition des "Burgfriedens" *Militär und Innenpolitik*, Bd 1, Nr. 182, S. 456.

[10] BA, Potsdam, RK 2 466/4, Schreiben Loebells vom 14.10.1914, S. 3 ff.

November stellte er dann eine insgesamt veränderte Geisteshaltung fest. Er erwartete auch im Falle eines Sieges keinen deutlichen Autoritätszuwachs, mit Ausnahme der Person Paul von Hindenburgs, und stellte im Gegenzug fest, daß Anfänge einer zunehmenden Demokratisierung deutlich sichtbar würden. Für ihn hatten die Journalisten bereits zu diesem Zeitpunkt versagt. Nur die Handhabung der Zensur bedachte er mit Lob[11].

An der "nur gelegentlichen Funktion des offiziösen Presseapparates" übte Loebell sicher zutreffende Kritik. Die Berichte wurden in der Reichskanzlei zwar registriert, direkten Anlaß zu Konsequenzen oder zu einer bestimmten Initiative im Sinne einer von Loebell beabsichtigten Aufwertung des Literarischen Büros sah Bethmann Hollweg jedoch nicht. Das Interesse an einer innenpolitischen Kontroverse mit Loebell dürfte auch deswegen gering gewesen sein, weil für den Reichskanzler die Aufrechterhaltung einer zuversichtlichen Gesamtstimmung innerhalb des Deutschen Reiches oberste Priorität besaß. Diskussionen in dieser Richtung hätten das Bild der Einheitlichkeit nur unnötig trüben können. Von einer preußischen Propagandaabteilung wäre sicher eine Verschärfung der innenpolitischen Diskussion ausgegangen. Eine Gefährdung des "Burgfriedens" durch amtliche Auseinandersetzungen erschien dem Reichskanzler als unnötiges Risiko für die Durchsetzung seiner politischen Linie[12].

Die Initiative wurde durch den preußischen Innenminister weiterverfolgt, beschränkte sich jedoch in seinen Anordnungen während des Jahres 1915 auf die kleinen Blätter der Provinzpresse. "... die Einwirkung auf die großen Berliner Zeitungen und auf die mittlere Provinzpresse blieb ausdrücklich den Reichsbehörden vorbehalten", konstatiert Koszyk zutreffend[13].

Das Innenministerium unterstützte schließlich auch eine Presselinie, die sich an den Prinzipien der Politik des Burgfriedens orientierte. Über die Handhabung der Zensur der Polizeibehörden empfahl Loebell im Rahmen dieser Linie den Oberpräsidenten und den Polizeibehörden sogar eine pragmatische Haltung: Alle "kleinlichen Gesichtspunkte" sollten vermieden werden, auf die Umstände der täglichen Redaktionsarbeit sollte weitgehend Rücksicht genommen werden, und in Berliner Zeitungen bereits veröffentlichte Artikel sollten nach Möglichkeit in der Provinzpresse

---

[11] BA, Potsdam, RK 2 437/4, *Akten betreffend den Krieg 1914*, Presse: Ausführliche Stimmungsberichte Loebells von II. (Monatshälfte) Oktober 1914 vom 03.11.1914 (12 Seiten) und von I. (Monatshälfte) November vom 18.11.1914 (18 Seiten).

[12] Mommsen, *Regierung Bethmann 1914-1917*, S. 128, besonders auch Anm. 24.

[13] Koszyk, *Pressepolitik*, S. 63 ff. Ferner dazu: BA, Potsdam, RK 2 466/4 Antwortschreiben Bethmann Hollwegs vom 11.10.1914 und Erwiderung von Loebells vom 14.10.1914.

nicht mehr zensiert werden. Nur dort wäre einzugreifen, wo wichtige staatliche Interessen einen Schutz unbedingt erforderlich machten. Damit erschien die offizielle Einstellung der Behörden insgesamt moderater geworden zu sein. Auszuschalten waren die Willkürlichkeiten im Zensurbereich jedoch nicht. Eine organisatorische Zuordnung des Zensurapparates in die Hände der Militärbevollmächtigten mußte bei der fehlenden Vorbereitung, der mangelnden Qualifikation oder der unzureichenden Sachkenntnis der beteiligten Personen zwangsläufig zu Problemen führen[14].

Loebell startete im Jahre 1916 einen erneuten Versuch, die Gespräche über Neuordnungen der Presseorganisation im preußischen Innenministerium auch auf die Reichsebene zu verlagern. Bei einem Gespräch des Chefs des Kriegspresseamtes, Erhard Deutelmoser, mit dem Referenten Loebells, Ritter und Edler von Berger, zeigte sich allerdings, daß weiterhin starke Spannungen zwischen dem preußischen Innenminister und dem Reichskanzler bestanden. Deutelmoser berichtet von seinem Eindruck der Vorgänge, "... daß vom M.d.I. aus gegen den Kanzler gearbeitet wird." Er nennt eine Reihe dieser Versuche schlichte "Popularitätshascherei"[15]. Bei den Geschehnissen des Jahres 1916, die im Bereich der Pressepolitik doch zu gravierenden organisatorischen und personellen Veränderungen führten, konnte eine direkte Einflußnahme des preußischen Amtes nicht ermittelt werden. Für weitere sichtbare Fortschritte im Hinblick auf einen Ausbau der M.d.I. - Stelle haben sich ebenfalls keine Hinweise ergeben[16]. Eine Ausweitung des Aufgabenbereiches dieses preußischen Amtes drängte sich auch nicht auf. Eine im weiteren Verlauf des Krieges auf Reichsebene stark angewachsene Zahl von Pressestellen hatte die Konkurrenzsituation gegenüber dem Literarischen Büro zusätzlich verschärft. Die Reichsleitung

---

[14] BA, Potsdam, RK 2 437/4, Schreiben des preußischen Innenministers Loebell vom 09.02.1915 über die Beschwerden zur Handhabung der Pressezensur und Schreiben der SPD an das M.d.I. vom 23.05.1915 gegen Zensurwillkür, S. 1 ff.

[15] Deutelmoser, Erhard, *"Tagebücher vom 22. November 1915 - 6. Juni 1948"*, Institut für Zeitungsforschung, Dortmund Film Nr. F 13 373. Politische Tagebücher Heft I bis Heft VIII (22.11.1915 bis 11.10.1916) Fortsetzung mit Heft IX (10.01.1918 bis 22.05.1918) und Heft X vom 24.10.1918 bis 13.11.1918. Weiterhin von Interesse für diese Arbeit: Erinnerungen I (19.06.1919 bis 01.08.1919) Erinnerungen II (04.08.1919 bis 24.09.1919) und Erinnerungen III (Dezember 1947/Januar 1948). "*Aus einer versunkenen Zeit*" (07.08.1932 bis 20.02.1946), hier Deutelmoser, *Tagebücher*, Heft VII, S. 31 ff und S. 36 ff. Ferner existiert ein "*Tagebuch über die Kappsche Aufstandsbewegung*", dem "*Notizen über WirtschaftsKonzerne und Anderes*" angehängt sind (12.03. bis 02.04.1920) sowie Gedanken zu "*Zwischen Gestern und Morgen*" (22.04.1920) und Gedichte aus den Jahren 1921 und 1924.

[16] Koszyk stellt dazu fest: "Eine Sitzung des preußischen Staatsministeriums am 19.08.1916 läßt erkennen, daß sich der behördlichen Einflußnahme auf die Presse keine neuen Möglichkeiten eröffnet hätten". Koszyk, *Pressepolitik*, S. 67. Zur Umbruchsituation vgl. Kapitel 4.

konnte kein vorrangiges Interesse daran haben, partikulare Tendenzen zu fördern, indem sie eine Landesbehörde mit Kompetenzen betraute, die einer Reichsregelung bedurften. "Das Literarische Büro blieb seitdem bis zu seiner Auflösung ... am 1. April 1920 kaum mehr als eine Zentrale für den Lesedienst[17]."

1.2. Das System Hamman

Der am 23. Januar 1852 in Blankenhain bei Weimar geborene Otto Hamman war seit seinem Eintritt im Jahre 1894 bis zu seiner Versetzung in den Ruhestand am 29. Dezember 1916 in der Pressabteilung des A.A. tätig. Der promovierte Jurist war nach seiner Tätigkeit als Referendar im Staatsdienst ab 1877 verschiedenartig publizistisch tätig gewesen. Vor allem in der Sparte Politik, aber auch im Feuilleton schrieb er u.a. für die "Schlesische Zeitung", den "Hamburger Correspondent" und die "Münchener Allgemeine Zeitung". Nach seiner Berufung durch Reichskanzler Leo von Caprivi 1894 sollte er noch drei weiteren Reichskanzlern als Vertrauensmann zur Seite stehen. Sein Aufstieg begann 1897, sichtbar durch seine Beförderung zum Wirklichen Geheimen Legationsrat, in der Amtszeit von Reichskanzler Fürst Chlodwig zu Hohenlohe-Schillingsfürst mit wesentlicher Unterstützung durch den damaligen Staatssekretär des A.A., Bernhard von Bülow[18]. Ab der Jahrhundertwende erhielt diese Entwicklung durch den Kanzlerwechsel einen neuerlichen Schub: "Dank der Geschicklichkeit des Kanzlers Bülow und seines Helfers Hamman übernahm schließlich die Presseabteilung des A.A. in steigendem Maße die gesamten offiziellen Beziehungen zur Presse. Sie wurde die vorzüglichste, nahezu die einzige Informationsquelle, aus der die Zeitungsvertreter zu schöpfen pflegten, während sie nur in speziellen Fragen die anderen Minister und Staatssekretäre aufsuchten[19]." "Hamman knüpfte - ohne Rücksicht auf die sonstige politische Stellung des Blattes zur Regierung - mit jenen Vertretern der großen einflußreichen Zeitungen, deren journalistische und moralische Persönlichkeit

---

[17] Vogel, *Organisation*, S. 17.

[18] BA, Potsdam, *Nachlaß Otto Hamman*, 90 Ha 6 Nr. 44 und Nr. 46.

[19] Groth, Otto, *Die Zeitung*, Mannheim, Berlin, Leipzig, 4 Bde 1928/1929, hier Bd 2, S. 219.

ihm volle Gewähr bot, Beziehungen an, die er zu einem engen, auf weitgehendes Vertrauen gestütztes Verhältnis ausgestaltete[20]." Vor allem mit August Stein (Frankfurter Zeitung) und mit Arthur von Huhn (Kölnische Zeitung) entwickelte sich über zwei Jahrzehnte ein Verhältnis, das am ehesten als partnerschaftliches Vertrauen mit gegenseitigem Nutzen zu charakterisieren ist. Für Hamman waren beide zugleich Helfer und Berater. Vor allem Huhn, der die Weltkriegszeit nicht mehr erlebte, "... war weit in der Welt herumgekommen." Mit diesem Verhältnis kompensierte Hamman die fehlende eigene Auslandspraxis. Stein war für ihn auf Seiten der Journalisten der fundierteste Kenner der Innenpolitik des Reiches. "Später war mir", so Hamman nach eigenem Bekunden, "die Freundschaft des Dr. Ernst Francke, Vertreter der 'Münchener Neuesten Nachrichten', dienstlich wegen seiner gründlichen Kenntnisse in sozialpolitischen Fragen und seiner engen Beziehungen zu der gewerkschaftlichen Bewegung von besonderem Nutzen[21]." Auch der Direktor des Wolffschen Telegraphen Büros, Heinrich Mantler, gehörte zu den "ausgewählten Vertrauensmännern"[22].

Die Wortwahl Groths, der die Journalisten als "treueste Helfer" beschreibt, scheint im heutigen Sprachgebrauch zu leicht zu einer Assoziation mit dem Begriff "Erfüllungsgehilfe" zu führen. Groth äußert sich auch eher in der beschriebenen Richtung, daß "eine Hand bekanntlich die andere wasche." Er betont, daß Hamman Wert darauf legte, mit "Blättern verschiedener Parteirichtungen" regelmäßig und eng zusammenzuarbeiten[23]. Einen neuen Stil prägte Hamman damit in jedem Fall. Seine Stellung mußte er sich hart erarbeiten.

Als Nachfolger von Professor Konstantin Rößler arbeitete er anfangs mit dem damaligen Geheimrat und späteren Staatssekretär des A.A. Alfred von Kiderlen-Wächter zusammen. "Die Stellung Hammans war von Anfang an so gedacht, daß er als persönlicher Vertrauensmann des Reichskanzlers dessen Interessen bei der Presse vertreten, gleichzeitig auch die Pressearbeit für das Auswärtige Amt wahrnehmen sollte. Der Zweck seiner Berufung war Vereinheitlichung der amtlichen Pressearbeit und Stärkung des Einflusses des Reichskanzlers auf diesem Gebiete[24]." Die intensive Tätigkeit erlaubte über Jahre hinweg keine freien Sonntage, auch durchgearbeitete

---

[20] Ebd., S. 221.

[21] Hamman, Otto, *Der Neue Kurs. Erinnerungen*, Berlin 1918, S. 86 f.

[22] Heilbron, *Hamman*, S. 99.

[23] Groth, *Zeitung*, Bd 2, S. 221 f.

[24] Heilbron, *Hamman*, S. 95.

Nächte sollen nicht selten gewesen sein. Erst mit der langsamen personellen Aufstockung seiner Abteilung in der Ära Bülow verbesserten sich die Arbeitsbedingungen[25].
Um Informationen, die über die pressetechnische Bearbeitung hinausgingen, die jedoch für einen Gesamtüberblick zwingend notwendig waren, mußte er sich häufig selber kümmern. Er konnte dennoch eine gelegentliche Ausschaltung des Pressereferates durch die politische Abteilung des A.A. nicht verhindern (z.B. in der Daily-Telegraph-Affäre 1908)[26]. Im Jahre 1909 ließ sich Hamman auf eigenen Antrag von seinem Amt suspendieren, weil er vom geschiedenen Mann seiner zweiten Frau in einen Meineidsprozeß verwickelt worden war. Nach dreitägiger Verhandlung war Hamman voll rehabilitiert und wieder im Amt. Aufgrund dieser Angelegenheit, aber auch wegen der schweren familiären Schicksalsschläge, die er hinzunehmen hatte (Tod seiner ersten Frau, früher Tod von zwei seiner drei Söhne aus erster Ehe), kursierten zu jenem Zeitpunkt gelegentlich Rücktrittsgerüchte, die sich jedoch danach bald zerstreuten[27]. Aufgrund der in den Jahren 1910 bis 1912 von den Staatssekretären Schoen und Kiderlen-Wächter eingebrachten Reformpläne des Pressewesens geriet Hamman allerdings unter ganz anderen Druck. Schoens Ausweitungspläne scheiterten 1910, weil die Liberalen und das Zentrum die erforderlichen Mittel nicht bewilligten. Hamman hatte sich stets gegen die Trennung von Innen- und Außenpolitik gewandt. Er geriet in zunehmende Gegnerschaft zu Kiderlen-Wächter, der das Pressereferat des A.A. an die Reichskanzlei angliedern wollte[28]. Während des Jahres 1912 wurden Verbesserungsversuche durch Gespräche und Austausch mit anderen Ressorts ausgelotet, letztlich ohne befriedigendes Ergebnis. Neben organisationstechnischen Fragen stellte vor allem die ungelöste Personenfrage die größte Schwierigkeit der Umsetzung der Pläne dar. Die übrigen Ressorts, soweit sie überhaupt eine eigene Pressepolitik betrieben[29], wollten auf ihre direkten Pressekontakte nicht verzichten. Das Pressereferat des A.A. wurde von ihnen nicht als eine übergeordnete Zentrale angesehen. Für Bethmann Hollweg verlor diese Sache nach dem

---

25 Ebd., S. 98 f.

26 Vogel, *Organisation*, S. 18.

27 BA, Potsdam, *NL Hamman*, 90 Ha 6 Nr. 46.

28 Vogel, *Organisation*, S. 18 ff und Koszyk, *Pressepolitik*, S. 17.

29 "In den übrigen Reichsämtern außer dem A.A. und dem RMA waren bis unmittelbar vor dem Kriege keine regelmäßigen und ausgedehnten Beziehungen zur Presse vorhanden". Gelegentlicher Empfang von

plötzlichen Tode Kiderlen-Wächters im Dezember 1912 an Dringlichkeit; sein eigener Kontakt zur Presse blieb durch die bestehende Einrichtung gewahrt. Die Widerstände und Probleme mit dem Reichsmarineamt (RMA) aus der gleichen Zeit waren auf andere Weise gelöst worden. Dabei war es um eine eigenständige pressepolitische Kampagne der Marine wegen der Flottennovelle vom März 1912 gegangen[30].

Wolfgang J. Mommsen erklärt die Zurückhaltung, die Bethmann Hollweg im Hinblick auf die Informationspolitik der Regierung von da an betrieb, mit dessen Erkenntnis, daß mit den bestehenden Mitteln amtlicher Pressepolitik die Einflußmöglichkeiten auf die öffentliche Meinung höchst gering seien. Mit dieser Haltung gerieten der Reichskanzler und die Regierung jedoch zusehends in die Defensive und damit in das Fahrwasser einer Stimmung in der Bevölkerung, die von wachsenden nationalen Gefühlen und unscharfen imperialistischen Zielsetzungen getrieben wurde. Es ist nicht verwunderlich, daß die Reichsleitung in der Julikrise 1914 im Rahmen ihrer Möglichkeiten sehr konventionell und pragmatisch reagierte. Von einer klaren Konzeption einer amtlichen Meinungssteuerung konnte nach Mommsens Einschätzung demnach keine Rede sein[31].

Koszyk spricht im Zusammenhang dieser Auseinandersetzungen zwischen RMA und A.A. von einer bereits 1910 "entscheidend geschwächten" Position Hammans. "Nur Rücksichtnahme auf seine lange Tätigkeit im Amt seit 16 Jahren verzögerte seine endgültige Kaltstellung, die erst 1916 erfolgte[32]." Die Ereignisse des Jahres 1910 stellten einen Einschnitt in Hammans pressepolitischer Karriere dar, jedoch keineswegs einen Bruch seiner Tätigkeit. Hamman überlebte diese Auseinandersetzung im doppelten Sinne des Wortes im Gegensatz zu Kiderlen-Wächter, und er hat sich spätestens nach dessen Tod in seiner Stellung wieder unangefochten bewährt. Bethmann Hollweg hielt sicher nicht aus reiner Rücksichtnahme noch über 6(!) weitere Jahre an Hamman fest[33]. Nach außen hin mag diese Tatsache weniger deutlich sichtbar gewesen

---

Pressevertretern durch einen vortragenden Rat, sonst i.d.R. nur Korrespondenzkontakte oder Weitergabe, Groth, *Zeitung*, Bd 2, S. 234.

30 Vogel, *Organisation*, S. 23 ff. und Koszyk, *Pressepolitik*, S. 17., siehe dazu Kapitel über das RMA. Zu Hammans Auseinandersetzung mit von Kiderlen - Wächter und von Schoen s.a. Heilbron, *Hamman*, S. 103.

31 Mommsen, Wolfgang J., *Außenpolitik und öffentliche Meinung im Wilhelminischen Deutschland* in: *Der Autoritäre Nationalstaat. Verfassung, Gesellschaft und Kultur im deutschen Kaiserreich*, Frankfurt 1990, S. 358-379, hier S. 371 und S. 378 f. Zur Bemerkung über die Julikrise vgl. S. 379, Anm. 33.

32 Koszyk, *Pressepolitik*, S. 17.

33 Groth, *Zeitung*, Bd 2, S. 234.

sein als zur Zeit Bülows. Doch auch der Kanzler der Jahre 1909 bis 1917 hat zu Hamman in einem engen Vertrauensverhältnis gestanden. "Zwischen den beiden Männern, die grundverschieden waren, bestand ein gegenseitiges Gefühl hoher Achtung. Kritik schloß es nicht aus. Sie sind bis zu Bethmann Hollwegs Tod in freundlichen Beziehungen geblieben[34]." In seinem persönlichen Abschiedsbrief an Otto Hamman vom Silvestertag 1916 äußerte sich Bethmann Hollweg in Form und Inhalt in einer Weise, die noch andere Gründe für das Festhalten an dessen Person offenbarte. Er kennzeichnet ihn als "bewährten und treuen Mitarbeiter", der 23 Jahre lang an bedeutungsvoller Stelle im A.A. gearbeitet hat. Er brachte "... eine durch größte Pflichttreue und Gewissenhaftigkeit sowie durch hervorragende Leistungen ausgezeichnete Tätigkeit zur Entfaltung", und seine "arbeitsvolle Zeit war reich an Erfolgen amtlichen Wirkens". Das "schmerzliche Bedauern" über das Ausscheiden Hammans, der offiziell wegen Rücksicht auf sein Lebensalter um Versetzung in den Ruhestand gebeten hatte, ist sicher nicht nur eine Floskel im Hinblick auf die Beendigung einer Ära. Obwohl Groth Bethmann Hollweg ein "persönlich fehlendes inneres und äußeres Verhältnis zur Presse" attestiert, hat sich der Reichskanzler gleichwohl vertrauensvoll auf Hamman gestützt. Im Moment des Kriegsausbruchs 1914 waren Kontinuität und Erfahrung gefragt.[35] Der Reichskanzler und Hamman stimmten ihre Vorgehensweise eng miteinander ab, soweit die öffentliche Meinung dies erforderlich machte. Über die Grenzen ihrer Einflußmöglichkeiten dürften sie sich dabei durchaus im klaren gewesen sein[36]. Auch bei der Reaktion auf die feindliche Propaganda der ersten Kriegswochen agierten sie in enger Absprache. Der Zentrumsabgeordnete Matthias Erzberger hatte sein Interesse und Engagement für die Vertretung deutscher Standpunkte im Ausland bereits vor Beginn des Weltkrieges durch entsprechende Initiativen beim Reichskanzler und im Reichstag unter Beweis gestellt. Die Idee, ein Propagandabüro für das Ausland unter seine Leitung zu stellen, hatte das RMA schon Mitte August mit der Reichskanzlei abgestimmt. Doch Erzberger verzichtete vorerst aufgrund fehlender persönlicher Auslandserfahrungen. Es dauerte nur wenige Wochen, bis er nun doch in entscheidender Weise die Koordinierung von insgesamt 27 halb- oder inoffiziellen Büros für ausländische Propagandatätigkeit in Angriff nahm. Seinem Organisationstalent war es

---

[34] Heilbron, *Hamman*, S. 103 und S. 108. Bei Gedenkrede für Bethmann Hollweg soll Hamman 1924 die Stimme gebrochen sein. Anlaß gab das Treffen, das Freunde und Mitarbeiter Bethmann Hollwegs alljährlich zu dessen Geburtstage veranstalteten.

[35] BA, Potsdam, *NL Hamman*, 90 Ha 6 Nr. 46. und eine weitere Version dieses Briefes bei Heilbron, S. 107.

[36] Mommsen, *Außenpolitik und öffentliche Meinung*, S. 377 f.

in erster Linie zu verdanken, daß die Zentralstelle für den Auslandsdienst (ZfA) am 6. Oktober 1914 ihre Arbeit aufnehmen konnte[37]. "Die ZfA befaßte sich mit der Beobachtung der feindlichen Presse, in der Hauptsache mit der Verbreitung von Druckschriften, Büchern und Bildern im neutralen und im beschränkten Maße im feindlichen Ausland[38]." Die Leitung übernahm Alfons Freiherr von Mumm, ihm zur Seite standen Erzberger, der Publizist Dr. Paul Rohrbach und der Leiter des Studienausschusses für Auslandsorganisation, Professor Ernst Jäckh. Ein Vertreter des Stellvertretenden Generalstabes, Erhard Deutelmoser, Direktor Schuhmacher als Leiter der Bilderzentrale des deutschen Überseedienstes, Heinrich Kapitän z.S. Löhlein vom RMA und zwei weitere Vertreter des A.A., Generalkonsul Lettenbaur und Dr. Roediger vervollständigten die Runde der Personen, die sich regelmäßig zur Abstimmung ihrer Arbeit für die ZfA trafen. Man darf demnach von einer ständigen Abstimmung mit dem Heer und der Marine ausgehen. Stark hinderlich waren nach Klaus Epsteins Einschätzung für Erzberger und die ZfA die einseitigen Kommuniques der OHL, die selbst im neutralen Ausland "schon früh verlacht wurden" und die mangelnde Bereitschaft der OHL, wegen ihres "militärischen Starrsinns" auf Vorschläge des Zentrumpolitikers einzugehen. Erzberger plante, international auf die englische Blockadepolitik hinzuweisen, um Sympathien für das Deutsche Reich im Ausland zu gewinnen[39]. Der Reichskanzler und, nach anfänglicher Skepsis gegenüber Erzberger, auch Otto Hamman förderten einvernehmlich die Gründung und den Ausbau dieser Abteilung, die unter der Zuständigkeit des A.A. vor allem während des ersten Kriegsjahres vorangetrieben wurde[40].

Koszyk erkannte zwar durchaus vielschichtige und differenzierte Bemühungen der Propagandagestaltung durch das ZfA an, stellte jedoch den Gesamterfolg deshalb in Frage, weil die Bürokratisierung häufig einem angemessenen Einsatz der Verwendung publizistischer Mittel entgegenstand[41]. Epstein weist mit Recht darauf hin, daß es auch mit der ZfA und mit Erzbergers Bemühungen nicht gelang, die öffentliche Meinung im neutralen Ausland, die in den

---

37 Epstein, Klaus, *Matthias Erzberger and the Dilemma of the German Democracy*, Princeton 1959. Deutsche Ausgabe: *Matthias Erzberger und das Dilemma der deutschen Demokratie*, Berlin 1962, S. 119 ff.

38 Vogel, *Organisation*, S. 33 ff, Zitat S. 36. Deist, Bd 1, Einleitung, LVII.

39 Epstein, *Erzberger*, S. 121.

40 BA, Potsdam, RK 2 437/4 ff, Regelmäßige Berichte über die Tätigkeit der ZfA in Abständen von ca. 2 bis 3 Monaten. Ausführlich zur ZfA auch: Koszyk, Pressepolitik, S. 239 ff.

41 Koszyk, *Pressepolitik*, S. 248 f.

Grundzügen antideutsch war und blieb, umzustimmen. Er erwähnt allerdings auch unbestrittene Erfolge bei der Beeinflussung der katholischen Kreise des neutralen Auslandes. Insgesamt macht er das Fehlen liberal-demokratischer Grundsätze für den unzureichenden Gesamterfolg verantwortlich. Unter den gegebenen Voraussetzungen, den "... sehr schwierigen Verhältnissen, tat Erzberger sein Bestes[42]." Am 5. März 1917 fiel die ZfA der Reform und der Ausweitung der Nachrichtenabteilung des A.A. zum Opfer. Die ZfA wurde in den A.A. - Aufgabenbereich auch formell eingegliedert. Die positive Wirkung der Übernahme war, daß die Propagandatätigkeiten ausgeweitet wurden[43]. Nach dem Sturz Bethmann Hollwegs im Juli 1917 gelang es Erzberger nicht, zu den nachfolgenden Reichskanzlern ein ähnliches Vertrauensverhältnis aufzubauen. Er zog sich von der Propagandaarbeit bis zum Oktober 1918 zurück, bevor er für die Regierung Max von Badens die Konzeptionierung der zivilen Presse- und Öffentlichkeitsarbeit im Deutschen Reich übertragen bekam[44]. Das A.A. übernahm in enger Übereinstimmung mit Erzberger nach und nach seine Konzepte und sein Personal für die Fortführung der Arbeit. Gegen zunehmende Angriffe vornehmlich aus konservativen und alldeutschen Kreisen auf die Person des Zentrumpolitikers, wurde er im Juni 1918 vom A.A. - Nachrichtenchef Erhard Deutelmoser im Reichstag offiziell in Schutz genommen. Den Text der Erklärung hatten Erzberger und Deutelmoser gemeinsam abgesprochen[45].

Die Einschätzungen von Koszyk und Epstein gehen in eine ähnliche Richtung und kennzeichnen die Rolle der ZfA angemessen. Einschränkend muß angeführt werden, daß für eine tiefergehende Bewertung der ZfA und ihrer Arbeit noch umfangreichere Recherchen angestellt werden müßten als das hier möglich ist. Dennoch sei zur Relativierung möglicher negativer Bewertungen der deutschen Auslandspropaganda an dieser Stelle etwas zu ihrer Einschätzung zu Beginn des Krieges durch Großbritannien gesagt. Die Deutschen galten auf diesem Feld als gut vorbereitet (!), das bemerkte nicht nur der britische Botschafter in Rom. "The same was true elsewhere as German propaganda spread far and wide. Posters, leaflets and pamphlets poured out from Berlin in an effort to explain Germany's entry into the war and to discredit the motives

---

[42] Epstein, *Erzberger*, S. 125.

[43] BA, Potsdam, RK 2 439, Schreiben vom 05.03.1917, Dok. 68.

[44] Vgl. dazu Kapitel 5.4.

[45] Epstein, *Erzberger*, S. 126, besonders Anm. 29.

of the enemies[46]." Die Engländer nahmen sich auch Publikationen der ZfA wie z.B. die Kriegschroniken, die sehr erfolgreich waren, zum Vorbild[47]. Es ist ein interessantes Phänomen, daß die jeweils andere Seite glaubte, der Gegner hätte auf diesem Feld einen Vorsprung, den es aufzuholen galt. Offensichtlich schien mit einer neuen Dimension des Krieges auch ein Bewußtsein um die Notwendigkeit entstanden zu sein, daß dieser auch als Kampf um die nationale und internationale, d.h. vor allem um die öffentliche Meinung der neutralen Länder, geführt werden mußte. Dieses Feld war für alle Beteiligten in der Form unbekanntes Terrain. Eine natürliche Unsicherheit vor einer möglichen Übervorteilung durch den Gegner, weil der Glaube an die eigene Stärke in diesem Bereich weit weniger ausgeprägt war als auf militärischer Seite, stellte sich dann auf Seiten der Mittelmächte und auf Seiten der Entente ein. Jeder war folgerichtig auch ständig mit Überlegungen zur Verbesserung der Wirksamkeit und Effizienz der eigenen Pressepolitik beschäftigt. Auf deutscher Seite galt dabei die Person Otto Hammans als eine feste Größe für den Bereich der Informationspolitik.

Die Presseabteilung des A.A. wurde dann im April 1915 als Abteilung IV. (Pressereferat der politischen Abteilung) auf Wunsch des Reichstages zu einer selbständigen Abteilung ausgebaut, in welcher die Stellen der Auslandspropaganda eingegliedert wurden. Hamman wurde Chef dieser Abteilung und zum Ministerialdirektor befördert[48]. Er übernahm hauptsächlich organisatorische Aufgaben, um die Arbeit der Depeschendienste im Ausland voranzubringen. Neben der "Kulturpropaganda" und der Innenpolitik kümmerte er sich auch um die Vorbereitungen möglicher Friedensbedingungen. Sein ständiger Vertreter war Freiherr von Mumm, der sich vorrangig um die Kontakte zu den anderen Ressorts bemühte. Er war der Ansprechpartner der Journalisten, informierte die In- und Auslandspresse, bearbeitete die Druckschriftenpropaganda, die Auslandsnachrichten und sämtliche Zensurangelegenheiten[49]. Am 1. Mai 1915 nahm die

---

[46] Sanders/Taylor, *British Propaganda*, S. 38.

[47] Epstein, *Erzberger*, S. 122 f.

[48] Koszyk, Kurt, *Entwicklung der Kommunikationskontrolle zwischen 1914 und 1918*, in: Fischer, Heinz Dietrich (Hrsg.), *Pressekonzentration und Zensurpraxis im Ersten Weltkrieg*, Berlin 1973, S. 152-193, hier S. 156 ff. Koszyk kennzeichnet diese Abteilung als die zu Kriegsbeginn bedeutendste. Vgl. auch Groth, *Zeitung*, Bd 2, S. 236.

[49] BA, Potsdam, RK 1 603, *Auswärtiges Amt*, Schreiben Jagows vom 22.04.1915 zur Teilung der Geschäfte der Nachrichtenabteilung, Dok. 41. Mumms Vertreter war Graf von Wedel. Ihm unterstanden weiter von Radowitz, Lettenbaur und Walter (für Zensurfragen). Hammans Fachkräfte waren Heilbron (sämtliche inneren Angelegenheiten) und Weber (organisatorische, finanzielle Aufgaben und Depeschendienst).

umgestaltete Presse-Abteilung ihre Arbeit auf. Das Zentralbüro konnte seine Presseangelegenheiten nun direkt an die neue "Geheime Presse-Registratur" weiterleiten, wo alle laufenden Vorgänge der Nachrichtenabteilung zukünftig gesammelt werden sollten. Sach- und Personalfragen durften nur in Abstimmung mit Hamman behandelt werden, der auch in allen Zweifelsfällen hinzugezogen werden mußte[50].

Der routinierte Pressereferatsleiter stellte sich somit nochmal den neuen Anforderungen und Aufgaben. Seine Kampfeslust und seine Erfahrung überwanden die Schwierigkeiten, die die Neuerungen mit sich brachten. Doch auch die Grenzen seines Verständnisses von einem System der Nachrichtenverwertung für die Öffentlichkeit wurden sichtbar. "Von der Technisierung und Mechanisierung des Pressebetriebs, wie sie der Krieg mit sich brachte, hat er nichts gehalten." Diese Beobachtung zeigt deutlich, daß es mittelfristig für sein "eher handwerkliches System" unter "sparsamster Verwendung von Personen" keine ausreichenden Erhaltsgarantien geben konnte[51].

Auch sein Verhältnis zu Staatssekretär von Gottlieb von Jagow war von persönlicher Distanz und teilweise schweren Zusammenstößen gekennzeichnet. Das hat eine enge und produktive Zusammenarbeit für die Interessen der zivilen Reichsleitung zusätzlich erschwert. Jagow hatte einen Wechsel im Pressereferat sichtlich befürwortet und auch mit daran gearbeitet. Unter Erich von Falkenhayn, der auf Personalfragen auf diesem Sektor selbst nie Einfluß genommen hatte, vollzog sich Hammans Abschied auf dieser Ebene allerdings eher in kleinen Schritten, still und wenig spektakulär.

Erst nach dem Wechsel in der OHL von Falkenhayn zu Hindenburg und Erich Ludendorff im August 1916 zeichnete sich langsam das Ende seiner Amtszeit ab. Der alte Mann wurde von der 3. OHL indirekt zur "persona non grata" erklärt. Ihm wurde eine gewisse "Linkslastigkeit" unterstellt, die sich in seinen Kontakten zu August Stein und Theodor Wolff niederschlug. Es wurde ihm vorgeworfen, die Rechtspresse vernachlässigt zu haben. Jagows Bestrebungen waren erst unter der 3. OHL erfolgreich, weil auch Bethmann Hollweg aus sachlichen Erwägungen und unter dem zunehmenden Druck der Militärs eine Ablösung Hammans für notwendig hielt.

Otto Hamman weiterhin an der Seite des Kanzlers zu sehen, war für Hindenburg und Ludendorff ein Zustand, der nicht dem Rahmen ihrer neuen Strategievorstellungen auf dem Sektor des

---

[50] Ebd., Konzeption Jagows vom 15.04.1915, Dok. 42.

[51] Heilbron, *Hamman*, S. 104 ff, Zitat S. 106.

Pressewesens entsprach[52]. Die nun aktivere Haltung der OHL in Pressedingen scheint allerdings den Reichskanzler selber zu einer Entscheidung in dieser Sache veranlaßt oder indirekt gezwungen zu haben. Bethmann Hollweg vermochte es nicht, Hamman unter diesen Umständen zu halten. Vielleicht haben sich in dem Falle gemeinsame Wünsche getroffen, denn der OHL konnte es nur recht sein, daß ein Mann aus ihren Reihen, der damalige KPrA-Chef Erhard Deutelmoser, im A.A. eine Schlüsselposition für die Öffentlichkeitsarbeit bekam. Außerdem waren Spannungen zwischen IIIb-Chef Walter Nicolai und Deutelmoser zumindest unterschwellig zu Tage getreten, so daß auch Nicolai gerne einen anderen - Major Stotten - als Chef des KPrA gesehen hätte. Eine Art Ringtausch zur allseitigen Zufriedenheit und zu Lasten von Otto Hamman, der in dieser Phase isoliert zu sein schien, konnte ablaufen. Der Autoritätsverlust des A.A. gegenüber der OHL, weil der vormalige Leiter des KPrA nun auf dem zivilen Sektor Einfluß nahm, war offenkundig, auch wenn der Wechsel offiziell auf eine Initiative des Reichskanzlers zurückzuführen war. Die Auswirkungen hielten sich in Grenzen, weil Deutelmoser sich nicht als \`Vasall\` der OHL innerhalb der Reichskanzlei betrachtete. Eine gewisse Ironie liegt in der Tatsache, daß Jagow seinen Staatssekretärposten dann jedoch offiziell noch vor Hamman, auf dessen Ablösung er doch so lange gedrängt hatte, geräumt hat. Die Kräfte in der 3. OHL, mit deren Rückhalt er die Berufung Deutelmosers ins A.A. entscheidend vorangetrieben hatte, sorgten in seinem eigenen Arbeitsbereich für solche Schwierigkeiten, daß Jagow in der Konsequenz daraus nur seinen Rücktritt einreichen konnte[53].

Der von Koszyk angeführte Punkt, Hamman habe aufgrund des Drucks der 3. OHL gehen müssen, weil er nicht in der Lage war, die Stimmung der kriegsmüden deutschen Bevölkerung

---

[52] BA, Militärisches Zwischenarchiv, Potsdam, Kriegsgeschichtliche Forschungsanstalt des Heeres/KGFA, KGFA W-10/50 300 *Mitteilungen des Ministerialdirektors Deutelmoser über seine Tätigkeit als Leiter des Kriegspresseamtes und als Chef der Pressestelle der Reichsregierung im Weltkrieg 1914 - 1918 zur Pressepolitik.* Die Abfassung des Berichtes erfolgte von einem Mitarbeiter des KGFA und ist mit zahlreichen Randbemerkungen, Streichungen und Ergänzungen versehen. Im Anhang befindet sich ein Fragenkatalog zum Sachverhalt, in dem auch die Ablösung Hammans behandelt wird (Dok. 18).
Die KGFA ist aus dem Reichsarchiv hervorgegangen, das 1931 die Arbeiten an den Weltkriegsbänden abgeschlossen hatte. Nach einigen Umstrukturierungen wurde aus der Historischen Abteilung am 1. April 1935 dann die Forschungsanstalt für Kriegs- und Heeresgeschichte gebildet, zwei Jahre später erfolgte die Umbenennung in Kriegsgeschichtliche Forschungsanstalt des Heeres (KGFA). Zur Organisation der Kriegsgeschichtsschreibung während der Zeit 1914 - 1918: Brühl, Reinhard, *Militärgeschichte und Kriegspolitik*, Berlin 1973, S. 212 ff.

[53] Vgl. Kapitel 4.3.

zu heben, erscheint als Begründung zutreffend[54]. Doch es ist nur ein vorgeschobener Grund gewesen. Mit den ihm zur Verfügung stehenden Mitteln wäre es dem A.A. im Alleingang gar nicht möglich gewesen, dieses Problem zu lösen. Der 3. OHL war Hamman ein Dorn im Auge, ein Unsicherheitsfaktor, den es als möglichen Gegenspieler bei zukünftigen Initiativen der Militärs auszuschalten galt. Das "System Hamman" und seine Person hatten sich außerdem in ihrer Form überlebt. Zu viele andere Kontaktstellen zur Presse waren unter dem Druck des Krieges geschaffen und Hamman auf diese Weise ganz allmählich in den Hintergrund gedrängt worden.

Deutelmoser, der Hammans Nachfolger werden sollte, erfuhr davon am 12. September 1916 durch einen Anruf von Major Nicolai. "Der Reichskanzler habe bei Ludendorff angefragt, ob ich als Nachfolger Hammans zur Verfügung gestellt werden könnte." Deutelmoser war im Prinzip dazu bereit, zuerst aber noch skeptisch: "Ich ... glaube aber nicht eher, daß H.(amman) geht, als bis er wirklich weg ist[55]." Anfang Oktober hat dann Staatssekretär Jagow gegenüber Nicolai bestätigt, Deutelmosers "Berufung sei beschlossen". Hamman wußte aber zu diesem Zeitpunkt noch nichts von seiner Ablösung[56]. Am 10. Oktober kam es dann zu einer etwas peinlichen Szene, als Deutelmoser am Rande der Pressekonferenz von dem Vertreter des Admiralstabs, Karl Kapitän z.S. Boy-Ed, im Beisein von Hamman auf diesen Personenwechsel angesprochen wurde. Deutelmoser bat am darauffolgenden Tag Jagow persönlich um eine schnelle Entscheidung. Dieser führte die Arbeitsüberlastung des Reichskanzlers an, bestätigte allerdings die Absicht Bethmann Hollwegs, "... es doch H.(amman) gern selber zu sagen, um ihn nicht unnötig zu verletzen." Jagow sollte nicht zum "Sendboten" werden[57]. Bethmann Hollweg hat dies in den folgenden Tagen dann auch selbst getan, denn Deutelmoser hat sich fünf Tage später mit einem Brief "im Hinblick auf die bevorstehenden Veränderungen" direkt an Hamman gewandt, für den also Mitte Oktober klar war, daß er seinen Posten würde räumen müssen[58].

---

[54] Koszyk, *Pressepolitik*, S. 26.

[55] Deutelmoser, *Tagebücher*, Heft VII, S. 5.

[56] Ebd., S. 57 f., Eintrag vom 03.10.1916.

[57] Deutelmoser, *Tagebücher*, Heft VIII, S. 52 f.

[58] BA, Potsdam, *NL Hamman*, 90 Ha 6 Nr. 46, Beleg dafür ist ein freundlicher, sehr verbundener handschriftlicher Brief Erhard Deutelmosers an Hamman vom 16.10.1916, in dem Deutelmoser nochmals seine "große Dankbarkeit" bekundet und der Hoffnung Ausdruck gibt, daß er (Hamman) ihm "auch in

Groth, der Hamman als "unentbehrlichen Berater Bülows und Bethmanns" beschreibt, sieht die Problematik einer Gesamtbewertung zutreffend von zwei Seiten: Hamman hat sich große Verdienste um den politischen Einfluß und das soziale Ansehen der Presse erworben. Eine deutlich verbesserte Unterrichtung der Öffentlichkeit steigerte die Anerkennung der Pressearbeit insgesamt, auch in amtlichen Kreisen. Die Bevorzugung mancher Zeitungen und Journalisten führte zwar einerseits zu einem Vertrauensverhältnis mit gegenseitiger Achtung, andererseits jedoch zu einer Art "Gunstwirtschaft" in der Behandlung von Personen und Blättern. Auch "Schönfärberei", die häufig ausgesprochenen Bitten, "so wenig wie möglich zu schreiben", das Bestreiten von Tatsachen oder die nachträgliche überraschende Offenlegung von Fakten, waren deutliche Negativpunkte seiner Arbeit. Manchmal geschah dies auch unbewußt, weil Hamman selber nicht informiert worden war. Doch es wäre falsch, dem "System Hamman" das zuzuschieben, was dem allgemeinen politischen System entsprang[59].

"Er hatte als solcher großen Einfluß und nicht nur auf die Presse[60]." Diese Einschätzung aus einem großen Zeitungsartikel zu seinem Abschied ist in jedem Falle richtig. Hamman hatte vor dem Krieg ein im Rahmen der Zeit durchaus gut funktionierendes System geschaffen, das allerdings auf seine Person fixiert war. Magnus von Braun charakterisiert das so: "Er hatte ein feines Ohr für die öffentliche Meinung, war ein konkurrenzloser Kenner der Wirkung von Handlung und Rede im Ausland und war ... ein hellhöriger Psychologe ... Hamman unterrichtete und beriet den Kanzler jeden Morgen als erster[61]."

Heilbron bewertet die geleistete Arbeit mit Respekt und lobt insgesamt die gute Qualität. Hamman hat seine Macht nie persönlich mißbraucht, sein Einfluß auf politische Entscheidungen ging allerdings weit über die enge Bezeichnung seines Postens hinaus. Eine Vielzahl bedeutender Kanzlerreden waren von ihm vorbereitet worden[62], auch die berühmten Worte Kaiser Wilhelms

---

Zukunft mit wohlmeinendem Rat zur Seite stehen" würde. Vgl. auch Kapitel 4.2. zu den Umständen des Wechsels auf diesem wichtigen Posten.

[59] Groth, *Zeitung*, Bd 2, S. 224 und S. 227 f.

[60] BA, Potsdam, *NL Hamman*, 90 Ha 6 Nr. 46.

[61] von Braun, Magnus, *Von Ostpreußen bis Texas*, Stollham 1955, S. 101.

[62] Heilbron, *Hamman*, S. 101 und S. 107.

II., "Ich kenne keine Parteien mehr, ich kenne nur noch Deutsche", stammten aus seiner Feder[63].

Doch insgesamt waren die Arbeitsbedingungen und die organisatorischen Rahmenbedingungen für Otto Hamman sicher unzureichend und deren Ausbaumöglichkeiten sehr begrenzt. Ein Presseapparat, der schon in Friedenszeiten gravierende Mängel in seinen Strukturen aufwies, konnte unter den Erfordernissen des Krieges nicht bestehen, zumal sich die Schwerpunkte des Ausbaus auf dem Pressesektor unmittelbar nach Kriegsbeginn verlagerten: Die zivile Seite verlor zwangsläufig an Boden, sie mußte sich erst mit der veränderten Lage zurechtfinden. Alle unter militärischen Bedingungen geschaffenen Einrichtungen sollten innerhalb kürzester Zeit einvernehmlich das aufholen, was vor 1914 versäumt worden war, weil man es für nicht wichtig genug erachtet hatte.

Das "System Hamman" war mit einer solchen Aufgabe allein überfordert. Von sich aus konnte es nicht in eine Führungsrolle zum Aufbau einer Art Reichspresse- und Informationsamtes gelangen. Fehlende Einigkeit insgesamt im allgemeinen und fehlende Einsicht in die Notwendigkeit von Pressearbeit zwischen politischer und militärischer Führung im besonderen verhinderten erst einmal eine konzertierte Aktion in dieser Richtung. Die Fortentwicklung auf dem Sektor des Pressewesens und die in Relation zur Vorkriegszeit sprunghaft ansteigende Bedeutung schwächten zwangsläufig das "System Hamman". Sein Abgang als solcher Ende 1916 wäre weniger beachtenswert, wenn er nicht in direktem Zusammenhang mit einer inneren Machtverschiebung und einer verstärkten Einflußnahme der neuen 3. OHL auf die Pressepolitik stünde. Das sagt dann auch wiederum etwas über die Hintergründe der Berufung seines Nachfolgers, Erhard Deutelmoser, aus, auf die zu einem späteren Zeitpunkt noch einzugehen sein wird[64].

Hamman wirkte dann über das Kriegsende hinaus für einen Bereich, der ihn schon in der Vorkriegszeit beschäftigt hatte, den Transocean-Dienst. Die Kablogrammgesellschaft, später Transocean-Gesellschaft, stand für den Versuch, mit einer deutschen Agentur ein internationales Nachrichtenvertriebsnetz aufzubauen. Der Erfolg war eher bescheiden[65]. In beratender Funktion

---

[63] von Braun, *Ostpreußen*, S. 101.

[64] Vgl. Kapitel 4.3.

[65] BA, Potsdam, *NL Hamman*, 90 Ha 6 Nr. 4 Schreiben Hammans an Bethmann vom 27.11.1916. Dazu auch Hamman, *Erinnerungen*, S. 87 f. und Heilbron, *Hamman*, S. 100.

hat sich Otto Hamman auch nach seinem Ausscheiden aus den Diensten des A.A. mit seinen Erfahrungen weiterhin in den Dienst der Sache gestellt, wenn er von Deutelmoser oder Kollegen von anderen Pressereferaten darum gebeten wurde.

1.3. Das Nachrichtenbüro (N) des Reichsmarineamtes

Unmittelbar nach seiner Ernennung zum Staatssekretär hat Alfred von Tirpitz am 17. Juni 1897 das RMA um einen wichtigen Bereich erweitert: "Eine Abteilung für Nachrichtenwesen und allgemeine Parlamentsangelegenheiten", kurz "Nachrichtenbüro" oder noch kürzer einfach nur "N" genannt. Von hier aus gelangten zahlreiche Informations- und Propagandaschriften in den nächsten zwei Jahrzehnten an die Öffentlichkeit[66]. Eigene Informationsgrundlagen über die Presse wurde durch einen speziellen "Zeitungslesedienst" gewährleistet. Der Minister bekam täglich einen "Pressespiegel" vorgelegt, der "Vorwärts" wurde teilweise durch die Offiziere von Heeringen oder von Capelle persönlich analysiert. Ein "Literarisches Archiv" wurde aufgebaut. Jede Diskussion über Fragen, die Interessen der Marine berührten, wurde so auf der Basis einer fundierten Vorabinformation geführt. Die Kontakte zu Zeitungen und Nachrichtenagenturen wurden ausgebaut, alle bedeutenden Blätter wurden berücksichtigt. "Eine detaillierte Kartei von Charakterisierungen aller bei N bekannten Journalisten und ihrer Blätter verhalf mit zu den erstaunlichen Beeinflussungserfolgen der Marine[67]." Enge Beziehungen zum WTB und zu anderen Agenturen (z.B. Neue Korrespondenz), ja sogar taktische Ratschläge und Formulierungshilfen durch WTB-Direktor Mantler waren ein wichtiger Rückhalt der zu leistenden Arbeit. Der "Meinungsaustausch und das persönliche Gespräch" wurden einer direkten Beeinflussung vorgezogen. Durch geschicktes Taktieren gelang es über einen gewissen Zeitraum, Informationen so zu verpacken, "... daß die Autoren schließlich glaubten, sie seien

---

[66] Hubatsch, Walter, *Der Admiralstab und die obersten Marinebehörden in Deutschland*, Frankfurt 1958, S. 89 f.

[67] Groth, *Zeitung*, Bd 2, S. 233 nennt den 15. Juni, Vogel, *Organisation*, S. 13 den 17. Juni als Datum. Dazu auch Petter, Wolfgang, *Deutsche Marinegeschichte der Neuzeit. Die Weichenstellungen der Rüstungspolitik* in: *Deutsche Militärgeschichte*, hrsg. vom Militärgeschichtlichen Forschungsamt, Band VIII., Freiburg 1977, S. 189 ff.

die Erfinder dieser Gedanken ...". Die Öffentlichkeit nahm solche Artikel entsprechend positiv auf[68].

Wilhelm Deist hat in seiner nach wie vor grundlegenden und richtungsweisenden Studie über die Flottenpolitik und die Flottenpropagangda vor dem Ersten Weltkrieg die Stellung von N ausführlich untersucht und charakterisiert. Er relativiert in der Forschung gezogene Vergleiche zum Propagandaapparat der NSDAP genauso wie zu während des Ersten Weltkriegs geschaffenen Institutionen (z.B. dem Kriegspresseamt). "Die Gegebenheiten, Möglichkeiten und die tatsächlich erzielten Ergebnisse des Nachrichtenbüros..." sind in das richtige Verhältnis zu den vergleichsweise riesenhaften Behörden der Nationalsozialisten zu setzen, auch wenn die Wirkung der Arbeit von N überproportional groß gewesen ist[69]. Die Mobilisierung und Sensibilisierung der Öffentlichkeit für Fragen der Marinepolitik, der Flottenvorlagen und der Bedeutung der Rüstungspolitik zu Wasser überhaupt ist jedoch unzweifelhaft ein Verdienst von Tirpitz und N. Es gelang der Marine unbemerkt, die Flottenpropaganda mit ihren zweifellos vorhandenen Demokratisierungstendenzen zugunsten der antiparlamentarischen Strömungen einzusetzen. Die Exekutive löste eine öffentliche Bewegung aus und lenkte sie dann in ihr genehme Bahnen[70].

Zwischen den vorhandenen Pressebüros entwickelte sich auch aufgrund unterschiedlicher Zielsetzungen gelegentlich eine Art "geheimer Ressortkrieg"[71]. Während der Zeit der Flottenagitation konnte sich das Nachrichtenbüro am intensivsten profilieren, auch wenn natürlich nicht alle Initiativen erfolgreich waren. Vor allem die heftigen Kompetenzstreitigkeiten im Jahre 1912 zwischen Bethmann Hollweg und Tirpitz brachte N nach über einem Jahrzehnt mit großen Entfaltungsmöglichkeiten wieder stärker unter den grundlegenden Einfluß der Regierung und schränkte die "relative Selbständigkeit des Nachrichtenbüros zwischen Behörde und Öffentlichkeit" sichtbar ein. Die einheitliche Führung der Reichspolitik genoß Priorität und Tirpitz

---

68 Petter, *Marinegeschichte* S. 192 f.

69 Deist, Wilhelm, *Flottenpolitik und Flottenpropaganda, Das Nachrichtenbüro des Reichsmarineamtes von 1897-1914*, Stuttgart 1976, hier S. 71 f.

70 Ebd., S. 330 f.

71 Groth, *Zeitung*, Bd 2, S. 233 f.

blieb keine andere Wahl, als dieser Forderung des Reichkanzlers entgegenzukommen, um nicht in anderen Bereichen der Flottenpolitik noch größere Nachteile in Kauf nehmen zu müssen[72]. Die stete "wichtige politische Bedeutung" des Pressebüros ist allerdings unbestritten. Unmittelbarer Kontakt durch den fast täglichen persönlichen Gesprächsaustausch des Leiters der Nachrichtenabteilung mit der Führungsspitze der Marine sicherten den Informationsfluß. In einer entscheidenden Phase des Krieges - kurz nach der einzigen großen Seeschlacht der deutschen Flotte im Skagerrak - wurde die Presseabteilung des Admiralstabs im Juli 1916 übrigens mit dem Nachrichtenbüro zusammengelegt, um ein noch höheres Maß an Einheitlichkeit und Effizienz zu gewährleisten[73].

Auch wenn das Ansehen der Marine aufgrund mangelnder Erfolge im Verlauf des Krieges eher eine absteigende Tendenz aufwies, kann die Bedeutung der Informationspolitik in Fragen der U-Bootwaffe einen zweifelhaften Erfolg für sich verbuchen: Nicht nur die Öffentlichkeit, sondern auch die überwiegende Zahl der Entscheidungsträger auf der militärischen und politischen Ebene vertrauten den Versprechungen der Marineleitung viel zu lange. Die fälschlicherweise geweckten Erwartungen sollten sich verhängnisvoll ins Gegenteil verkehren[74].

Dennoch bleibt festzuhalten, daß die Organisationsstruktur, die personelle Ausstaffierung und die Arbeitsmethoden der Nachrichtenabteilung des RMA eine sehr effiziente Pressepolitik gewährleisteten. Auf Reichsebene war in einem Teilbereich ein modernes System geschaffen worden, das schon um die Jahrhundertwende richtig zur Entfaltung kam. Rücksichten auf bundesstaatliche Vorschriften waren nicht erforderlich, Marineinteressen wurden mit den Reichsinteressen gleichgesetzt. Auch Wilhelm Deist hat die Arbeit von N und die Entwicklung seiner hohen Funktionsfähigkeit in mehr als anderthalb Jahrzehnten entsprechend beurteilt: "...Die erzielten Wirkungen waren ohne Vorbild und überdauerten in mancher Hinsicht die Flottenpolitik des Admirals v.Tirpitz[75]."

---

[72] Deist, *Flottenpolitik*, S. 297 ff.

[73] Vogel, *Organisation*, S. 14. Zur Rolle des Admiralstabs im Kriege: Hubatsch, *Admiralstab*, S. 165 ff. Zu den Hintergründen der Zusammenlegung der Abteilungen vgl. Kapitel 4.1.

[74] Vgl. Deist, Wilhelm, *Die Politik der Seekriegsleitung und die Rebellion der Flotte Ende Oktober 1918* in: Vierteljahreshefte für Zeitgeschichte, 14, 1966, S. 341-361. Jetzt auch in: Deist, Wilhelm, *Militär, Staat und Gesellschaft*, München 1991, S. 185-310.

[75] Deist, *Flottenpolitik*, S. 352.

Erhard Deutelmoser, der Leiter des KPrA und spätere Pressechef beim Reichskanzler, hat Alfred Tirpitz als einen "Meister des modernen Verkehrs mit der Presse" bezeichnet. Mit Methoden, die längst nicht immer frei von "Kniffen und Mätzchen" gewesen seien, hätte sich Tirpitz eines Apparates bedienen können, der zumeist eine sehr effiziente Umsetzung der Absichten des Admirals garantiert hätte. Von entscheidender Bedeutung sei dann allerdings gewesen, daß "Tirpitz ein klar erkanntes Ziel vor Augen gehabt hätte, das er mit eiserner Tatkraft verfolgt hätte." Seine Überzeugungskraft und die zumeist logische Folgerichtigkeit seines Handelns wären die "Geheimnisse seines Presseerfolges" gewesen. Die eindeutige Zielsetzung der Marine, ihre Rolle als "Lieblingskind des Kaisers" und ihre an den Reichsinteressen ausgerichteten Zielvorstellungen beflügelten die Entstehung einer funktionsfähigen Informations- und Propagandaabteilung[76].

Man ist leicht geneigt, sich bei einer Bewertung der Arbeit des Marinebüros davon leiten zu lassen, welche katastrophale Diskrepanz zwischen den Propagandaäußerungen und der Wirklichkeit bestanden haben; eine Tatsache, die für die Öffentlichkeit mit all ihren Konsequenzen erst nach Ende des Krieges ersichtlich wurde. Die Verantwortung, der Imageverlust und die Konsequenzen ergaben eine Last, die die Marine nur schwer zu tragen vermochte. Sie zerbrach innerlich an den von ihr selbst hochgeschraubten Erwartungen.

Unabhängig davon lag ein hohes Maß der Effizienz der Pressearbeit von N an der engen und einheitlichen Linie, die die Interessen um die Reichsflotte in der Öffentlichkeit - vor allem durch die Bemühungen von Tirpitz - auf die wesentlichen Punkte konzentrierte. Ein Großteil der angewandten Prinzipien (u.a. stets sehr enger persönlicher Kontakt zwischen der RMA-Spitze und N, indirekte Einflußnahme auf Zeitungen durch Lancierung von Artikeln) bei der Pressearbeit würde auch heute noch für Erfolge bürgen. Das Dilemma der Marine lag darin, daß auch die beste Pressepolitik auf Dauer die Tatsachen nicht ins Gegenteil verkehren konnte.

---

[76] Deutelmoser, *Tagebücher*, Heft V, S. 61 f.

1.4. Die Nachrichtenagenturen und das Wolffsche Telegraphen Büro (WTB)

Die Schaltstellen oder Büros, an denen wirtschaftliche und politische Nachrichten aus den verschiedenen Teilen der Welt gesammelt und weitergegeben werden, entwickelten sich in Europa schon geraume Zeit vor dem Ersten Weltkrieg. Den Anfang machte Charles A. Havas 1835 in Paris, als er das literarische Übersetzungsbüro Correspondence Garnier in eine Nachrichtenagentur umwandelte. Meldungen wurden gesammelt, übersetzt, neu zusammengestellt und dann im In- und Ausland verkauft[77]. Der deutsch- und englischsprachige Raum mußte noch einige Jahre auf eine ähnlich geartete Einrichtung warten. Bernhard Wolff und Julius P. Reuter sammelten allerdings direkt bei Havas in Paris ihre ersten Erfahrungen in diesem neuen Geschäftszweig. Am 27. November 1849 wurde in Berlin das "Telegraphische Correspondenzbüro (B.Wolff)" gegründet[78]. Am 20. Mai 1865 wurde es mit Unterstützung von König Wilhelm I., Bismarcks und einiger einflußreicher Bankiers (v. Oppenfeld, Bleichröder) in eine Kommanditgesellschaft umgewandelt, 1874 dann in eine Aktiengesellschaft. Das Kürzel der "Continental Telegraphen Compagnie-Wolffsches Telegraphen Büro" (WTB) wurde auch international in den folgenden Jahrzehnten zu einem festen Begriff.[79] Nur ein Jahr nach Wolff gründete 1850 Reuter in London sein Büro. Von dort aus widmete er sich erstmalig dem Handel mit Börsennachrichten, bevor er es sich dann 1858 - inzwischen verfügte er über ein "ausgedehntes Netz von Korrespondenten und Nachrichtenverbindungen" - zur Aufgabe machte, die Londoner Großstadtzeitungen regelmäßig mit Informationen zu versorgen[80]. Am 18. Juli

---

[77] Höhne, Hansjoachim, *Die Geschichte der Nachricht und ihrer Verbreiter*, Baden-Baden 1976, hier S.63 ff.

[78] Ebd. S. 45. Vgl. dazu auch die erste Gesamtstudie über das WTB von Basse, Dieter, *Wolff's Telegraphisches Bureau 1849 bis 1933. Agenturpublizistik zwischen Politik und Wirtschaft*, München u.a. 1991, hier S. 15 ff.

[79] Höhne, *Geschichte der Nachricht*, S. 48: Die Unterstützung auf breiter Ebene war durch den Druck von außen - Havas und Reuter weiteten ihre Aktivitäten auf dem Kontinent aus - notwendig geworden, denn Wolff war zwar im eigenen Land als einzige deutsche Korrespondenz flächendeckend akzeptiert, konnte sich jedoch innerhalb des Deutschen Bundes weniger frei bewegen als seine ausländischen Konkurrenten und hatte international Nachholbedarf. Vgl. auch Basse, *Wolff's Bureau*, S. 28 ff. Zur weiteren Entwicklung: Bundesarchiv, Potsdam, *NL Hamman*, 90 Ha 6 Nr. 62, Entstehungsgeschichte von WTB im Abriß von Mantler vom November 1913, hier S. 8.

[80] Gross, Heinz-Willi, *Die Deutsche-Presse-Agentur; historische Analyse ihrer Organisations- und Machtstruktur, externer Interessensverflechtungen und der Position auf dem bundesdeutschen Nachrichtenmarkt*, Frankfurt 1982, hier S. 16 f., Zitat S. 15.

1859 wurden die bis dahin losen Verbindungen über gegenseitige Versorgung mit Meldungen über Börsenkurse und Marktpreise in einem Nachrichtenaustauschvertrag zwischen den drei Agenturen Havas, Wolff und Reuter festgelegt[81].

Während für die Kolonialmächte der alten Welt Verlegung, Besitz und Kontrolle der Überseekabelverbindungen eine zentrale Rolle spielten, war in den Vereinigten Staaten von Amerika aufgrund der Stärke des eigenen Zeitungsmarktes der Einfluß der Verleger von Beginn an größer als in Europa. Die im Mai 1848 in New York gegründete "Harbour News Association" ging dort 1857 in der "New York Associated Press" auf. 1866 entstand im mittleren Westen die "Western Associated Press", die sich durch einen geschickten Schachzug im Kampf dieser beiden amerikanischen Agenturen den entscheidenden Vorsprung sicherte. Im Jahre 1897 mußte die New Yorker Gesellschaft Konkurs anmelden, im Jahre 1900 wurde dann die genossenschaftliche Organisation der "The Associated Press" in ihrer heutigen Form gegründet. Die West AP trat 1873 dem Vertrag bei, den die drei europäischen Gründeragenturen am 1. Februar 1870 für 20 Jahre geschlossen hatten und der die Welt in drei, ab 1873 dann in vier Interessensgebiete aufteilte[82].

Wolff bekam Deutschland und seine Kolonien, Österreich-Ungarn, Skandinavien, Dänemark, Rußland, die anderen osteuropäischen Staaten und die europäische Türkei.

Reuter und Havas teilten ebenfalls Regionen des Balkans sowie des Nahen Ostens (z.B. Ägypten) und Belgien unter sich auf. Reuter versorgte zudem natürlich Großbritannien und das gesamte britische Empire (außer Kanada), dazu kamen noch die Niederlande und Einflußgebiete in Ostasien.

Havas erhielt Frankreich mit sämtlichen seiner Kolonien, Spanien, Italien, Portugal und Südamerika.

Die Associated Press gab sich aufgrund ihrer damaligen speziell amerikanisch ausgerichteten Interessen mit dem nord- und mittelamerikanischen Raum, aber einschließlich Kanadas, zufrieden[83].

---

[81] Höhne, *Geschichte der Nachricht*, S. 52.

[82] Schenk, Ulrich, *Nachrichtenagenturen als wirtschaftliche Unternehmen mit öffentlichem Auftrag*, Berlin 1985, hier S. 52.

[83] Höhne, *Geschichte der Nachricht*, S. 51 f. (Schaubild) und Schenk, *Nachrichtenagenturen*, S. 54. Schenk ordnet die Niederlande Wolff zu, die Türkei Reuter und Mittelamerika Havas. Auch bei Kellen, Tony, *Die Presse als Verleumderin. Ein Beitrag zur Geschichte des Weltkrieges*, Regensburg, 1918, findet sich bereits

Das WTB hatte im Vorfeld dieser Vereinbarungen auf Vermittlung von Havas erst einmal die Auseinandersetzungen mit Reuter beendet. Reuter hatte mit einer Konzession des Königs von Hannover 1866 versucht, mit einem eigenen Geschäftsbetrieb in Frankfurt, Hamburg und Hannover im deutschsprachigen Raum Fuß zu fassen. Das WTB ging, mit dem Ergebnis des Deutsch-Österreichischen Krieges im Rücken, gegen diese Bestrebungen vor. Es kam "... zu einem völligen Bruch zwischen Reuter und Wolff." Reuter gründete dann am 1. Januar 1867 das Allgemeine Korrespondenzbüro für Norddeutschland mit Sitz in Berlin. In den folgenden drei Jahren konnte sich das WTB nur dank der Unterstützung von Regierungsseite gegen die starke neue Konkurrenz behaupten. Im Januar 1870 kamen alle beteiligten Agenturen zu der genannten Verständigung überein[84].

Dieses Aufteilungsprinzip ist seitdem von den Partnern über mehrere Stationen - unter anderem mit einigen Aufteilungsmodifikationen in den Jahren 1890 und 1903 und schließlich weit über den Zeitraum des Ersten Weltkriegs hinaus - bis ins Jahr 1934 verlängert worden. Auswirkungen dieser grundsätzlichen Einigung reichen sogar bis in die jüngste Zeit hinein. "Bei der Verteilung der Gebiete spielte zweifellos der große Besitz an Unterwasserkabeln in den Händen von Reuters eine große Rolle[85]."

Der Grund für die allgemeine rasche Aufwärtsentwicklung der Nachrichtenagenturen war der stetig wachsende Bedarf an Wirtschafts-, Handels- und Börsennachrichten, der gut bezahlt wurde. "Die politische Natur der Nachrichtenagenturen wurde von Seiten des Staates schnell erkannt, der 'seine' Agentur dann auch rasch in eine gewisse staatliche Obhut nahm[86]." Schnelligkeit, Zuverlässigkeit und Objektivität der Nachrichten waren damals wie heute dabei die entscheidenden Kriterien[87].

Die Ringverträge (Nachrichtenaustausch) der Agenturen untereinander und bilaterale Abkommen mit anderen kleineren Länderagenturen sicherten ihnen Nachrichten aus aller Welt, ohne daß sie

---

eine entsprechende Aufstellung. Er nennt für Havas auch noch Griechenland, die Türkei, Rumänien und Serbien, S. 24 f.

[84] BA, Potsdam, *NL Hamman*, 90 Ha 6 Nr. 62, S. 8 f.

[85] Höhne, *Geschichte der Nachricht*, S. 52.

[86] Schenk, *Nachrichtenagenturen* S. 55.

[87] Groth, *Zeitung*, Bd 1, S. 484 f.

selber mit eigenen Vertretern präsent sein mußten[88]. Ein Grund für die kontinentale Selbstbeschneidung des WTB lag am Zeitpunkt der Vertragsschließung in der Reichsgründungsphase. Der damalige Reichskanzler Otto von Bismarck war auf Konsolidierung bedacht. Globale Interessen spielten erst nach und nach eine zunehmend größere Rolle. Die Entsendung eigener Korrespondenten in wichtige Städte des Auslandes wurde nicht energisch genug betrieben. Damit geriet das WTB zu Beginn des Weltkrieges automatisch in eine schlechtere Ausgangslage als die Büros der Entente[89]

Die Kritik an Wolff, die bereits vor 1914 artikuliert wurde, umfaßte dabei vier wesentliche Punkte:

1. "Abhängigkeit von den jeweiligen Regierungen"
2. "Mangelnde Berichterstattung aus dem Ausland"
3. "Erfolglosigkeit beim Absatz von deutschen Meldungen..."
4. "Monopolstellung bei der Verbreitung amtlicher und halbamtlicher Verlautbarungen[90]."

WTB sprach im Gegenzug von nationalen Motiven, die neben den geschäftlichen Interessen ausschlaggebend seien. Es gebe "keine Zensur und keinen Zwang", nur eine "... freiwillige und von sachlichen Erwägungen betonte Rücksichtnahme[91]." Ein wesentlicher Unterschied zum benachbarten europäischen Ausland lag an der Dezentralisierung der deutschen Presse. Das erforderte einen speziellen Verteilungsdienst im Inland. Eine gesteuerte Einflußnahme über die Presse erschien dadurch in Deutschland ungleich schwieriger als z.B. in Frankreich[92]. Zudem hatte WTB 1909 mit Havas und Reuter vereinbart, daß die "beteiligten Agenturen ... den Grundsatz der Ausschließlichkeit des Geschäftsgebietes dann fallen ... lassen, wenn der Absender eines Telegramms dafür besondere politische und nationale Interessen geltend macht."

---

88 Einen Überblick über die Agenturen und Korrespondenzbüros in Deutschland liefert Wunderlich, Christine, *Telegraphische Nachrichtenbüros in Deutschland bis zum Ersten Weltkrieg* in: Wilke, Jürgen (Hrsg.), *Telegraphenbüros und Nachrichtenagenturen in Deutschland*, München u.a. 1991, S. 23-86.

89 Höhne, *Geschichte der Nachricht*, S. 52 ff. und Basse, *Wolff's Bureau*, S. 91 ff.

90 Höhne, *Geschichte der Nachricht*, S. 59.

91 Diez, Hermann, *Das Zeitungswesen*, Leipzig, 1910, S. 89 ff.

92 BA, Potsdam, *NL Hamman*, 90 Ha 6 Nr. 63, Denkschrift über Pressepolitik im Auslande, undatiert, vermutlich aus dem Jahre 1908, weil auf die Gründung der Kabelgesellschaft (1906) vor eineinhalb Jahren Bezug genommen wird, S. 16 ff., Dok. 47 ff. Zum Inlanddienst auch: Groth, *Zeitung*, Bd 1, S. 492 ff.

Das bedeutete nun für das Büro, "nach und nach die überseeischen Gebiete mit Vertrauensmännern, beziehungsweise Vertretern zu besetzen. Diese Aufgabe ist in Südamerika bereits in Angriff genommen und zu einem erheblichen Teil mit Erfolg ausgeführt", urteilte der Direktor Heinrich Mantler im November 1913 ein gutes halbes Jahr vor Ausbruch des Krieges[93].

Die Gründung der Telegraphen Union (TU) 1913 und die während des Krieges geplante und im Sommer 1916 schließlich vollzogene Einrichtung der Transocean-Gesellschaft können als Beispiele für den indirekten Versuch angesehen werden, die Nachrichtenversorgung Deutschlands zu verbessern, ohne an die kartellrechtlichen Vereinbarungen des WTB gebunden zu sein[94]. Die TU war aus mehreren Telegraphenagenturen gebildet worden, von denen Louis Hirsch Telegraphisches Büro (1862 gegründet) und das Herold Depeschen Büro G.m.b.H. sich bereits 1893 zusammengetan hatten. Vor allem rechtsstehende Kreise und die Industrie waren an diesem Zusammenschluß beteiligt, der wesentlich durch die Initiative des ehemaligen Legationsrates des A.A., Albert von Schwerin, zustande gekommen war. Eine "leistungsfähige Alternative" zum WTB sollte mit dieser Verschmelzung der einzelen Büros erzielt werden[95]. Den beabsichtigten Erfolg erzielten die Betreiber mit dieser Maßnahme jedoch nicht. Der Kriegsausbruch verhinderte weitgehend die gewünschte und durchaus mögliche Entwicklung. Nach ihrem unter großen Schwierigkeiten erfolgten Start geriet die TU während des Krieges unter den Einfluß Alfred Hugenbergs. Die kritische Finanzsituation der Agentur und die politische Ausrichtung der deutlichen Mehrheit der Anteilseigner begünstigten die Umstrukturierung. "Der Grundstein für die Integrierung der TU in den Hugenberg - Konzern wurde gelegt." Der eigentliche Aufstieg der TU begann erst nach Kriegsende[96].

Der 1906 bereits vom Bankhaus Asher gemachte Versuch, mit der Deutschen Kabelgramm Gesellschaft eine ähnliche Zielsetzung zu verfolgen, um an WTB, Reuter und Havas vorbei Überseenachrichten aus der Politik und der Wirtschaft nach Deutschland zu bringen, scheiterte zum einen an der Unfähigkeit, geeignete Mitarbeiter im Ausland auszuwählen und zum anderen

---

93 BA, Potsdam, *NL Hamman* 90 Ha 6 Nr. 62 S. 10 f.

94 Ebd., S. 55.

95 Dazu jetzt: Neitemeier, Martin, *Die Telegraphen-Union*, in: Wilke, Jürgen (Hrsg.), *Telegraphenbüros und Nachrichtenagenturen in Deutschland*, München u.a. 1991, S. 87-134, hier S. 88 f.

96 Neitemeier, *Die TU*, S. 101 ff., Zitat S. 102; Zur späteren Entwicklung der TU S. 106 ff. Einschätzung der Bedeutung der TU auch bei Groth, *Zeitung*, Bd 1, S. 519 f.

an der Art der Berichterstattung. "Nach Ausbruch des Weltkrieges löste sich die Gesellschaft auf." Eine fast symptomatische Erscheinung des Unvermögens deutscher Agenturen, sich im Ausland angemessen zu etablieren, scheint auch hinter diesem Beispiel zu stecken[97].

In der Gesamtentwicklung der Nachrichtenagenturen (und speziell des WTB für Deutschland) läßt sich daraus unschwer eine starke Isolierung der Mittelmächte beim Ausbruch des Weltkrieges im August 1914 erkennen. Deutschland wurde vom internationalen Nachrichtennetz abgetrennt. Aus einem Bericht des A.A. war es drastisch und klar herauszulesen: "Mit dem Kriegsausbruch war für den deutschen Nachrichtendienst nach dem Auslande eine dem völligen Stillstand nahekommende Stockung eingetreten[98]." Nur einige Tage später stellte auch der Stellvertretende Chef des Generalstabes fest, daß Reuter und Havas "fast uneingeschränkt" herrschen. Die WTB-Meldungen kommen nicht oder zu spät, es sei dringend Abhilfe nötig. Als sofortige Maßnahme wurde angeregt: "Alle deutschen Zeitungen zum neutralen Ausland ohne Zensur durchzulassen", um wenigstens den zeitlichen Vorsprung der ausländischen Blätter zu verringern. Bethmann Hollweg gab nur drei Tage später eine entsprechende Verfügung zur Aufhebung der Zeitungssperre an die Stellvertretenden Generalkommandos heraus[99]. Auch Erhard Deutelmoser sah - zum Zeitpunkt seines Ausscheidens aus dem KPrA im Oktober 1916 - mit Blick zurück in die Augusttage 1914 den entscheidenden Nachteil des Deutschen Reiches in der Unterbrechung der Kabelverbindungen durch die Engländer. Selbst die Arbeit eines gut funktionierenden deutschen Presseapparates im Ausland wäre nach seiner Ansicht durch diese Maßnahme zum Scheitern verurteilt gewesen. Alle Bemühungen um eine Verbesserung der Auslandspropaganda litten während des gesamten Krieges unter dieser schweren Belastung[100].

Mit Nachdruck sollte man sich diese nahezu völlige Abschottung Deutschlands und der Mittelmächte vom internationalen Nachrichtenstrom vor Augen führen. Reflektionen über Anschauungen oder Geisteshaltungen des Auslandes und damit eine realistische Einschätzung der Kriegsgegner und des neutralen Auslandes - vor allem auch der Vereinigten Staaten - wurden auf diese Weise verhindert. Die übrige Welt wurde von den Deutschen und ihren Verbündeten

---

[97] Groth, *Zeitung*, Zitat S. 492. Wunderlich, *Nachrichtenbüros*, S. 53 f.

[98] BA, Potsdam, *NL Hamman*, 90 Ha 6 Nr. 63, Schreiben Nr. A 22 568 vom 17.09.1914, Dok. 15-23.

[99] BA, Potsdam, RK 2 437/3, Kriegsakten 10 Bd 1, Film 13 145/13 146 Schreiben des Stellv. Chef des Generalstb. vom 19.08.1914 und Schreiben des Reichskanzlers vom 22.08.1914.

[100] Deutelmoser, *Tagebücher*, Heft VIII, S. 31 f.

nur stark eingeschränkt zur Kenntnis genommen. Dieser Zustand wurde selbst von der politischen und der militärischen Führungsebene nicht wirklich überwunden. Das stellt auch einen plausiblen Erklärungsansatz für die schockierten, überraschten und teilweise völlig konsternierten Reaktionen der Reichs- und Heeresleitung im Herbst 1918 dar. Viele Vorschläge der Exekutive in den letzten Kriegswochen ließen eher politische Naivität erkennen, als daß ihnen echtes außenpolitisches Kalkül anhaftete. All diese Dinge lassen sich natürlich nicht allein mit dem faktischen Ausschluß aus dem internationalen Nachrichtensystem begründen, aber die Art und Weise der "mentalen Abschnürung" ist dabei sicherlich ein sehr wichtiger Faktor gewesen[101].

Eine weitere Schwierigkeit für die Agentur stellte die Weitergabe der Nachrichten im Inland dar. Mit insgesamt absoluten Prioritätscharakter für das WTB lief die Kriegsberichterstattung der Behörden ohnehin außschließlich über das mit Abstand größte deutsche Büro. Im Krieg von 1870/71 waren noch alle Nachrichten von der staatlichen Stelle in Berlin an alle Agenturen gegangen, so daß eine Verbreitung bis in die ländlichen Bezirke zu den kleinen Blättern möglich war. Neben der schon angesprochenen Problematik bestimmter Meldungen (unbefriedigende Information, verspätete Übermittlung) wurde in Briefen und Telegrammen der Vertreter kleinerer Provinzblätter an die Reichskanzlei deutlich, daß dieser Zustand als "Rücksichtslosigkeit gegenüber allen Blättern" angesehen wurde, "die WTB nicht angeschlossen sind." Ihre Forderung, daß andere Agenturen die Nachrichten zumindest gleichzeitig empfangen sollten, dokumentierte, daß Defizite bei einer zufriedenstellenden, flächendeckenden Versorgung der Zeitungen vorhanden waren und wies deutlich auf innere Mängel der WTB-Logistik hin[102]. Wolff hielt dagegen, daß es technisch nicht möglich war, alle Zeitungen gleichzeitig zu bedienen. In Berlin gab es weder genug Fernsprecher noch gab es eine ausreichende Zahl an Telegraphenleitungen. Die Wartezeiten bei der Aufgabe und Beförderung von Telegrammen lagen ungleich höher als bei Telefongesprächen. Auch die Kostenfrage sprach eindeutig für die Fernsprechübermittlung. Das WTB übermittelte die Meldungen direkt in 42 Büros großer deutscher Städte, die TU in weitere 15 Büros. Die Mehrzahl an Zeitungen wurde dann von dort aus versorgt. Dieser Weg war meist schneller als den Versuch zu unternehmen, direkt von

---

[101] Vgl. dazu Kapitel 5.4.

[102] BA, Potsdam, RK 2 437/3, dazu u.a. ein Brief des Verlegers des Rintelner Anzeigers, H. Paulus, an den Reichskanzler vom 10.08.1914 (mit Zitaten) und weitere Beschwerdetelegramme.

Berlin aus zu telefonieren. Über 2 500 deutsche Zeitungen wurden im Jahre 1916 täglich mit den amtlichen Nachrichten der OHL, des Admiralstabs oder des A.A. bedient. Die Meldungen sollten flächendekend nach etwa 1 - 2 Stunden alle Zeitungen erreicht haben[103].

Die Angaben zu den Zahlen und den Auflagen der Zeitungen sind während des Weltkriegs recht unterschiedlich. Nicht alle Blätter erschienen täglich, vor allem die kleinen Blätter der Provinzpresse waren schwer zu erfassen. Viele größere Zeitungen erschienen im Gegensatz dazu gleich mehrfach am Tag, teilweise drei- bis viermal. Weiterhin ist zu berücksichtigen, daß während des Krieges viele Zeitungen in Konkurs gingen oder ihr Erscheinen vorübergehend einstellen mußten, weil sich die wirtschaftliche Situation zunehmend verschlechterte. Von etwa 4 200 regelmäßig herausgegebenen Zeitungen im Jahre 1914 verblieben im Jahre 1918 noch etwa 3 200 Blätter[104]. Selbst bei mittleren Schätzwerten wurden damit knapp 75% aller erscheinenden Zeitungen täglich durch die amtlichen Korrespondenzen versorgt. Die häufig von der Presse kritisierten Verzögerungen bei der Übermittlung hatten technische und organisatorische Gründe, auf welche die Nachrichtenagenturen nur begrenzten Einfluß hatten. Die Schuld für mangelnde Aktualität lag keineswegs stets allein beim WTB und bei dessen mangelnder Abstimmung mit den Journalisten. Die Zusammenarbeit mit den Behörden lief auch nicht immer reibungslos. Das Wolff - Büro beklagte sich mehrfach darüber, daß Bekanntmachungen von Bundesratsverordnungen und Reichstagsgesetzen dem Reichsgesetzblatt und dem Reichsanzeiger eher zugingen als ihrer Agentur. Dadurch hätte die Presse immer schon alles kommentiert, bevor die amtlichen Erläuterungen folgten. Die Nachrichtenstelle des R.d.I. trug dafür Sorge, daß vom Februar 1917 an diese Meldungen zuerst dem WTB zugänglich gemacht werden sollten[105].

Gegen Ende des Jahres 1916 rückten neben den logistischen Problemen aufgrund der sich insgesamt verschärfenden wirtschaftlichen Situation in verstärktem Maße finanzielle Schwierigkeiten in den Vordergrund. Der WTB-Direktor Heinrich Mantler versäumte nicht, die zuständigen Stellen verstärkt auf die monetären Engpässe seines Büros hinzuweisen. In einer

---

103 BA, Potsdam, R.d.I. 14 192, *Wolffs Telegraphen Büro*, KM-Bericht vom 12.03.1916 mit Anhang über die Organisation des WTB, Dok. 14-16.

104 Groth, *Zeitung*, S. 205 f.

105 BA, Potsdam, R.d.I. 14 431 *Nachrichtenstelle Verhandlungen mit dem WTB*. Brief des WTB vom 11.02.1917 und Antwortschreiben der Nachrichtenstelle vom 15.02.1917.

WTB-Denkschrift vom 4. April 1917 wurden diese Punkte gebündelt aufgeführt. Die Ressorts sollten stärker in die Pflicht genommen werden. Für bis dahin unentgeldliche Zustellungen waren Entschädigungen vorgesehen. Die Verbreitung des Heeresberichtes sollte eine höhere Honorierung erfahren. Ein ganzes Paket von Vergütungsvorschlägen wurde den Ressorts unterbreitet, um die angespannte wirtschaftliche Situation zu entschärfen. Die Behörden standen den Forderungen keineswegs ablehnend gegenüber. Eine genaue Abgrenzung der Leistungsansprüche und Zahlungsverpflichtungen sollte jedoch detailliert festgelegt werden. Es wurde allerdings einschränkend darauf hingewiesen, daß die künftige Regelung nur für die Dauer des Krieges Gültigkeit besäße. Die Einigung zwischen dem WTB und den Ressorts wurde in zwei Punkten fixiert:

1. Es wurde eine Verständigung über ein beschränktes Raumkontingent für unentgeldliche Veröffentlichungen der Behörden erzielt.

2. Die Zentralbehörden, die WTB bisher unentgeldlich in Anspruch genommen haben, vergüten die Leistungen nach festen Sätzen, die in Einzelverhandlungen mit dem WTB festzulegen sind[106].

Mit diesen Vereinbarungen entspannte sich die Situation vorübergehend. Doch blieben angesichts der wirtschaftlich zunehmend schlechteren Situation des Deutschen Reiches, die parallel natürlich auch Auswirkungen auf die Finanzlage der Behörden und der Verlage hatte, Auseinandersetzungen über Leistungen und Gebühren des WTB zwangsläufig an der Tagesordnung.

Der für das Deutsche Reich ungünstige Ausgang des Weltkrieges traf den Inlandsmarkt hart und schwächte ihn erheblich. Die Abhängigkeit von den früheren Vertragspartnern Havas und Reuter, die von 1919 an auch in die traditionellen Wolffschen Nachrichtengebiete eindrangen, hatte zur Konsequenz, daß das Büro "nicht mehr aus den Schulden herauskam ... (und) ... seine frühere uneingeschränkte Stellung nicht wiedererlangte." Unter Nationalsozialistischer Herrschaft wurde es 1934 mit der TU zum Deutschen Nachrichten Büro (DNB) zusammengelegt[107]. Höhne stellt allerdings trotz dieser Einschränkungen heraus: "Auch nach dem verlorenen Krieg blieb das Wolffsche-Büro das wichtigste Instrument regierungsamtlicher Nachrichtenpolitik." Er belegt außerdem, daß die meisten Vorwürfe gegen die Arbeit des WTB, die

---

[106] Ebd., Schreiben vom 04.04.1917 und Stellungnahme der Nachrichtenstelle.

[107] Höhne, *Geschichte der Nachricht*, S. 112 f.

während der Zeit der Weimarer Republik auch von sozialdemokratischer, überwiegend aber von national-konservativer Seite in die Öffentlichkeit getragen wurden, sich bei der Überprüfung als haltlos erwiesen[108]. Die Situation der Weimarer Zeit war, wenn auch unter veränderten Rahmenbedingungen, der des Krieges ähnlich.

Eine echte Alternative zum WTB gab es während des Weltkrieges im Deutschen Reich nicht. Eine grundsätzliche Änderung der Situation war auch aus technischen Gründen nur schwer möglich. Finanzielle Probleme standen einem den Anforderungen des Krieges entsprechenden Ausbau des Telegraphen und Fernsprechnetzes im Wege. Die Presse hatte sich bei allen wichtigen Meldungen an den WTB-Verlautbarungen zu orientieren. Die Heeresberichte mußten immer unverändert und vollständig abgedruckt werden, das galt nicht nur für die der Mittelmächte, sondern auch für die der Entente. Zwischenzeitliche Überlegungen vor allem durch die 3. OHL, an diesen Prinzipien etwas zu ändern, verwarfen die Behördenvertreter aus guten Gründen. Ein Abweichen von der einheitlichen Form der kompletten Wiedergabe der feindlichen Heeresberichte hätte nur unnötiges Mißtrauen in der Öffentlichkeit erregt. Bei Kürzungen hätten sich die Zensurstellen sofort dem Manipulationsvorwurf stellen müssen. Die Richtigstellung von objektiv-falschen Angaben hätte zuviel Zeit in Anspruch genommen und galt angesichts der Frontlänge als praktisch undurchführbar. Einem langen und unauffällig abgedruckten Bericht wurde zudem weniger Aufmerksamkeit geschenkt. Am Grundsatz der ungekürzten Veröffentlichung der Heeresberichte hielten die Behörden deswegen bis zum Ende des Krieges fest[109]. Die Aussagefähigkeit dieser von den jeweiligen Hauptquartieren verfaßten Lageberichte hielten sich überdies in Grenzen. Die deutschen Berichte waren vom Tenor her stets zuversichtlich und optimistisch gehalten. Aus taktischen Gründen wurden nur die Informationen an die Öffentlichkeit gegeben, bei denen die Heeresleitungen davon ausgehen konnte, daß der Feind aus den Meldungen keine Schlüsse zu seinem Vorteil ziehen konnte. Die Kommentierung und Interpretation der Inhalte wurden dann den Journalisten überlassen. Sie waren sogar erwünscht, solange die Siegeszuversicht dadurch gestärkt wurde. Im Frühjahr des Jahres 1918 sah sich die 3. OHL unter dem Druck der militärischen Ereignisse gezwungen, den deutschen Heeresbericht zusätzlich mit einem amtlichen Kommentar zu versehen. Das war eine Maß–

---

108 Ebd., S. 115 f.

109 *Militär und Innenpolitik*, Bd 1, Nr. 136, S. 334, besonders Anm. 15.

nahme, die das zu diesem Zeitpunkt ohnehin schon sehr angeschlagene Vertrauen in die Kriegs-Depeschen noch weiter schmälerte[110].

Neben großen wirtschaftlichen Schwierigkeiten, mit denen das WTB genauso zu kämpfen hatte wie die Abnehmer seiner Meldungen, gab es während des gesamten Krieges Probleme mit der Verteilungsgerechtigkeit der Nachrichten. Die Nähe des Büros zur Regierung entband das WTB nicht von den Pflichten der Zensur. Neben den seinerzeit doch noch relevanten technischen Mängeln in der Übermittlung stellte diese Tatsache einen weiteren Kritikpunkt an der Arbeit des Nachrichtenbüros dar[111]. Doch die Reichsleitung, die OHL, die Verleger und Journalisten mußten genauso wie die Öffentlichkeit mit diesem Zustand leben. Die gleich zu Beginn des Krieges erfolgte faktische Abschnürung vom internationalen Nachrichtenmarkt stellte sicher den schwerwiegendsten Einschnitt für das WTB und das Deutsche Reich dar. Mit dieser Hypothek mußten alle Beteiligten leben. Das WTB verlor schrittweise die erworbene Reputation zuerst im fremdsprachigen Ausland und dann auch im deutschsprachigen Verbreitungsraum. Eine aktive Beeinflussung des neutralen Auslandes gestaltete sich dementsprechend schwierig, die deutsche Nachrichtenagenturen wurden in eine passive Rolle hineingezwungen. Das bedeutete umgekehrt für die deutsche Bevölkerung ein schweres Handicap im Hinblick auf Aktualität und Inhalt der offiziösen Meldungen. Dennoch war die Nachrichtenbeschaffung über Zeitungen des neutralen Auslandes jederzeit nahezu uneingeschränkt möglich. Die feindlichen Heeresberichte wurden genauso unverändert in den deutschen Zeitungen abgedruckt wie zahlreiche Reden von Politikern der Entente[112]. Die internationale Isolationssituation des WTB war für sich alleine noch kein ausreichender Grund für die Schwierigkeiten, die dem Büro aus seiner Monopolstellung im Inland erwuchsen. Insgesamt war das WTB jedoch ohne Kabel- und Korrespondenzvernetzung gegenüber den anderen Agenturen während des Krieges so entscheidend im Nachteil, daß es schon einer bedeutenden Initiative der zivilen und militärischen Reichsleitung bedurft hätte, um wenigstens für ein gewisses Maß an Kompensation zu sorgen.

---

110 *Amtliche Kriegs-Depeschen. Nach Berichten des Wolffschen Telegraphen Büros*, 8 Bde, Berlin 1920. Vgl. Koszyk, *Kommunikationskontrolle*, S. 161.

111 Koszyk, *Pressepolitik*, S. 225 ff.

112 Vgl. dazu: Koszyk, Kurt, *Die Wiedergabe alliierter Heeresberichte durch deutsche Zeitungen im 1. Weltkrieg*, in: Publizistik Nr. 13 (1968), Heft 1, S. 54-64.

2. Der große Krieg fördert die Entwicklung der Pressedienste

2.1. Die Zensoren benötigen eine Oberzensurstelle (OZ)

"Nach dem preußischen Gesetz über den Belagerungszustand vom 4. Juni 1851 war die vollziehende Gewalt nach der Erklärung des Kriegszustandes am 31. Juli 1914 im Reich mit Ausnahme Bayerns auf die Militärbefehlshaber übergegangen." Dieses Gesetz war aus zwei Notstandsverordnungen vom Mai 1849 hervorgegangen. Auch das Reichspressegesetz vom 7. Mai 1874 sah im Kriegsfall keine Änderung dieser Regelung vor: "Die für Zeiten der Kriegsgefahr, des Krieges, des erklärten Kriegs- (Belagerungs-) zustandes oder innerer Unruhen (Aufruhrs) in bezug auf die Presse bestehenden besonderen gesetzlichen Bestimmungen bleiben auch diesem Gesetze gegenüber bis auf weiteres in Kraft[113]."

Deist hat die beeindruckende Machtfülle der 57 Militärbefehlshaber, die außerhalb Bayerns nur noch dem Kaiser verantwortlich waren, treffend beschrieben: "Die Bestimmungen dieses Gesetzes verliehen (ihnen) nicht nur das Verordnungsrecht aller Zivilbehörden, einschließlich der Minister der Landeszentralbehörden, ... sondern ermächtigte sie auch zum selbständigen Eingriff in die verfassungsmäßigen Rechte des einzelnen[114]."

Ein Reichsbelagerungsgesetz war zu keiner Zeit verabschiedet worden, weil man sich in Friedenszeiten nie über eine Regelung verständigt hatte. Alle Ansätze scheiterten entweder aus Rücksichtnahme auf die Bundesstaaten und auf die Kommandogewalt des Kaisers oder an den Mehrheitsverhältnissen des Reichstages. Damit lag die militärische Zensur in der Hand der Militärbefehlshaber, eine politische Zensur gab es formal nicht. Doch in der Praxis konnte es niemals zu einer wirklich klaren Einigung darüber kommen, wo denn nun der jeweilige Bereich abzugrenzen wäre. "Die politische Leitung wollte zudem die unpopuläre Zensur auch gar nicht

---

[113] BA, Potsdam, RK 1 271, *Akten betreffend Belagerungszustand*, Übersicht der in Frage kommenden gesetzlichen Bestimmungen (Dok. 64-66) und den Belagerungszustand (Dok. 94-98) vom 05.10.1910. RK 1 269/1, *Akten betreffend Mobilmachung*: Schreiben des R.d.I. an die RK vom 25.02.1912, das die Besprechung der Mobilmachungspunkte enthält und die entsprechenden Gesetzespassagen mit Belegen anführt, hier S. 8 und S. 11 f. Vogel, *Organisation*, S. 26; Moser, Otto von: *Die obersten Gewalten im Weltkrieg* , Stuttgart 1931, S. 178.

[114] Deist, Wilhelm, *Zensur und Propaganda während des Ersten Weltkrieges* in: Militär, Staat, Gesellschaft, Göttingen 1991, S. 151-163, hier S. 152 f.

in eigene Regie nehmen und das Auswärtige Amt sich mit innenpolitischer Propaganda am liebsten überhaupt nicht befassen. Auf der anderen Seite aber bereitete die der OHL zustehende Zensurhoheit, die ihr die Möglichkeit zu politischer Einmischung gab, der Reichsleitung ... solche Schwierigkeiten, daß die Frage doch einer grundsätzlichen Lösung bedurfte." Das wurde aber wirklich ernsthaft erst Ende 1917 in Angriff genommen[115].

Der Reichskanzler Bethmann Hollweg schätzte die Ausgangssituation der politischen Führung zu Beginn des Krieges realistisch ein: Das Belagerungszustandsgesetz war "... veraltet und hätte im Frieden längst geändert werden müssen." Aber so lagen nun auch politische Entscheidungen in den Händen der Kommandanturen. Diesem Versäumnis war nach seiner Auffassung jedoch während des Krieges nicht mehr beizukommen. Eine Diskussion darüber hätte in den Parteien und bei den zuständigen Militärs zu tiefgreifenden Meinungsverschiedenheiten geführt. Die von allen als notwendig betrachtete nationale Einheit wäre angesichts dieser zu erwartenden Konflikte einer sehr ernsthaften Zerreißprobe unterzogen worden, der sie womöglich nicht standgehalten hätte. Weiterhin sah Bethmann das Problem, daß der Kaiser Änderungen und Reformen in diesem Bereich als "Eingriff in seine Rechte als oberster Kriegsherr" hätte auffassen können. Dem daraus leicht abzuleitenden Vorwurf, daß er als Reichskanzler damit eine Politik gegen seinen Kaiser betrieben hätte, wollte und konnte sich Bethmann Hollweg aufgrund seiner Einstellung und seines Selbstverständnisses im Hinblick auf die Erfüllung seiner Aufgabe nicht aussetzen. Für ihn stand fest, daß "... diese Zustände einschneidend auf die Beeinflussung der öffentlichen Meinung wirkten[116]." Deswegen verzichtete er auf diesen Weg. Das erklärt in Verbindung mit den Erfahrungen aus den Jahren vor 1914 zumindest zu großen Teilen die persönliche Zurückhaltung des Reichskanzlers im Umgang mit der Presse. Erst im letzten Jahr seiner Amtszeit wandelte sich dieses Bild. Die wachsende Bedeutung der Öffentlichkeit forderte eine offenere Einstellung des Reichskanzlers, die an Schärfe zunehmenden Auseinandersetzungen zwischen ihm und der 3. OHL taten ihr übriges dazu. Auch der bereits erwähnte Wechsel in der Person des Direktors der Nachrichtenabteilung zur Jahreswende 1916/17 (von Hamman zu Deutelmoser) förderte diesen Wandel. Deutelmosers Initiative war es sicher ebenfalls zu verdanken, daß Bethmann Hollweg sogar dazu überging, "... persönlich

---

115 Vogel, *Organisation*, S. 63 f. Zitat S. 64 und Moser, *Oberste Gewalten*, S. 179 f.

116 Bethmann Hollweg, Theobald von, *Betrachtungen zum Weltkriege*, 2 Bde, Berlin 1921, hier Bd 2, S. 38 f. Vgl. dazu auch Kapitel 1.2. über das System Hamman.

Pressekonferenzen zu geben, eine in der preußisch-deutschen Politik bisher unbekannte Neuerung[117]." Bisher hatte der Reichskanzler - getreu der Linie Otto Hammans - nur in Ausnahmefällen einen Vertreter der großen Presse empfangen wie beispielsweise August Stein von der Frankfurter Zeitung[118]. Zu einer Reform oder Abänderung der bestehenden gesetzlichen Bestimmungen kam es allerdings nicht.

Die Gesetzesgrundlagen waren folglich im August 1914 eindeutig, aber keineswegs befriedigend, denn die wesentlichen Strukturen stammten aus preußischer Zeit und berücksichtigten die veränderten Verhältnisse seit der Reichsgründung daher nur äußerst unzureichend. Zudem schien die Notwendigkeit einer Reform in den Vorkriegsjahren sowohl von politischer als auch von militärischer Seite nicht hinreichend erkannt worden zu sein. So wurden mit Beginn des Krieges die militärischen Maßnahmen aufgelistet, über die unter Androhung von - teilweise schweren - Strafen nicht berichtet werden durfte. Zusammen mit der Mobilmachung wurde ein Merkblatt für die Presse herausgegeben[119]. Schon bei drohender Kriegsgefahr war eine Beschränkung der Presse vorgesehen gewesen. Darüber herrschte prinzipiell zwischen der militärischen und politischen Führung des Reiches völlige Übereinstimmung. Die Geheimhaltungspflicht stand an oberster Stelle, denn aus keinem der Berichte durften Rückschlüsse auf militärische Maßnahmen gezogen werden[120]. Die Presse hatte eine große Verantwortung, und neben den zahlreichen Vorschriften, die zur Einhaltung dieser Leitideen beitragen sollten, wurde auch an die Umsicht und an den Takt der Pressevertreter appelliert, mit der nötigen Sorgfalt und Vorsicht alle Nachrichten zu behandeln. Sollte trotzdem Verzicht und Schweigen nicht möglich sein, so standen der Kriegsleitung ein ganzer Katalog von Maßnahmen zur Seite, die auch die

---

[117] Mommsen, *Öffentliche Meinung*, hier S. 659 und S. 665.

[118] von Braun, *Ostpreußen*, S. 101 f.

[119] Bayerisches Hauptstaatsarchiv, Abteilung IV, Kriegsarchiv (BHStA IV.), München, Akten des Bayerischen Kriegsministeriums MKr 13 857: Merkblatt für die Presse. Deist, Bd 1, Nr. 31 und Nr. 42.

[120] BA, Potsdam, RK 1 269/1: Die Verteilungsabsicht dieses Merkblattes im Kriegsfall ist erstmalig in einem geheimen Schreiben des KM (von Heeringen) an die Reichskanzlei vom 19.03.1910 dokumentiert. Am 31.03.1911 wies v. Heeringen nochmals auf die Notwendigkeit hin, diese Maßnahmen schon bei drohender Kriegsgefahr wirksam werden zu lassen, damit ggf. auch "... die Verhaftung übelgesinnter Persönlichkeiten ... gewährleistet sei", Geheimes Schreiben KM an den Reichskanzler vom 31.03.1911, S. 3, Dok. 41. Auch der Staatssekretär des Innern schloß sich am 26.10.1911 mit gleicher Zielrichtung in seinem Schreiben an die Reichskanzlei dieser Auffassung an.
In der Staatsministersitzung vom 30.07.1914 gab der Reichskanzler dann das entsprechende Verbot von Veröffentlichungen über Truppenbewegungen und Verteidigungsmittel bekannt; BA, Potsdam, RK 1 269/1.

Aufhebung der Pressefreiheit einschlossen[121]. Es bleibt festzuhalten, daβ die örtlichen Generalkommandos, ggf. die Stellvertretenden Generalkommandos, die Marinestationskommandos, die Presseabteilung des Groβen Generalstabes in Berlin und der Admiralstab der Marine als oberste Behörden für alle Anfragen und Weisungen zuständig waren. Darunter standen dann weitere Aufsichts- und Prüfungsbehörden bis hin zu den Bezirks- und Garnisonskommandos. Die nach den ausgegebenen Richtlinien zu treffenden Entscheidungen verblieben bei den örtlichen militärischen Organen, die jedoch "... für solche schwierigen pressepolitischen Aufgaben personell wie sachlich unvorbereitet" und häufig deswegen auch überfordert waren[122].

Das Fehlen einer höchsten Behörde, zumindest einer obersten zentralen Koordinationsstelle zur Vereinheitlichung des Zensurwesens, wurde sehr schnell offenkundig. "Eine einheitliche, zielbewuβte pressepolitische Leitung fehlte." Unterschiedliche Handhabung der militärischen Pressezensur im Reich, unnötiges und zu scharfes Vorgehen bei harmlosen Verletzungen der Bestimmungen, fehlende Nachforschungen bei schädlichen Indiskretionen bis einschlieβlich der Unterdrückung von amtlichen Nachrichten und Mitteilungen waren die "Ergebnisse" in den ersten Monaten. Auch lieβ der Kenntnisreichtum der Personen in den Zensurbehörden in bezug auf Presse- und Zeitungswesen zum Teil sehr zu wünschen übrig[123]. Auch von Seiten des KM wurde immer wieder auf parteipolitische Neutralität der Zensoren hingewiesen. Auch ein "in der Sache korrektes und im Ton verbindliches Verhältnis der Zensoren zur Presse" war erwünscht. Die Versetzungen von Personen "an weniger exponierte Stellen" wurde angeraten, sobald sie von dieser Linie abwichen. Doch klafften trotz dieser Vorgabe Lücken zwischen Theorie und Praxis[124].

---

121 KGFA, W-10/52 106, *Material zum Kriegsausbruch*, Der Mobilmachungsplan des deutschen Heeres vom 09.10.1913 enthielt unter 20 Punkt 7 als Sicherheitsmaβregel schon bei drohender Kriegsgefahr, daβ das Merkblatt für die Presse in allen Korpsbezirken bekanntzugeben sei. In einer Fuβnote zu dieser Bestimmung hieβ es: "Die Erklärung des Kriegszustandes und das Verbot der Veröffentlichungen über Truppenbewegungen und Verteidigungsmittel werden schon bei drohender Kriegsgefahr verfügt."

122 *Militär und Innenpolitik* , Bd 1, Nr. 31-33, S. 64-69. Vogel, *Organisation*, S. 26 und Koszyk, *Pressepolitik*, S. 22.

123 Vogel, *Organisation*, S. 26; ein Problem, das auch auf breiter Ebene für den Generalstab und Teile der Regierungsbehörden kennzeichnend war; Otto von Moser übte Kritik an der Einengung und Bevormundung der deutschen Presse, die sich nicht so hätte entfalten können, wie es wünschenswert gewesen wäre. Die "obersten Gewalten" hätten erst viel zu spät die wirkliche Bedeutung der Presse begriffen. Moser, *Oberste Gewalten*, S. 178 f.

124 *Militär und Innenpolitik*, Bd 1, Nr. 41, S. 81, besonders Anm. 3.

Gunter Mai sah auch deswegen eine "... unübersichtliche Situation, die durch ein großes Kompetenzwirrwar und Maßnahmenvielfalt geprägt war, da der Kaiser seine Kommandogewalt als Oberster Kriegsherr (auch auf diesm Gebiet) nicht wahrnahm[125]." Der Vorschlag des Vereins Deutscher Zeitungsverleger (VDZV), an dessen Spitze Dr. Robert Faber stand, mit der Oberzensurstelle (OZ) in Berlin eine Einrichtung zu schaffen, die den Provinzialbehörden zentral Richtlinien für ihre Tätigkeiten vorzeichnen konnte, wurde vom Generalstab und vom RMA dann im wesentlichen aufgegriffen, um die Schaffung zentraler Koordinationsinstanzen einzuleiten. Am 19. Oktober 1914 wurde auf Veranlassung der Sektion Presse der Abteilung IIIb die OZ beim Stellvertretenden Generalstab eingerichtet. Die völlige Lösung aller Schwierigkeiten war zwar nicht zu erwarten, doch eine erheblich größere Vereinheitlichung und ein deutliches Herabsetzen der Unsicherheiten im Bereich des Zensurwesens waren in jedem Fall realistische Ziele. Vorausgegangen waren sowohl ein übertrieben scharfes Vorgehen einzelner Zensurorgane als auch unerwünschte und schädliche Indiskretionen von Seiten der Presse. Das führte zu Unsicherheiten, die u.a. an der unterschiedlichen Behandlung ein und derselben Artikel in verschiedenen Teilen des Reiches sichtbar wurden. "Mit der Presse gründlich vertraute Offiziere der Zentralbehörden (Generalstab, KM, Admiralstab, RMA) bildeten einen ständigen Ausschuß, der zum unmittelbaren Verkehr mit den Dienststellen ermächtigt war, die beim Oberkommando in den Marken, bei den Stellvertretenden Generalkommandos und den Marinestationskommandos mit der Handhabung der Zensur betraut waren. Die OZ gab nur allgemeine Richtlinien für die Handhabung der Zensur, übermittelte Anregungen und Gutachten. Da sich der Verkehr mit ihr nur auf die Erledigung grundsätzlicher Fragen beschränken sollte, blieben die Zensurbehörden selbst in ihren Entscheidungen völlig unabhängig[126]." Dem Ausschuß gehörten im Dezember 1914 folgende Offiziere an: Kapitän z.S. Löhlein (RMA), Fregattenkapitän Isendahl (Admiralstab), Hauptmann Grau (KM) und Major Deutelmoser (Großer Generalstab).

---

[125] Mai, *Ende des Kaiserreichs*, S. 36.

[126] BA, Militärisches Zwischenarchiv, Potsdam, KGFA, W-10/50 746 Erste Einführung in die Organisation und in die Tätigkeit des Stellvertretenden Generalstabs der Armee und des Großen Generalstabs (1919) bis zur Auflösung am 30.09.1919. Dokumentation der KGFA mit 97 Seiten. Abgeschlossen am 20.05.1937, von einem unbekannten Mitarbeiter verfaßt, hier S. 12 ff. OZ - Einrichtung auch in *Militär und Innenpolitik*, Bd 1, Nr. 37, S. 73 ff., besonders S. 75, Anm. 6.

Ein generelles Problem blieb bestehen: Der Verkehr mit der Presse in den strittigen Zensurfragen konnte damit nur indirekt und erneut über die Zensurstellen erfolgen. Dem grundsätzlichen Übel einer partikularistischen Organisationsstruktur des Zensurwesens war auf diese Weise nicht entschieden entgegengetreten worden. Der Einfluß der neugeschaffenen Stelle kam nur schrittweise zur Geltung. Obwohl schon im Dezember 1914 der Organisationsentwurf für die OZ vorlag, nahm sie als wirklich eigenständige Behörde erst im Februar 1915 ihre Arbeit auf[127]. Sie stand unter der Leitung des Majors v. Olberg, der die Berechenbarkeit und die Kontinuität der OZ-Arbeit allein dadurch festigte, weil er bis zum Kriegsende an ihrer Spitze blieb. Mit steigender Bedeutung und zunehmenden Kompetenzen wurden ihr Bereiche übertragen, die bis dahin der Presseabteilung der Abteilung IIIb des Großen Generalstabs zuzuzählen waren. Ihre Einbindung in das im Oktober 1915 geschaffene Kriegspresseamt (KPrA) ist dabei organisationstechnisch gesehen - wenn überhaupt - nur ein kurzfristiger Rückschlag. Die OZ festigte ihre Autorität und trug ihren Teil dazu bei, daß die Zahlen der Fälle von ungleichen Behandlungen von Artikeln und Schriften zurückgingen. Auch die Klarheit der Zensurvorschriften konnte langfristig im Interesse aller Beteiligten verbessert werden.

Natürlich gab es Mißachtungen und Verstöße gegen die Bestimmungen, die von der OZ geahndet werden mußten. Dabei kam es zu Fehlern, die auch durch entsprechende Instruktionen kaum zu vermeiden gewesen wären, weil sie in der Form nicht vorhersehbar gewesen waren. Ein Beispiel sei hier stellvertretend genannt: Die gedruckten Mitteilungen (Geheim - nur für den Dienstgebrauch!) wurden einmal in einem Korpsbezirk abgedruckt und an die Presse ausgehändigt, ein Bürgermeister legte sie sogar öffentlich aus. Die OZ reagierte, indem sie den Verteilungsplan einer sofortigen Überprüfung unterzog, um die eigentlich strenge Geheimhaltung der Aufzeichnungen wahren zu können. Eine angemessene und sichere Behandlung der Unterlagen war natürlich nur gewährleistet, wenn die eigenen Verteilungsprinzipien keine Schwächen aufwiesen. Was manchmal aus Unsicherheit, Unkenntnis oder falscher Einschätzung mit Schriftstücken der OZ geschah, schloß eine Bestrafungsmaßnahme mit vorbeugender Wirkung nahezu aus. Denn nur bei regelmäßigen und gezielten Verstößen hätten solche Konsequenzen

---

[127] Nicolai, *Nachrichtendienst*, S. 73 ff.; sowie Olberg, Alfred von, *Aus den Geheimnissen der Kriegszensur* in: *Was wir vom Weltkrieg nicht wissen*, hrsg. von F. Felger, Berlin 1930, S. 594-614 (eine sehr allgemein gehaltene Zusammenfassung).

der OZ erfolgversprechend wirken können. Über die Grenzen der Einwirkungsmöglichkeiten der OZ haben in dieser Hinsicht innerhalb des KPrA auch nie Illusionen bestanden[128]. Dennoch waren die Bemühungen um die Vereinheitlichung des Presse- und Zensurapparates nur Teilerfolge, die vor allem in der zweiten Hälfte des Krieges sichtbar wurden. An der Immediatstellung der Militärbefehlshaber, d.h. an ihrer direkten "Kontaktlinie" zum Kaiser, hat sich bis zum 15. Oktober 1918 nichts geändert. Erst von diesem Zeitpunkt an bekam der Obermilitärbefehlshaber - eine koordinierende Institution, die am 1. November 1916 in Person des preußischen Kriegsministers eingerichtet worden war - das Weisungsrecht gegenüber den Militärbefehlshabern, die bis dahin praktisch alleinverantwortlich schalten und walten konnten. Der Kaiser hatte auch auf diesem Feld von seiner Befehlsgewalt keinen Gebrauch gemacht, und es gab niemand anderen, der die Richtlinienkompetenz an seiner Stelle hätte übernehmen können[129]. Darin lag das große Versäumnis, das auch durch Sammlung, Erfassung und Angleichung aller bestehenden Zensurreglementierungen durch die OZ bzw. das KPrA nicht beseitigt werden konnte. Das KPrA gab ab Dezember 1915 ein in regelmäßigen Abständen aktualisiertes Zensurbuch heraus[130]. Die Zahl der Zensurverfügungen, Helmut Rathert bezifferte sie zum Jahresende 1916 auf über 2 000, stand im Widerspruch zu einer schnellen Überschaubarkeit der Erlasse durch die betroffenen Journalisten und Verleger[131]. Die Einzelverfügungen der Militärbefehlshaber sorgten zusätzlich für Verwirrung. Der preußische Innenminister Loebell kritisierte gegenüber dem Reichskanzler im Oktober 1916 die OZ-Arbeit. Der "Versuch der gleichmäßigen Handhabung sei mißlungen ...", da die OZ keine Exekutivgewalt habe. Das "gelegentliche Eingreifen der Zentralbehörden" hat abweichende Entscheidungen der Militärbefehlshaber nicht verhindern können. Loebell schwebte eine "in letzter Instanz entscheidende militärische Dienststelle" vor[132].

---

[128] BA, MA, RM 3/v. 10 307: Schreiben der OZ beim KPrA vom 16.02.1917, Nr. 258, von Major v. Olberg.

[129] Deist, *Zensur und Propaganda*, S. 155, besonders auch Anm. 18. Vgl. mit Deist, *Oberster Kriegsherr*, S. 1-18 und Wehler, Hans-Ulrich, *Das Deutsche Kaiserreich 1871-1918*, hier benutzt 6. Aufl. Göttingen 1988, S. 69 f.

[130] BA, Potsdam, RdI Nr. 12 328, Schreiben vom 22.12.1915 und fortlaufende Veröffentlichungsschreiben.

[131] Rathert, Helmut, *Die deutsche Kriegsberichterstattung und Presse als Kampfmittel im Weltkriege*, Heidelberg 1934, S. 40.

[132] BA, Potsdam, RK 1 272, *Akten betreffend den Belagerungszustand*, Schreiben Loebells vom 22.10.1916, Dok. 12, S. 1 f.

Bethmann Hollweg konnte diesem Vorschlag allein schon deswegen nicht folgen, weil sich die politische Leitung und ihre für die Pressearbeit zuständigen Ressorts in Zweifelsfällen der Entscheidung einer von Militärs geführten Instanz zu beugen gehabt hätten. Loebells Einschätzung der OZ-Arbeit traf insgesamt auch nicht zu, obwohl er mit der fehlenden Exekutivgewalt ein bekanntes, verfassungstechnisch auch kaum zu lösendes Problem als Argument für seine Ideen vorbringen konnte.

Kurt Koszyk hat - um auf die praktische Umsetzung der OZ-Verfügungen einzugehen - Beispiele der Auswirkungen der Zensur sowohl für den redaktionellen als auch für den Anzeigenteil einer Zeitung geschildert. Nach seiner Auffassung hätte den Journalisten durch bestimmte Zensurverfügungen spätestens zu Anfang des Jahres 1917 klar sein müssen, daß der Krieg nur ein schreckliches Ende haben könnte[133]. Diese Annahme muß als anachronistische These zurückgewiesen werden, denn das Interpretationsspektrum von Zensuranweisungen ließe sich auch in entgegengesetzter Form ausbreiten. Die Zensur von Informationen wird bis in die heutige Zeit verwandt. Sie wird offensichtlich von den Verantwortlichen - trotz oder gerade wegen einer sehr fortschrittlichen und modernen Form der Nachrichtentechniken - als ein immer noch sehr probates Mittel angesehen, in Krisen- und Kriegszeiten Einfluß auf die öffentliche Meinung zu nehmen. Der Golfkrieg 1991 wurde vor der ganzen Welt in einer fast schon erschreckend-perfektionierten Form mediengerecht inszeniert und präsentiert. Den Nachrichtenagenturen, den Fernsehsendern und den für sie arbeitenden Journalisten wurde (trotz der Bilder des amerikanischen Nachrichtensenders CNN aus dem Irak) ein fertiges Bild dieses Konfliktes vermittelt. Dieses gründete sich fast ausschließlich auf die Darstellungsweise durch die Presseoffiziere des militärischen Oberkommandos. Mangels Alternativen wurde es letztlich im wesentlichen auch präsentiert. Selbst wenn ein solcher Vergleich im Hinblick auf den Kriegsschauplatz nur bedingt angebracht erscheint, so ist er bei der "Public-Relations-Arbeit" dieses Krieges mehr als treffend. Der Anbieter von Informationen und der Kontrolleur der Zensur waren im Falle des Golfkrieges identisch. Auch der Propagandaapparat der NSDAP unter Joseph Goebbels arbeitete nach diesem Prinzip. Hierin liegt der entscheidende Unterschied: Koszyk belegt gerade durch seine eigenen Schilderungen, daß während des Ersten Weltkriegs von einer gezielten zentralen Kontrolle der Öffentlichkeit durch die Zensur nicht gesprochen

---

[133] Koszyk, *Pressepolitik*, S. 74 ff.

werden kann. Hinter den Einzelverfügungen standen zwar bestimmte Gesamtabsichten, z.B. die Erhaltung der positiven Heimatstimmung, doch von einer erfolgreichen, zentral-gesteuerten Manipulation der Öffentlichkeit kann nicht die Rede sein. Die Zensur war ein notwendiges Übel, mit dem sich die Presseleute zu arrangieren hatten. Die Bedingungen waren schwierig, und Bethmann Hollweg räumte ein, daß es nicht zu leugnen sei, daß gerade die politische Linke in ihrer freien Meinungsäußerung in der Presse enger beschränkt worden ist als andere Richtungen[134].

Die Zensurmaßnahmen konnten die öffentliche Meinung nicht vollständig unterdrücken, aber sie konnten Rahmenbedingungen vorgeben, die einzuhalten waren. An der Frage der Kriegsziele, die mit Kriegsbeginn auf breiter Ebene entfacht worden war und deren inhaltliche Diskussion sehr viel Konfliktstoff bot, schieden sich die Geister. Bis zur Freigabe der Erörterungen durch die Reichsregierung im Spätherbst 1916 waren die Zensurstellen um die Einhaltung des Burgfriedens und um die Nichtbehandlung dieses Themas in der Öffentlichkeit bemüht. Sowohl Befürworter weitreichender Annexionsforderungen (Alldeutscher Verband, Claß, Kirdorf oder Hugenberg) als auch Vertreter einer gemäßigten, eher liberalen Linie (Delbrück, Th. Wolff), mußten sich bei ihren Veröffentlichungen von der Zensur scharf zurechtweisen lassen, um dann vertraulichere Wege für die Verbreitung ihrer Ansichten in Denkschriften zu beschreiten. Die Zensur hat sich auch in der Folgezeit innerhalb ihres Machtbereichs nach außen erfolgreich gegen extreme Verletzungen der geforderten "inneren Linie" durchzusetzen vermocht[135]. Diese Maßnahmen stellten zumeist nur eine befristete Verdrängung eines Problems dar. Auf lange Sicht ließ sich ein brennendes Thema nicht einfach "wegzensieren". Bethmann Hollweg versuchte mit nur mäßigem Erfolg, die den unbeschränkten U-Bootkrieg propagierende Presse zu zügeln. "Was aber konnten Zensurverbote gegen die Macht einer Überzeugung ausrichten, die sich durch das als instabil geltende Marineurteil gedeckt fühlte. Ja, alle Versuche die Agitation einzudämmen, steigerten nur ihre Heftigkeit." So wurden "auf unterirdischen Wegen geradezu märchenhafte Zahlen" über die U-Bootwaffe verbreitet, so daß eine Gegenwirkung mit

---

[134] Bethmann Hollweg, *Betrachtungen*, S. 22.

[135] Schwabe, Klaus, *Wissenschaft und Kriegsmoral. Die deutschen Hochschullehrer und die politischen Grundfragen des Ersten Weltkriegs*, Göttingen 1969, S. 69 f. und S. 121.

realistischen Werten fast unmöglich wurde[136]. Der Hinweis auf die vielbeschworene Macht der Zensur, welche die Meinungen unterdrückt hätte und für die Katastrophe der Niederlage im Herbst 1918 verantwortlich wäre, weil sich die aufklärenden Kräfte nicht haben durchsetzen können, ist in dieser Form nicht mehr haltbar. Die Zensur war im Ersten Weltkrieg kein zentral gehandhabtes Reglementierungsinstrument, das alle Meinungen unterdrückt hat. Die Zensurverfügungen waren Ordnungsmaßnahmen, die von der militärischen und der zivilen Reichsleitung ergriffen wurden, um ihre Auffassungen und Überzeugungen erfolgreich durchsetzen zu können. Verbote kamen dabei viel seltener und für erheblich kürzere Zeiträume vor, als man bei der bisherigen Schilderung der Handhabung durch die Behörden annehmen könnte[137].

2.2. Pressebesprechungen und andere Versuche der Zentralisierung der Informationspolitik

"Wir werden nicht immer alles sagen können, aber was wir ihnen sagen werden, ist wahr[138]." Das war der Schlußsatz der Besprechung des 3. August 1914, die zwischen dem Generalstab und den Vertretern der Presse im Reichstag stattfand. Dort erinnerte man an militärische Geheimhaltungsprinzipien und sprach die vom Generalstab gewünschte Art und Weise der Berichterstattung an[139]. Alltäglich zwischen 11 und 12 Uhr wurden regelmäßig Sprechstunden unter der Leitung des Major d.R. Georg Schweitzer abgehalten. Allerdings gab man dort im einzelnen keine Auskunft über kriegerische Ereignisse, sondern behandelte nur Fragen allgemeiner Art. Das A.A. und das Gouvernement Berlin beabsichtigten, Vertreter von ihrer Seite zu entsenden. Major Deutelmoser oder Hauptmann v. Rohrscheidt übernahmen es, Berichte zur militärischen Lage an die Anwesenden weiterzuleiten. Dabei galt folgender Grundsatz: "Die Presse darf nur den vom WTB gegebenen Wortlaut veröffentlichen und muß WTB als Quelle

---

136 BA, MA, Nachlaß Tirpitz, N 253/74, Dok. 24 ff., Schreiben von Tirpitz an den Reichskanzler vom 08.03.1916. Bethmann Hollweg, *Betrachtungen*, S. 121 ff.

137 Vgl. dazu: BA, Potsdam, R.d.I. 12 278, Statistiken der Verbote aus den Jahren 1917 und 1918.

138 Nicolai, *Nachrichtendienst*, Zitat S. 51; dazu auch: Bohrmann/Toepser-Ziegert, *NS-Presseanweisungen*, S. 30.

139 Nicolai, *Nachrichtendienst*, S. 50.

angeben[140]." Diese nahezu gesetzesähnliche Bestimmung - als solche darf man diese Anordnung wohl beschreiben - über die grundsätzliche Verwendung der amtlichen Heeresberichte hatte bis zum Kriegsende Gültigkeit. Dadurch bekamen die Berichte über die unmittelbare militärische Entwicklung in Deutschland in den verschiedenen Zeitungen zwangsläufig einen gewissen uniformen Charakter. Auch die Glaubwürdigkeit der Inhalte mußte - längerfristig gesehen - mit einer solchen Strategie Schaden nehmen. In den Augusttagen war das jedoch noch kein Thema. Das Bedürfnis nach Neuigkeiten war groß. Das Nachrichtenbüro des RMA reagierte in dieser Situation schnell und unauffällig. Es fungierte als die Kraft, die während dieser Phase maßgeblich an der Entstehung eines Informationsforums mitwirkte. Bereits am 14. August hatte die Abteilung N eine Besprechung mit Pressevertretern abgehalten. Vom folgenden Tag an sollten die Zusammenkünfte im Obergeschoß des Reichstagsgebäudes, Eingang Portal V., stattfinden. Oberste Priorität in diesem Gespräch hatte für das RMA zunächst, daß keinesfalls unzensierte Berichte an die Öffentlichkeit gelangen durften. Von dem schriftlichen Zustimmungsprinzip sollte nicht abgewichen werden, aber eine schnellere und zuverlässigere Weitergabe der Meldungen sollte somit gewährleistet werden[141]. Das RMA erstellte umgehend einen Organisationsrahmen. Die technischen Abläufe, die Rahmenbedingungen und die Art der Nachrichtenvermittlung wurden in der Geschäftsordnung zur Pressebesprechung vom 17. August 1914 zusammengefaßt: "Mit allen Ressorts verabredet, jeden Tag 1/2 11 Uhr Beginn, dabei alle Ressorts vertreten: Auswärtiges Amt, Oberkommando in den Marken und das Reichsmarineamt. Zunächst allgemeine Gegenstände, dann Marine, Armee, Politik. Liegen aktuelle Ereignisse vor, so fällt allgemeine Besprechung weg und zunächst das aktuelle Ereignis des betreffenden Ressorts[142]." Daneben gab es auch noch eine sogenannte Presse-Sonderbesprechung, über deren Besonderheiten im einzelnen aber nichts ausgesagt wurde. Die Behandlung der Berliner Blätter und der Provinzzeitungen war unterschiedlich geregelt; für alle Zeitungen war jedoch maßgeblich, daß es gemäß einer Vorbesprechung keine weitere Zensur gäbe, wenn man sich an

---

[140] BA-MA Freiburg Aktsignatur RM 3/v.: RM 3/v. 10 294 Bd 1 und *Militär und Innenpolitik*, Bd 1, Nr. 38, S. 76 Anm. 3: Die Teilnahme ausländischer Zeitungsvertreter an diesen Besprechungen (mit entsprechender Zulassung) galt als durchaus erwünscht.

[141] BA, MA, RM 3/v. 10 304 Schriftstück über das Besprechungsergebnis vom 14.08.1914 zwischen N und den Pressevertretern.

[142] BA, MA, RM 3/v. 10 294 Bd 1, Besprechungen vom 14.08. und 17.08.1914 und Vogel, *Organisation*, S. 27.

"Verpflichtungen in bezug auf Heer, Marine und Politik hielte." Es waren nur deutsche Zeitungen zugelassen. Die Initiative wurde von Kapitän z.S. Löhlein getragen[143].

Damit war für den Ablauf der Sitzungen eine grundsätzliche Reihenfolge der Themenbereiche festgelegt worden. Über die gesamte Kriegszeit hin wurde an diesem Tagesordnungsprinzip festgehalten. Die Ressorts, die später hinzukamen, wurden entsprechend ihrer Bedeutung eingefügt. Bei aktuellen Anlässen oder bei Vorträgen konnte es Abweichungen geben. Die Ausführungen über die militärische Lage bildeten mit dem Heeresbericht in der Regel den Abschluß.

Um im Alltagsgeschäft den Verkehr zwischen den Ressortvertretern und den Journalisten nach eindeutigen Prinzipien regeln zu können, waren entsprechende Richtlinien erforderlich. Mitte Oktober 1914 wurden folglich die "Bestimmungen über die Verwertung der in den Pressekonferenzen gegebenen Informationen" veröffentlicht, die zu einer entsprechenden einheitlichen Orientierung in den Sitzungen mit den Zeitungsvertretern beitragen sollten. Neben der Betonung des Prinzips der indirekten Weitergabe von Informationen, die den Pressevertretern helfen sollte, sich aktuell und bequem ein besseres Gesamtbild der Lage machen zu können, war eine dreistufige Einteilung der Erörterungen von besonderer Wichtigkeit. Es gab

a) Mitteilungen gewöhnlicher Art

b) Vertrauliche Mitteilungen und

c) Mitteilungen nur zur persönlichen Unterrichtung.

Während die unter "a)" erwähnten telegraphisch, telefonisch und brieflich weitergegeben werden durften, blieben die vertraulichen Mitteilungen in der Regel auf die briefliche Weiterleitungsebene beschränkt. Auch die Korrespondenzen durften diese Neuigkeiten nur ganz selten und dann in einer bestimmten Form übermitteln. Nachrichten aus der höchsten Stufe der vertraulichen Weiterleitung, unter "c)", durften "... in keiner Form aus dem Kreise der Pressesitzungen hinausgelangen[144]."

---

[143] BA, MA, RM 3/v. 10 294 Bd 1, Besprechungen vom 14.08. und 17.08.1914; siehe auch *Militär und Innenpolitik*, Bd 1, Nr. 37; Vogel, *Organisation*, S. 27 betonte vor allem das Verdienst des Major d.R. Georg Schweitzer, er wies im Anmerkungsteil unter Nr. 81 auf ein Zitat bei Schwedler (Schwedler, Wilhelm, *Das Nachrichtenwesen*, in: *Die deutsche Wirtschaft und ihre Führer*, Bd 3, Berlin 1925) auf S. 155 hin, der die Pressekonferenzen als ein "... großes Verdunkelungs- und Verschleierungsinstitut ..." bezeichnete.

[144] BA, MA, RM 3/v. 10 304 Schreiben vom 15.10.1914 und *Militär und Innenpolitik*, Bd 1, Nr. 38, S. 76, besonders Anmerkungen 1 und 2.

Diese dreistufige Einteilung behielt für die gesamte Dauer des Krieges bis zum November 1918 Gültigkeit. Die Einstufung des Inhaltes der Meldungen unter 'a)', 'b)' oder 'c)' - später unter 'I.', 'II.' oder 'III.' - änderte sich. Im Laufe der Jahre wurde das Angebot größer und die Vielfalt nahm zu. Das mit der Zeit gewachsene Vertrauen zwischen den Beteiligten tat sicher ein übriges, um die gesamte Atmosphäre zu verbessern. Doch eine damit einhergehende Öffnung bei den zur Verwendung überlassenen Informationen ist nur in einem beschränkten Rahmen erfolgt. Es ist keinesfalls daraus eine Strategieänderung oder gar ein Kurswechsel im Verhältnis der militärischen oder zivilen Reichsleitung und ihrer Vertreter zu den Journalisten erkennbar.
Vielmehr führte die allgemeine Kriegsentwicklung und die wachsende Bedeutung der öffentlichen Meinung zu Verhaltensänderungen der Beteiligten im Umgang miteinander. Die Kontrolle der Nachrichtenweitergabe lag damit fest. Ein Verstoß gegen eine der Regeln hätte nach entsprechender Prüfung des Sachverhaltes im Extremfall den sofortigen Ausschluß aus dem Teilnehmerkreis zur Folge gehabt. In der Praxis wurden die meisten Streitfälle durch den Presse-Ausschuß geklärt, ohne daß Konsequenzen dieser Art hätten gezogen werden müssen.
Im Sommer 1916 wurden wesentliche Teile dieser Regelung in eine neuerliche Festsetzung der Bestimmungen der - zwischenzeitlich voll etablierten - Pressebesprechungen im Reichstag übernommen[145].
Schon zu einem sehr frühen Zeitpunkt rückten demnach die Schwierigkeiten einer einheitlichen deutschen Kriegspressepolitik ins Bewußtsein der Verantwortlichen. Obwohl das Ausmaß des Krieges im August und Anfang September 1914 noch nicht absehbar war und militärisch bis zur Marneschlacht vorerst noch alles weitestgehend nach dem (Schlieffen-)Plan lief, traten sehr schnell einige Probleme auf dem Pressesektor hervor. Die steigende Nachfrage nach Informationen mußte befriedigt werden und zwar vor allem im Hinblick auf die Gesamtbelange des Deutschen Reiches. Die Presse hatte alle Nachrichten zu unterdrücken, die dem eigenen Interesse schaden und den feindlichen Absichten nützen könnten. Diese Grundüberzeugung findet sich in einer Sonderdienstanweisung an die Abteilung IIIb vom 24. August 1914 wieder[146]. In dieser Stellungnahme ist von einem "Leiter" die Rede, der grundsätzlich die Überwachung, vor

---

[145] Parallelen in den grundsätzlichen Ausführungen werden bei den Bestimmungen vom 11.07.1916 (Entwurf) sichtbar, vgl. dazu Kap. 4.1.

[146] BA, MA, RM 3/v. 10 294, Bestimmungen über die Zensur, Bd 1 Dok. 23-40, Sonderdienstanweisung an die Abt. IIIb vom August 1914, 13 Seiten, undatiert (Datierung auf 24.08.14 auf S. 11 möglich: "Bis jetzt, den 24. vormittags, ..."), hier S. 1.

allem aber die einheitliche Leitung der Presse koordinieren soll. Alle Organe müßten ihm unterstellt sein. "Dieser Leiter muß ein schneller Arbeiter sein, reiche Diensterfahrung und gereiftes Urteil, Menschenkenntnis und Gewandtheit im Umgang mit Menschen, politischen Blick, in hohem Grade militärischen und politischen Takt sowie möglichst die Gabe besitzen, frei und überzeugend zu sprechen." Nach dieser Kennzeichnung eines Anforderungsprofils einer Persönlichkeit für diesen Posten, der dadurch sicher nicht leichter zu besetzen war, folgt noch eine weitere Feststellung, die Beachtung verdient. "Seine Aufgabe ist zumal in einem nicht durchweg siegreichen Feldzug, eine ebenso wichtige wie schwierige." Zur Seite stehen sollte diesem "Leiter" in jedem Fall noch ein Vertreter der Presse, der ebenfalls "ein besonders befähigter Journalist" zu sein hätte und gleichsam in Pressekreisen eine "unbedingt geachtete und einflußreiche Persönlichkeit" sein müßte[147].

Schon zu einem sehr frühen Zeitpunkt des Krieges existierten sehr konkrete und weitreichende Konzeptionen für eine zentrale Koordinierungsstelle der Presse- und Informationspolitik. Der Bedarf eines Organisationsrahmens mit der Grundidee einer zentralen Leitungsstelle, an der alle Fäden zusammenliefen, war offensichtlich. Schon jetzt liefen die Geschäftsgänge nicht reibungslos, und Rückschläge im Kriegsverlauf hätten natürlich die Dissonanzen im Zweifelsfalle nur noch verstärkt. Major Deutelmoser oder Kapitän z.S. Löhlein wurden konkret für den Posten des Leiters vorgeschlagen, der als "allein ausschlaggebende Erscheinung" der Presse gegenübertreten sollte[148]. Voraussetzung für ihre Arbeit war jedoch die Kompetenzabstimmung der einzelnen, bereits existierenden Pressestellen. Darin lag wohl die Hauptschwierigkeit, obgleich einige Vorschläge zur Regelung des Geschäftsverkehrs zwischen dem Generalstab, dem KM, dem RMA, dem A.A. und Reichskanzlei in diesem Papier enthalten sind. Jedes Ressort hatte seine eigenen Vorstellungen, niemand wollte übergangen werden.

An der Spitze der Forderungen an die Presse stand die Einheitlichkeit der patriotischen Begeisterung. Zuversicht und Optimismus sollten im Vordergrund stehen, innere Zwistigkeiten zurückgestellt und gegen jegliche "Flaumacherei" aufs schärfste vorgegangen werden.

Als am 31. August 1914 der preußische Kriegsminister Erich von Falkenhayn das Verbot gegen sozialdemokratische Schriften in der Armee (Halten, Verbreitung, Einführung in Kasernen und sonstige Dienstlokale) aufhob, stellte dies sicher einen Schritt in die angestrebte Richtung dar,

---

[147] Ebd., S. 1 ff.

[148] Ebd., S. 8.

alle Blätter in das Burgfriedenkonzept miteinzubinden. Trotz der Warnung, daß das Verbot bei Verstößen gegen den einheitlichen Geist des Heeres jederzeit wieder in Kraft treten würde, trug diese Entscheidung zu einer gewissen Entkrampfung des Verhältnisses zwischen Presse und Armee bei[149]. Das Königliche Bayerische Kriegsministerium hatte bereits am 25. August 1914 verfügt, daß in dieser Hinsicht keinerlei Beschränkungen ausgeübt werden sollten. Bei der Marine dauerte es bis zum 28. April 1915, bis diese Anweisung umgesetzt wurde[150].

Der Vorwärts und mit ihm nun direkt der Vorstand der Sozialdemokratischen Partei Deutschlands (SPD) war allerdings auch in ganz anderer Richtung gefordert. Friedrich Ebert und Hugo Haase wehrten sich nur wenige Tage später, nämlich am 3. September 1914, gegen entsprechende Vorwürfe der Reichskanzlei, der "Vorwärts" habe es an der nötigen Begeisterung in der letzten Woche fehlen lassen. "Wir betrachten es als unwürdig eines mündigen Volkes, sich vorschreiben zu lassen, welche Gedanken und Stimmungen es zum Ausdruck bringen müsse", war in dem Schreiben zu lesen. Auch eine "... völlige Unterdrückung des selbständigen Urteils und die Erzwingung von Meinungsäußerungen auch gegen die eigene Überzeugung" wurde mit dem Hinweis darauf, daß eine politische Zensur nicht bestehe, heftig kritisiert. Der preußische Innenminister von Loebell wurde auch namentlich als einer derjenigen bezeichnet, der mit seinen Anordnungen in der Praxis eine nicht zumutbare Verschärfung der Arbeitsbedingungen für die Presse schaffen würde[151]. Die unterschiedlichen Auffassungen darüber, wie die Presse ihre Aufgabe zu erfüllen habe, traten in diesem Streit schon zutage.

Einerseits gab es also Probleme der Presse mit den einzelnen Ressorts, andererseits aber auch Schwierigkeiten der Ressorts untereinander. Die Bewertung der Haltung des Vorwärts im Monat August führte also zu zwei doch sehr gegensätzlichen Reaktionen innerhalb des KM und der Reichskanzlei.

Im November 1914 veranlaßte die Tatsache, "... daß hin und wieder einzelne Zeitungen über manche Dinge eine der großen Zeit nicht ganz angemessene Sprache führen", das KM auf allerhöchsten Befehl zu der Erstellung und Veröffentlichung der "Ergänzungen des Merkblattes

---

[149] *Militär und Innenpolitik*, Bd 1, Nr. 81, S. 196 f. und BA, Potsdam, Akten der Reichskanzlei (RK), RK 2 437/3, Schreiben des preußischen KM an den Redakteur des Vorwärts, Arthur Stadthagen, vom 31.08.1914.

[150] *Militär und Innenpolitik*, Bd 1, Nr. 81, Anmerkungen 5 und 6.

[151] BA, Potsdam, RK 2 437/3, Schreiben des Parteivorstandes der SPD vom 03.09.1914 an Staatssekretär Dr. Delbrück.

für die Presse". Das ursprüngliche Merkblatt war bekanntlich direkt zu Kriegsbeginn verteilt worden. Das Schreiben und die Erläuterungen zu diesen "Ergänzungen" wurden am 9. November den Kriegsministerien der Bundesstaaten, den Stellvertretenden Generalkommandos, dem RMA, dem R.d.I., dem A.A., dem preuβischen Innenminister und einer Reihe weiterer Ministerien und Behörden zugeleitet[152]. Am 13. November versandte das KM an das O.K.M. 220 Druckexemplare, das Anschreiben dazu erfolgte am 16. November. Beim O.K.M. war man der - miβverständlichen - Auffassung, "... daβ die Bekanntgabe der Zusätze an die Presse durch den Vorsitzenden der Pressekonferenz im Reichstage erfolgen werde." Die Exemplare wurden daher nicht verteilt, von einigen wenigen Ausnahmen abgesehen. In den Pressesitzungen vom 20., 23. und 25. November, entwickelte sich - angeregt durch Georg Bernhard, der indirekt von diesen neuen Richtlinien Kenntnis erhalten hatte - eine heftige Debatte unter den Anwesenden über diese neuen Verordnungen[153].

Eine Art Handreichung für "das patriotische Verhalten der Presse" sollten die "Ergänzungen" sein. Das gemeinsame Bestreben der Verhinderung "ungewollter Schäden unserer groβen Sache in Zukunft" wurde als Zielgedanke betont. Weder "offene noch versteckte Kritik" durfte die Auβenpolitik in ihrer Festigkeit erschüttern, auch war es nicht erlaubt, das Vertrauen in die militärische Führung in Zweifel zu ziehen. Besonders an diesem vierten Punkt der Leitsätze entzündete sich nicht nur heftige Kritik der Pressevertreter[154]. Georg Bernhard befürchtete sogar hinter dieser Initiative den versteckten Versuch, eine politische Zensur einzuführen. Er konfrontierte den Vertreter des A.A., Freiherr v. Mumm, mit diesen Gerüchten der bevorstehenden Veröffentlichung und fragte nach, ob das A.A. als Urheber dieser Bestimmungen in Betracht käme. Der Vertreter des A.A. war der Überzeugung, daβ sein Ressort zu Unrecht damit in Verbindung gebracht worden sei und wies daher alle Vorwürfe der Pressevertreter zurück. Auch die im Prinzip bereits eingeleitete Verteilung bestätigte er nicht, da offiziell noch nichts herausgegangen war. Nach v. Mumms Auffassung war die Kriegsleitung und nicht das A.A. für alle Fragen dieser Art zuständig, so daβ ihm gar keine andere Wahl blieb als ein Dementi

---

152 *Militär und Innenpolitik*, Bd 1, Nr.42, S. 81, Anm. 1.

153 BA, Potsdam, RK 2 437/4: Die genaue Rekonstruktion dieser Entwicklung wurde erst am 01.12.1914 durch die Nachforschungen v. Mumms mit dem O.K.M. möglich. Die Aufzeichnung seiner Ermittlungen hat er schriftlich festgehalten.

154 BHStA IV, MKr 13 857 Merkblatt und Ergänzungen des Merkblattes für die Presse. Auch in *Militär und Innenpolitik*, Bd 1, Nr. 42, S. 81 ff.

abzugeben. So geriet das A.A. unversehens ins Kreuzfeuer der Kritik der Journalisten und die Stellungnahmen v. Mumms verschärften natürlich nur die Spannungen, denn zu diesem Zeitpunkt lagen die Hintergründe für alle Beteiligten noch im Dunkeln. Die Teilnehmer der Pressekonferenz fühlten sich mit dieser Verordnung übergangen und vor vollendete Tatsachen gestellt. Sie befürchteten eine zunehmende Kontrolle und Zensur ihrer Arbeit. Bei dem Versuch v. Mumms, mit einer entsprechenden Erklärung des Reichskanzlers zur Position der Regierung in der Sitzung am 30. November für Klarheit zu sorgen, entstand parallel dazu eine Kontroverse zwischen v. Mumm und dem Vorsitzenden der Pressekonferenz, Kapitän z.S. von Löhlein, die weitreichende Folgen hatte. Löhlein kritisierte Zeitpunkt und Inhalt der Präsentation der Punkte, die v. Mumm in der Konferenz vortrug. Außerdem unterband er die aufkommende Kritik nicht, sondern stützte sie während der ersten drei Versammlungen sogar indirekt. Er betonte, daß "... die Sitzungen von Seiten der Kaiserlichen Marine und des Stellvertretenden Großen Generalstabs ins Leben gerufen wurden, um der Presse über militärische Dinge Auskunft zu erteilen." Die anderen Ressorts, so auch das A.A., seien erst später hinzugekommen und wollten nun auf Form und Ablauf in einer Weise Einfluß nehmen, die er auch in seiner Eigenschaft als Vorsitzender nicht mittragen könne. Löhlein wünschte keine weitere erregte Diskussion über diesen Punkt und verließ schließlich die Konferenz, weil sich v. Mumm natürlich auf die direkte Anweisung von Bethmann Hollweg berief, der er Folge zu leisten habe. Die Erklärung, die zur Klarstellung und Beruhigung gedacht war, wurde dann durch den A.A. Vertreter in der Sitzung am 30. November abgegeben. Obwohl darüber eigentlich keine Diskussion mehr erfolgen sollte, gestattete der neue Sitzungsleiter, der Vertreter des O.K.M., Georg Bernhard anschließend doch noch eine kurze Stellungnahme. Bernhard betonte, daß nach Lage der Dinge Erklärungen solcher Art nicht in die Versammlungen hineingehörten und weitere Erörterungen an dieser Stelle nicht sinnvoll seien. "Berufene Pressevertreter" hätten dieses Thema anderweitig "in die Hand genommen"[155]. Damit waren die direkten Auseinandersetzungen in der Pressekonferenz in dieser Sache vorerst beendet. Es war deutlich geworden, daß das A.A. keineswegs Interesse an einer von den Journalisten befürchteten Verschärfung der Bestimmungen gehabt hatte.

Die Angelegenheit weitete sich auf einer ganz anderen Ebene aus und wurde zu einem grundsätzlichen Streitpunkt zwischen der Reichskanzlei und dem RMA (Bethmann Hollweg und

---

[155] BA, Potsdam, RK 2 437/4: Brief v. Mumm an Bethmann Hollweg vom 30.11.1914 (6 Seiten), hier S. 2 f. und S. 6. *Militär und Innenpolitik*, Bd 1, Nr. 44, S. 85 f.

Tirpitz). Der Marine wurde durch das A.A. vorgehalten, daß Löhlein mit seiner Haltung der Politik des Reichskanzlers entgegengearbeitet habe. Vermittlungsversuche von Major Deutelmoser, der die Ansichten Löhleins im wesentlichen stützte, scheiterten Anfang Dezember. Löhlein mußte als Konsequenz den Vorsitz der Konferenzen offiziell niederlegen, er blieb jedoch bis zum Juni 1915 als Leiter von N im Amt[156]. Die Reichskanzlei befürchtete einen Autoritätsverlust, wenn sie Löhlein in seiner Funktion belassen hätte. Für sie war er nach dieser Auseinandersetzung in einer solchen Position, in so enger Verbindung zu Presse und Öffentlichkeit, nicht mehr tragbar. Löhlein hingegen berief sich auf das vertrauensvolle Verhältnis zwischen ihm, den Presseleuten und den übrigen Behördenvertretern. Einzig das A.A. und mit ihm v. Mumm waren seiner Auffassung nach nicht zur konstruktiven Zusammenarbeit bereit. Die "Ergänzungen" des Pressemerkblattes sorgten somit direkt und indirekt für heftigen Konfliktstoff.

In der Sache selber bedeuteten die Leitsätze eine in der Form sicher nicht sehr glückliche Art der "Einschwörung" der Zeitungsvertreter auf eine nahezu ausschließlich positiv für das Reich wirkende Denkweise, die sich in allen Meldungen niederschlagen sollte. Also wurde mit Hilfe dieser "auf Befehl Seiner Majestät des Kaisers und Königs verfaßte und von Allerhöchsten Orte genehmigte Ergänzung" ein entschlossener Kampf gegen die gefürchtete "Flaumacherei" gefordert. Nachdem ein schneller Sieg im November 1914 nicht mehr in Frage kam, kennzeichnete dieses Schlagwort alle Ängste, die mit innerer Schwäche, Schwankungen und Destabilität in Verbindung gebracht werden konnten. Das KM hatte in seinen Bemühungen, der Presse den Burgfrieden in seinem Sinne nahezubringen, sich der Autorität Kaiser Wilhelms II. versichert.

Eine Abstimmung bei der Erstellung und Verteilung der "Ergänzungen des Merkblattes für die Presse" mit den anderen Behörden erfolgte augenscheinlich nur höchst unzureichend, sie wurde auch nicht für notwendig erachtet. Die erste Panne passierte dann auch schon prompt bei der zentralen Weiterleitung der Verordnung, von der das O.K.M eine gänzlich andere Vorstellung hatte als das K.M. Daß es dann in der Pressekonferenz zu dem entsprechenden Eklat kam, ist im Ergebnis sogar ein Zeichen dafür, wie dringend es - auch für die Absichten des KM - im Interesse der Sache erforderlich gewesen wäre, diesen Streit zu vermeiden. So wurde eher das

[156] *Militär und Innenpolitik*, Bd 1, Nr. 44, S. 85 f., besonders Anmerkungen 3, 4 und 5. Danach wechselte Löhlein als Chef der Zentralabteilung des RMA ins Große Hauptquartier, 1916 wurde er Direktor des Etat-Departements des RMA und im August 1918 noch Chef des U-Boot Amtes.

Gegenteil bewirkt. Der wiederholt angesprochene und auch hier wieder zutage tretende Ressortegoismus verstärkte die Auswirkungen fehlender Vorabinformationen. Die mangelnde Abstimmung der anderen Stellen, die mit der Presse zusammenarbeiten wollten und mußten, führte zu einer weiteren Verschärfung der Situation. Dies geschah vor den Augen der Pressevertreter, die jedoch hinter die wahren Zusammenhänge dieses Erlasses erst schrittweise kamen. Das Vorhandensein gravierender Meinungsverschiedenheiten ist dabei nicht einmal als das zentrale Problem anzusehen. Im Hinblick auf ein Bemühen um die in den Leitsätzen angestrebte Einigkeit wirkte das Beispiel eines solchen "versteckten" Erlasses und der daran sich entzündenden Kontroverse im Rahmen der Pressebesprechungen eher kontraproduktiv. Auch wurden die strukturellen Ursachen vorhandener Mißstände durch die entstehenden Auseinandersetzungen eher verwischt. Das wirkliche Problem war, daß nicht nur mit dieser Bestimmung von Seiten des KM auf dem Feld der Pressepolitik dem Reiche einheitliche Stärke "verordnet" werden sollte. Der Burgfrieden zwischen OHL, der Regierung und der Presse war mit solchen Formen von Anordnungen nur schwer aufrechtzuerhalten. Zumindest eine rechtzeitige Information der Presseressortleiter und der Journalisten und eine gewisse Beteiligung von Vertretern aus ihrem Kreis an der Entstehung und Umsetzung solcher Richtlinien wäre für eine Schaffung oder Beibehaltung einer einheitlichen Linie auf dem Pressesektor notwendig gewesen.

2.3. Die Aufzeichnungen aus den Pressebesprechungen und die "Großen Protokolle"

Von dieser Art der Pressebesprechungen existieren zwei verschiedene Aufzeichnungsvarianten. Zum einen hat die im Frühjahr 1915 ihre Arbeit aufnehmende OZ die sogenannten "Aufzeichnungen aus der Pressebesprechung" erstellen lassen[157]. Es handelt sich hierbei um eine Kurzfassung (meist auf einer Seite) der Zusammenkünfte im Reichstag. Vor allem für die Zensurstellen sollten so - übersichtlich und schnell erfaßbar - die zentralen Äußerungen der Ressortvertreter dokumentiert werden. Diese Art der Zusammenfassungen der Besprechungen

---

[157] Zur OZ siehe Kapitel 2.1.

enthalten durchaus auch wörtliche Zitate. Fragen oder Bemerkungen von den teilnehmenden Journalisten lassen sich jedoch nur an ganz wenigen Stellen und dann zumeist auf ganz kurze Passagen beschränkt finden. Ab dem 15. März 1915 wurden diese Kurzmitschriften verschickt. Die ersten neun Protokolle (zwischen dem 15. März und dem 14. April 1915) versandte die OZ noch auf Normalpapier, ab dem 19. April 1915 stets auf sehr dünnem Papier, einer Art Transparentpapier.

Eine regelmäßige Nummerierung dieser Aufzeichnungen erfolgte seit dem 27. August 1915 (Nr. 38) und wurde - unter Berücksichtigung der von wenigen ausgefallenen Sitzungen - kontinuierlich bis zum Kriegsende hin (Nr. 437 vom 5. November 1918) fortgesetzt. Die Versendung erfolgte von Berlin aus nach einem bestimmten Verteilungsplan an alle wichtigen Zentralstellen innerhalb des Reiches. Dazu zählten der Generalstab und seine Abteilungen (u.a. IIIb), alle Stellvertretenden Generalkommandos, die Königlichen Kriegsministerien in Berlin, München, Dresden und Stuttgart, das A.A., das RMA, das M.d.I und eine Reihe weiterer Stellen, die selber über eine eigene Pressestelle verfügten und für die diese Informationen von Belang waren (z.B. Reichs-Postamt, R.P.A.). Die Vertreter der Presse wurden ebenfalls mit einer entsprechenden Anzahl von Exemplaren berücksichtigt. Im November 1915 wurde der Verteiler folgerichtig um das KPrA erweitert. Bei der Gelegenheit kam auch das R.d.I. hinzu. Diese "Aufzeichnungen" der OZ galten als vertraulich, waren nur für den Dienstgebrauch und keinesfalls zur Aushändigung an die Presse vorgesehen[158]. Diese Unterlagen sind komplett einsehbar und galten bisher als die richtungsweisende Quelle für eine Bewertung der Pressekonferenzen.

Doch es existiert eine zweite Variante der Aufzeichnungen aus den Pressebesprechungen, die sich von diesen Kurzfassungen in Form, Inhalt und Umfang deutlich unterscheidet. In diesen Mitschriften ist der Verlauf der Besprechungen wörtlich festgehalten worden. Wilhelm Deist kennzeichnete diese Schriftstücke, die ebenfalls von Berlin aus versandt wurden, zur besseren Unterscheidung als "Große Protokolle". Adressaten waren ebenfalls alle wichtigen Zentralstellen

---

[158] BA, Potsdam, Reichsamt des Innern (R.d.I.) 12 328, Kriegspresseamt 15.03.1915 bis 05.11.1918. BHStA IV, Kriegsarchiv MKr 17 144, Referatsakten A-Presse, Oberzensurstelle: Aufzeichnungen aus den Pressebesprechungen. Verteilungsplan vom 09.04.1915. Auch im BA, MA unter RM 3/v. 10 313 findet sich eine Sammlung dieser OZ - Kurzprotokolle. Im Protokoll vom 19.04.1915 und auch bei späteren Aufzeichnungen wird häufig auf "Nach dem Verteilungsplan vom 17. April 1915" hingewiesen; dieser Plan ist jedoch in allen zugezogenen Akten nicht auffindbar gewesen. Vgl. dazu BHStA IV, MKr 17 144, OZ Nr. 60 vom 05.11.1915.

und Behörden. Die Empfänger in den einzelnen Ressorts (teilweise ging ein Exemplar an verschiedene Personen einer Abteilung) wurden jeweils namentlich aufgeführt. Dazu wurden die Presseabteilungen der Stellvertretenden Generalkommandos, die Presseabteilungen der Gouvernements der Festungen und die Kriegsministerien mit je einem Exemplar bedacht. Der Verteilungsplan unter Nr. 27 belegt eindeutig, daß auch dem Ausschuß der Pressebesprechungen stets ein ausführliches Protokoll zuging; insgesamt wurden 56 Exemplare versandt[159].

In den "Großen Protokollen" finden sich zahlreiche Anfragen, Einwürfe und Statements der teilnehmenden Journalisten, die von hohem Informationswert sind. Auch die längeren Ausführungen der Ressortvertreter und ihre unmittelbaren Reaktionen auf Fragen oder Bemerkungen aus der Runde der Teilnehmer spiegeln ein anderes Bild von diesen Konferenzen wider als das, was bisher gezeichnet worden ist.

Ihre Existenz konnte bis heute nur für das letzte Jahr des Krieges nachgewiesen werden. Doch bereits in den Akten der Reichskanzlei findet sich diese erheblich ausführlichere Form der Aufzeichnungen aus dem Spätherbst 1915. Vom 10. November 1915 bis 16. Februar 1916 (Nr. 62 - Nr. 96)[160] und vom 22. Oktober 1917 bis zum 8. November 1918 (Nr. 305 - Nr. 439) läßt die regelmäßige Nummerierung eine parallele Erscheinungsform in Verbindung mit den bekannten, gedruckten "Aufzeichnungen aus den Pressebesprechungen" vermuten. Mit den jetzt erstmalig damit in Zusammenhang gebrachten Exemplaren aus den Akten der Reichskanzlei liegt die weitergehende Annahme nahe, daß auch schon seit dem Frühjahr 1915 diese ausführlichen Mitschriften existiert haben[161]. Vorgesehen war eine generelle Protokollierung der Konferenzen

---

159 Die Protokolle liegen im BHStA IV unter den Aktsignaturen MKr 14 025 bis MKr 14 027. MKr 14 025, "Bund 1 Pressebesprechungen vom 26. Oktober 1917 bis 26. April 1918" enthält die Nr. 305 vom 22.10.1917 bis zur Nr. 369 vom 22.04.1918, MKr 14 026, "Bund 2 Pressebesprechungen vom 1. Mai 1918 bis 25. August 1918" enthält die Nr. 370 vom 25.04.1918 bis Nr. 404 vom 23.08.1918 und MKr 14 027, "Bund 3 Pressebesprechungen vom 3. September 1918 bis 20. November 1918" enthält die Nr. 405 vom 27.08.1918 bis zur Nr. 439 vom 08.09.1918. Der Verteilungsplan vom 19. Oktober 1917 (Nr. 30 819 OZ) liegt MKr 14 025 bei.

160 BA, Potsdam, Akten der Reichskanzlei, RK 2 441. Koszyk hat diese Protokolle zwar damals auch eingesehen, sie jedoch seinerzeit nicht mit den erst zwei Jahre später in der Deist Edition nachgewiesenen "Großen Protokollen" in Verbindung bringen können. Für seine Einschätzung der Pressekonferenzen enthalten sie wichtige Gegenargumente.

161 BA, Potsdam, RK 2 439/1, Dok. 108-111 enhält zufällig als Anlage an ein Schreiben das "Große Protokoll" Nr. 256 vom 02.05.1917. Auf den Seiten 4 und 5 finden sich Äußerungen der Pressevertreter protokolliert. Die Datierung und die Nummerierung unterstützen diese Annahme.

mit einem zusammenfassenden Charakter schon im Rahmen eines Organisationsentwurfes für die OZ von Anfang Dezember 1914[162]. Daher ist anzunehmen, daß für die davor liegenden Konferenzen keine Mitschriften verschickt worden sind, zumal es an einer Koordinationsstelle fehlte. Es ist nicht bekannt, ob eventuell für interne Zwecke bereits eine Protokollierung erfolgte. In den Bestimmungen über die Informationsverwertung der Pressekonferenzen wurde im Oktober 1914 jedenfalls noch bewußt auf eine Protokollierung verzichtet[163].

Die Absichtserklärung aus dem erwähnten Organisationsentwurf vom 3. Dezember 1914 wurde erst im neuen Jahr aufgegriffen. Es wurde nunmehr als sinnvoll erachtet, daß die Zensurstellen ihrer Aufgabe leichter nachkommen könnten, wenn sie die Informationen aus den Pressesitzungen regelmäßig erhalten würden. Am 12. März 1915 wurde die verbindliche Umsetzung dieses Konzeptes durch Major Deutelmoser bekanntgegeben: "Den Zensurbehörden werden künftig kurze Auszüge aus den Sitzungsberichten über die Pressebesprechungen zugehen, die alle zwei bis drei Tage im Reichstage unter Beteiligung der in Betracht kommenden Zentralbehörden stattfinden. Die Zusendung hat den Zweck, die Zensurstellen besser als bisher über die allgemeine Lage zu unterrichten und ihnen Unterlagen für eine einheitliche Handhabung der Zensur zu geben[164]." Die wörtliche Fixierung und die verbindliche, einheitliche Weitergabe der wichtigsten Passagen der Besprechungen an die Zensurbehörden unterstrich eindeutig die Bedeutungszunahme der Pressekonferenzen.

Leider ist über einen Verbleib einer größeren Anzahl weiterer "Großer Protokolle", vor oder zwischen diesen jetzt nachgewiesenen Zeiträumen, nichts bekannt. Die ausführlichen Aufzeichnungen der Sitzungen Nr. 1 (Mitte März/spätestens Anfang April 1915) - Nr. 61 (November 1915) sind wahrscheinlich parallel zur Aufnahme der Arbeit in der OZ erstellt worden[165]. Für die Sitzungen Nr. 97 (Februar 1916) bis Nr. 304 (Oktober 1917) ist mit ziemlicher Sicherheit

---

162 *Militär und Innenpolitik*, Bd 2, Nr. 417, S. 1170 Anm. 1.

163 Vgl. dazu Kapitel 2.4. und *Militär und Innenpolitik*, Bd 1, Nr. 37, Erläuterungen unter Punkt 3, S. 74 f.

164 BA, MA, RM 3/v. 10 305 Verfügungen der Oberzensurstelle (OZ), Schreiben vom 03.12.1914 und Schreiben des Major Deutelmoser vom 12.03.1915 (Zitat). Zur Bewertung auch: *Militär und Innenpolitik*, Bd 1, Nr. 38, Anm. 5.

165 Selbst wenn man die Kurzfassungen zur zeitlichen Bestimmung einmal außer acht läßt, ist von einer durchschnittlichen Zahl von 10 Sitzungen pro Monat (bei 2 bis 3 Sitzungen pro Woche) auszugehen. Das Zurückrechnen der 61 Sitzungen vom November des Jahres 1915 in die erste Jahreshälfte hinein führt dann zumindest in den April 1915 zurück, wahrscheinlich sogar bis Mitte März 1915. Damit läge man ungefähr bei dem Zeitpunkt der Arbeitsaufnahme der OZ. Die Angabe über den Zeitpunkt des Beginns der Protokollierungen kann jetzt also auch durch die "Großen Protokolle" belegt werden.

von einer kontinuierlichen Fortsetzung der Erstellung dieser ausführlichen Dokumente auszugehen. Auch der erwähnte Verteilungsplan der "Großen Protokolle" vom 19. Oktober 1917 erhärtet diese Annahme[166].

Einen Vergleich der verkürzten "Aufzeichnungen aus den Pressebesprechungen" mit den "Großen Protokollen" (soweit sie vorhanden sind) hat der Verfasser vorgenommen[167]. Sämtliche Inhalte der (Kurz-)Zusammenfassungen finden sich in den ausführlichen, wörtlichen Mitschriften wieder. Ohne zu sehr ins Detail zu gehen, lassen sich nach Durchsicht der beiden Quellenbestände einige Dinge allgemeiner Art festhalten: Äußerungen von Journalisten, Kritik oder Anregungen der Pressevertreter waren äußerst selten vermerkt. Die Personen traten hinter dem Kürzel ihrer Behörde zurück. Die Zusammenfassungen entsprachen auch immer den vorhandenen Stufen der Geheimhaltung. Die Kurzfassungen enthielten protokollarisch exakt die Standpunkte der offiziellen Stellen, zumeist auf die wesentlichen Inhalte reduziert. Auf die Darstellung von Diskussionsabläufen oder die Wiedergabe von Fragen aus dem Teilnehmerkreis wurde nahezu völlig verzichtet. Dadurch stellt sich der Ablauf einer Pressekonferenz in diesen stark gerafften Zusammenfassungen in der Regel anders dar als bei Hinzuziehung der "Großen Protokolle". Ein wirkliches Bild läßt sich erst dann gewinnen, wenn einerseits die Journalisten zu Wort und Fragen kommen und andererseits die langatmige Ausführlichkeit mancher offizieller Statements den Leser beschäftigt. Die Beschreibungen aus der Runde der beteiligten Redakteure, wie die Konferenzen einzuschätzen seien, reichten von Kennzeichnungen einer "Instruktionsstunde" bis zu der Auffassung, daß man glaubte, sich in einem "Presseparlament" zu befinden. Die jeweilige gesellschaftspolitische Grundhaltung der Journalisten besetzte die Begriffe nach ihrem Verständnis. Im ersten Fall kritisierte ein sozialdemokratisch orientierter Pressevertreter den auf Befehl und Gehorsam ausgerichteten Stil der Nachrichtenübermittlung eines Behördenvertreters. Im Gegenzug dazu kam es zu einer abfällig gemeinten Bemerkung über eine viel zu lebhafte und kontrovers geführte Diskussion innerhalb der Pressekonferenz über Ernährungsprobleme. Dieser Verlauf der Konferenz wurde von einem sehr konservativ

---

166 Vgl. Anm. 47.

167 Koszyk nahm keine differenzierte Unterscheidung der Protokollierungsvarianten der Berliner Pressekonferenzen vor. Deswegen hält der Verfasser Teile seiner daraus resultierenden Schlußfolgerungen und Bewertung für nicht haltbar. Die Pressevertreter hatten Zugang zu den Protokollen. Ihre Rolle bei den Konferenzen ist weitaus bedeutender als bisher angenommen. Vgl. Koszyk, *Pressepolitik* S. 186 f. und S. 189 f.

eingestellten Journalisten gerügt. Was dem einen zu wenig liberal erschien, war dem andern schon zu viel des Guten. Das Interpretationsspektrum der Schilderungen der Sitzungsverläufe war ähnlich breit wie die Unterschiede der politischen Auffassungen der Teilnehmer. Auch wenn ein übergreifender "nationaler Konsens" ein weitreichendes Fundament für die Konferenzteilnehmer darstellte, die Diskussionen über die Wege, wie die gemeinsamen Ziele verwirklicht werden sollten, verloren dadurch nicht an Intensität[168].

Die Häufigkeit der Sitzungen kann mit zwei bis drei Mal pro Woche veranschlagt werden. Anhand der noch vorhandenen Listen ist unstrittig, daβ alle bedeutenden Zeitungen, sowohl die Berliner Presse als auch die groβen Provinzzeitungen und die Korrespondenzen (WTB, TU, usw.) bei den Konferenzen im Reichstag vertreten waren. Entweder hatten sie direkt einen eigenen Vertreter entsandt, oder sie bekamen ihre Informationen über einen der ständig anwesenden Kollegen. Fast alle Redakteure versorgten neben ihrer eigenen Zeitung auch noch zahlreiche Blätter im ganzen Reich mit den Informationen aus den Sitzungen. Die Zusammensetzung belegt, daβ eine Teilnahme praktisch Journalistenpflicht gewesen ist; nicht etwa, weil es behördlich verordnet gewesen wäre, sondern weil der Konkurrenzdruck es erforderlich machte, und weil der Informationsaustausch in und um die Pressekonferenzen herum sicherlich als lohnend angesehen worden ist.

Über die Anzahl der Teilnehmer kann leider keine exakte Angabe gemacht werden. Zwei Teilnehmerlisten (vom 26. November 1916 mit 70, vom 10. Oktober 1917 mit 170 Namen) weisen sehr unterschiedliche Angaben auf, die bei Deist in Verbindung mit der Auflage des "Verteilers" zu dem Schluβ führen, "...daβ es weit über 100 Personen gewesen sein dürften"[169]. Doch das zweite Verzeichnis (vom 17. Oktober 1917) unterscheidet sich in seiner Aufstellungsart vom dem aus dem Jahre 1916. Am 11. Oktober 1918 wurde während einer Pressesitzung eine Abstimmung unter den Teilnehmern durchgeführt, an der sich insgesamt 59 Journalisten beteiligten[170]. Die umfassende Aufstellung von 1917 erscheint wie eine komplette Zusammen-

---

[168] Zu der Protokollierungspraxis auch *Militär und Innenpolitik*, Bd 1, Nr. 38, S. 77, Anm. 5. Der Begriff "Instruktionsstunde" wurde von einem Mitarbeiter der Magdeburger Zeitung in einem Bericht am 27.09.1915 erwähnt bei Knesebeck, *Propagandafeldzug*, S. 62. Der Begriff "Presseparlament" ist in der Pressesitzung vom 11.02.1916 dokumentiert: BA, RM 3/v. 10 312, Nr. 98.

[169] BA, MA, RM 3/v. 3 804, Liste vom 10.10.1917. *Militär und Innenpolitik*, Bd 1, Nr. 38, S. 76 Anm. 5: Deist führt als zusätzlichen Beleg noch die Auflagenstärke von 250 Exemplaren (Nr. 36) der Mitteilungen für die Pressevertreter an.

[170] BHStA IV, MKr 14 027, Nr. 424 vom 11.10.1918: Die Frage war, ob vor der WTB-Veröffentlichung eine vorherige Erörterung der deutschen Antwort auf die Wilson-Note während der Besprechung erwünscht

stellung aller Journalisten, die über eine Teilnahmeberechtigung verfügten. Darin nicht enthalten sind diejenigen Personen, die mit Sondereintrittskarten an den Sitzungen teilnahmen. Selbst wenn die beiden anderen Listen Zahlen enthalten, die die Annahme von Deist doch deutlich unterschreiten, so muß das noch keinen Widerspruch bedeuten. Die Teilnehmerzahlen haben vermutlich je nach Zeitpunkt und Ereignislage grundsätzlich geschwankt. Eine auf dieser Basis vorgenommene Schätzung für eine durchschnittliche Präsenz der Pressevertreter fällt von daher auch geringer aus und orientiert sich eher an einer Zahl von annähernd 100 Personen. Dennoch hat eine weitaus höhere Zahl von Presseleuten eine regelmäßige Zulassung zur Teilnahme besessen. Wenn man die Auflagenhöhe (250 Stück) der "Mitteilungen" für die Pressevertreter aufschlüsselt, so weist der offizielle Verteiler der OZ (etwa 60 Exemplare) und der Bedarf für die Journalisten anhand der von 1917 vorliegenden Zahl (170 Personen) eine Zahlenbilanz auf, die den Rahmen der Schätzungen von Deist in jedem Fall bestätigt[171].

Wichtig bleibt festzuhalten, daß das Ziel einer Vereinheitlichung des Presse- und Zensurwesens der zentrale Grund für die Schaffung der Stellen gewesen ist, die dann mit der Weitergabe der Informationen beauftragt worden sind. Zuerst war das die OZ, ab Ende 1915 dann das KPrA mit seinen Abteilungen. Den verschiedenen Teilnehmern und ihren Absichten sollte mit Hilfe der Aufzeichnungen in gleicher Weise gedient werden. Das über allem stehende Gesamtziel war unstrittig: Es galt im Interesse des Deutschen Reiches zu handeln, zu formulieren und zu berichten. Zu einer bewußten Wahrheitsfälschung sollten und konnten die Konferenzen nicht dienen. Aber es wurde angestrebt, Richtlinien für die einzelnen Zensurstellen vorzugeben. Gleichzeitig sollten die Journalisten in einer Art wohlwollenden Reglementierung mit eingebunden werden. Mit so klaren Orientierungsmöglichkeiten in schriftlicher Vorlage als Ergebnis einer gemeinsamen Zusammenkunft der wichtigsten Zeitungsvertreter mit allen zivilen und militärischen Ressortleitern sollte vor allem die Arbeit für die Provinzbehörden erheblich erleichtert werden. Das erhofften sich die Verantwortlichen damals sicher nicht zu Unrecht.

---

sei. 29 stimmten mit 'ja', 30 mit 'nein'; anschließend schlug der A.A.-Vertreter (Schmidthals) vor, daß je nach Termin der Bekanntgabe eine Pressebesprechung einberufen würde. Es fand dann am 12. Oktober eine Sonderbesprechung statt, es existiert davon kein Protokoll, weil stattdessen drei Schriftstücke (mit der deutschen Antwortnote an Präsident Wilson, eine dazugehörige Stellungnahme des KPrA und eine Stellungnahme des Staatssekretärs des A.A.) an die Pressevertreter ausgehändigt wurden. MKr 14 027 Nr. 425 mit Schreiben der OZ.

[171] BHStA IV, MKr 17 144: z.B. vom 09.04.1915 Nr. 1 827.

2.4. Mitgestaltung der Journalisten: Der Presse-Ausschuß

Dieses Gremium, unter dessen Kontrolle die Gesamtleitung der Pressekonferenzen stand, ist nicht zu verwechseln mit dem "ständigen Ausschuß" der OZ. Hier ist die Rede von dem sogenannten Presse-Ausschuß.
Den Teilnehmern der Sitzungen war an einem reibungslosen und geordneten Ablauf gelegen. Regelmäßige Zusammenkünfte eines Ausschusses waren dazu nicht erforderlich, denn die Rahmenbedingungen lagen im Prinzip fest. Aber der Wunsch nach einer Interessenvertretung, die sich aus dem Kreis der teilnehmenden Journalisten rekrutierte und die fernerhin mit einer von allen akzeptierten Autorität ausgestattet war, muß schon nach relativ kurzer Zeit die Konstituierung dieses Gremiums vorangetrieben haben.
Offiziere, Regierungs- und Pressevertreter führten untereinander seit Beginn des Krieges regelmäßig und zwanglos Gespräche am Rande und außerhalb der Sitzungen. Auf Seiten der Regierungsvertreter, noch viel stärker aber bei den Militärs, waren Unsicherheit und vor allem eine große Unerfahrenheit in Pressedingen unverkennbar. Der letzte militärische Konflikt, der deutsch-französiche Krieg von 1870/71, lag nicht nur eine sehr lange Zeit zurück, auch die Bedingungen, unter denen seinerzeit Journalisten gearbeitet hatten, waren nur sehr begrenzt mit diesem Krieg vergleichbar[172]. Die Dimension des "Great War", wie ihn die Engländer heute noch nennen, war völlig neu. Die Bedeutung der Presse und der Öffentlichkeit in diesem europäischen Krieg, der sich zum Weltkrieg steigern sollte, wurde in zunehmendem Maße von allen Beteiligten erkannt. Die militärische Führung, die zivile Reichsleitung und die Redakteure der Zeitungen mußten um die jeweilige Wahrung ihrer Interessen bemüht sein. Die Notwendigkeit einer guten Gesamtorganisation zum Austausch und zur Weitergabe von Nachrichten und Informationen war für alle Seiten zwingend. Dennoch existierten sehr unterschiedliche Auffassungen, in welcher Form die Presseleute ihren "Beitrag" zu leisten hätten.
Die Personen, die direkt mit der Pressearbeit zu tun hatten, kannten sich. Ihr Hauptanliegen zielte eher auf einen Abbau von Spannungen hin als auf deren unnötige Verschärfung. Sie waren stets um den Interessenausgleich zum Zwecke einer insgesamt besseren Pressearbeit bemüht.

---

[172] Vogel, *Organisation*, S. 9 ff.

Schließlich sah man sich fast täglich, arbeitete, wenn auch von unterschiedlichen Positionen aus, in erster Linie zum gemeinsamen Vorteil des bedrohten und sich im Kriegszustand befindlichen Vaterlandes.

Dem Leiter der Konferenzen, Kapitän z.S. Löhlein, mußte an einer vernünftigen Form der Abstimmung mit den Journalisten gelegen sein. Bei Bedarf traf sich Löhlein mit einer Gruppe von Vertretern der Journalisten. Die Mitglieder dieser Kommission waren nicht gesondert von den übrigen Teilnehmern der Pressekonferenzen gewählt worden. Sie besaßen jedoch offensichtlich das umfassenden Vertrauen der Kollegen. Die Zusammensetzung dieser Gruppe hatte sich aus dem ständigen Kontakt und der gemeinsamen Arbeit dieser Journalisten mit dem RMA, den Pressestellen der OHL, des KM und des A.A. ergeben. Den Vorsitz hatte einer der profiliertesten Pressevertreter inne, Georg Bernhard. Unter seiner Leitung entschied dieses Gremium bereits ab Oktober 1914 über die Zulassung der Journalisten an einer Teilnahme der Konferenzen[173]. Der Kommission gehörten zu diesem Zeitpunkt fünf Mitglieder an[174].

Entscheidender Ausgangspunkt für die Veränderungen und Verbesserungen des Ablaufes der Presse-Sitzungen war eine Besprechung zwischen Regierungsvertretern und den Mitgliedern der Pressekommission am 28. Dezember 1914 gewesen. Es bestand zu diesem Zeitpunkt von beiden Seiten Gesprächsbedarf. Die Kommission sollte im Auftrag der Pressevertreter Verhandlungen darüber führen, wie die regelmäßigen gegenseitigen Aussprachen in Form und Inhalt verbessert werden könnten. Zu Beginn der Zusammenkunft ließ Major Westphal keinen Zweifel daran aufkommen, daß die Pressesitzungen weiterhin als eine Grundlage für eine "wünschenswerte, gegenseitige Aussprache" bestehen bleiben müßten. Georg Bernhard mahnte an, daß der derzeit bestehende Ablauf dringend einer Verbesserung bedürfe. Seine " ... Bedenken richteten sich in erster Linie gegen den geistigen Gehalt der Sitzungen." Vor allem das A.A. griff er in diesem Zusammenhang an, weil von dort aus der Informationsfluß mehr schlecht als recht liefe, und der Nachrichtengehalt meist nur ein sehr dürftiges Niveau erreiche. Sein Vorschlag war, die von den Pressevertretern zu wählende Kommission zu einer ständigen Einrichtung zu machen und sie

---

[173] Dazu BA, MA, RM 3/v. 10 304: Das Verhältnis der Beteiligten untereinander ist u.a. dem Schreiben Löhleins an den "Hamburgischen Correspodenten" vom 24.10.1914 zu entnehmen.

[174] Das geht aus dem Abschiedsschreiben von Kapitän z.S. Löhlein an die Ausschußmitglieder hervor: BA, MA, RM 3/v. 10 304 Schreiben vom 28.12.1914. Außer Georg Bernhard sind als Mitglieder noch Ernst Graf von Reventlow, Dr. Hans Eisele (Berliner Vertreter der "Kölnischen Volkszeitung") und Kurt Baake (sozialdemokratischer Journalist) erwähnt.

dann dem Vorsitzenden zur Seite zu stellen. So könne man bei Bedarf disziplinarisch wirksam eingreifen und das intellektuelle Niveau insgesamt "ersprießlicher gestalten". Seine Anregungen wurden von Major Deutelmoser im wesentlichen gestützt. Der Vertreter des A.A., Botschafter v. Mumm, wollte sich zwar innerhalb seiner Behörde für mehr Offenheit einsetzen, doch die Prinzipien des "System Hamman" ließen keine allzu großen Hoffnungen zu. Verdeutlicht wurde dies durch den Hinweis Mumms, daß bei einem kleinen Kreis von Journalisten (10 - 12 Personen), "... die Informationen reicher fließen könnten als jetzt." Einig waren sich alle Beteiligten darin, daß eine Reduzierung der Teilnehmer aber in der Praxis weder wünschenswert noch realisierbar sei. Kurt Baake verwies darauf, daß "... eine Garantie für unbedingte Zuverlässigkeit und Verschwiegenheit nicht übernommen werden könne." Ob die "Zahl der Teilnehmer groß oder klein sei" wäre dabei nicht das eigentliche Problem. "Wichtigtuerei und journalistische Hast" wären als Faktoren nicht völlig auszuschließen. Sein Kollege Graf von Reventlow schloß sich dieser Bewertung des Problems der Indiskretionen an, wollte jedoch eine Reduzierung der Sitzungen erreichen. Seine Gesamthaltung zu den Pressesitzungen war sowieso eher von Skepsis erfüllt[175].

Über andere Punkte herrschte allerdings dann wieder weitgehendes Einvernehmen. Der für den Redaktionsschluß ungünstige Erscheinungszeitpunkt der Heeresberichte wurde dabei genannt. Das Informationsniveau der Pressekonferenzen sollte angehoben werden, und das Prinzip der Gegenseitigkeit wollte man stärker in den Vordergrund rücken.

In einem abschließenden Statement des Pressevertreters Dr. Eisele trat in einem einzigen Satz die zentrale Sorge zutage, von der alle Teilnehmer stets hätten erfüllt sein müssen: "Der Eindruck einer Instruktionsstunde müsse aber vermieden werden[176]."

Die Solidität und das gesamte Erscheinungsbild der Presse, ihre nationale und internationale Reputation mußte gewahrt bleiben. Alle Bemühungen und Maßnahmen waren zum Scheitern verurteilt, wenn die Glaubwürdigkeit der Zeitungen in Zweifel gezogen werden konnte. Wenn der Presse nur eine Rolle als Sprachrohr und Erfüllungsgehilfe der militärischen und der zivilen

---

[175] BA, MA, RM 3/v. 10 304 Besprechung der Regierungsvertreter mit der Pressekommission am 28.12.1914, S. 1 ff. Außer den erwähnten Besprechungsteilnehmern waren noch Leutnant Körte (O.K.M.), Korvettenkapitän Wittmann (RMA), Hauptmann Grau (KM), Geheimrat Grosse vom RPA und Geheimrat Rödenbeck (M.d.I.) anwesend.

[176] Ebd., S. 3.

Reichsleitung zugedacht wäre, dann ließe sich mit einer noch so differenzierten Informationspolitik letztlich keine Wirkung erreichen. Das Medium als solches hätte sich seiner ureigenen Funktion selber beraubt oder besser berauben lassen.

Die Zahl und Schwere der Verstöße, die auch aus dem Risiko einer hohen Teilnehmerzahl hätten resultieren können, waren zu keinem Zeitpunkt des Krieges so gravierend, daß deswegen an eine Abschaffung der Sitzungen gedacht worden wäre. Es sind auch keine Vorkommnisse über Verbote von Zeitungen aufgrund von Indiskretionen ihrer Vertreter bei den Pressebesprechungen bekannt.

Selbst der ehemalige Generalstabschef Moltke setzte sich im März 1915 bei der OHL gegen die Verbote von Zeitungen ein. Er nannte Beispiele für Verstöße und führte Punkte an, die die Konsequenz eines Verbotes als eine "nicht sinnvolle Reaktion" kennzeichnete. Er vertrat die Ansicht, daß ein solches Verbot zu tiefgreifenden Mißstimmungen bei der Presse führen würde. Für diese Reaktion hatte er sogar viel Verständnis, da sich die Presse aufgrund ihrer Haltung seit Kriegsbeginn hohe Anerkennung erworben habe und die militärische Kraft dadurch erheblich gestärkt hätte. Die Verbote seien aus verschiedenen Gründen nicht der richtige Weg, denn es würde auch fast immer ein unschuldiger Leserkreis getroffen. Auch die Aufmerksamkeit des Auslandes würde dann nochmal zusätzlich auf die jeweilige Angelegenheit gelenkt. Bei den Verstößen sei jedoch fast nie böser Wille der Grund. Ein nachträgliches Verbot mache den Schaden auch nicht wieder gut. Eine Art Vorbeugung durch einen Appell an die Verantwortung und das Ehrgefühl der Presse sei als Akt des Vertrauens vielversprechender als Unterdrückungsmaßnahmen[177].

Diese Linie entsprach im wesentlichen der Haltung der Kommission, die zu Beginn des Jahres 1915 zu einer von den Behörden offiziell anerkannten Institution mit der entsprechenden Bezeichnung Presse-Ausschuß wurde. Der Presse-Ausschuß wurde nun regulär von den Pressevertretern per Wahlentscheid bestätigt, Georg Bernhard behielt den Vorsitz[178]. Die Zahl der Ausschußmitglieder wurde im April 1915 in einer Sondersitzung auf sieben erhöht. Für Graf von Reventlow, der sein Amt aufgrund starker Auffassungsunterschiede mit seinen Kollegen

---

177 BA, MA, RM 3/v. 10 295, Schreiben Moltkes vom 26.03.1915 an den Chef des stellvertretenden Generalstabes der Armee; in einem Schreiben an die OHL vom 28.04.1915 betonte v. Moltke, daß "... Zensur eine rein militärische und keine politische Angelegenheit sei."

178 *Militär und Innenpolitik*, Bd 1, Nr. 38, S. 77, Anm. 6.

niedergelegt hatte, kam Merleker ("Berliner Neueste Nachrichten"). Neu benannt wurden Neumann ("Berliner Lokalanzeiger") und Grunwald ("Volksblatt Mühlhausen")[179].

Den gesamten Charakter der Sitzungen betonte Bernhard in einem Brief an das Oberkommando in den Marken (O.K.M.) im Juli 1915. Er wies darin auf den ausgleichenden Charakter hin, auf den die Arbeit des Ausschusses ausgerichtet sein sollte. Die ständige Pressekonferenz sei in keinster Weise ein Instrument des O.K.M., sondern eine Zusammenkunft aller Behörden mit Vertretern deutscher Zeitungen mit dem Zweck, "... bedeutsame vaterländische Interessen während des Krieges in gemeinsamer Arbeit zu fördern. Diese Veranstaltung beruht sowohl auf freundschaftlicher Vereinbarung wie auf Gleichberechtigung aller beteiligten Faktoren. Den Vorsitz in der Konferenz hat von Anfang an der ganzen historischen Gestaltung nach bei einem der Herren Behördenvertreter gelegen ..."[180] Auf die "persönliche Übertragung" der Konferenzleitung nach Löhleins Ausscheiden an Major Westphal, die natürlich offizieller Genehmigung bedurfte, aber die entscheidend durch die Willensbekundungen der teilnehmenden Vertreter aus dem Konferenzkreise vollzogen worden war, ging Bernhard ebenfalls ein. Für die Journalisten war die Tatsache einer Leitung durch einen Behördenvertreter offensichtlich kein Problem. Nur die Art und Weise, wie das O.K.M. diese Tatsache in der Öffentlichkeit darzustellen gedachte, rief den Widerspruch der Journalisten hervor. Der Presse-Ausschuß mit Georg Bernhard als Vorsitzenden und die Konferenzleitung mit Major Westphal an der Spitze arbeiteten in enger Abstimmung Seite an Seite. Die offizielle Auffassung des O.K.M., daß die Stellung des Vorsitzenden nach dem Ausscheiden Löhleins nur durch die zuständige Zensurstelle erfolgen konnte, weil der ursprüngliche Zweck der Konferenzen, " ... die Handhabung und Befolgung der Zensur" gewesen sei, ist eher als Schutzbehauptung zu sehen, um eine Wahl des Vorsitzenden durch die Versammlung grundsätzlich auszuschließen. Auf die praktische Zusammenarbeit und das Verhältnis der Beteiligten untereinander hatte diese Haltung keinen Einfluß. Das O.K.M. versuchte im nachhinein, seine formelle Genehmigung als eine zwingend erforderliche Weisung darzustellen, zu der es ohnehin keine Alternative gegeben hätte. Die führenden Köpfe der Pressekonferenz, d.h. die Vertreter der übrigen beteiligten Behörden und der Presse-Ausschuß, hatten ihre Entscheidung völlig unabhängig davon vollzogen. Bernhard wehrte

---

[179] Vgl. Brief von Georg Bernhard an Major Westphal vom April 1915, BA, MA, RM 3/v. 10 304.

[180] BA, MA, RM 3/v. 10304 Schreiben Bernhards in seiner Eigenschaft als Ausschußvorsitzender an das O.K.M. vom 05.07.1915 und Antwort des O.K.M. vom 09.07.1915.

sich zu Recht gegen den Eindruck, der nun nachdrücklich suggeriert werden sollte und dessen Anordnungszwang dem Ansehen der Konferenzen abträglich gewesen wäre[181].

Der Presse-Ausschuß entwickelte ein reges Eigenleben und übte sich häufig bei strittigen Fragen in der Vermittlerfunktion. Doch auf Wunsch der Journalisten trat er auch mit anderen Belangen während seiner regelmäßigen Besprechungen an die Behörden heran. Im Januar 1916 wurde an die Vertreter des A.A. die dringende Bitte weitergeleitet, doch mehr Informationen "aus eigener Initiative" an den Teilnehmerkreis weiterzuleiten. Die vom A.A. bekundete Mitteilungsbereitschaft sollte nicht erst durch Anfragen geweckt werden. Dabei stand "... das sachliche Streben im Vordergrund, die Zusammenkünfte fruchtbarer zu gestalten." Ein direkter Bezug zu den Vertretern des A.A. (Graf Wedel, Radowitz) wurde von dieser Beschwerde ausdrücklich ausgenommen, da deren "persönliche Liebenswürdigkeit" sich der allgemeinen Wertschätzung der Teilnehmer erfreue[182].

Als im Juli 1916 die Fixierung der Bestimmungen der Pressebesprechungen erfolgte, hatte der Presse-Ausschuß bereits an der Vorbereitung dieser Richtlinien mitgewirkt. Auch sein eigener Aufgabenbereich wurde unter 7 definiert: "Die schon vor Festsetzung dieser Bestimmungen zugelassenen Vertreter der Presse haben aus ihren Reihen einen Ausschuß gewählt, der ihre mit den Besprechungen zusammenhängenden gemeinsamen Angelegenheiten bearbeitet und die Gesamtheit der journalistischen Teilnehmer im Verkehr mit den Beauftragten der Behörden vertritt[183]." In enger Abstimmung mit dem Vorsitzenden und den Vertretern der Behörden wurde über die Zulassung oder den eventuellen Ausschluß von teilnehmenden Journalisten beraten und entschieden (8 und 17). Meinungsverschiedenheiten und Fragen zur Geschäftsordnung wurden in Sonderbesprechungen mit dem Vorsitzenden im kleinen Kreis geklärt. Der Presseausschuß hatte damit ein verbrieftes Anhörungsrecht und war somit am Zustandekommen der Entscheidungen zwingend mitbeteiligt. Gelegentlich wurden auch Schwerpunkte der Sitzungen gemeinsam vereinbart (z.B. Hinzuziehung eines Ressortexperten zu einer bestimmten Problematik oder bei Vortragsthemen)[184].

---

[181] Ebd., Schreiben vom 05.07.1915.

[182] BA, Potsdam, RK 2 441, Nr. 85 vom 12.01.1916, S. 6.

[183] BA, MA, RM 3/v. 10 312 KPrA, Richtlinien für die Pressebesprechungen vom 11.07.1916: hier 7 und 8.

[184] Zu Verstoßbeispielen besonders: BA, MA RM 5/v. 3 788 und *Militär und Innenpolitik*, Bd 1, Nr. 38, S. 77, Anmerkungen 6 und 7.

Die Entscheidung lag jedoch in allen Fällen in letzter Instanz immer beim Vorsitzenden. Es ist allerdings kein Fall aktenkundig, in dem eine Entscheidung fiel, die nicht einvernehmlich getroffen worden wäre. Alle Beteiligten waren an konstruktiver Zusammenarbeit interessiert, und die Journalisten wollten gemeinsam mit dem Vorsitzenden und den Vertretern der einzelnen Behörden dafür sorgen, daß die Rahmenbedingungen für den Ablauf der Pressebesprechungen eingehalten wurden. Der steigende Druck auf die öffentliche Meinung und der wachsende Bedarf, Informationen zum beiderseitigen Vorteil auszutauschen, führte zwangsläufig zur Kooperation auf einem Feld, wo man mit einer anderen Haltung unter dem Strich nichts für seinen Bereich hätte erreichen können. Bis zum Ende des Krieges bewährte sich diese Aufgabenverteilung und diese Form der Zusammenarbeit im Hinblick auf eine geregelte Durchführung aller anfallenden Arbeiten im allgemeinen und den Ablauf der Pressekonferenzen im besonderen.

2.5. Neue Dimensionen eines Krieges

Die "Urkatastrophe des 20. Jahrhunderts" (George Kennan), dieser Krieg, der alle Gesellschaftssysteme in ihren Grundfesten erschütterte und in dessen Folge tiefgreifende weltpolitische Veränderungen eintraten, begann im August 1914 als großer europäischer Krieg und endete nach über vier Jahren als Weltkrieg. Über die Kriegsursachen ist so tiefgreifend und ausgiebig in der Fachwelt diskutiert und gestritten worden wie bei keinem anderen Ereignis in der neueren Geschichte[185]. Dabei war dieser europäische Krieg im Gedankengut der beteiligten Mächte eine Auseinandersetzung, die nicht unerwartet aus einer schweren diplomatischen Krise in einen gewaltsamen Konflikt mündete[186].

---

185 Auf eine Schilderung der Kontroversen muß an dieser Stelle mit Hinweisen auf die einschlägige Literatur verzichtet werden. Einen Überblick über den Verlauf und die Entwicklung dieser Fragen bis in die neueste Zeit hinein bei: Schöllgen, Gregor (Hrsg.), *Flucht in den Krieg*, Darmstadt 1991.

186 Vgl. zur Rolle des Deutschen Reiches: Mommsen, Wolfgang J., *Die latente Krise des Wilhelminischen Reiches. Staat und Gesellschaft in Deutschland 1890-1914* in: MGM 15 (1974) S. 7-28.

Im Sinne des berühmten Militärstrategen Clausewitz und im Verständnis der Traditionen des 19. Jahrhunderts stand auch dieser Krieg in der Tradition des Denkens um die bekannte "Fortsetzung der Politik mit anderen Mitteln". Der "Bündnisautomatismus", die Rüstungspolitik der europäischen Großmächte und ihre Interessenskonflikte innerhalb und außerhalb Europas bargen zu Beginn des 20. Jahrhunderts in sich genügend Probleme und Zwangsläufigkeiten, die zahlreiche Krisensituationen und letztlich auch einen Krieg miteinschlossen. Die Einstellung, den Krieg "vielfach als etwas schicksalhaft Unabwendbares aufzufassen", war weit verbreitet[187]. Jeder erhoffte sich als Ergebnis eine Verbesserung der eigenen Position, auch wenn die jeweiligen nationalen Zielsetzungen in ihren Konturen nicht immer deutlich erkennbar waren. Doch alle beteiligten Völker mußten die grausame Erfahrung machen, daß die Kriegsmittel als Errungenschaften des technischen Fortschritts die klassischen Methoden und Strategieüberlegungen der Militärs in Frage stellten. Die Auswirkungen dieser Art der Kriegführung wurden durch die ungeheuren Zahlen an Verlusten belegt, die nicht nur den Stellungs- und Grabenkrieg im Westen, sondern auch den Bewegungskrieg an der Ostfront und auf dem Balkan kennzeichneten. Es wurden militärisch und politisch theoretische und taktische Entscheidungen getroffen, die den Anforderungen dieser neuen Form des Krieges in keiner Weise mehr gerecht wurden. Der moderne Krieg des 20. Jahrhunderts war auf vielen Ebenen und speziell an den wichtigen Frontabschnitten bereits ein "totaler Krieg", auch wenn dieser Begriff durch die berühmte Rede von Nazi-Propagandaminister Joseph Goebbels und durch die Geschehnisse des zweiten Weltkriegs definiert zu sein scheint[188].

Der Erste Weltkrieg riß bei den Beteiligten eine tiefe Kluft zwischen dem propagierten ehrenvollen Soldatentod und der Massenvernichtungsstrategie des Stellungskampfes auf. Die

---

187 Bihl, Wolfdieter (Hrsg.), *Deutsche Quellen zur Geschichte des Ersten Weltkrieges*, Darmstadt, 1991, hier Einleitung S. 5 f. Bihl streift in seiner Einleitung alle wichtigen Themenbereiche zur Weltkriegsepoche und liefert in komprimierter Form einen guten Gesamtüberblick über die Quellenlage und die Forschungsentwicklung. Zur Beschreibung typischer Charaktere in der deutschen Bevölkerung siehe Doerry, Martin, *Übergangsmenschen. Die Mentalität der Wilhelminer und die Krise des Kaiserreichs,* Weinheim, München 1986.

188 Zur Definitionsproblematik der Verwendung des Begriffs des "totalen Krieges" auch für den Ersten Weltkrieg siehe Mommsen, Wolfgang J., *Der Erste Weltkrieg und die Krise Europas,* in: Hirschfeld, Gerhard und Krumeich, Gerd (Hrsg.), *Keiner fühlt sich hier mehr als Mensch ... Erlebnis und Wirkung des Ersten Weltkriegs*, Essen 1993, S. 25-41, hier S. 34. Mommsen stellt fest, daß der Erste Weltkrieg "kein wirklicher totaler Krieg" gewesen ist, weil die systematische Ausrottung und Vertreibung von riesigen Bevölkerungsgruppen ein Phänomen des Zweiten Weltkriegs sei, das unbedingt in die Definition einfließen muß.

Sinnlosigkeit, mit der hunderttausende von Soldaten der Völker auf den Schlachtfeldern des Ersten Weltkriegs in den Tod befehligt worden sind, führte zwar zu schweren Krisen in den militärischen Führungsetagen und bei den kämpfenden Truppen, aber die Maschinerie des Krieges, seine Eigendynamik, die soldatischen Tugenden von Befehl und Gehorsam wurden nur erschüttert, nicht zerstört. Der Soldat widerstand für sein Vaterland und die gerechte Sache allen Anfeindungen. Maschinengewehre, Giftgasangriffe, Artilleriewaffen, Tanks beim Landkrieg, der totale U-Boot-Krieg zu Wasser und die Anfänge des Luftkrieges (erst mit Aufklärungs-, später mit Jagd- und Bomberflugzeugen) waren dabei völlig neue Erscheinungsformen militärischer Auseinandersetzungen[189]. Durch ihren Einsatz entstand auch eine verhängnisvolle Eigendynamik mit einer Logik, die eine fast unüberwindliche Hypothek für einen Verständigungsfrieden darstellte: Eine Rückkehr zum Status quo ante erleichterte es keiner der Regierungen wegen der immensen Verlustzahlen an Toten und Verwundeten und wegen der wirtschaftlichen Belastungen eine ehrenhafte und akzeptable Lösung in diesem Bereich zu finden, um den Konflikt zu beenden. Auch die innere Stabilität der Mächte stand auf dem Spiel, der Krieg wurde zur Existenzfrage des Staates und seines Regierungssystems. Wer dabei am Ende triumphieren wollte, war praktisch zum Erfolg verdammt. Der Sieg war aus machtpolitischen, nationalen und wirtschaftlichen Gründen das Ziel, auf das sich alles konzentrierte[190].

Dieser Maxime wurde alles andere untergeordnet. Die Interessensgegensätze sollten gewaltsam ausgeräumt werden, der jeweilige Gegner mußte aus diesem militärischen Schlagabtausch gezeichnet hervorgehen. Die Kriegsziele waren Thema und Aussage über das Ende des Konfliktes hinaus. An ihnen machten sich innen- und außenpolitische Positionen fest. Die Unterschiede zwischen den Mächten bei dem Einsatz dieser "Waffe" zur Kriegsmotivation nivellieren sich bei näherer Betrachtung[191].

Das Deutsche Reich hatte in Erwartung einer militärischen Auseinandersetzung seine Kriegsplanungen bestimmten Prämissen untergeordnet. Die Vermeidung eines Zwei- oder Mehrfrontenkrieges stand dabei an oberster Stelle. Zudem mußte eine schnelle Niederwerfung einer

---

189 Dazu jetzt: Storz, Dieter, *Die Schlacht der Zukunft*, in: Michalka, Wolfgang (Hrsg.), *Der Erste Weltkrieg. Wirkung, Wahrnehmung, Analyse*, München 1994, S. 252-278.

190 Bihl, *Quellen zum Ersten Weltkrieg*, S. 6.

191 Soutou, Georges-Henri, *Die Kriegsziele des Deutschen Reiches, Frankreichs, Großbritanniens und der Vereinigten Staaten während des Ersten Weltkriegs: ein Vergleich,* in: Der Erste Weltkrieg. Wirkung, Wahrnehmung, Analyse, S. 28-53, hier S. 29 ff.

der beiden erwarteten Festlandsgegner (Frankreich oder Rußland) erreicht werden. Nach dem Plan des ehemaligen Chefs des Generalstabes, Alfred Graf von Schlieffen, sollte zuerst das französische Heer ausgeschaltet werden, bevor dann eine Entscheidung im Osten zu suchen sei. Durch einen minutiös geplanten Aufmarsch sollten nach der in Kauf genommenen Neutralitätsverletzung Belgiens mit einer großen umfassenden Zangenbewegung des rechten Heerflügels die französischen Armeen eingeschlossen und dann von hinten gegen ihre eigenen starken Stellungen auf der Linie Belfort - Epinal - Toul - Verdun gedrückt werden. Dieser Plan nach klassischen Schlachtvorbildern ("Riesen-Cannae") wurde dann auch in seinen wesentlichen Zügen im August 1914 von dem Generalstabschef Helmuth von Moltke (der "jüngere") und seinen Generälen und Armeeführern als Grundlage für ihre Strategie übernommen[192]. Von einer Gesamtplanung der Kriegführung, die militärische und politische Komponenten angemessen und so weitreichend wie möglich miteinbezogen hätte, konnte keine Rede sein. Auch eine gemeinsame Planung des Heeres und der Marine hat es, so schwer vorstellbar das im nachhinein auch klingen mag, de facto nicht gegeben[193]. "Die von der Marine ins Auge gefaßte Seeschlacht in der Nordsee stand in keinem erkennbaren Zusammenhang mit der von Schlieffen vorbereiteten Umfassungsschlacht im nördlichen Frankreich. Es ist ganz offensichtlich, daß Wilhelm II. auf dem Gebiete der strategischen und operativen Planung seiner Funktion als Oberster Kriegsherr nicht gerecht wurde", so resümierte Wilhelm Deist im Hinblick auf dieses spezifisch deutsche Problem[194]. Bis auf den Schlieffenplan und die Überlegungen der Aufmarschabteilung des Großen Generalstabes existierte also - neben völlig separaten Planungen der Marine - kein festes militärisches Konzept für diesen Krieg. Es sollte ein Krieg sein, von dem die Militärs und die Politiker öffentlich gemeinsam erwarteten und hofften, daß er sehr schnell zu Ende gehen mußte. Eine zu lange Dauer minderte die eigenen Erfolgsaussichten nur[195].

---

[192] Boetticher, Friedrich von, *Schlieffen*, Göttingen 1973, 2. durchgesehene Auflage, S. 68 f. Es wurde seit 1905 im Generalstab praktisch nicht mehr an alternativen Aufmarschplänen für ein offensives Vorgehen des Heeres im Osten gearbeitet. Moltke verzichtete bei seiner Planung allerdings auf den von Schlieffen ursprünglich vorgesehenen Vormarsch durch die Niederlande.

[193] Rahn, Werner, *Strategische Probleme der Seekriegsleitung 1914 - 1918*, in: *Der Erste Weltkrieg. Wirkung, Wahrnehmung, Analyse*, S. 341-365, hier S. 347 ff.

[194] Deist, Wilhelm, *Kaiser Wilhelm II. als Oberster Kriegsherr* in: *Militär, Staat und Gesellschaft*, München 1991, S. 1-18, hier S. 9.

[195] Dazu: Herzfeld, Hans, *Der erste Weltkrieg*, München 1968, S. 48-63 und Erdmann, Karl Dietrich, *Der Erste Weltkrieg* in: Grundmann, Herbert (Hrsg.), *Handbuch der deutschen Geschichte*, begr. von Bruno Gebhardt, Bd 4/I, Stuttgart 1973, S. 64 f.

Das "Rezept für den Totalsieg"[196] als Blitzkrieg in Form des Schlieffenplans scheint sich nach den neuesten Forschungen allerdings als eine Fiktion herauszustellen, an die zumindest eine Reihe führender Militärs schon zu Kriegsbeginn nicht mehr mit voller Überzeugung geglaubt haben[197]. An dieser Stelle gilt es - unabhängig von der erst am Anfang stehenden Bewertung dieser neuen Erkenntnisse - festzuhalten, daß die Exekutive in der Öffentlichkeit fast ausschließlich Thesen einen schnellen Sieges propagierte.

Eine starre politische Zielsetzung des Deutschen Reiches, die nur mit einem Krieg zu erreichen gewesen wäre, hat es beim Kriegsausbruch 1914 jedenfalls nicht gegeben. Der "Griff nach der Weltmacht" war es nicht, um Fritz Fischer mit seinen Worten entgegenzutreten, der Deutschland in diese Auseinandersetzung geführt hat. Aber wahrscheinlich war es von Anfang an ein "Krieg der Illusionen" für das Kaiserreich[198].

Wolfgang J. Mommsen hat auf die Komplexität der tiefgreifenden politischen Veränderungen und der gesellschaftlichen Umschichtungsprozesse der europäischen Nationen hingewiesen. Die großen Staaten ließen sich auf einen Konkurrenzkampf ein, der ihre politischen Systeme erschütterte und veränderte oder sogar zerstörte und dessen Auswirkungen weit über die schreckliche Bilanz der militärischen Auseinandersetzung hinausreichen sollten[199].

Die Fehlkalkulationen der deutschen Regierung und der deutschen Militärs wurden lange von dem "Augusterlebnis" verschleiert. Thomas Rohkrämer sprach von einer Art erfüllter "Kriegssehnsucht" in der Bevölkerung. Die "retrospektive Verherrlichung" der eigenen Vergangenheit schürte den "Gesinnungsmilitarismus", und gerade das in den Kriegervereinen zur Schau gestellte Weltbild ließ einen Krieg als "Ziel aller Träume" erscheinen[200]. Auch die anderen Nationen fanden sich auf einer Woge des nationalen Zusammenhalts wieder, in

---

196 Als aktueller Überblick mit der einschlägigen Literatur und einigen interessanten Bewertungsdetails dient: Afflerbach, Holger, *Die militärische Planung des Deutschen Reiches,* in: *Der Erste Weltkrieg. Wirkung, Wahrnehmung, Analyse,* S. 280-317, hier S. 281 ff.

197 Förster, Stig, *Mit Hurra und vollem Bewußtsein in die Katastrophe*, in: Frankfurter Rundschau (FR) vom 9. August 1994, S. 10. Vgl. auch Interview mit Stig Förster "Selbstmord aus Angst vor dem Tode?" und Stellungnahmen bekannter Historiker zu seinem Aufsatz "Die Geschichte des Kaiserreichs muß neu aufgerollt werden" in: FR vom 10. August 1994, S. 5.

198 Mommsen, Wolfgang J., *Das Zeitalter des Imperialismus*, Fischer Weltgeschichte Bd 20, Frankfurt 1969, S. 298.

199 Mommsen, *Erster Weltkrieg und Krise Europas*, S. 29 f.

200 Rohkrämer, Thomas, *Der Militarismus der 'kleinen' Leute. Die Kriegervereine im Deutschen Kaiserreich 1871 - 1914,* München 1990, S. 263 ff. und S. 270.

Frankreich z.B. in der 'union sacree', mit der lange Zeit ebenfalls eine Vielzahl der bestehenden inneren Probleme überdeckt werden konnte. Das Deutsche Reich hatte mit seinem Aufmarschplan zur Umfassung Frankreichs die Neutralitätsverletzung Belgiens in Kauf genommen. Damit stellten sich die Deutschen vor der Weltöffentlichkeit kein gutes Zeugnis aus, und sie forderten den Kriegseintritt Englands an der Seite Frankreichs geradezu heraus. Die Westoffensive paßte außerdem nicht in das Konzept Österreich-Ungarns, das es lieber gesehen hätte, wenn Deutschland an der Ostfront für mehr aktive Bedrohung der russischen Streitkräfte gesorgt hätte. Die Kampfentwicklung auf dem Balkan verlief in den ersten Wochen alles andere als günstig für die Mittelmächte, und die Besetzung und Bedrohung Ostpreußens durch die wider Erwarten sehr schnell aufmarschierenden Zarentruppen verschärften die Gesprächsatmosphäre zwischen den Bündnispartnern bei ihren strategischen Überlegungen[201].

Die deutsche Führungszentrale wechselte ihren Sitz mit den Geschehnissen an der Front; zuerst von Berlin nach Koblenz, dann von Koblenz nach Luxemburg und von dort aus nach Charleville. Mit zunehmender Bedeutung der Ostfront wurde Pleß in Oberschlesien im Wechsel mit Charleville zum Zentrum der Beratungen über die wichtigen Kriegsentscheidungen. Im letzten Kriegsjahr wechselte die OHL über Kreuznach letztlich nach Spa. Neben dem Generalstabschef und den Stäben der OHL waren in der Regel der Kaiser und sein Hofstaat, die Chefs der Kabinette, der preußische Kriegsminister, der Chef des Admiralstabes, der Staatssekretär des RMA, die Militärvertreter der Bundesstaaten und der Bündnispartner anwesend. Der Reichskanzler und der Staatssekretär des A.A. waren nur in den ersten Kriegsmonaten überwiegend im Großen Hauptquartier (Gr.H.Qu.), sie waren dann zumeist in Berlin tätig und sind nur zu wichtigen Besprechungen angereist. Die Kommunikation zwischen der militärischen Leitung und der Reichsregierung war innerhalb dieser von Kielmansegg als "merkwürdige Institution" beschriebenen Einrichtung nicht optimal; die Politik wurde an den Rand gedrängt und die Fiktion, daß der Kaiser im Zentrum der Macht die Entscheidungen fällen würde, wirkte vielleicht auch auf die führenden Militärs in letzter Konsequenz beruhigend[202].

Im August 1914 ahnte allerdings kaum jemand, daß eine solche Entwicklung eintreten würde; ein kurzer, zumindest zeitlich überschaubarer Krieg wurde von den deutschen Generälen

[201] Mommsen, *Imperialismus*, S. 286 ff.

[202] Kielmansegg, Peter Graf, *Deutschland und der Erste Weltkrieg*, Frankfurt 1968, S. 34 f.

angestrebt. Die Entscheidung sollte schnell fallen. Je länger der Krieg dauerte, um so ungewisser waren die Prognosen über das Resultat der Kämpfe. Eine Ausuferung des Konfliktes zum Weltkrieg schien undenkbar. Alles richtete sich auf eine Auseinandersetzung ein, deren Ende in Monaten absehbar bleiben sollte.

Im Westen lief vorerst alles noch nach dem Schlieffen-Moltkeplan im Sinne der Generäle im Gr.H.Qu. ab. Die hochgesteckten Erwartungen wurden dann jedoch schon in der zweiten Septemberwoche bei den Kämpfen an Ourcq und Marne ad absurdum geführt. Der deutsche Vormarsch kam in der "Marneschlacht" zum Stillstand. Die unter doch größer als erwarteten Schwierigkeiten vorrückenden deutschen Armeen waren nicht ausgeruht genug, als sie auf die von ihnen in Stärke und Kampfkraft unterschätzten französischen und britischen Truppen trafen. Zudem war die Munitions- und Nachschubversorgung bei den deutschen Truppen unzureichend, es standen nicht genügend Reserven zur Verfügung. Die Mängel in der Abstimmung der einzelnen Armeeführer untereinander sowie mit dem Gr.H.Qu., das zu weit weg von der aktuellen Frontlinie war, wurden im nachhinein als Gründe dafür herausgestellt. Verpaßte Chancen und Fehleinschätzungen auf beiden Seiten kennzeichnen die Diskussion um die Frage, wem der Kontrahenten nun der taktische Sieg gebühre? Es ist müßig darüber zu streiten, denn durch die Tatsache des deutschen Rückzugsbefehls vom 9. September ist die "operative Niederlage" des deutschen Heeres in dieser großen Auftaktschlacht des Weltkrieges nicht zu leugnen. Es bleibt weiterhin höchst fraglich, ob auch im Falle eines Kampferfolges an der Marne der Schlieffenplan zum Gewinn des Krieges geführt hätte[203]. Viel entscheidender war die "Schockwirkung", welche die "Marneschlacht" in der Führungszentrale des Deutschen Reiches auslöste. Nach Verantwortlichen für diesen unerwarteten Rückschlag wurde gesucht, und an höchster Stelle wurde man fündig: Der jüngere Moltke mußte sich am 14. September auf kaiserlichen Befehl hin krank melden. An seine Stelle trat Erich von Falkenhayn, bis dahin preußischer Kriegsminister. Amtlich wurde dieser Wechsel erst am 20. Januar 1915 bestätigt. Vorerst sollte nichts nach außen dringen, um die Ergebnisse dieser Schlacht im Ausland nicht noch negativer für die Mittelmächte erscheinen zu lassen als sie das ohnehin schon waren. Auch der Generalquartiermeister von Stein, bis dahin Verfasser der vom WTB veröffentlichten offiziellen Heeresberichte, wurde - für den Chef der Operationsabteilung Oberst Tappen "völlig

---

[203] Herzfeld, *Weltkrieg*, S. 60 ff., Erdmann, *Weltkrieg*, S. 66 f. und Mai, *Ende des Kaiserreichs*, S. 62 ff.

überraschend" - als Kommandeur des XIV. Reservekorps aus dem Hautquartier versetzt[204]. Die Heeresberichte von Steins, wegen ihrer "lapidaren Kürze" von Journalisten gelegentlich kritisiert, wurden nun unter der Regie des Chefs der Abteilung IIIb, Major Nicolai, verfaßt. Auf den Stil dieser Meldungen und ihre Aussagefähigkeit hatte das allerdings keinen besonderen Einfluß. Bis in das Kriegsjahr 1917, das läßt sich durch Karl Langes Untersuchungen nachweisen, sind die Ereignisse der Marneschlacht in den deutschen Zeitungen als eine Art Tabuthema anzusehen. Der militärischen Führung lag anfangs wenig daran, schlechte Nachrichten zu verbreiten, und vielleicht ist die ganze Tragweite der Folgen der "Marneschlacht" und des anschließenden "Wettlaufes zum Meer" mit den Kämpfen bei Ypern, die wiederum für das Deutsche Reich nicht zu einem zufriedenstellenden Ergebnis führten, erst allmählich realisiert worden. Vor der Öffentlichkeit blieben diese Dinge verborgen. Die offiziellen Versionen der Statements in den Pressekonferenzen sprachen davon, daß "niemals ein Rückzug oder Rückschlag stattgefunden habe" und alle "Bewegungen lediglich strategischer Natur und ohne Zwang des Feindes" erfolgt seien. Andere Meldungen und neue Aktivitäten auf den anderen Kriegsschauplätzen lenkten zudem bald die Aufmerksamkeit von der "Marneschlacht" weg, deren Ausgang und Konsequenzen in Deutschland erst nach Kriegsende ernsthaft diskutiert worden sind[205]. Falkenhayn und die OHL wollten allerdings Ende September 1914 nach der Stabilisierung der Lage "Frontrückschläge in Frankreich" offiziell eingestehen. Doch Bethmann Hollweg untersagte jedwede Äußerung in dieser Richtung, damit es keine negativen Rückwirkungen auf die zuversichtliche Gesamtstimmung in Volk und Heer gab. Alle weiteren militärischen Aktionen hätten darunter leiden können. Die Gefahren eines nicht wieder gutzumachenden Vertrauensverlustes in die zivile und militärische Reichsleitung hätten womöglich den Erfolg in diesem Krieg für das Deutsche Reich in Zweifel gezogen. Es lag also im Interesse aller, nichts negatives über die Marneschlacht an die Öffentlichkeit zu bringen, damit der weitere Verlauf des Krieges für die Mittelmächte dadurch nicht gefährdet würde. Die OHL ließ sich davon aus mehreren Gründen überzeugen. Die Vermeidung eines Schuldeingeständnisses im Hinblick auf militärischen Mißerfolg war angenehmer als die umgekehrte Variante. Die Verantwortung dafür trug so allerdings die zivile Reichsleitung. Die

---

[204] Janßen, Karl-Heinz, *Der Kanzler und der General*, Göttingen 1967 S. 15, besonders Anm. 2. Lange, *Marneschlacht*, S. 45.

[205] Lange, *Marneschlacht*, S. 59 f. und S. 74 ff. Weiterhin: Mühsam, *Wie wir belogen wurden*, S. 65.

weiteren beabsichtigten Vorstöße (Ypern) gaben zudem Anlaß zu berechtigtem Optimismus, so daß eine Beibehaltung der vollen Siegeszuversicht natürlich auch im Interesse der OHL lag[206]. Mit dieser Entscheidung wurde der Weg für eine sich langfristig verhängnisvoll auswirkende Taktik, mit stets positiv gehaltenen Heeresberichte an die Öffentlichkeit zu treten, geebnet. Das erschien fast als eine zwangsläufige Maßnahme der zivilen und der militärischen Führung. Denn wer ausschließlich auf den Sieg gesetzt und ernsthaft an den Erfolg geglaubt hatte, für den ist eine solche Taktik sicher keineswegs ehrenrührig gewesen. Je länger der Krieg dauerte, umso mehr hatte sich die OHL diese Grundhaltung zueigen gemacht. Der Blick für das Machbare, das Falkenhayn im Herbst 1914 intern noch recht offen auszusprechen wagte, wurde zusehends getrübt. Bei aller Schwäche, die der politischen Führung auch später vorgeworfen worden ist, es fehlte auf Seiten der OHL mittel- und langfristig gesehen an der eigenen Kritikfähigkeit und einer realistischen Einschätzung der militärischen Möglichkeiten. Die Entwicklung politischer Konzepte als Ausweg aus dem militärischen Konflikt wurde durch fehlende Einsicht und Klarheit der wirklichen Lage an den Fronten sehr schwierig. Daraus ergab sich in doppelter Hinsicht ein Dilemma des Versagens. Die politische Führung weigerte sich zuerst aus taktischen Gründen, Mißerfolge einzugestehen. Später gab es auch für sie gar keine andere Alternative als der OHL und ihren Zusagen zu vertrauen. Die militärische Führung hat in Ermangelung eines strategischen Konzeptes mit vernünftigen politischen Zielvorstellungen in diesem Zusammenhang ebenfalls versagt, denn sie hat sich mit geradezu fatalistischer Konsequenz hinsichtlich eines Sieges über die Feinde des Reiches in eine abstrakte Idee hineingesteigert, die sich mit zunehmender Kriegsdauer immer weiter von der Realität entfernte. Daraus resultierende, teilweise völlig überzogene Erwartungshaltungen auch in der Öffentlichkeit verminderten die Chancen für eine Verständigung oder einen Kompromiß zwischen den Kriegsgegnern ganz entscheidend[207].

Nachdem der schnelle Erfolg ausgeblieben war und man sich zu Weihnachten des Jahres 1914 keineswegs in Paris befand, sondern an der Westfront im Stellungskrieg in Belgien und

---

[206] Kriegsarchiv Wien, Nachlaß Regenauer, Manuskript *Politik und Kriegführung nach der Marne 1914*, Anlage 5. Diesen Hinweis verdankt der Verfasser Holger Afflerbach, auf dessen kürzlich erschienene - für die künftige Forschung richtungsweisende - Arbeit über Erich von Falkenhayn an dieser Stelle besonders verwiesen sein soll: *Falkenhayn. Politisches Denken und Handeln im Kaiserreich*, München 1994. Vgl. auch Ritter, Gerhard, *Staatskunst und Kriegshandwerk*, Bd 3, München 1964, S. 53 ff.

[207] Kielmansegg, *Weltkrieg*, S. 306. Mai, *Ende des Kaiserreichs*, S. 57 ff. auch ausführlich zu Bethmann Hollwegs Septemberprogramm.

Frankreich festsaß, zeichnete sich ab, daß der Krieg nicht so bald beendet sein würde. Die Siegeserwartungen des Deutschen Reiches gegen die drei mächtigen Gegner Frankreich, Rußland und England bedurften der Reflektion. Dies analysiert Fritz Fischer im Hinblick auf das Jahresende 1914 zutreffend[208].

Eine militärische Zwischenbilanz war im Deutschen Reich nach dem gescheiterten Vorstoß bei Ypern von Falkenhayn am 19. November 1914 selbst gezogen worden. Einen Vernichtungssieg hielt er für unmöglich. "Militärisch war das deutsche Schicksal nicht mehr zu wenden, es sei denn durch diplomatische Mittel. Jeder neue Kriegstag verschlimmerte die Lage Deutschlands, militärisch, außenpolitisch und auch innenpolitisch[209]."

Die Schilderung der Frontlage konnte auch beim Reichskanzler - anders noch als im Vormonat Oktober - keinen Zweifel mehr daran lassen, wie weit nach nur vier Monaten Krieg die Schere zwischen Anspruch und Wirklichkeit bereits auseinanderklaffte. Es bleibt dennoch fraglich, ob Bethmann Hollweg und Kaiser Wilhelm II. zu diesem Zeitpunkt Konsequenzen hätten ziehen wollen und können, die man aus heutiger Sicht mit der Gewißheit der Entwicklungen der darauffolgenden vier Kriegsjahre fordern könnte.

Das deutsche Volk wähnte sich im November 1914 im Gefühl des sicheren Sieges, weil die Nachrichten und Meldungen (auch die aus dem Ausland zugänglichen) einen Verständigungsfrieden oder gar die Kapitulation höchstens für die Entente, aber nicht für die Mittelmächte in Aussicht gestellt hatten. Karl-Heinz Janßen folgert zurecht: "Die sogenannte öffentliche Meinung hätte jedenfalls im Herbst 1914 weder der Reichsleitung noch der Heeresleitung erlaubt, einen Frieden abzuschließen, der den Status quo ante in Belgien wiederhergestellt und den Status quo in Elsaß Lothringen verändert hätte. ... Aus dieser psychologischen Verklemmung entstand der Mythos des 'Durchhaltens'..."[210] Damit war eine Basis geschaffen, die in ihren Perspektiven den optimistischen, extrem annektionistischen Kräften und den in der Zahl zu Anfang des Krieges noch weit unterlegenen, eher pessimistischen Gruppen (mit Hoffnungen auf

---

[208] Fischer, Fritz, *Griff nach der Weltmacht*, Düsseldorf 1961, hier S. 223.

[209] Janßen, *Kanzler und General*, S. 52. Vgl. auch: Mommsen, Wolfgang J., *Die italienische Frage in der Politik des Reichskanzlers Bethmann Hollweg*, in: Quellen und Forschungen aus italienischen Archiven und Bibliotheken, 48 (1968), S. 282-308, hier S. 289 f.

[210] Ebd., S. 54.

ein Kriegsergebnis, das einen halbwegs akzeptablen Frieden ermögliche) ein Spektrum eröffnete, mit dem alle gemeinsam leben konnten.

Für das Ende des Jahres 1914 hatte diese Bilanz primär zur Folge, daß sich bei Falkenhayn "... keine klaren strategischen Ziele mehr erkennen lassen. ... Damit geriet er in einen Gegensatz zum Kanzler, vor allem aber zu dessen Unterstaatssekretär Zimmermann, der den Gedanken an einen Totalsieg nicht aufgeben wollte. Zimmermann entwarf Ende November 1914 den Plan eines Vernichtungsfeldzuges gegen Rußland ...", eine Art 'Ersatz-Schlieffenplan'[211].

An der Forderung Falkenhayns Ende November an das KM, die Reservekorps XXXVII. bis XXXXI. aufzustellen, damit diese zu einer Entscheidung im Westen eingesetzt werden könnten, entzündete sich der Streit mit dem Kommando "OberOst", das diese Truppen unbedingt für die Entscheidung im Osten benötigte. Es kam zu einer schweren Krise, die Armeeführer und Politiker - je nach ihrer Einstellung - in zwei Lager aufteilte, in der bei den Militärs mit allen Mitteln Machtpositionen gegeneinander ausgespielt wurden, und an deren Ende schließlich der Kaiser die Entscheidungen fällte und der Reichskanzler sich flexibel arrangierte. "Die Auseinandersetzung zwischen Falkenhayn und OberOst zeigt, daß die führende Generalität - sowohl bei der OHL als auch bei OberOst - Ende 1914, für die Öffentlichkeit kaum erkennbar, an einem entscheidenden Kreuzweg stand. Da zum Schlieffenplan kein Alternativplan bereit lag, der nach dessen Mißlingen automatisch in Kraft getreten wäre, war selbstverständlich jeder höhere militärische Führer aufgerufen, sich an der Suche nach dem richtigen Weg zu beteiligen, d.h. vorzuschlagen, wie der Krieg zu einem siegreichen Ende zu führen sei. Aber mangelnde Loyalität, Insubordination und persönliche Feindschaften führten dazu, daß es ab November 1914 in der Generalität kein Miteinander, sondern nur noch ein Nebeneinander und Gegeneinander gab. ... Die Gesamtkrise um die Führung des Mehrfrontenkrieges war am 20. Januar 1915 scheinbar behoben worden. Aber das Vertrauen zwischen der OHL, dem RK und OberOst war verlorengegangen, die großen persönlichen und sachlichen Spannungen blieben[212]."

Das Ergebnis war für die Öffentlichkeit am 20. Januar 1915 die offizielle Bekanntgabe der Ernennung Falkenhayns zum Chef der OHL. Intern war diese bereits am 3. November 1914

---

[211] Guth, Ekkehardt P., *Der Gegensatz zwischen dem Oberbefehlshaber Ost und dem Chef des Generalstabes des Feldheeres 1914/15. Die Rolle des Majors von Haeften im Spannungsfeld zwischen Hindenburg, Ludendorff und Falkenhayn.* in MGM 35 (1984), S. 75-111, hier S. 76. Vgl. auch Janßen, *Kanzler und General*, S. 56 ff.

[212] Guth, *Gegensatz 1914/15*, S. 85.

verfügt worden. Wild von Hohenborn wurde an die Spitze des KM berufen, ohne daβ sich dadurch jedoch ein Gegensatz zu Falkenhayn ergeben hätte. Dieser wiederum stellte aus eigenem Entschluβ heraus dem Ostheer die viereinhalb Reservekorps zur Verfügung. Hindenburg und Ludendorff verblieben als Helden der Schlachten von Tannenberg und den Masurischen Seen auf ihren Posten, und der jüngere Moltke war damit endgültig ins zweite Glied verbannt. Bethmann Hollweg wurde sogar öffentlich durch den Generalstabschef gegen Kritik vor der Presse in Schutz genommen[213].

Man sollte sich nach dieser kurzen Skizzierung der Ereignisse des Herbstes 1914 und der Jahreswende 1914/15 vergegenwärtigen, daβ es auch heute nur bis zu einem gewissen Grade möglich ist, die neue Dimension des Krieges zu erfassen, obwohl die Ereignisse auf den Kampfplätzen des Weltkrieges in vielfacher Form dokumentiert sind. Trotz aller wissenschaftlicher Analysen, der Zahlen von Menschen und Material auf militärischen und zivilen Sektoren, der Beschreibungen, der Photos, der Filme und aller in welcher Form auch immer überlieferten Erfahrungen muβ man sich darüber im klaren sein, daβ der menschlichen Vorstellungskraft - damals wie heute - Grenzen auferlegt sind.

Die Wirklichkeit des Krieges ist nur bis zu einem bestimmten Punkt einer Öffentlichkeit vermittelbar, die ihn nicht direkt erlebt. Es geht hierbei nicht um eine moralische Bewertung dieses Krieges. Doch es muβ der Frage nachgegangen werden, wie dieser Erste Weltkrieg von den Menschen erlebt worden ist[214]. Es erscheint an dieser Stelle wichtig, die verschiedenen "Gesichter des Krieges" anzusprechen, seine "Innenansichten" nach auβen zu kehren[215]. Front- und Heimaterlebnisse muβten erst zu einem Bild zusammengefügt werden. Wie schwierig das gewesen ist und wie unterschiedlich das geschehen ist, davon hat man im Rahmen der Kriegsliteratur oder im Bereich der Kunst höchst unterschiedliche Ebenen und Perspektiven der Reflek-

---

[213] Janβen, *Kanzler und General*, S. 80.

[214] Vgl. dazu: Brandt, Susanne, *Kriegssammlungen im Ersten Weltkrieg. Denkmäler oder Laboratoires d'histoire*, in: *Keiner fühlt sich hier mehr als Mensch*, S. 241-258. Zur Beschreibung der Kriegserlebnisse in den französischen Schützengräben existiert das eindrucksvolle Buch von Audoin-Rouzeau, Stephane, *Men at war 1914-1918. National sentiment and trench journalism in France during the First World War*, Oxford 1992. Übersetzung von ders., *14-18. Les combattants des tranchees*, Paris 1991.

[215] Johann, Ernst (Hrsg.), *Innenansicht eines Krieges*. Ein Ausschnitt von Bildern, Briefen und Dokumenten aus der Zeit von 1914 bis 1918, Frankfurt/M. 1968.

tion erhalten[216]. Einerseits wurden verklärende Wirkungen durch die Literatur im Verlaufe des Krieges noch gestützt[217]. Andererseits kam die ganze Tragweite der grausamen Realität dieses Konfliktes, die menschenverachtende Art der Kriegführung sowie die tiefe psychologische Zerrissenheit der Menschen, die die Erlebnisse auf den Schlachtfeldern überlebt hatten, erst nach und nach an die Oberfläche[218]. Es gibt noch zu wenige Untersuchungen, die sich mit den Hintergründen und der Rezeptionsgeschichte der Kunst und der Literatur dieser Zeit beschäftigen[219].

Der Versuch der Einschätzung oder eine Art Bestandsaufnahme dieser Ereignisse sollte mit Hinweis auf diese Formen der Rezeption durch die Öffentlichkeit gestattet sein, um deren ungeheure Komplexität zu verdeutlichen. Nur so kann die Relation zu einer angemessenen Einstufung eines kleinen Teilbereiches dieses Krieges, nämlich der Pressepolitik, hergestellt werden. Thomas Nipperdey spricht von einer "Urkatastrophe unseres Jahrhunderts für Europa" und unterstreicht an anderer Stelle, daß "...die nationale Zusammengehörigkeit im Moment von Krise und Bedrohung ein Urerlebnis war[220]." Fast drängt sich auf, die salopp-überspitzte Frage

---

216 Vgl. dazu Fries, Helmut, *Deutsche Schriftsteller im Ersten Weltkrieg* in: *Der Erste Weltkrieg. Wirkung, Wahrnehmung, Analyse, S. 825-848.* Fries greift dieses bisher sehr zurückhaltend behandelte Thema kenntnisreich auf und beschreibt vor allem das Spannungfeld der Literaten zwischen "geistiger Mobilmachung" und "Schockerlebnis" im Ausnahmezustand des Krieges.

217 Von kitschigen Schilderungen des Heimatschriftstellers und Kriegsberichterstatters(!) Ludwig Ganghofer, *Reise zur deutschen Front*, Berlin 1915, reicht der Bogen bis hin zu Walter Flex *Wanderer zwischen zwei Welten*, München 1917, bei dessen literarisch durchaus anspruchsvollen Bildern sich die eigentliche sinnlose Tragik des Krieges in einer merkwürdigen, religiös-romantischen Verklärung auflöst. Das führte später auch durch die Nationalsozialisten zu einer Ausnutzung seines idealisierten Weltbildes im Sinne einer Erziehung der Jugend in der Wandervogel-Bewegung, die in der Ideologie der NSDAP einen festen Platz bekam.

218 Bei Ernst Jüngers *In Stahlgewittern*, Berlin 1919, das sachliche Schilderungen der grausigen Materialschlachten mit einer abschreckenden Nüchternheit enthält, fehlt aber die Reflektionsebene über politische oder militärische Hintergründe fast völlig. Als das bekannteste Werk darf das Buch von Erich Maria Remarque *Im Westen nichts Neues*, Berlin 1929, gelten, das bereits mehrfach verfilmt worden ist und in dem nicht nur die Sinnlosigkeit des Stellungskrieges, sondern auch eine völlig realitätsfremde Wahrnehmung des Krieges in der Heimat geschildert wird. Es brach mit dem Tabu des Heldentodes.
Weniger bekannt aber nicht minder eindrucksvoll ist der mehrbändige Romanzyklus von Arnold Zweig über die Zeit des Ersten Weltkriegs *Der große Krieg der weißen Männer* (U.a. mit *Der Streit um den Sergeanten Grischa*, Berlin 1927, und *Erziehung vor Verdun*, Berlin 1935).

219 Einen in dieser Hinsicht vielversprechenden Beitrag über die von Philipp Witkop herausgegebenen und schon für sich sprechenden *Kriegsbriefe gefallener Studenten*, hier benutzt 3. Auflage München 1928, lieferten Manfred Hettling und Michael Jeismann mit *Der Weltkrieg als Epos. Philipp Witkops "Kriegsbriefe gefallener Studenten"* in: *Keiner fühlt sich hier mehr als Mensch*, S. 175-198.

220 Nipperdey, Thomas, *Deutsche Geschichte 1866 - 1918*, Bd 2, *Machtstaat vor der Demokratie*, München 1992, hier S. 758 und S. 778 f.

zu stellen, ob der Erste Weltkrieg dann als eine Art 'Urknall' dieses Jahrhunderts zu charakterisieren wäre?

Den inneren Widerspruch, der die Umsetzung einer Burgfriedenspolitik auf alle innenpolitische Sektoren betraf, kennzeichnet Nipperdey vor diesem Hintergrund zutreffend. Durch die Verfassungswirklichkeit "kam den Militärbefehlshabern doch eine enorme Verfügungs- und Verordnungsgewalt zu ..., sie waren Herren des Versammlungs-, Vereins,- und Presserechts, sie waren Herren der Zensur. ... Die Handhabung des Kriegszustandes, die Anwendung militärischer Normen auf zivile Tatbestände ... führte erst recht zu Spannungen[221]." Mit dieser Beschreibung wird die konkrete Konfliktsituation auf dem Felde der Pressepolitik sichtbar. Trotzdem bleibt Nipperdey eine tiefergehende Analyse dieser Rahmenbedingungen schuldig. Deren Vermittlung, eine Erklärung der bestehenden Verhältnisse und der Gesamtsituation, erweist sich auch bei dem heutigen Kenntnisstand als ein schwieriges Unterfangen. In einer aktuellen Betrachtung dürfen weder eine selbstgerechte Rückschau noch eine historistische Sichtweise die Oberhand gewinnen. Die heutige Quellenlage - in Verbindung mit den intensiven jahrelangen Forschungen über den Ersten Weltkrieg - bietet dennoch keine Garantie dafür, daß die historische Analyse für alle Bereiche zufriedenstellende Ergebnisse liefern kann. Das relativiert vielleicht dann auch den Anspruch, der allzugerne an die "vierte Gewalt" im Staate erhoben wurde. Dabei sollte der Hinweis auf die außergewöhnlichen Umstände dieser Weltkriegsepoche nicht als Entschuldigung für Fehler und Versäumnisse der Personen gelten, die speziell auf dem Sektor der Pressepolitik und der öffentlichen Meinung involviert waren. Vielmehr ist eine adäquate Kennzeichnung der Ausgangssituation und der nachfolgenden Entwicklung unerläßlich, um Erklärungen und Antworten für jene Dinge zu finden, die in dem hier zu behandelnden Themenbereich zu beobachten sind.

Die Presseleute hatten nach ihrem eigenen und auch nach unserem heutigen Verständnis die Aufgabe, der Öffentlichkeit ein Gesamtbild dieser Ereignisse nahezubringen. Die Ansprüche, die an eine angemessene Berichterstattung zu knüpfen sind, lassen sich nur zum Teil klar definieren. Die Trennung von Nachricht und Kommentar ist sicherlich ein fester Bestandteil eines seriösen Journalismus. Doch angefangen bei der Entstehung einer Agenturmeldung, bei ihrer Abfassung, bei der Auswahl der Nachrichten, bei der Entscheidung, was geschrieben werden muß und was wegbleiben kann, bestehen ähnlich viele Variations- und Manipulations-

---

221 Ebd., S. 786 f.

möglichkeiten wie in der Art und Weise der Präsentation der Meldung beim Abdruck in der Zeitung.

Auch die von Karl Lange zu Beginn seiner Untersuchungen angerissene Frage nach der Definition und der Unterscheidung der Begriffe "öffentliche Meinung" und "veröffentlichte Meinung" kennzeichnen ein Problemfeld der Erörterungen. Bethmann Hollwegs Einfluß auf die öffentliche Meinung war sicher begrenzt. Andere Gruppen in der Gesellschaft, vor allem Kräfte des rechten politischen Spektrums, agierten aggressiver und erfolgreicher. Aber er hat sich, nachdem seine eigene vorsichtige Linie immer schwieriger einzuhalten war, nicht entschlossen genug um die von anderen Stellen erheblich stärker beeinflußte veröffentlichte Meinung bemüht. Er war dem Widerstand aus beiden Bereichen in letzter Konsequenz nicht gewachsen[222].

Die Vielzahl von Nachrichten, das stetig wachsende Interesse der Bevölkerung an den Ereignissen und die Pflichten ihres Berufsstandes mußten die Journalisten miteinander in Einklang bringen. Dazu kam ihre eigene Einstellung in der politischen Landschaft des Kaiserreiches und natürlich auch die gesellschaftspolitische Ausrichtung der Zeitung, für die sie tätig waren. Für die Pressevertreter der Behörden galten auch ungeschriebene Regeln, durch die sie mit absoluter Loyalität an ihre Abteilung und damit an die politische oder militärische Leitung gebunden waren.

Das Vaterland befand sich im Kriegszustand und führte einen Verteidigungskrieg. Das war die Ausgangslage im August 1914, die genauso von der überwältigenden Mehrheit der Pressevertreter gesehen wurde. Auch innerhalb der SPD bildete diese Überzeugung, einen Verteidigungskrieg zu führen, nun das "Fundament sozialdemokratischer Politik". "Im 'Augusterlebnis' eröffnete sich für die SPD die Chance, aus der gesellschaftlichen und politischen Pariastellung, die sie im Kaiserreich unbeschadet aller Wahlerfolge innehatte, auszubrechen[223]." Gunter Mai beschreibt diesen Vorgang als "Aufbruch in die Nation"[224]. Dem obersten Ziel, diesen Krieg erfolgreich zu bestehen, wurden alle anderen Dinge untergeordnet. Alle Journalisten, einschließlich der sozialdemokratisch oder linksliberal orientierten, waren bereit, ihren Teil der Arbeit im Rahmen ihrer Möglichkeiten zum Erfolg beizusteuern. Aus ihrer patriotischen Grundhaltung heraus, die von einer Art des "journalistischen Burgfriedens" gekennzeichnet ist,

---

[222] Lange, *Marneschlacht*, S. 11 f. und Mommsen, *Öffentliche Meinung*, S. 669 f.

[223] Heinemann, Ulrich, *Die verdrängte Niederlage*, Göttingen 1983, S. 32.

[224] Mai, *Ende des Kaiserreichs*, S. 38 ff.

versuchten sie unter den Rahmenbedingungen der Zensur wahrheitsgemäß zu berichten. Dabei bemühten sie sich, ihr Journalistenethos nicht zu verleugnen; das war eine Aufgabe, für die es keine befriedigende Lösung geben konnte. Viele Pressevertreter befanden sich in zunehmendem Maße in einem Konflikt, ob sie mit dem, was sie berichteten, nicht ihre eigene oder die Glaubwürdigkeit ihrer Zeitung aufs Spiel setzten und damit gesellschaftspolitische Grundpositionen, für die sie eintraten, preisgaben.

Die Einstellungen, die stark pathetische Züge trugen, waren im wesentlichen von zwei Dingen geprägt, die heutzutage nur schwer nachvollziehbar sind: Eine nationale Grundeinstellung zu ihrem deutschen Vaterland war bei Journalisten aller Couleur ebenso verbreitet wie ein tiefgreifendes Vertrauen zur eigenen militärischen Stärke und zu den Versprechungen der OHL. Dazu kam die Tatsache, daß die Journalisten genauso wie andere relevante Kreise (Reichstagsabgeordnete, Wirtschaftsführer, Verbände und Vereine), die Kriegs- und Frontlage - von wenigen Ausnahmen abgesehen - mit breiter Mehrheit nicht zutreffend eingeschätzt hatten. Sie konnten dies wahrscheinlich wegen fehlender Informationen auch nicht. Das Vertrauenspotential zur militärischen Führungsspitze war zwar über die gesamte Dauer des Krieges gewissen Schwankungen unterworfen, doch die langsam und stetig wachsende Kritik in den Jahren 1917 und 1918 konnte auch keine überzeugende Alternative anbieten und keine echten Perspektiven schaffen. Der Glaube an den Sieg oder zumindest an einen endgültigen militärischen Schlag, der erfolgreich einen guten Friedensschluß ermöglichen würde, blieb durch das Vertrauen in die OHL bestehen. Das Offizierskorps hingegen verhielt sich mit zunehmender Kriegsdauer zumindest kritischer zur Person des Kaisers und registrierte dessen Inaktivität. An der durch "... den Eid geprägten Loyalität zu Wilhelm II. als monarchischem Staatsoberhaupt" hat das bis in die Oktobertage 1918 hinein jedoch kaum etwas geändert. Mit dem "Feldherrn" Ludendorff und dem "Ersatzkaiser" Hindenburg hatte die 3. OHL der Bevölkerung und den kämpfenden Soldaten die Personen zu bieten, die zur Kompensation einer zunehmenden Zerrissenheit im Volke dienten[225]. Ludendorff gestand sein Scheitern vor der Öffentlichkeit Ende September 1918 nur indirekt ein und versuchte nicht ohne Erfolg, die Schuld dafür noch auf andere abzuschieben. Für notwendige Konsequenzen war es bereits zu diesem Zeitpunkt, viel zu spät. "Die Abwälzung der Verantwortung für das Desaster, schon lange vorbereitet, nahm nun konkrete Formen an. Schon im Zeitpunkt der Niederlage wurde die Formel gefunden,

225 Deist, *Oberster Kriegsherr*, S. 16 f.

mit deren Hilfe es tatsächlich gelang, in weiten Kreisen der Bevölkerung die Einsicht in die Ursachen der Katastrophe zu verdunkeln und ein propagandistisches Konstrukt als Realität erscheinen zu lassen[226]." Eine Aufarbeitung des Krieges, ein Erkennen der Hintergründe und Ursachen der Niederlage setzte sich im deutschen Volk auf breiter Ebene nicht durch. Die "im Felde unbesiegten Truppen" kehrten zurück, die "Dolchstoßlegende" wurde in der Revolutionszeit populär, und die in Versailles festgesetzten Friedensbedingungen taten dann ein übriges, um die noch junge Demokratie mit einer Geisteshaltung ihres Volkes zu belasten, die letzten Endes ihren Gegnern, den rechtskonservativen und monarchischen Kreisen, nutzte[227]. Deren maßgebliche Schuld an der Katastrophe wurde verdrängt, und die alten Eliten lieferten dann Argumente, die sich die Nationalsozialisten während ihres Aufstieges in der Weimarer Republik, aber auch noch nach ihrer Machtergreifung im Jahre 1933, sehr geschickt für die Herrschaftsideologie ihres Unrechtsregimes zu Nutze machten[228].

Dieser Ausblick sei hier erlaubt, um anzureißen, welche weitreichenden Folgen aus der Ausgangssituation und den Grundeinstellungen entstanden, zu denen sich während des Krieges - aufgrund der bedingungslos auf Erfolg eingeschworenen Volkslinie und fehlender politischer Strukturen - keine mehrheitsfähigen Alternativen entwickelt hatten.

---

[226] Deist, Wilhelm, *Der militärische Zusammenbruch des Kaiserreichs. Zur Realität der "Dolchstoßlegende" in: Militär, Staat und Gesellschaft*, Göttingen 1991, S. 211-233, hier S. 232.

[227] Dazu Heinemann, *Verdrängte Niederlage*, S. 185 ff. Er bietet eine große Bandbreite an Erklärungsmustern zum "Dolchstoß" in der Weimarer Zeit.

[228] Bohrmann, Hans und Toepser-Ziegert, Gabriele, *NS-Presseanweisungen der Vorkriegszeit*, Bd 1, München 1984, S. 30 ff.

3. Alte Verbände und neue Behörden als Partner der Exekutive

3.1. Der Versuch einer Interessensvertretung für Journalisten: Der Reichsverband der Deutschen Presse

Interessenverbände von Journalisten und Verlegern bestanden schon vor dem Weltkrieg. Die Redakteure hatten sich in regionalen Organisationen mit den unterschiedlichsten Bezeichnungen zusammengeschlossen. Der Verein der Berliner Presse wurde bereits am 3. Juli 1862 gegründet, der Frankfurter Journalisten- und Schriftstellerverein konsolidierte sich kurz nach der Reichsgründung im Jahre 1874. Die meisten anderen Landesverbände entstanden erst um die Jahrhundertwende. Mit weiteren Vereinen aus verschiedenen deutschen Städten (z.B. aus Wien, Breslau oder Brünn) organisierten sie sich im Verband deutscher Journalisten- und Schriftstellervereine. Die insgesamt 20 Vereine hatten vor dem Krieg eine Mitgliederzahl von knapp 1 600 Personen, wobei die Zahlen regional sehr unterschiedlich waren[229]. Der "Verein der deutschen Redakteure" z.B. wurde 1902 mit anfangs nur sehr geringer Mitgliedsstärke in der "Zeitungsstadt Berlin" gegründet. Seine Satzung diente in erster Linie einer Festsetzung der Interessenwahrung seiner Mitglieder, deren Anerkennung als Berufsgruppe noch ein Problem darstellte. Der Sitz des Vereins war jeweils am Ort des geschäftsführenden Vorsitzenden[230].
Die Zahl der Verbände und ihrer Mitglieder wuchs stetig. Die politischen Gegensätze zwischen den Redaktionen stellten kein unüberwindbares Hindernis mehr dar, "... in beruflichen Fragen ein Zusammengehörigkeitsgefühl zu entwickeln"[231]. 1909 erfolgte in Kassel ein weiterer Zusammenschluß mehrerer Einzelverbände. Am 20. November des Jahres 1910 wurde der "Reichsverband der deutschen Presse" gegründet. Im selben Jahr wurden der "Evangelische

---

[229] Matthies, Marie, *Journalisten in eigener Sache*, Berlin 1969, S. 16. BA, Potsdam, Reichsjustizamt Nr. 3 794, *Acta betreff das Preßrecht* Juli 1894 - August 1925.

[230] BA, Potsdam, RK 1 561, *Akten Alte Reichskanzlei*: "Satzung des Vereins deutscher Redakteure". Dazu auch: Mendelssohn, Peter de, *Zeitungsstadt Berlin. Menschen und Mächte in der Geschichte der deutschen Presse*, hier benutzt : überarbeitete und erweiterte Auflage, Berlin 1982, S. 608. In Berlin erschienen im ersten Jahrzehnt des 20. Jahrhunderts ca. 30 Morgenzeitungen, ca. 10 Mittags- und Abendblätter und rund 50 Vorort- und Heimatzeitungen. Das Reservoir für potentielle Mitglieder für den Verband war vergleichsweise riesig.

[231] Mathies, *Journalisten*, S. 9.

Preßverband für Deutschland, der "Augustinusverband zur Pflege der katholischen Presse" und die "Vereinigung Großstädtischer Zeitungsverleger" in Berlin ins Leben gerufen[232]. Trotz der teilweise schwierigen Vorverhandlungen gingen bald fast alle Organisationen der Landesverbände in dem neuentstandenen Dachverband auf. Den Vorsitz der Organisation hatte bis zu seinem Tode am 27. November 1919 der Chefredakteur des Berliner Lokalanzeigers, Paul Marx, inne. Die erklärte Absicht des Verbandes, sich bei der "Maßregelung der Gesetzgebung" auf Gutachterbasis zu beteiligen, wurde seinerzeit vom Reichsjustizamt "außerordentlich begrüßt"[233].

"Die Notwendigkeit eines zentralen Zusammengehens im Interesse des gesamten Standes ...", war also nicht nur von den führenden Persönlichkeiten der Zunft erkannt worden. "Aber leider fehlte es der in den ersten Jahren ihres Bestehens zu wenig an die Öffentlichkeit getretenen Organisation nicht zuletzt deswegen an Ausstrahlungskraft, weil die führenden ... Kollegen ..., nicht daran gedacht hatten, dem Verband von vorneherein die für eine erfolgreiche berufsständische Arbeit erforderliche finanzielle Grundlage zu geben[234]." Die tägliche Arbeitsbelastung der herausragenden Köpfe und die Tatsache, daß mit einer solchen Organisationsform Neuland betreten wurde, sind sicher zwei stichhaltige Argumente für die Entwicklung der ersten Jahre. Immerhin erschien 1914 - in der ersten Jahreshälfte wöchentlich, danach alle zwei Wochen - das Verbandsorgan "Deutsche Presse". Die unterschiedlichsten Themen wurden innerhalb dieser Zeitschrift angerissen und erörtert: Presserecht, Ausbau der Nachrichtendienste und Übermittlungstechniken waren ebenso darunter wie soziale und arbeitsrechtliche Fragen oder Aus- und Weiterbildungsmöglichkeiten für Journalisten. Im Dezember 1912 wandte sich der Verband der Rheinisch - Westfälischen - Presse mit einem Vorschlag an das Reichsjustizministerium, der eine "Entschließung zur Schaffung eines neuen, einheitlichen Presserechts" zur Folge haben sollte. Die Generalversammlung hatte inhaltlich folgende drei Punkte fixiert:

"a) Eine den tatsächlichen Verhältnissen entsprechende Anerkennung des besonderen Berufes der Presse als einer öffentlich-rechtlichen Institution.

b) Völlige Beseitigung des Zeugniszwanges und des fliegenden Gerichtsstandes der Presse.

---

[232] BA, Potsdam, RK 1 561, Satzungen der Verbände mit Gründungshinweisen.

[233] BA, Potsdam, Reichsjustizamt Nr. 3 794, *Acta betreff das Preßrecht* Juli 1894 - August 1925. Schreiben des Reichsjustizamtes vom 15.10.1914.

[234] Mathies, *Journalisten*, S. 17 ff.

c) Berücksichtigung der übrigen von den offiziellen Vertretungen der Presse geäußerten Wünsche, namentlich, soweit diese 6, 7, 11, 17, 18 und 22 PG (Pressegesetz, Anm. des Verfassers) betreffen." Eine Hinzuziehung von Presse - Sachverständigen bei der Entwurfsausarbeitung erschien dem Verband wünschenswert zu sein[235].

Die vielversprechenden Ansätze der Entwicklung des Reichsverbandes oder einzelner Mitgliedsverbände wurden durch die Ereignisse im Sommer 1914 empfindlich gestört. Emil Dovifat resümiert: "Ehe der Verband sich genügend konsolidieren konnte, brach der erste Weltkrieg aus[236]." Viele Redakteure wurden eingezogen, die ehrenamtlichen Tätigkeiten für den Reichsverband durch die Arbeitsumstände stark erschwert, wenn nicht unmöglich gemacht. Der Weltkrieg bedeutete für diese praktisch noch "in den Kinderschuhen" steckende Organisation offensichtlich einen scharfen Einschnitt. Der Reichsverband hatte kaum eine Chance, während des Krieges eine Stellung zu erlangen, die meßbaren Einfluß auf die Entwicklungen in der Pressepolitik des Reiches hätte nehmen können. Allerdings blieb er keineswegs untätig. Die Redakteure forderten auf ihrer Delegiertenversammlung am 22. August 1915 eine grundsätzliche Verbesserung des Nachrichtenwesens, vor allem aber der Auslandsberichterstattung. Außerdem schwebte ihnen ein unabhängiges Nachrichtenbüro vor. Eine Kostensenkung bei den Telefon- und Telegrammgebühren kristallisierte sich als weitere bedeutende Zielvorgabe heraus. Gemeinsam mit dem "Verband der deutschen Zeitungsverleger" (VDZV), von dem noch ausführlich die Rede sein wird, beabsichtigte man im September 1915 ein gemeinsames Vorgehen. Doch das Ergebnis der Beratungen war, "... daß eine Audienz beim Reichskanzler und eine Denkschrift zur Aufklärung erst nach dem Abgange Hammans Erfolg haben würde"[237].

Es ist bemerkenswert, festzustellen, daß es den Verbänden nicht möglich erschien, eine Initiative ihrerseits erfolgreich im "System Hamman" voranzutreiben. Obwohl sie die zivile Seite als Ansprechpartner für ihre Wünsche, Anregungen und Forderungen in diesem Umfange wählten, fühlten sie sich lange Zeit nicht stark genug, einen direkten Weg für deren Umsetzung zu

---

[235] BA, Potsdam, Reichsjustizamt Nr. 3 794, Schreiben des Verbandes der Rheinisch-Westfälischen-Presse vom 09.12.1912. Von einer möglichen Reaktion des Reichsjustizamtes oder anderer Behörden auf diese Initiative ist leider nichts bekannt.

[236] Zitat von Emil Dovifat im Vorwort zu: Mathies, *Journalisten*, S. 9.

[237] Knesebeck, *Propagandafeldzug*, S. 60 f.

beschreiten. Im Mai 1916 war das jedoch kein Argument mehr, was den Reichsverband von neuerlicher Aktivität hätte abhalten können. In einer Eingabe an den Reichskanzler wurde dieser ersucht, dafür Sorge zu tragen, daß die Zensur auf den militärischen Bereich zurückzuführen sei. Der Reichskanzler hatte in seiner Antwort vom 10. Juni den Verband gebeten, doch praktische Vorschläge auf diesem Gebiet zu erarbeiten und dann der Reichskanzlei einzureichen. Gleichzeitig stellte Bethmann Hollweg eine Milderung der Zensur im Zusammenhang mit der Kriegszieldiskussion in Aussicht. Der Reichsverband der deutschen Presse setzte sich dann im Juli 1916 konsequent für die Aufhebung der Zensur in politischer Hinsicht ein. Die Meinungszensur sei zu streng, sie brauche mehr Spielraum. Die militärische Zensur sei hingegen notwendig. Seine Organisation, so äußerte sich Paul Marx gegenüber KPrA-Chef Deutelmoser, sei sogar der Ansicht, daß die Zensur auf diesem Gebiet nicht scharf und streng genug sei. Dennoch machte sich Marx für eine weitestgehende Freigabe der Kriegsziele stark und wollte die Verantwortung für die Einhaltung der Zensur gerne in die Hände der Presse selber gelegt sehen. Auch ein Zeitungsverbot sollte nur im äußersten Notfall erfolgen und den Zeitraum von drei Tagen nicht überschreiten[238].

Deutelmoser äußerte sich allerdings skeptisch, ob die im theoretischen Ansatz richtige Auffassung von Marx, daß die Presse auch ohne Eingriff der Zensur den Burgfrieden wahren könne, in der Praxis durchsetzbar sei. Der Meinungskampf hätte schließlich in der Vergangenheit auch schon Formen angenommen, die der These von Marx widersprechen würden[239].

Der Reichsverband wandte sich bei seinem nächsten Vorstoß Anfang Oktober 1916 mit einer Entschließung direkt an den Reichskanzler. Auf der Grundlage der Beschlüsse seiner letzten Vertreterversammlung griff der Verband das Thema der Zensurverbote erneut auf. Er forderte die Abschaffung der Behördenwillkür und die Einheitlichkeit der Handhabung der Zensur im ganzen Reich. Verbote seien nur das äußerste Mittel, ihre Dauer sollte stets direkt mitangegeben werden. Andererseits trat der Reichsverband aber auch gegen eine, trotz gegenteiliger Zusi-

---

[238] BA, Potsdam, RK 2 437/11, Schreiben vom 11.07.1915 (sic!) von Paul Marx an die Reichskanzlei. Die letzte Jahreszahlziffer muß ein Tippfehler sein, weil die Eingangsbestätigungen und handschriftlichen Vermerke in dem Schriftstück alle aus dem Juli 19*16* stammen. Auch der Bezug des Schriftstückes zu dem Gespräch, das Marx in der darauffolgenden Woche mit Deutelmoser geführt hat, ist inhaltlich eindeutig festzumachen. Ferner belegen die Verweise auf die Eingabe vom 22. Mai, die Antwort des Reichskanzlers vom 10. Juni und in diesem Fall auch die korrekte chronologische Einordnung in die Akte, daß es sich nur um das Jahr 1916 handeln kann.

[239] Deutelmoser, *Tagebücher* Heft IV, S. 6 ff.

cherungen, Verschärfung der Zensur auf politischer Ebene ein. Nur in den Fällen, wo in militärische Belange eingegriffen würde, sei der Tatbestand der Verletzung der Zensurbestimmungen zwingend zu ahnden[240]. Der langjährige Vorsitzende des Verbandes der Rheinisch - Westfälischen - Presse, Gottfried Stoffers, ergänzte nur zwei Wochen später mit einem persönlichen Schreiben an die Reichskanzlei die Entschließungsvorlage. Er setzte sich mit Nachdruck für den Zensurabbau mit Hilfe von Presseleuten ein. Auf einer durch den Reichskanzler einberufenen Konferenz mit den Vorständen der Presseorganisationen und Vertretern der wichtigen und großen Zeitungen könnten dabei sehr nützliche Dinge richtungsweisend erörtert werden. Dieses Forum wäre mit Sachverstand in der Lage, Vorschläge unabhängig zu erarbeiten. Damit würde man auch die nötige Distanz zu den Besprechungen im Reichstage erhalten, die teilweise unter anderen Prämissen abgehalten würden. Eine verbesserte und praktikablere Handhabung der Zensur, die ergebnisorientiert an den sachlichen Erfordernissen der Pressearbeit ausgerichtet wäre, verspräche mehr Einheitlichkeit, mehr Gerechtigkeit und mehr Erfolg für alle Seiten[241].
In der Antwort der Reichskanzlei wurde dann großes Interesse an dem Vorschlag bekundet. Der Gedankengang, Presseleute direkt in die Zensurarbeit miteinzubinden, hatte sehr viel für sich. Die Vorschläge sind damals an Hamman und Deutelmoser weitergeleitet worden[242]. Ob Deutelmoser und Hamman, die zu diesem Zeitpunkt durch ihre eigenen beruflichen Veränderungen stark in Anspruch genommen waren, diese Idee weiter verfolgt haben, läßt sich nicht belegen. Eine Konferenz in der von Stoffers gewünschten Form kam nicht zustande.
Mit der kurz darauf auch offiziell bekanntgegebenen Ablösung Hammans waren die Gewichte in der Gestaltung der Pressepolitik erneuten Veränderungen unterworfen worden. Durch die Vorstellungen und Aktivitäten der 3. OHL verschoben sich die Initiativen stärker in Richtung auf die ihnen unterstellten Behörden. Die zunehmende Betonung der militärischen Organisationskomponente hat den Spielraum und Einfluß des Reichsverbandes eher weiter eingeschränkt. Denn bei dem allmählich schwindenden Einfluß der zivilen Reichsleitung auf die Gesamtaktivitäten innerhalb des Presse- und Zensurwesens blieben folgerichtig auch die Optionen für den Reichsverband beschränkt.

---

[240] BA, Potsdam, RK 2 437/12, Schreiben des Reichsverbandes der deutschen Presse an den Reichskanzler vom 06.10.1916, Dok. 244.

[241] Ebd., Dok. 318, Schreiben von Gottfried Stoffers an den Reichskanzler vom 20.10.1916.

[242] BA, Potsdam, RK 2 438, Antwortschreiben Wahnschaffes vom 01.11.1916.

Erst parallel zu den innenpolitischen Reformversuchen im letzten Kriegsmonat unter Max von Baden kam es auf der Delegiertenversammlung des Reichsverbandes am 6. und 7. Oktober 1918 in Hannover zu konkreten Beschlüssen, die auch Beachtung fanden: Ein Gesetzesvorschlag zum Rechtsverhältnis der Redakteure wurde von den Delegierten verabschiedet, und eine Entschließung zu den Plänen der Errichtung eines Reichspresseamtes war darunter. Bis zum Kriegsende verblieb nicht mehr genug Zeit für eine Umsetzung. Von einer wirklichen Entfaltung der Tätigkeit des Verbandes kann man erst zu Beginn und während der Weimarer Republik sprechen. Während des Weltkriegs fällt die Bilanz eher nüchtern aus. In diesem Zeitraum hatte nach der Auffassung von Mathies die Interessenvertretung der Journalisten noch keinen relevanten Einfluß auf die Ereignisse auf dem Pressesektor[243]. Dieser Beurteilung wäre einschränkend entgegenzuhalten, daß der Vorsitzende Paul Marx während des Krieges an einer Reihe von internen Besprechungen mit den offiziellen Stellen teilnahm und sich ihm Rahmen dieser Konferenzen auch für die Interessen der Presse und seines Verbandes einsetzte. Es trifft sicher zu, daß der Reichsverband so kurz nach seiner Gründung, aufgrund der noch nicht sehr weit fortgeschrittenen inneren Entwicklung, auch noch keineswegs in der Lage war, als Organisation schon so stark aufzutreten, wie das dem VDZV möglich war. Aber der Reichsverband wurde von offizieller Seite allein deswegen dankbar als Gesprächspartner akzeptiert, weil er den einzigen Zusammenschluß dieser Art auf Seiten der Journalisten darstellte. Er gewährleistete den unmittelbaren Kontakt und das direkte Gespräch der Interessenvertreter beider Seiten. Die Protokolle der Sitzungen zeigen, daß zumindest von einem direkten Einfluß auf die Meinungsbildung der entsprechenden Gremien gesprochen werden darf, die dann die Entscheidungen fällten[244]. Wie stark letztlich davon eine konkrete Umsetzung der Vorschläge beeinflußt wurde, läßt sich im nachhinein nur schwerlich feststellen. In der Gesamtsumme der Entwicklungen auf dem Pressesektor war die Wirkung der Verbandsinitiativen sicherlich gering. Das ändert jedoch nichts daran, daß man bei einer Bewertung des Reichsverbandes diese bestehenden Kontakte und die Beteiligung ihres Vorsitzenden an einer Reihe wichtiger Sitzungen berücksichtigen sollte.

---

[243] Vgl. Mathies, *Journalisten*, S. 20 ff.

[244] Dazu mehr in Kap. 3.3., u.a. Bericht über die Sitzung beim KPrA vom 06.11.1915, an der Marx teilnahm mit weiteren Hinweisen.

3.2. Der Verband der Deutschen Zeitungsverleger (VDZV) und die engen Grenzen der Einflußmöglichkeiten.

Am 7. Mai 1894, immerhin zwanzig Jahre vor Ausbruch des Weltkrieges und geraume Zeit vor der Gründung des Journalistenverbandes, wurde die Interessengemeinschaft der Verlage und Verleger in Leipzig gegründet. Der Anlaß zu diesem Zusammengehen lag in einem sich zunehmend verschärfenden Konkurrenzkampf der etablierten Zeitungen mit den billigen Anzeigenblättern. Es sollte damit nicht nur überflüssigen Angriffen untereinander Einhalt geboten werden, diese Art der Vereinigung war langfristig auch als eine Art "Plattform" gedacht, "... auf welcher man sich zur Wahrnehmung und Vertretung gemeinsamer Interessen sowohl in Hinsicht auf geschäftliche wie ideale Ziele zusammenfinden konnte"[245]. Damit war eine Dachorganisation geschaffen, dem ein echter Unterbau noch fehlte. Es dauerte bis zur Jahrhundertwende, bevor sich dies allerdings schlagartig änderte. Der Beitritt oder die Umwandlung von schon vorhandenen Kreisvereinen und die weitere Entwicklung dieser Regionalorganisationen stieg sprunghaft an. Bis 1914 bestand im Deutschen Reich für die Spitzenorganisation des VDZV eine nahezu flächendeckende Verbandsstruktur auf regionaler Ebene[246].

Der Vorstand des VDZV begann bereits frühzeitig (1896/97) mit der Einreichung von Petitionen an den Reichstag, um Änderungen oder Ergänzungen in der Pressegesetzgebung zu erwirken. Während der Reichstag diese Eingaben anfangs nicht positiv beschied, verzeichnete der VDZV in späteren Jahren (1903/04) durchaus Erfolge bei seinen Bemühungen[247].

Im Gründungsjahr 1894 gehörten 18 Verlage der Vereinigung an, sechs Jahre später waren es bereits 100, noch einmal vier Jahre danach stieg diese Zahl auf sogar 654 an. Davon waren 351 im Hauptverein und 303 in den Kreisvereinen organisiert. "Wirklich erhebliche Mitgliederzunahme brachte schließlich der erste Weltkrieg mit seinen steigenden wirtschaftlichen und

---

245 Walter, Heinrich (Verf.), *Zeitung als Aufgabe. 60 Jahre Verein Deutscher Zeitungsverleger. 1894-1954*, Wiesbaden, 1954, S. 11 ff.

246 Ebd., S. 32 ff.

247 BA, Potsdam, Reichsjustizamt N 3 794, Belege der Petitionseingaben und der Reichstagsentschließungen. Es ging um einen Zusatz des 22 des Reichspressegesetzes von 1874.

publizistischen Nöten, die geradezu zum Zusammenschluß herausforderten" (1917: 1 550 Mitglieder, 1918: 1 650 Mitglieder und 1919: 1 707 Mitglieder)[248].

Als der Weltkrieg begann, war jener Mann schon als Vorsitzender an der Spitze des Verbandes, der bereits die gesamte Entstehungs- und Entwicklungsgeschichte in den zwei Jahrzehnten zuvor begleitet hatte: Dr. Robert Faber.

Sein Vater Alexander gehörte zu den Mitbegründern des VDZV und amtierte zwischen 1896 und 1900 selbst als Vorsitzender. Robert Faber war nach seiner Promotion in Leipzig 1894 in den väterlichen Betrieb eingetreten und hatte so von Anfang an engen Kontakt zur Arbeit des Verbandes, in die er schon in jungen Jahren eingebunden wurde. Der Tod seines Vaters im Jahre 1908 bedeutete einen tiefen Einschnitt. Robert Faber war als sein Nachfolger als Verleger und Druckereibesitzer des Familienbetriebes in Magdeburg stark in Anspruch genommen. Diese Aufgabe ließ ihm vorerst wenig Zeit für ein weiteres Engagement innerhalb des VDZV. Schließlich hatte er zu Hause ein hohes Maß an Verantwortung zu übernehmen und u.a. die anerkannte Tradition der Magdeburger Zeitung (1626 gegründet) zukunftsorientiert fortzuführen. Doch bereits drei Jahre später wurde die Last der Verantwortung, die auf seinen Schultern lag, erneut durch tragische Umstände erhöht. Der Vorsitzende des VDZV, Dr. Max Jänecke, war verstorben, und so wurde Robert Faber noch im Jahre 1911 durch Zuwahl vom Vorstand des VDZV als Nachfolger bestimmt. Diese Wahl wurde im Jahr darauf durch die Hauptversammlung bestätigt[249].

Nach dem Abflauen der Euphorie der ersten Wochen und Monate des Weltkriegs zeichnete sich auch in den Reihen des Verbandes zunehmend eine Verlagerung der Schwerpunkte seiner Arbeit ab. Die Verleger hatten unter schwierigen Umständen eine Aufgabe zu erfüllen, die sie selber dahingehend definierten, daß ihre Zeitungen trotz der schwierigen Umstände wirtschaftlich stark und politisch unbeeinflußbar sein sollten. Der Vorstand des VDZV mit Robert Faber an der Spitze entfaltete zahlreiche Aktivitäten, um in diesem Sinne zu wirken. Den zuständigen Reichsämtern wurden dementsprechende Vorschläge mündlich oder schriftlich unterbreitet. In zahlreichen persönlichen Gesprächen traten Faber und seine Kollegen immer wieder für drei Hauptpunkte ein, die als Grundlage für eine erfolgreiche Arbeit angesehen wurden:

---

[248] Walter, *Zeitung als Aufgabe*, S. 44.

[249] Ebd., S. 64 und Faber, Fritz, *Dr. Robert Friedrich Gustav Faber* in: *Neue Deutsche Biographie*, Bd 4, Berlin, 1959, S. 724.

1. Das regelmäßige Erscheinen der Zeitung hing von der Sicherung der unentbehrlichen Arbeitskräfte ab. Das betraf den herstellungstechnischen, den verwaltungstechnischen und den redaktionellen Teil der Blätter genauso wie den gesamten Bereich der Zulieferindustrie.

2. Die Stellung der Zeitung mußte nach dem Sinn des Hilfsdienstgesetzes die eines kriegswichtigen Betriebes sein.

3. Sowohl der Bezug der notwendigen Rohstoffe als auch vernünftige Preise auf diesem Markt sollten sichergestellt sein.

In seiner eigenen Magdeburger Zeitung hielt Robert Faber auch nach dem Kriegsausbruch an der darin bisher verfolgten politischen Linie fest, die man in der Außenpolitik als "gemäßigt nationalliberal" skizzieren könnte. Im Innern wurde sogar der Ausgleichsgedanke zwischen wirtschaftlichen, staatlichen und sozialen Interessen favorisiert. Einem freiheitlichen Ausbau der Verfassung und einer Heranziehung der Sozialdemokratie zur Mitarbeit im Staat stand die Zeitung sehr aufgeschlossen gegenüber und war im Hinblick darauf sicher "linksliberal-fortschrittlich" orientiert. Das Blatt "... bekannte sich zur Nation, es bekämpfte jeden Hurra-Patriotismus und Chauvinismus"[250].

In Abstimmung mit dem R.d.I. gelang es dem VDZV im Jahr 1915 eine Reduzierung der beabsichtigten Preisaufschläge der Papierindustrie durchzusetzen[251]. Doch gerade die Papierknappheit und die damit zusammenhängenden Preisschübe waren ein ständiges Thema im Bereich des Zeitungswesens. Die Schwierigkeiten auf diesem Sektor wuchsen mit zunehmender Kriegsdauer. Die Diskussionen darüber zogen sich auch wie ein roter Faden durch die Geschichte des VDZV. Immer neue Anstrengungen des Verbandes waren gefordert. Papiereinsparung galt zunehmend als das Argument der Stunde, um den ständigen Preisanstieg abzubremsen. Ferner galt es, Vorurteilen in der Öffentlichkeit und auch bei den Behörden entgegenzutreten, die aufgrund der erfolgten Auflagensteigerungen in zahlreichen Zeitungen von völlig falschen Gewinnvorstellungen bei den Verlegern ausgingen. Der Verlust der Einnahmen aus dem Anzeigengeschäft wurde dabei meistens nicht berücksichtigt, so daß ein verzerrtes Bild über die tatsächliche wirtschaftliche Lage der Verlage entstehen konnte. Der VDZV trat solchen

---

[250] Faber, Fritz, *Magdeburgische Zeitung (1664-1945)*, in: Fischer, Heinz-Dietrich, *Deutsche Zeitungen des 17. bis 20. Jahrhunderts*, München 1972, S. 57-73, hier S. 65 f.

[251] Walter, *Zeitung als Aufgabe*, S. 68 f.

falschen Vorstellungen stets vehement entgegen, ohne daß er jedoch an dem Grundübel der Papierknappheit etwas hätte ändern können[252].

Zu Beginn des Jahres 1916 wäre ein Brief Robert Fabers an alle Zeitungsverleger fast zu einer Affäre auf höchster Ebene ausgeartet. In diesem Schreiben wandte sich Faber gegen eine "... in letzter Zeit zu beobachtende Stimmungsmache in der Presse zugunsten Falkenhayns." Kritik an überzogenen persönlichen Plänen des Chefs der 2. OHL ("Streben nach der Kanzlerwürde") wurden darin ebenso geäußert wie an der strategischen Führung der OHL, die sich angeblich schwerwiegende Fehler hatte zu Schulden kommen lassen. Falkenhayn ließ daraufhin den KPrA-Chef Deutelmoser zu sich kommen und eröffnete diesem, daß ein Vertrauensmann ihm berichtet hätte, Faber wäre für dieses Schreiben von der Reichsleitung entsprechendes Material zugespielt worden. Deutelmoser schlug vor, daß es in erster Linie wichtig wäre, Faber in dieser Angelegenheit "nicht zum Märtyrer" zu machen. Der VDZV müßte sich jedoch intern umgehend von diesen Äußerungen distanzieren. Ein Paket wohlüberlegter Maßnahmen sollte wirksam Ursachen und Hintergründe aufklären helfen, während man gleichzeitig zuviel Aufsehen vermeiden wollte. Dazu kam es jedoch nicht, weil Faber noch am selben Tag des Bekanntwerdens seines Schreibens im Gr.H.Qu. den Brief zurücknahm und - wie sich Deutelmoser drastisch ausdrückte - "... zu Kreuze gekrochen ist"[253].

Leider lassen sich über die Hintergründe und den Anlaß des Schreibens nur Vermutungen anstellen, die in die Richtung gehen, die Falkenhayn im Gespräch mit Deutelmoser erwähnte. Der Reichskanzler hat die bis heute nicht zu belegende Absicht Falkenhayns, daß dieser ihm seinen Posten streitig machen könnte, als eine reale Bedrohung aufgefaßt. Von daher ist es zumindest denkbar, daß die Reichskanzlei den VDZV mit gezielten Informationen versorgt hat, um der Agitation von rechten politischen Kreisen zugunsten Falkenhayns entgegenzuwirken[254].

Faber überstand diese Affäre halbwegs unbeschadet. Der VDZV-Vorstand ließ während des Kriegsjahres 1916 bei allen sonstigen vorhandenen Problemen auch öffentlich keinen Zweifel daran, daß es die wichtigste Aufgabe der Presse sei, den Siegeswillen und die Siegeszuversicht im Volke zu stärken. Faber, der zu diesem Zeitpunkt noch an einen militärischen Erfolg glaubte,

---

252 Ebd., S. 70 ff.

253 Deutelmoser, *Tagebücher* Heft II, S. 59 ff. und S. 131.

254 Janßen, *Kanzler und General*, S. 165 ff., besonders S. 166, Anm. 4.

ging während der Versammlungen des VDZV in seinen Reden gerade auf diesen zentralen Punkt besonders ein. Vor allem der Aufbau eines eigenen Nachrichtendienstes als Alternative und Ergänzung zum WTB hatte für ihn und seine Organisation eine Schlüsselfunktion bei dem Versuch, die Qualität und die Effizienz der Nachrichtenvermittlung entscheidend zu verbessern. Im folgenden Jahr las sich seine Rede zur Jahreshauptversammlung des VDZV in Tonart und Inhalt im Hinblick auf eine hoffnungsvolle und siegeszuversichtliche Einstellung völlig anders. Nach wie vor waren Faber und seine Kollegen bereit, die Arbeit der Presse in den Dienst ihrer Nation zu stellen; doch auch die ungeheuer großen Gefahren, die Deutschland drohten, sprach er 1917 in aller Schärfe an[255]. Die Wandlungen in der offiziellen Pressepolitik und der wachsende Einfluß der 3. OHL waren ihm nicht verborgen geblieben. Faber und sein Verband kritisierten dabei in zunehmendem Maße die Papierverschwendung mit amtlichen Publikationen und Drucksachen. Inhaltlich enthielten viele Broschüren kaum etwas, was nicht schon den Zeitungen zu entnehmen gewesen wäre. Der VDZV lieferte auch Belege dafür, "... daß Millionen von Prospekten verteilt wurden, bei denen Materialverbrauch und Kosten in gar keinem Verhältnis zu dem gewünschten Effekt standen." In diesem Zusammenhang wurde auch die vom KPrA "in einer Riesenauflage" herausgegebene Kriegswochenschau als "recht wohl entbehrlich" bezeichnet[256]. Während des gesamten Krieges setzte sich der VDZV für eine "grundlegende Reform des Nachrichtendienstes für die deutsche Presse" ein. Die Leitung sollte in den Händen einer Instanz liegen, "deren Objektivität über jeden Zweifel sichergestellt wäre". Der VDZV selbst wollte als Träger dieses Nachrichtendienstes auftreten. Die Finanzierung sollte mit Reichsmitteln erfolgen, so daß für die Regierung jederzeit die Möglichkeit der finanziellen Kontrolle bestünde. In zwei Denkschriften wandte sich Faber Mitte Oktober 1916 persönlich an den Reichskanzler, um mit den Überlegungen seines Verbandes direkt in der Reichskanzlei Einfluß auf die anstehenden Veränderungen zu nehmen[257]. Fabers Initiative führte erst zwei Jahre später zum Erfolg. Am 21. Oktober 1918 wurde in Berlin das "Nachrichtenbüro des Vereins deutscher Zeitungsverleger GmbH" (VDZ) gegründet. Das WTB und der VDZV fungierten in dieser Gesellschaft als gleichberechtigte Partner, die Korrespondenzen "Oldenberg"

---

255 Walter, *Zeitung als Aufgabe*, S. 105.

256 Ebd., S. 72 f.

und "Piper" wurden vom VDZ direkt übernommen. Die kaufmännische Leitung lag in Händen des WTB (ab 1934 des Deutschen Nachrichten Büros/DNB), den Chefredakteur stellte die Verlegervereinigung[258].

Der Versuch Fabers, mit der 3. OHL im Jahre 1918 eine gemeinsame Linie für den Einsatz der Presse zur Mobilisierung der letzten Kräfte und zur Abwendung der drohenden Katastrophe zu finden, scheiterte. "Es zeigte sich, daß die Zeitungsverleger innerhalb des Staates und der Regierung gegenüber immer noch nicht die Stellung und Geltung besaßen, auf die sie nach der Bedeutung ihrer Aufgabe und ihrer Verantwortung Anspruch hatten, und daß die Presse als ein politischer Faktor von entscheidendem Gewicht damals noch nicht anerkannt war", so lautet Heinrich Walters Fazit[259].

Dennoch war der VDZV und mit ihm Robert Faber während des gesamten Krieges eine weitestgehend unabhängige Organisation, die in vielfältiger Form und auch durchaus kritisch ihre Stimme erhoben hat. Der VDZV wirkte aktiv in der Pressepolitik mit, sei es bei Zensurverbesserungen oder bei der Versorgungssicherung der Verlage und Redaktionen mit Menschen und Material. Die Rolle Fabers und sein persönliches Engagement bedarf dabei sicher noch einer tiefergehenden Untersuchung. Ähnlich wie Paul Marx zählte er zu den herausragenden Gestalten aus dem Kreis der verbandsmäßig organisierten Journalisten und Verleger.

3.3. Die Einrichtung des Kriegspresseamtes (KPrA)

Die organisatorische Vorarbeit, die Planung und Ausführung der notwendigen Koordinierungsmaßnahmen und nicht zuletzt die Einbindung vorhandener Abteilungen in dieses neue Gebilde, das in der Planungsphase "Kriegsnachrichtenamt" und dann "Kriegspresseamt" (KPrA) genannt wurde, lag zu wesentlichen Teilen in den Händen Erhard Deutelmosers, der folgerichtig auch

---

[257] BA, Potsdam, RK 1 579, Film 12 577/12 578, Presse 4, Bd 8, 01.06.1914 - 31.12.1916. Enthält zwei Denkschriften Fabers über Reform und Ausbau des deutschen Nachrichtendienstes (Umfang 6 Seiten und 22 Seiten) mit Schreiben an Bethmann Hollweg vom 16.10.1916.

[258] Höhne, *Geschichte der Nachricht*, S. 116.

[259] Walter, *Zeitung als Aufgabe*, S. 105.

der erste Chef dieser Einrichtung wurde. Deutelmoser gehörte zu den wenigen Offizieren, die über entsprechende Erfahrungen im Umgang mit der Presse verfügten. Seine Tätigkeit während seiner Zeit beim Großen Generalstab umfaßte überwiegend Aufgaben in der kriegsgeschichtlichen Abteilung (1904 - 1909). Nach seiner Versetzung ins KM war er dort als Leiter des Referates III auch für die Zusammenarbeit mit der Presse zuständig. Er begründete im September 1913 - nach einer Verfügung Falkenhayns - die Pressestelle des KM. Als deren neuer Leiter hatte er zwei Aufgaben zu erfüllen, die auch für seine spätere Tätigkeit maßgebend waren:

1. Die Öffentlichkeit fortlaufend und intensiv über militärische Belange zu unterrichten, wenn dies im Interesse des KM lag.
2. Ansprechpartner für die zahlreichen Presseanfragen zu sein.

Mit Beginn des Krieges übernahm er zusätzlich Aufgaben in der neugeschaffenen Pressestelle des Großen Generalstabs, die zu diesem Zeitpunkt von Major Georg Schweitzer geleitet wurde. Diese Pressestelle unterstand wiederum der Spionage- und Abwehrabteilung IIIb, die während des gesamten Krieges von Major Nicolai geleitet wurde[260]. Die Abteilung IIIb hatte sich aus der Sektion B der dritten (französischen) Abteilung im Krieg 1870/71 entwickelt. Ihre Aufgabe war seinerzeit und auch nach Ende des deutsch-französischen Krieges die Nachrichtenbeschaffung bzw. -abwehr, zuerst hauptsächlich gegen Frankreich gerichtet, ab 1905 dann auch gegen Rußland. Mit der Inlandspresse war die Abteilung IIIb nur während der Kaisermanöver befaßt[261]. Obwohl es rückblickend merkwürdig erscheint, daß ausgerechnet die Spionageabteilung für die zukünftige Herausgabe von Nachrichten zuständig sein sollte, so gab es nach Auffassung Deutelmosers dafür eine sehr einfache Erklärung: "Eine andere Abteilung kam ... dafür nicht in Frage, denn die sämtlichen Vorbereitungen für den Pressedienst des Generalstabes im Kriege waren in der Friedenssektion (von) IIIb bearbeitet worden." Deutelmoser setzte auch eine Bewertung dieser Vorbereitungen gleich hinzu: "Sie taugten nicht viel, aber waren doch immerhin besser als nichts[262]!" Auch insgesamt waren Mängel auf dem Gebiet des militärischen

---

260 BA, Zwischenarchiv, Potsdam, KGFA W-10/50 300: Kurze biographische Notiz Deutelmosers und nachfolgender Bericht (Dok. 2 ff.). Zur Biographie: Deutelmoser, *Tagebücher*, Erinnerungen I und II.

261 Koszyk, *Pressepolitik*, S. 24.

262 Deutelmoser, *Tagebücher*, Erinnerungen I, S. 85.

und politischen Nachrichtenwesen festzustellen. Koopmann bilanzierte, daß der deutsche Nachrichtendienst und damit die Abteilung IIIb "... im Sommer 1914 nicht in der Lage (waren), den Anforderungen einer ausgedehnten Kriegführung gerecht zu werden." Er macht für die infrastrukturellen Defizite die relativ spät erfolgte Weltorientierung des Deutschen Reiches verantwortlich[263].

Mit Kriegsbeginn war die Abteilung IIIb in zwei Sektionen aufgeteilt worden: Die mobile IIIb unter Nicolai und eine stellvertrende IIIb unter Oberst Brose. Nicolai besaß die übergeordnete Entscheidungsbefugnis zwischen den beiden Stellen. "Weitgehend ungeklärt war zu Beginn des Krieges vor allem die Abgrenzung politischer und militärischer Planungs- und Handlungsvollmachten ..." Die fehlende kontinuierliche Präsenz des Generalstabschefs in Berlin war ein zweites Problem, das die Umstellung der IIIb-Arbeit erschwerte[264]. Es zeigte sich, daß dringend mehr Fachpersonal für die wachsende Arbeit herangezogen werden mußte. Falkenhayn ließ Deutelmoser nur ungern aus seinem Ressort gehen, gab aber schließlich Anfang September der drängenden Bitte Nicolais nach. Wie schnell der preußische KM dann seinem Mitarbeiter zu seiner neuen Aufgabe als Chef der OHL "folgen" würde, hätte vor der Marneschlacht wohl kaum jemand gedacht. Deutelmoser blieb noch die Zeit, seinen von ihm selbst vorgeschlagenen Nachfolger, Hauptmann Grau, den späteren Direktor der Ufa, im KM einzuarbeiten. An seine neue Aufgabe ging Deutelmoser mit ein wenig Skepsis heran, weil er nach seiner Einschätzung innerhalb des Generalstabes für die Konzeption und Planung von Pressedingen "ziemlich unklare Verhältnisse" vorfand[265].

Nach der Geschäftsordnung vom September 1914 bestand die gesamte Abteilung von IIIb nun aus zwei Bürooffizieren und sieben Sektionen: Abwehr; Nachrichten West, Ost und Süd; Politik; Presse und Zeitungsstelle. Die beiden letztgenannten Sektionen waren - Deutelmosers Angaben werden durch die Aktenaufzeichnungen bestätigt - erst in den Mobilmachungstagen entstanden[266]. In der alltäglichen Arbeit der ersten Wochen und Monate verfestigte sich Deutelmosers Eindruck. Anfangs war die Informationslage sehr dürftig, es wurden nur selten

---

263 Koopmann, Friedhelm, *Diplomatie und Reichsinteresse. Das Geheimdienstkalkül in der deutschen Außenpolitik 1914-1917*, Frankfurt 1990, hier S. 74 f.

264 Ebd., S. 81.

265 Deutelmoser, *Tagebücher*, Erinnerungen I, S. 81 f.

266 KGFA W-10/50 746, Organisation vom 02.08. bis 31.08.1914, S. 7 f.

Nachrichten außerhalb des Heeresberichtes verbreitet. Brose war ein IIIb-Mann vom alten Schlag: Presse und Zeitungen interessierten ihn überhaupt nicht. Bei Nicolai lagen die Verhältnisse zwar etwas anders, aber auch er vermied lieber ausführliche Informationen, weil er der Überzeugung anhing, es sei besser, es dringe so wenig wie möglich nach außen.

Deutelmoser beschreibt beispielhaft den Weg, den die Auslandsdepeschen der Zeitungskorrespondenten nahmen. Die Postbehörde sandte die Telegramme zunächst an den Generalstab. Dort wurde geprüft, was für die OHL von Belang sein könnte und nebenbei auch noch zensiert. Das knappe Personal war ausschließlich militärisch geschult und auf diese Arbeitsabläufe nicht eingespielt. Obwohl mit der Zeit Fortschritte unverkennbar waren, entstanden auf diese Weise dauerhaft Verzögerungen, die letztlich den Wert der dann an die Redaktionen weitergegebenen Nachrichten, was die Form und den Inhalt anging, erheblich minderten. Die Zeitungen beklagten sich nach Deutelmosers Ansicht völlig zu Recht über diesen Zustand. Um wenigstens umgekehrt seine eigene Dienststelle effizienter auf dem laufenden zu halten, sorgte er intern ab November 1914 für die Zusammenstellung von Presseauszügen aus den wichtigsten deutschen Zeitungen. Diese Tagesberichte wurden anfangs nur im Stellvertretenden Generalstab verteilt, nach einigen Wochen wurde ihr Wert auch zunehmend vom Hauptquartier erkannt[267]. Diese Sammlung der wichtigsten Meldungen aus der Presse, in ähnlicher Form schon von N praktiziert, ist sicher als direkter Vorläufer der bis heute üblichen 'Pressespiegel' zu sehen, die in jedem größeren Unternehmen, bei vielen Behörden von Städten und Gemeinden, aber auch bei Regierungsstellen meist täglich erstellt werden, um mit ihrer Hilfe einen schnellen repräsentativen Überblick über die öffentliche Meinung zu erhalten.

Nach Nicolais Auffassung ergaben sich die ständig zunehmenden Aufgaben der Abteilung IIIb und ihr Ausbau im Pressedienst zwangsläufig, weil die politischen Presseabteilungen ihrem Auftrag nicht gewachsen waren. Deswegen sei der "... Preßdienst der OHL der eigentlich und einzig herrschende"[268]. Die politischen Behörden und auch die Presse selber hätten es zudem versäumt, in Friedenszeiten entsprechende Vorbereitungen für einen Presseapparat zu treffen. Militärische Mobilmachungsvorarbeiten in dieser Hinsicht waren deshalb nicht vorhanden, weil "... die Presse im Frieden lediglich als politisches Instrument angesehen wurde." Seine

---

[267] Deutelmoser, *Tagebücher,* Erinnerungen I, S. 85 ff.

[268] Nicolai, *Nachrichtendienst*, S. 72 f. und Groth, *Zeitung*, Bd 2, S. 237 f.

Abteilung sei zur Übernahme von Aufgaben fast genötigt worden[269]. Fehlende Zuständigkeit sollte also eine mangelnde Vorbereitung auf Seiten der Militärs entschuldigen. Das stete Anwachsen der Bedeutung der Pressearbeit führte logischerweise zur Intensivierung der Behandlung mit Pressedingen und folgerichtig zur Erweiterung des Aufgabenbereiches innerhalb der Abteilung IIIb.

Die rückwirkende Beurteilung Nicolais enthält durchaus zutreffende Feststellungen. Die militärische Zuständigkeit ergab sich aus der geltenden Rechtslage. Seine Abteilung war mit dieser pressepolitischen Aufgabe betraut worden. Militärische Bedürfnisse hatten Vorrang vor allem anderen. Dieser Grundsatz bestimmte auch die Arbeit auf dem Pressesektor. Mit zunehmender Dauer des Krieges erkannte natürlich gerade ein Mann wie Nicolai, welche wachsende Bedeutung diesem Bereich zukam. Auch wenn er bestimmte Entwicklungen auf Dauer nicht verhindern konnte, seinen Einfluß auf die Entscheidungen, der allerdings mit Sicherheit während des letzten Kriegsjahres spürbar schwand, darf man nicht unterschätzen. Der OHL-Offizier und begeisterte Anhänger Ludendorffs, Max Bauer, stellte Nicolai allerdings kein besonders gutes Zeugnis aus, was dessen Fähigkeiten anbelangte, mit der Presse zusammenzuarbeiten. Den fehlenden Organisationsrahmen lastete er wiederum stärker der Reichsregierung an als dem IIIb-Chef, der aus seinen Möglichkeiten letztlich das gemacht hätte, "... was er konnte"[270]. Letztere Haltung kann bei einem Mann wie Bauer nicht überraschen, der jederzeit für diktatorische Kompetenzen der OHL eingetreten war und die Regierung bekämpfte, wo er es nur konnte. Seine Kritik an dem fehlenden Geschick Nicolais im Umgang mit Journalisten läßt durchaus auf Defizite im direkten Kontakt des IIIb-Chefs mit den Pressevertretern schließen. Aus heutiger Sicht erscheint es dem Verfasser ohnehin widersprüchlich, daß der Chef der Spionageabwehr gleichzeitig noch für eine öffentlichkeitswirksame Informationspolitik verantwortlich sein sollte.

Nicolais Machtstellung blieb auch nicht unangefochten. Seine mangelnde Einschätzung der Gefahren durch die Tankwaffe und die unzureichende Bewertung des amerikanischen Kräftepotentials durch ihn und seine IIIb-Abteilung kommen als mögliche Gründe dafür in Frage, daß er gegen Ende des Krieges immer mehr in den Hintergrund gedrängt wurde. Nicolai hat nach dem

---

269 Nicolai, *Nachrichtendienst*, S. 53.

270 Bauer, (Oberst) Max, *Der große Krieg in Feld und Heimat. Erinnerungen und Betrachtungen*, Tübingen 1921, hier S. 37 f.

Krieg im Zuge einer revisionistischen Schilderung der Ereignisse Vorwürfe dieser Art stets entschieden zurückgewiesen[271].

Die Gründung des KPrA war für ihn eine konsequente Folge aus der Zunahme der Aufgaben, die in den Verantwortungsbereich der OHL fielen. Deswegen wurde es unter die Obhut der OHL gestellt. Es war geplant, die Zusammenarbeit der OHL mit den Heimatbehörden auf dem Pressesektor zu vereinfachen. Anderen Behörden und Dienststellen, aber auch der Presse selber, sollten Auskünfte gegeben werden. Es bestand die Hoffnung, durch die Arbeit des KPrA eine gleichmäßige Handhabung der Zensur mit Hilfe der von den Zentralbehörden ausgehenden Richtlinien zu erreichen[272].

Bis zum Sommer 1915 waren die Dissonanzen bezüglich einer einheitlichen Handhabung der Zensur trotz aller inzwischen erfolgten Veränderungen also keineswegs beseitigt. Das hing nicht zuletzt mit der allgemeinen Entwicklung auf dem Kriegsschauplatz zusammen. Die Kampfereignisse hatten entsprechende Rückwirkungen auf die innenpolitische Situation. In der Öffentlichkeit hatte das begonnen, was Fischer als das "Drängen der Nation" bezeichnet hat. Es ging darum, die Kriegsziele des Deutschen Reiches definiert zu sehen. Verbände, Parteien und Vereine stellten Forderungen auf, in denen festgelegt werden sollte, wie die Grenzen des deutschen Reiches nach einem Friedensschluß auszusehen hätten[273]. Die Handhabung der Zensur entwickelte sich zu einer Frage des politischen und gesellschaftlichen Standortes des jeweiligen Militärbefehlshabers und überforderte die Zensoren bei ihrer eigentlichen Arbeit. Die Durchbruchsschlacht bei Gorlice - Tarnow Anfang März war für Falkenhayn ein militärisch großer Erfolg und für Rußland eine Niederlage, von der sich das Land bis zur Revolution nie mehr vollständig erholte. Doch verhandlungsbereiter wurden die Russen dadurch nicht, und der Gewinn des neuen Bundesgenossen Bulgarien wurde für die Mittelmächte durch den endgültigen Kriegseintritt Italiens auf die Seite der Entente mehr als relativiert. Ein neuer Frontabschnitt wurde eröffnet, und die blutigen und verlustreichen Isonzoschlachten sollten in den kommenden Monaten und Jahren ein weiteres Symbol für die Sinnlosigkeit der militärischen Auseinander-

---

271 Koopmann, *Diplomatie und Reichsinteresse*, S. 72 ff.

272 Groth, *Zeitung*, Bd 2, S. 238.

273 Fischer, *Griff nach der Weltmacht*, S. 184 ff.

setzungen werden[274]. Im Mai sorgte dann die Versenkung des britischen Passagierschiffes "Lusitania" durch ein deutsches U-Boot, bei dem amerikanische Staatsbürger ums Leben kamen, für den Kulminationspunkt dieser Auseinandersetzungen. Das Schiff war von seiner Ausrüstung her jederzeit als Hilfskreuzer einsetzbar und hatte auch Munition an Bord gehabt. Diese Fakten versuchte die deutsche Regierungsseite in den kommenden Wochen und Monaten in die internationale Diskussion zu bringen. Die Reaktion der Vereinigten Staaten von Amerika zwang den Reichskanzler schließlich, vom Kaiser den Befehl zu dem Zugeständnis zu erwirken, daß keine großen Passagierschiffe mehr versenkt werden würden. Falkenhayn unterstütze die Haltung des Reichskanzlers in doppelter Hinsicht. Angesichts der schwierigen militärischen Lage legte er weder Wert auf eine Kriegszieldiskussion, noch wollte er eine Verschlechterung der Situation in den neutralen Ländern oder den USA provozieren[275]. Obwohl sich der Reichskanzler der Gefahr durch die Agitation des rechten politischen Spektrums und der Marine bewußt gewesen ist, reagierte er vorsichtig. Auch an der direkten Auseinandersetzung mit dem Generaloberst von Kessel anläßlich eines Artikels von Eugen Zimmermann - "Zeitgemäße Betrachtungen" vom 14. Juni 1915 - wurde dies sichtbar. Bethmann forderte nachdrücklich die Einbeziehung des A.A. in solchen Fragen. Er wies ferner darauf hin, daß bei dieser Behandlungsweise von Artikeln durch die Zensur die Unterstützung der Reichsleitung bestraft würde (im Falle Zimmermann). Andererseits würde der Bruch des Burgfriedens zugelassen (im Falle Reventlow). Es folgte ein intensiver Briefwechsel zwischen Bethmann und von Kessel, bei dem der Disput über den aktuellen Fall schließlich den grundsätzlichen Einschätzungen wich. Das A.A. wollte an allen Zensurmaßnahmen beteiligt werden, die außenpolitische Artikel betrafen (ähnlich dem RMA in Fragen der Seekriegführung). Bethmann versuchte eine entsprechende Kabinettsorder beim Kaiser zu erwirken[276].

Am 4. August 1915 sollte auf allerhöchsten Befehl durch eine entsprechende Weisung Wilhelms II. für Abhilfe gesorgt werden. Die Notwendigkeit der bereits laufenden Planungen wurde bestätigt, eine zügige Umsetzung der Forderungen nach Einheitlichkeit sollte nun entsprechend

---

274 Herzfeld, *Weltkrieg*, S. 74 ff. Mai, *Ende des Kaiserreichs*, S. 74 f. Zum Kriegseintritt Italiens: Mommsen, *Italienische Frage*, S. 305 ff.

275 Deist, Wilhelm, *Eine Kontroverse zwischen dem Reichskanzler und dem Oberbefehlshaber in den Marken im Sommer 1915* in: MGM 5 (1969), S. 101-119, hier S. 102 f.

276 Ebd., S. 105 f. und Dokumente S. 107-119.

lanciert werden. Aber die Richtlinien hatten in letzter Konsequenz keine bindende Wirkung. Diese Anweisung war einerseits ein für Bethmann und das A.A. nur teilweise befriedigendes Ergebnis der "von Kessel-Kontroverse". Andererseits ist sie als indirekte Reaktion eines allgemein zunehmenden Drucks der Öffentlichkeit auf die Reichsleitung zu sehen, der sich auch in der Presse, den Parteien und Verbänden widerspiegelte[277].

Nur zwei Tage später kam es bereits zu einer Zusammenkunft beim Generalstab, auf der sich die Beteiligten über die Einzelheiten der Gründung eines - wie es zu diesem Zeitpunkt noch genannt wurde - "Kriegsnachrichtenamtes" austauschten. Wesentliche Teile der Sitzung wurden durch die Ausführungen von Major Deutelmoser bestimmt. Neben dem Organisationskonzept, das zu diesem Zeitpunkt erst drei Abteilungen vorsah (OZ, militärpolitische Auskunftsstelle und Zeitungsstelle), skizzierte er auch kurz die Aufgaben innerhalb der einzelnen Bereiche. Deutelmoser wies ausdrücklich darauf hin, daß die Kabinettsorder formell natürlich nur für Preußen bestimmt sei. Die allgemeine Erwartung wäre jedoch, daß sich die Bundesstaaten in gleicher Weise daran orientieren würden[278]. Der Vertreter des A.A. beurteilte die geplante Organisation sehr abgewogen und realistisch. "Rein sachlich" wäre die Einrichtung gut, denn eine größere Vereinheitlichung der Zensur sei dadurch doch gewährleistet. Zudem könnten das A.A. und der Reichskanzler selbst durch einen direkteren Einfluß auf die OZ eigene Zensurwünsche besser als bisher geltend machen. Allerdings sei "... nicht zu verkennen, daß durch dieses neue Amt der Militärbehörde ein starkes Machtmittel in die Hand gegeben wird." Da die ganze Sache jedoch als beschlossen anzusehen sei, wäre eine Beteiligung in jedem Falle besser, als abseits zu stehen[279].

Obwohl Anfang September gerade hinsichtlich des Ausbaus der OZ innerhalb der inzwischen als KPrA bezeichneten Einrichtung ein entsprechend detailliertes Konzept vorlag, erfüllten sich die im Hinblick auf besondere Zensurkompetenzen dieses Amtes gehegten Hoffnungen nur

---

277 Abdruck der Kabinettsorder in *Militär und Innenpolitik*, Bd 1, Nr. 52, S. 101 f; Deist weist dabei auf die zunehmende Diskussion um die Kriegsziele hin (Anmerkungen 2 und 3).

278 BA, Potsdam, RK 2 437/11: Bericht an Otto Hamman (wahrscheinlich durch von Mumm) über die Sitzung vom 06.08.1915, Dok. 167-174. Das Sitzungsprotokoll wurde wohl versehentlich in diesen Band der Kriegsakten (Bd 9 vom 01.07. bis 31.08. 19*16*) eingefügt. Es ist keinerlei Bezug des Protokolls zu einem Aktenstück aus den Monaten Juli/August 1916 erkennbar. An der Besprechung nahmen folgende Herren teil: Deutelmoser, v. Herwarth, Olberg (OZ), Unterstaatssekretär Drews, v. Berger (R.d.I.), Grau (KM), Kapitäne Fischer und Hidmann (RMA), v. Radowitz, zwei nicht genannte Vertreter des R.K.A. und der Berichterstatter selber.

279 Ebd., S. 6 f. (Dok. 172 f.).

unzureichend. Der immer drängendere Wunsch nach Vereinheitlichung der Zensur sollte mit der Gründung dieser Zentralstelle erfüllt werden. Über die Notwendigkeit einer Verbesserung der Organisation der Pressearbeit, deren Ausführung nach den bestehenden Richtlinien im Zuständigkeitsbereich der OHL liegen mußte, war auf den verschiedensten Ebenen lange diskutiert worden. Entsprechende Befugnisse wurden dem KPrA nicht übertragen[280]. Daran änderte auch der unmittelbare Verkehr mit allen Behörden nicht viel. Nur mit entsprechenden Weisungen der OHL, die durch den Chef der Abteilung IIIb erteilt wurden, konnte das KPrA die Behörden entsprechend instruieren. Für die Stellenbesetzungen innerhalb des Amtes war das KM zuständig, das dem KPrA allerdings bestimmte Verfügungsrechte (Ausgaben, Besoldungsfragen) gewährte[281]. Das Amt stellte jedoch keineswegs - wie Koszyk es eingeschätzt hat - eine Erweiterung der OZ dar. Die OZ wurde nur bei dieser Gelegenheit erneut ausgebaut und dann in dieser Form in das neue Gebilde eingefügt[282]. Die zukünftige Steuerung der Pressepolitik besaß damit zwar eine gesetzliche Grundlage, von einer für das ganze Reich richtungsweisenden Behörde konnte bei dem KPrA allerdings nicht die Rede sein. "Seine Stellung war die einer zwischen Behörden vermittelnden Dienststelle in allen Presseangelegenheiten und die der Pressestelle der OHL in der Heimat[283]." In einem Artikel der "Leipziger Neuesten Nachrichten" wurde die Bandbreite der Entwicklung, die dieser Behörde bevorstehen könnte, treffend charakterisiert. Die Möglichkeiten lägen "... zwischen Segen (gleichmäßige Handhabung der Zensur, Vermittlerfunktion) und Unsegen (Preßpolizei)." Auch wenn die positiven Hoffnungen überwögen, so erkannte die Zeitung einen grundlegenden Mangel: Es fehlte nach wie vor ein 'Kriegspressegesetz'[284]!

Nachdem die Einrichtung des KPrA in der Luisenstraße in Berlin ursprünglich für den Beginn des Oktobers angekündigt gewesen war, verzögerte sich die offizielle Bekanntgabe des KM noch bis zum 14. Oktober 1916. Das Amt selbst bestätigte mit Datum vom 16. Oktober den Erlaß.

---

280 *Militär und Innenpolitik*, Bd 1, Nr. 54, S. 104 ff., besonders Anm. 2, S. 104 f.

281 BA, Potsdam, Reichsamt des Innern R.d.I. 12 326, Das Kriegspresseamt, Bd 1, Organisationsplan mit Erläuterungen.

282 Koszyk, *Pressepolitik*, S. 68.

283 *Militär und Innenpolitik*, Bd 1, Nr. 54, S. 104 f., Anmerkungen 1 und 2.; Nicolai, *Nachrichtendienst*, S. 76 und BA, MA, RM 3/v. 10 317 Bericht über die Besprechung des KPrA vom 06.11.1915, S. 4.

284 BA, Potsdam, R.d.I. 12 326, Artikel der "Leipziger Neuesten Nachrichten" vom 17.10.1915.

Deutelmoser teilte in diesem Schreiben mit, daß die Aufnahme der Geschäfte am 18. Oktober erfolgen werde[285].

Die Organisation des KPrA sah eine Gliederung in vier Abteilungen vor. Darüberhinaus gab es noch eine Ebene, von der aus die Koordination und Kontrolle der vier Bereiche erfolgte. Neben der Verwaltung gab es das sogenannte Zentralbüro. Dort befand sich auch ein Generalstabsoffizier, der dem Chef des KPrA direkt zugeteilt war. Dieser Offizier mußte seinen Chef über die Kriegslage ständig auf dem laufenden halten und hatte sich daher auch um die Aufnahme und Weitergabe des Heeresberichtes zu kümmern. Er trug die Verantwortung für militärische Vorträge und arbeitete an der Herausgabe der "Deutschen Kriegsnachrichten" (D.K.) mit.

Die Abteilung I, die Inlandsstelle, gliederte sich in fünf Sektionen. Die deutschen Zeitungen wurden entsprechend ihrer politischer Ausrichtung zugeordnet und gelesen. Die Meldungen und Berichte teilte man je nach Bereich (z.B. Politik, Wirtschaft, Militärisches) ein. Das Archiv und die Bücherei wurden von dieser Stelle betreut. Sie stellte ein Nachschlagewerk über die deutsche Presse zusammen, das dann stets entsprechend aktualisiert wurde. Die Organisationsstruktur der OZ war - wie schon erwähnt - inzwischen weiter ausgebaut worden und bildete nun die Abteilung II, ohne daß sich daraus allerdings irgendwelche Veränderungen für die Pressebesprechungen ergeben hätten, die damit automatisch in die Zuständigkeit des KPrA fielen. Die OZ als Abteilung II sorgte wie gehabt für die administrativen Voraussetzungen der Besprechungen, protokollierte die Konferenzabläufe, vervielfältigte und verschickte die Berichte. Im Organisationsentwurf des KPrA war die Kompetenzverteilung diesbezüglich zwischen den Abteilungen klar geregelt: "Ein Offizier der Oberzensurstelle nimmt an den regelmäßigen Pressebesprechungen im Reichstage und an allen Pressesondersitzungen teil. Er läßt über den Verlauf einen Sitzungsbericht anfertigen und bearbeitet im Einvernehmen mit der Auskunftsstelle die zur Versendung durch das Wolffbüro an die Zentralbehörden bestimmten Aufzeichnungen[286]".

Einige Vertreter der Länder, das A.A., das Reichskolonialamt (R.K.A.) und das O.K.M. hatten

---

285 BA, Potsdam, RK 2 437/8 und R.d.I. 12 326: Armee Verordnungsblatt vom 16.10.1915 Nr. 46 S. 476 Nr. 772 über die Errichtung eines KPrA und *Militär und Innenpolitik*, Bd 1, Einleitung, S. IL. Am 10.09.1916 hatte eine weitere Besprechung stattgefunden, bei der man sich über den Organisationsentwurf wohl endgültig verständigt hatte, denn in dem Schreiben der Abteilung IIIb vom 24.09.1916 wurde darauf Bezug genommen und die Einrichtung des KPrA auf Anfang Oktober terminiert, R.d.I. 12 326.

286 BA, MA, RM 3/v. 10 317, Organisationsentwurf des KPrA und *Militär und Innenpolitik*, Bd 1, Nr. 54, S. 106, Punkt 7.

übrigens nun ein eigenes Büro bei der OZ und hielten so engen Kontakt zur Arbeit mit den Zensurverfügungen.

In der Abteilung III, der Auslandsstelle, erfaßte man die fremden Zeitungen. Ursprünglich war die Zeitungsstelle von Oberst von Herwarth ins Leben gerufen worden und hatte zur Stellvertretenden Abteilung IIIb gehört. Aufgebaut war sie ähnlich wie die Inlandsstelle: Die Lesesektionen richteten sich nach den Ländern und jeweiligen Landessprachen, und es gab eine Übersetzungsstelle. Herwarth und seine tüchtigen, wissenschaftlich geschulten Mitarbeiter stellten ebenfalls regelmäßig Tagesberichte für die Dienststellen zusammen, die später dann auf Veranlassung Deutelmosers als "Nachrichten der Auslandspresse" (N.d.A.) - manchmal auch durch Sonderberichte ergänzt - der Presse zur Verfügung gestellt wurden. Herwarth leitete die Abteilung III bis er im Frühjahr 1916 von Major von Larisch abgelöst wurde[287]. Dem Referenten des A.A. fiel die Aufgabe zu, sich um den Informationsfluß zwischen dieser Abteilung, der OZ und der ZfA zu kümmern. Teilweise berichtete die ZfA der Auslandsstelle über die Wirkungen der von dort herausgegebenen Broschüren[288].

Die Auskunftsstelle, die Abteilung IV, war für die Zusammenstellung und Weitergabe von Informationsmaterial für Veröffentlichungen und Vorträge zuständig und versorgte parallel dazu auch die Presse mit entsprechenden Unterlagen. Diese Abteilung war innerhalb des KPrA seit dem Winter 1916 auch für die Herausgabe der D.K. und der "Deutschen Kriegswochenschau" (D.K.W.) verantwortlich. Letztere Broschüre sah sich im weiteren Verlauf des Krieges heftiger Kritik des VDZV ausgesetzt. Im Zuge steigender Papierknappheit warf der Verband im Juli 1917 dem KPrA vor, daß Materialverbrauch und Kosten bei einer Reihe von Broschüren in gar keinem Verhältnis zu dem gewünschten Effekt stünden. Die D.K.W. mit ihrer Riesenauflage wurde dabei als "recht wohl entbehrlich" eingestuft[289]. Diese Einschätzung kam der Wahrheit sehr nahe.

In den Zuständigkeitsbereich der Auskunftsstelle fielen fortan auch alle Kriegsberichterstatter, denn die Abteilung IIIb war schon in den Mobilmachungsbestimmungen der Ansprechpartner

---

[287] Vogel, Walter, *Pressepolitik. Zur Geschichte der deutschen Pressepolitik im Weltkrieg 1914/18. Oberst a.d. Dr.h.c. Herwarth von Bittenfeld* in: Zeitungswissenschaft Nr. 18 (1943), S. 429-437, hier S. 433 f. Deutelmoser, *Tagebücher,* Erinnerungen I, S. 89 f. Vgl. Nicolai, *Nachrichtendienst*, S. 71 und Vogel, *Organisation*, S. 29 f.

[288] *Militär und Innenpolitik*, Bd 1, Nr. 54, S. 105, Anm. 6.

[289] Walter, *Zeitung als Aufgabe*, S. 73.

für die deutschen Zeitungen und Zeitschriften gewesen, die sich um eine Zulassung auf dem Kriegsschauplatz bewarben[290]. Acht Kriegsberichterstatter bildeten als sogenannte "zweite Staffel" der OHL und ursprünglich gemeinsam mit befreundeten Militärattachés das Pressehauptquartier. "Sie hatten unter Aufsicht sachkundiger Offiziere die Berichte für die großen Zeitungen zu schreiben[291]."

Erhard Deutelmosers Einschätzung über die Arbeitsmöglichkeiten der Kriegsberichterstatter fiel nicht sehr erfreulich aus. Er sprach von einem "herdenweisen Zusammenhalten" der Presseleute im Feld, ihre Berichte wurden dadurch "gleichförmig". Verstärkt wurde diese Wirkung noch durch die Kontrollen, welche die militärische Zensur darüberhinaus ausübte. Die Reportagen besaßen "... in den Augen des In- und Auslandes keinen Orginalwert und keine überzeugende Kraft"[292]!

Die sehr eng gefaßten Bestimmungen über die Zulassungs- und Arbeitsvoraussetzungen der Journalisten zeigen, mit welcher Einstellung den Presseleuten von Seiten der militärischen Führung entgegengetreten wurde. Mißtrauen beherrschte das Bild. Die Furcht vor der Weitergabe von Informationen, die nicht in die Öffentlichkeit gehörten, war allgegenwärtig.

Die Angst, daß dem Feind durch die Meldungen bewußt oder unbewußt verwertbares Material hätte in die Hände gespielt werden können, war sicher nicht einmal unbegründet. Den Interessen der Armee durfte in dieser Hinsicht jedenfalls nichts zuwiderlaufen, denn die Interessen der OHL waren die des Deutschen Reiches - sie hatten absoluten Vorrang gegenüber allen anderen Erfordernissen.

Die Auswahlkriterien des Personenkreises, der überhaupt zugelassen werden konnte, waren entsprechend gestaltet. Nur Personen mit einer "anerkannt patriotischen Gesinnung", die entweder als Reserveoffiziere oder in einer anderweitigen leitenden Stellung ihre Zuverlässigkeit unter Beweis gestellt hatten, bekamen überhaupt eine Chance. Photographen wurden erst nach

---

290 KGFA W-10/50 746: Organisation vom 02.08. bis 31.12. 1914, Punkt 13 der Mobilmachungsbestimmungen.

291 Vgl. Schüddekopf, Ernst-Otto, *Der erste Weltkrieg*, Gütersloh 1977, S. 114 f. Er schreibt weiter: "Die Zahl der Kriegsberichterstatter wurde später auf zehn erhöht." Diese Zahlenangabe kann sich allerdings nur auf das Große Hauptquartier beziehen. Auf den Kriegsschauplätzen müssen es erheblich mehr Korrespondenten gewesen sein. Dazu auch: 600 Orginalaufnahmen des Kriegs-, Bild- und Filmamtes und des Kriegsphotographen Hermann Rex *Der Weltkrieg in seiner rauhen Wirklichkeit*. "*Das Frontkämpferwerk*", München 1926.

292 Deutelmoser, *Tagebücher*, Erinnerungen I, S. 91 f.

einigen Monaten zugelassen, vorher waren nur Zeichner und Maler für eine optische Vermittlung in den Frontabschnitten zu finden. Alle Berichte, Zeichnungen und Photos gingen durch die Hände eines Generalstabsoffizieres und der Zensurbehörde, bevor sie unchiffriert in deutscher Sprache und ohne Deckwörter von offizieller Seite an die Feld-, Post- und Telegraphenämter zur Weiterleitung an die Zeitung gelangen durften, für die der Berichterstatter arbeitete. Die Offiziere sollten die Frontjournalisten zudem mit soviel Material versorgen, daß damit "unliebsame Veröffentlichungen" von vornherein unterblieben. Unter Punkt 8 der Bestimmungen hieß es: "Von dem Berichterstatter wird mit Rücksicht auf die schwerwiegenden Lebensinteressen des Staates Zurückhaltung in seiner Berichterstattung erwartet[293]." Bei Verstößen gegen die geltenden Bestimmungen drohte dem Kriegsberichterstatter neben dem sofortigen Entzug des "Erlaubnisscheins" auch noch eine Bestrafung. Der Chef des Generalstabs des Feldheeres oder der Stellvertretende Generalstab entschied während des gesamten Krieges über die Zulassung der Journalisten, die als Frontberichterstatter tätig sein wollten. Dem KPrA kam nun eine Art "betreuende Kontrollfunktion" zu.

Schüddekopf ist der Auffassung, daß sich trotz des Mißtrauens der Offiziere die Berichterstattung einspielte. Dazu paßt eine Einschätzung, die sich auch bei Koszyk herauslesen läßt. Die amtlich zugelassenen Presseleute arbeiteten in der Regel mit seriösen Methoden, auch wenn sie längst nicht alles sagen und schreiben durften. Die Wirkungen der Berichte und Meldungen waren den Rahmenbedingungen ihrer Arbeit entsprechend dürftig. Die meist sehr einförmigen Schilderungen fanden immer weniger Resonanz in der Heimat[294].

Den Wert und die Möglichkeiten einer direkten eigenen Nutzung der Kriegsberichterstattung erkannte die OHL erst mit der Zeit. Im September 1917 wurde die Aufklärung der heimischen Presse mit Aufsätzen über die Kampfhandlungen durch sogenannte Offizier-Kriegsberichterstatter (O.K.B.) ausgeweitet. Die Feld-Pressestelle, die es seit März 1916 gab, leitete deren Berichte an das KPrA oder an die "Militärische Stelle des Auswärtigen Amtes"

---

[293] KGFA W-10/50 145: Anlagen zur Geschäftsordnung für den Stab eines Armee-Oberkommandos, darin: Bestimmungen für die auf dem Kriegsschauplatz zugelassenen Berichterstatter, Photographen, Zeichner und Maler deutscher Zeitungen und Zeitschriften (6 Seiten mit Blankoformular des Erlaubnisscheins), Zitat S. 3.

[294] Schüddekopf, *Weltkrieg*, S. 115 und Koszyk, *Pressepolitik*, S. 68 und S. 80 ff. Vgl. auch Binder, *Kriegsberichterstatter*, S. 5 und S. 8 f.

(MAA) weiter. Auf deren vielschichtige Aktivitäten wird zu einem späteren Zeitpunkt noch einzugehen sein[295].

Die Abteilung IIIb und das KPrA luden am 6. November 1915 den Reichsverband der deutschen Presse und den VDZV zu einer Sitzung in den Reichstag ein. Mit Major Nicolai als Chef von IIIb, Major Deutelmoser als Chef des KPrA und Hauptmann Grau vom KM nahmen die zu diesem Zeitpunkt kompetentesten Vertreter der unter militärischer Leitung stehenden Behörden an dieser Besprechung teil. Die Vorsitzenden der beiden Verbände, Dr. Robert Faber (VDZV) und Paul Marx (Reichsverband der Journalisten), die Verleger Dr. Carl Bachem (Köln) und Franz Ullstein (Berlin), sowie Kommerzienrat Heinrich Krumbhaar und der Hauptschriftleiter der Täglichen Rundschau, Heinrich Rippler, vervollständigten diese Zusammenkunft.

Nicolai begann nach der Eröffnung der Sitzung durch Deutelmoser mit einem Rückblick über die Entwicklung des Pressewesens kurz vor und während des ersten Kriegsjahres. Schwierigkeiten hätten nicht ausbleiben können und bestimmte Notwendigkeiten, wie z.B. die zunehmende Mitarbeit des Generalstabs in Zensurfragen, hätten sich erst mit der Zeit ergeben. Trotzdem sei es gelungen, den Burgfrieden im wesentlichen einzuhalten. Die OHL sei der Presse dafür auch sehr dankbar. Trotz mancher Kritik an den Überschriften und Meldungen auch aus der Heimat selber wolle der Chef des Generalstabes des Feldheeres, "... daß unsere Berichterstattung so bleibt, wie sie ist." Beachtenswert sei, daß die deutsche Presse "... so verständnisvoll jede parteipolitische Meinungsäußerung nach Möglichkeit zurückgestellt hat." Die Ungewißheit über die Dauer des Krieges erfordere - trotz der eigenen sehr guten militärischen Lage - Besonnenheit und Maßhalten. "Wir brauchen Ruhe im Rücken" und keine Sensationsmeldungen. Dies bezog Nicolai sowohl auf die amtliche als auch auf die sonstige Berichterstattung[296].

---

[295] *Militär und Innenpolitik*, Bd 2, Nr. 339, S. 867 f., besonders auch Anmerkungen 3 und 5.

[296] BA, MA, RM 3/v. 10 317, Sitzungsbericht vom 06.11.1915, hier S. 4 f. und S. 7. Der Sitzungsbericht mit den Äußerungen der Teilnehmer umfaßt 23 Seiten; die programmatischen Notizen der "Tagesordnung" sind auf 5 Seiten (Notizen für die Sonderbesprechung) zusammengefaßt; sie enthalten 12 Punkte. Diese Programmpunkte der Besprechung finden sich auch komplett in *Militär und Innenpolitik*, Bd 1, Nr. 55, S. 107 ff. Einige Aspekte der Diskussion befinden sich bei ihm gerafft im Anmerkungsteil, vgl. hierzu Anmerkungen 1 und 2. Nicolai wiederholte zum Abschluß seiner Ausführungen noch einmal, daß die deutsche Presse für das deutsche Volk und mehr über die deutschen Truppen schreiben solle und weniger ausgiebig über die Verbündeten.

Faber teilte die Auffassungen Nicolais hinsichtlich der Einschätzung des Burgfriedens und der Forderung nach einer nüchternen Berichterstattung. Er bedauerte allerdings, daß es zu einer solchen Zusammenkunft nicht schon viel früher gekommen sei, mancher Fehler hätte vermieden werden können. Dennoch sei natürlich die jetzt erfolgte "Fühlungnahme" des KPrA zu begrüßen. Aus sachlichen Gründen gab er jedoch zu bedenken: "Es darf aber bei der Handhabung der Zensur und bei den Wünschen der OHL nicht übersehen werden, daß die Presse an sich doch in gewissem Sinne das Ventil bildet, das ab und zu geöffnet werden muß, damit nicht Spannungen entstehen, die gefährlich werden können." Er betonte diesen Punkt zum Abschluß seines Statements noch einmal und unterstrich dabei die eigene Kooperationsbereitschaft: "Wir sind gern bereit, wenn uns bestimmte Fragen vorgelegt werden, mitzuraten und mitzuhelfen, das zu erreichen, was Ihnen und uns allen im Interesse des Vaterlandes und des zu erstrebenden Zieles wünschenswert erscheint[297]." Nicolai erwiderte nur kurz, daß bei aller Berechtigung dieser Ventilfunktion "ein gewisses Maß" eingehalten werden müsse; sonst käme "der Wagen aufs falsche Gleis." Die Verpflichtung der Presse, sich freiwillig in den Dienst des Heeres und des Vaterlandes zu stellen, war für Paul Marx völlig unstrittig. Nur das "Wesen der Presse" mußte dabei erhalten bleiben! Sie würde in ihrer anerkannten Funktion "... als Mittel der Kriegführung versagen, wenn sie von Anfang bis Ende den Winken oder Anordnungen der Kriegsleitung gehorchen würde." Es käme einem totalen Verlust jeglicher Reputation gleich, "Stimme der Heeresleitung" zu sein oder "auf Befehl zu handeln"[298].

Die entscheidende Grundlage der Pressearbeit "... bildet allein das Vertrauen des Volkes, daß das, was die Presse mitteilt, auch der Wahrheit entspricht. Beginnen unsere Leser zu zweifeln, dann versagt das Mittel völlig. Darum liegt es im Interesse der Heeresleitung, daß nicht der Schein der Freiheit der Meinungsäußerung gewahrt bleibe, sondern, daß diese Freiheit in Wirklichkeit besteht!" Marx räumte ein, daß gerade im Krieg häufig Grenzsituationen entstünden. Dies alles könnte jedoch an einem wichtigen Faktum nicht rütteln, und diesen unmittelbaren Zusammenhang sollte man nicht außer acht lassen: "Das Vertrauen des Volkes zur Presse vermittelt das Vertrauen des Volkes zur Staatsleitung." Er bedauerte, daß man ein Jahr gewartet habe, bevor man den Reichsverband zur Mitwirkung aufgefordert habe. Er wollte

---

[297] BA, MA, RM 3/v. 10 317, Sitzungsbericht vom 06.11.1915 S. 7 ff., Zitate S. 8 und S. 10.

[298] Ebd., S. 10 f.

auch deshalb keine voreiligen Zusagen machen. Ähnlich wie Faber versicherte jedoch auch Marx für sich und seine Organisation: "Wir sind gerne bereit, alles zu tun, um zu einem Siege Deutschlands beizutragen[299]."

Anhand der zunehmenden Probleme, die sich auf wirtschaftlicher Seite im Deutschen Reich im Herbst 1915 offenbarten, erläuterten beide Verbandsvertreter das Dilemma, in dem sich die Presse bewegte. Wenn etwas über Ernährungsprobleme oder wirtschaftliche Schwierigkeiten geschrieben würde, könnten Zweifel an der Stärke Deutschlands und an der Siegeszuversicht geweckt werden. Meldungen dieser Art würden auch im Ausland entsprechend übertrieben aufgebauscht. Stünde nichts davon in den Blättern, dann würden in der deutschen Bevölkerung Zweifel an der Glaubwürdigkeit der Presse hervorgerufen. Das Ausland würde diese Art des Verschweigens als "Knebelung der Presse" und äußerste Maßnahme der Reichsleitung bewerten, daß es um das Deutsche Reich schon so schlecht stünde, daß die Wahrheit verheimlicht werden müßte[300].

Bevor sich die Anwesenden mit der "Tagesordnung" beschäftigten, die Programmpunkte über eine mögliche Zusammenarbeit des KPrA mit der Presse und den Verbänden enthielt, stellten diese Vorbemerkungen einen interessanten Austausch von Grundpositionen dar, die nicht weit voneinander entfernt zu sein schienen. Aus Sicht der Presse und Verleger besaßen die Äußerungen der Vorsitzenden ihrer Verbände natürlich einen entsprechend hohen Stellenwert. In die Analyse der Situation floß damit nicht nur die persönliche Meinung der beteiligten Herren mit ein, es war schon ein sicher repräsentatives Spektrum von Ansichten innerhalb der deutschen Presse.

Die "Tagesordnung" wurde Punkt für Punkt erörtert, sofern sich Diskussionsbedarf zeigte. Redaktionelle Änderungen oder modifizierte Formulierungen wurden vorgeschlagen und auch aufgenommen. Die Presse sollte z.B. nicht "durch positive Orientierung geleitet werden", sondern sie solle "positiv orientiert werden", dann sei eine Leitung durch eine Behörde überflüssig.

Auch über Verbesserungsmöglichkeiten auf dem Feld der Zensurverbote wurde gesprochen. Die Teilnehmer der Sitzung wiesen neben der unterschiedlichen Handhabung bestimmter Anweisungen auch auf völlig unsinnige und überflüssige Vorschriften hin. Deutelmoser hielt diesem

---

[299] Ebd., S. 11 f. mit Zitaten.

[300] Ebd., S. 12.

Einwand den verbesserten Einfluß der OZ entgegen und signalisierte, sich bei entsprechenden Fällen oder vor dem Erlaß neuer Verordnungen zukünftig mit den Verbänden abstimmen zu wollen[301]. Unter Punkt 5 war dann aufgelistet worden, in welcher Form die Orientierung der Presse zu erfolgen habe:

"a) durch Mitteilungen, die bei den regelmäßigen Besprechungen im Reichstage ausgegeben werden

b) durch vertrauliche Sonderbesprechungen im engeren Kreise

c) durch Mitteilung der örtlichen Zensurbehörden."

Punkt 6 bezog sich auf die vertrauliche Verwertung dieser Informationen[302].

Paul Marx konnte und wollte jedoch keine Diskretionsgarantien seines Verbandes für die Pressekonferenzen im Reichstag abgeben. Seiner Organisation sei keine Möglichkeit gegeben worden, über Form und Zusammensetzung mitzuentscheiden. "Auch aus anderen Gründen können die Pressebesprechungen im Reichstage nicht als allgemeines Orientierungsmittel angesehen werden, da sie nur für Berlin und für größere Provinzzeitungen, die hier ihre Vertreter haben, zugänglich sind, während der größte Teil der auswärtigen Presse davon ausgeschlossen ist. Ich verwahre mich dagegen, daß nach Durchsprechung der hier aufgesetzten Punkte der Schluß gezogen werden könnte, als ob der Reichsverband eine Verantwortung für die Pressekonferenz im Reichstag übernehmen könnte." Der VDZV-Vorsitzende Faber schloß sich dieser Haltung an: "Herr Marx hat nicht über die Zweckmäßigkeit der Einrichtung sprechen wollen, sondern nur die moralische Haftung seines Verbandes für die Pressekonferenzen abgelehnt. Eine solche Verantwortung kann ich auch für meinen Verband nicht übernehmen[303]."

Major Nicolai betonte, es sei nicht darum gegangen, der Presse gegenüber eine "amtliche Vertretung" zu schaffen. Die Konferenzen hätten viel eher einen Orientierungscharakter. Zu den Teilnehmern ergänzte er: "Wer kommen wollte, war willkommen, aber eine gewisse Auswahl ist getroffen worden, nicht jeder ist zugelassen worden." Major Deutelmoser regte eine

---

[301] Ebd., S. 13 f. Der Formulierungsvorschlag war eine Anregung Fabers. Vgl. *Militär und Innenpolitik*, Bd 1, Nr. 55, S. 108, Anmerkungen 3, 4 und 6. Deutelmoser bot den Verbänden an: "Wir wären auch dankbar, wenn uns die Presse bei der Feststellung überflüssig gewordener Zensurbestimmungen unterstützen wollte und Anfragen hierüber an uns gelangen ließe, damit wir eingreifen können". BA, MA, RM 3/v. 10 317, Sitzungsbericht vom 06.11.1915, S. 17.

[302] BA, MA, RM 3/v. 10 317, Notizen für die Sonderbesprechung S. 2.

[303] BA, MA, RM 3/v. 10 317, Sitzungsbericht vom 06.11.1915, S. 19.

verstärkte Mitwirkung der Verbände bei den beabsichtigten Sonderbesprechungen an, die in "engerem Kreise" abgehalten werden sollten. "Die Frage der Pressebesprechungen ist eine Sonderfrage, die wir einer späteren Beratung vorbehalten können", so besänftigte der KPrA-Chef die aufgekommene Erregung. Das Ziel der Zusammenkunft, das unterstrich Deutelmoser noch einmal, läge nicht darin, "bindende Vereinbarungen" zu treffen. Die Besprechung habe vielmehr einen einleitenden Charakter[304]. Die Verbandsvertreter wollten auf der Grundlage des Verhandlungsberichts ihre Organisationen vertraulich über die Inhalte informieren. Eine besondere Schlußsitzung, die die Vertreter des KPrA angeboten hatten, erschien ihnen nicht erforderlich. Auch Deutelmoser fand es einfacher, die Wünsche direkt von den Teilnehmern übermittelt zu bekommen[305].

Die Gründung des KPrA und diese anschließende Besprechung belegen, daß es im Herbst 1915 zu einer lange fälligen Konsolidierung auf dem Pressesektor kommt. Die Probleme waren nicht gelöst, aber es wurde jetzt mit verbesserten Voraussetzungen daran gearbeitet. Die Sitzung vom 6. November 1915 unterstrich diese Einstellung deutlich. Nach über einem Jahr Kriegsdauer wurden die Verbandsvertreter der Verleger und Journalisten zu einem doch inhaltlich sehr konkreten Sondierungsgespräch eingeladen. Aus ihrer Enttäuschung über ihre bisherige Nichteinbeziehung in den Organisationsaufbau des Presseapparates machten Faber und Marx keinen Hehl. Folgerichtig konnten sie von Seiten ihrer Verbände für die wiederum ihren eigenen Weg gegangenen Pressekonferenzen keine Verantwortung übernehmen. Beiden Seiten, also auch dem KPrA, blieb jedoch nichts anderes übrig, als die Tatsache der Existenz dieses Forums zu akzeptieren und sich dessen Stellenwertes bewußt zu sein. Trotz gewisser Einschränkungen geht auch aus dieser Besprechung hervor, daß die Pressekonferenzen in diesem wachsenden Nachrichtenapparat des Kaiserreiches zu diesem Zeitpunkt schon fest etabliert gewesen sind.
Die Atmosphäre der Gesprächsrunde hatte inhaltlich und formal einen sehr sachlichen und konstruktiven Charakter. Die Vertreter der Presse waren natürlich an kooperativer Zusammenarbeit interessiert, die Belange ihrer Mitglieder waren zu vertreten, und sie wollten bei dem weiteren Ausbau eines Presseapparates nicht außen vor stehen. Sie unterstrichen ihre Integrität

---

[304] Ebd., S. 19.

[305] Ebd., S. 22. *Militär und Innenpolitik*, Bd 1, Nr. 55, S. 110, Anm. 11. Vgl. Nicolai, *Nachrichtendienst*, S. 76 f.

im Hinblick auf ihre solidarische Haltung zum Wohle des Vaterlandes, betonten aber auch die Grenzen ihres Handlungsspielraumes. Das KPrA hingegen konnte seinerseits von diesen Gesprächen und Kontakten profitieren.

Deutelmoser war sich durchaus bewußt, welche Beschränkungen die Zensur den Zeitungen auferlegte. Trotzdem bemühte sich die Presse ständig um andere Informationsquellen und erhielt Eindrücke, die den amtlichen Stellen verborgen blieben, die aber dennoch für die Öffentlichkeit relevant waren. Um der Reichsleitung und der OHL die öffentliche Stimmung informativ und sachlich nahezubringen, erschien Deutelmoser eine enge Zusammenarbeit mit dem KPrA wünschenswert zu sein. Umgekehrt war die Mitarbeit der Presse gefordert, "... daß gute Gedanken am rechten Platz Gehör finden". Damit war jedoch keinesfalls "Schönfärberei oder "gewundene Unklarheit" gemeint. In enger Zusammenarbeit mit der Presse dachte er an einen ständigen Informationsaustausch. Sachlichkeit und Wahrheitsliebe sollten oberstes Gebot sein. In der Auswahl und der Lancierung von Nachrichten lag die Kunst, dabei durfte jedoch keine Verfälschung von Tatsachen entstehen. Eine Disziplinierung von Zeitungen, die sich kritisch äußerten, indem man ihnen die Mitarbeiter entzog und an die Front rief, lehnte der KPrA-Chef im übrigen ab[306].

Damit ist ein klarer Einschnitt in der seit Kriegsbeginn verfolgten Linie festzustellen. Wurden bisher sehr wenige Informationen an die Öffentlichkeit gegeben, so wandelte sich unter den veränderten äußeren Voraussetzungen nun das Bild. Eine positivere Pressepolitik wurde angestrebt. Im Rahmen einer konzertierten Aktion wurde begonnen, alle Beteiligten miteinander ins Gespräch zu bringen, um Perspektiven einer Zusammenarbeit zu erörtern. In den Zeitungen sollte nicht unbedingt mehr stehen als bisher, aber die Journalisten erhielten eine bessere Informationsbasis und wurden mit mehr Hintergrunddetails ausgestattet. Das KPrA war die Einrichtung, die dabei wesentliche Hilfestellungen leisten sollte[307].

---

306 Deutelmoser, *Tagebücher* Heft I, S. 11 ff.; Deutelmoser am 24.11.1915 in einem Gespräch mit Faber und Bachem: "Schikanen gehörten nicht zu unserem Handwerkszeug", Aussprache und gegenseitige Aufklärung seien besser, wenn das nicht helfe, wären die Zensurmittel ausreichend (S. 15).

307 Im R.d.I. war während des Jahres 1915 ebenfalls eine Pressestelle geschaffen worden. Magnus von Braun war für deren Aufbau verantwortlich. Eine Lesestelle wurde eingerichtet, ein Archiv angelegt, Artikel und Ministerreden verfaßt. Auch die Presse wurde mit Informationen versorgt. v. Braun, *Ostpreußen*, S. 101.

Deist faßt die Ziele der Arbeit des KPrA sehr treffend zusammen: "Es kam dem Amt offensichtlich darauf an, eine abgewogene, aber durchaus optimistische Beurteilung der Gesamtsituation über die Presse auf die breite Öffentlichkeit zu übertragen[308]."

Karin Herrmann ist seinerzeit mit der amtlichen Presselenkung scharf ins Gericht gegangen und verurteilt sie als "dilettantisch", weil sie zu "weitherzig" und zu "zersplittert" gewesen sei. Sie bemängelt darüber hinaus sicher zu Recht "organisatorische Unzulänglichkeiten" und "politische Mängel". So war für sie das KPrA das Instrument der militärischen Führung, das schließlich auch in allgemeinen Fragen die Lenkung der Presse übernahm[309]. Damit liegt sie auf der Linie von Major Nicolai. Er hat selbst in seinem Fazit das "... Fehlen einer zentralen politischen Führung der deutschen Presse durch die Reichsregierung" kritisiert und dies letztlich für das Versagen der Pressepolitik verantwortlich gemacht[310].

Beide Bewertungen enthalten zwar zutreffende Beobachtungen, gehen aber auf die Ursachen für den Mangel an politischer Initiative nicht genug ein. Nicolai neigte natürlich dazu, die militärische Seite und damit auch die eigene Abteilung im Nachhinein aus der Kritik herausnehmen zu wollen.

Das KPrA arbeitete zudem unter der Regie Deutelmosers ausgesprochen loyal mit den zivilen Stellen der Reichsregierung zusammen. Nach dem Ausscheiden Deutelmosers änderte sich unter seinen Nachfolgern Major Stotten (1. November 1916 bis August 1917) und Major Würz (August 1917 bis Kriegsende) dieser Zustand insoweit, als das KPrA zunehmend in Konkurrenz zu anderen Pressestellen geriet, und die zivile Reichsleitung nun ihrerseits stärker in die Pressepolitik eingriff. Stotten, der von Nicolai protegiert worden war, blieb während seiner Amtsführung ein sehr farbloser Leiter, der sich vergeblich um eine direkte Steuerung der Presse bemühte[311]. Würz hingegen schien sich wieder stärker an den Prinzipien Deutelmosers zu orientieren. Er war an einem guten Verhältnis zur Presse wirklich interessiert und setzte die eher vorsichtige Informationspolitik des ersten KPrA-Chefs fort[312].

---

308 *Militär und Innenpolitik*, Bd 2, Nr. 463, S. 1235, Anm.3.

309 Herrmann, Karin, *Der Zusammenbruch 1918 in der deutschen Tagespresse*, Münster 1958, hier S. 18.

310 Nicolai, *Nachrichtendienst*, S. 168 f. Koopmann verweist mit Recht darauf, daß gerade Nicolai bei seinen Schilderungen ein "... persönliches Motiv (hatte), den Nachweis militärischer Kompetenz und Integrität angesichts der Niederlage zu erbringen." Koopmann, *Diplomatie und Reichsinteresse*, S. 72.

311 Vgl. dazu Kap. 4.3.

312 Vgl. dazu Kap. 3.5.

3.4. Ansätze zu einer Liberalisierung der Pressepolitik

Die Unzufriedenheit der Journalisten ließ sich jedoch nicht ohne weiteres durch die Gründung dieses neuen Amtes abstellen. Sie fühlten sich trotz dieser Veränderungen im administrativen Bereich nicht unbedingt besser informiert.

Auch im Reichstag wurde jetzt, anders noch als im Jahre 1915, auf breiterer Parteienebene gegen die Zensur Front gemacht. Die Zensurdebatten des Reichstages nach dem 9. Januar 1916 nahmen an Heftigkeit zu, die Verabschiedung von Resolutionen häufte sich. In der Entschließung Nr. 203 am darauffolgenden Tag waren gleich drei Forderungen auf einmal enthalten:

1. Es sollten keine Einrichtungen geschaffen werden, die auch in Friedenszeiten eine einschränkende Wirkung (z.B. auf die Meinungsfreiheit) haben könnten.
2. Die Preßabteilungen sollten aus sachverständigen Militär- und Zivilpersonen zusammengestellt werden.
3. Zeitungsverbote sollten immer nur mit vorhergehender Warnung ausgesprochen werden[313].

In zwei Anträgen, die am 17. und 18. Januar 1916 eingebracht wurden, zielten die SPD, die Nationalliberalen und die freiheitliche Fortschrittspartei darauf ab, die Zensur abzumildern und die Kontrollfunktionen stärker in die Hände der zivilen Reichsleitung zu legen. Auch eine Freigabe der Kriegszielerörterungen wurde angestrebt, wenn auch mit unterschiedlichen Zielgedanken. Die Regierung warnte vor dem Schaden, der entstehen würde, wenn mit Aufhebung der Zensur Pressemeldungen jedweder Art im In- und Ausland Verbreitung fänden. Sie geriet zunehmend unter Druck aus allen politischen Lagern, weil sich jede Partei von der Verantwortung des Reichskanzlers und der Zivilbehörden für bestimmte Bereiche des Belagerungszustandsrechts Vorteile versprach[314].

Eine Trendwende erwarteten die Journalisten vor allem auch in der Ausweitung des Informationsangebotes auf den Pressebesprechungen. Kurt Koszyk hält es für bewiesen, "... daß die Berliner Pressekonferenzen im Grunde nur die Aufgabe hatten, den Zensurstellen die Arbeit zu erleichtern. (Sie lagen) ... selbstverständlich im Interesse der Behörden und dienten der zentralen

---

313 BA, Potsdam, RK 1 939 *Reichstagssitzungen Presse(recht) Kopien aus den Reichstagssitzungen*. Nr. 203 vom 10.01.1916.

314 Vgl. RK 1 939 und Koszyk, *Pressepolitik*, S. 176 ff.

Steuerung. In allen wichtigen Fragen wurden Anleitungen zur Kommentierung gegeben." Aber auch er muß einräumen: "Praktisch stand nur ein Gremium zur Verfügung, das die direkte Beeinflussung der Presse in aktuellen Situationen verbürgte: Die Berliner Pressekonferenzen[315]." Außerdem stellt er fest, daß ein "ungezwungenes Klima" bei den Sitzungen herrschte, und die Journalisten offensichtlich zu dieser Einrichtung standen[316]. Er beschreibt die teilnehmenden Journalisten als Personen, die sich bereitwillig - an den autoritären Führungsstil des Kaiserreiches gewöhnt - zur aufgetragenen Weiterleitung der Informationen verpflichtet sahen.
Auch bei Knesebeck finden sich Hinweise in dieser Richtung: "Auf die Zeitungsleute, die dem militärischen Befehlstone fremd gegenüberstanden, wirkten aber die Pressekonferenzen und alle sonstigen offiziellen Besprechungen wie 'Instruktionsstunden'[317]."
Die in den "Großen Protokollen" aufgezeichneten und bereits an anderer Stelle beschriebenen Sitzungen und Gespräche vermitteln keineswegs das Bild einer reinen Instruktionsstunde. Die Konferenzen waren - auch wenn eine Kontrolle über die Informationsausgabe bestand - doch zumindest auch ein Forum für den Meinungsaustausch. Es erscheint nicht verwunderlich, daß die Schilderungen über die Entwicklung des Kriegsverlaufes und anderer Dinge eher einen positiven Charakter haben sollten. Koszyks Urteil ist an den Stellen zu der Bewertung der Pressekonferenzen revisionsbedürftig, an denen die Inhalte der "Großen Protokolle" und die Statements der Journalisten seine These selbst widerlegen. Im Zuge eines allgemeinen Stimmungsumschwunges im Deutschen Reich während des Winters 1915/16 nahm der Gesprächsbedarf über verschiedene Themen deutlich zu. Das belegen auch die Äußerungen der Journalisten in den Konferenzprotokollen. Nachdem die allgemeine Anfangseuphorie verflogen war, wurden Fragen der Versorgungs- und Ernährungslage angeschnitten. Mögliche Kriegsziele, die Erörterung des unbeschränkten U-Bootkrieges und die Siegesaussichten für eine Kriegsentscheidung im kommenden Jahr bestimmten nach über einem Jahr Kriegsdauer die Öffentlichkeit und

---

315 Koszyk, Kurt, *Deutsche Presse 1914-1945. Geschichte der deutschen Presse Teil III.* Abhandlungen und Materialien zur Publizistik, Bd 7, Berlin 1972, S. 20 ff.

316 Koszyk, *Pressepolitik*, S. 189.

317 Knesebeck, *Propagandafeldzug*, S. 62; Knesebeck bezieht dieses Zitat aus einem Bericht eines Korrespondenten der Magdeburger Zeitung vom 27.11.1915. Koszyk benutzt in verschiedenen Veröffentlichungen den Begriff "Instruktionsstunde". Der Verfasser kann dieser Definition nicht folgen, selbst wenn massive Versuche der Beeinflussung der Journalisten auch in so einem Tonfall vorgekommen sind. Der Begriff paßt weder zum Stil der Konferenzen noch zum Verhältnis der überwiegenden Mehrheit der Teilnehmer zueinander.

die Journalisten. Die Spannungen und die Unzufriedenheit waren auch in den Pressebesprechungen zu spüren[318].

Weil sich die Atmosphäre zwischen den Behörden und den Journalisten über die Jahreswende nicht besserte, die Diskussionen an Schärfe sogar noch zunahmen, sah sich Erhard Deutelmoser im Februar 1916 genötigt, im Rahmen einer Pressebesprechung diese Angelegenheit vorrangig zur Sprache zu bringen. Die Kritik an den Pressekonferenzen war symptomatisch für die Kritik am gesamten Presseapparat. Verschiedene Pressevertreter waren so weit gegangen, unter diesen Umständen den Sinn der Sitzungen überhaupt in Frage zu stellen[319].

Deutelmoser skizzierte die Geschichte der Entstehung der Konferenzen, um zu belegen, wie sich diese Einrichtung aufgrund der Ereignisse praktisch "aus dem nichts heraus" nahezu von selbst gebildet hatte. Weil die Notwendigkeit zu einer gemeinsamen Abstimmung von allen Beteiligten erkannt worden war, konnten sich die zu Anfang noch unverbindlichen und zwanglosen Treffen sehr zügig zu einem festen Bestandteil im regelmäßigen Kontakt zwischen den Behörden und den Vertretern der öffentlichen Meinung entwickeln. Wegen dieses sehr schnellen und fast automatischen Bedeutungszuwachses hätten sich auch langwierige Anfragen bei den großen Berufsorganisationen der Presse erübrigt. An ihrer Eingliederung in den offiziellen Apparat (OZ/KPrA) hätte es auch nichts geändert. Eine große Zeitersparnis für die Journalisten bei der Nachrichtenbeschaffung läge im gemeinsamen Auftreten der Behörden. Die volle Gleichmäßigkeit und Gerechtigkeit bei der Verteilung des Nachrichtenstoffes an die Pressevertreter wären ebenfalls gewährleistet worden. Stellvertretend für alle Behörden lobte er die allgemein hohe Zuverlässigkeit und Verschwiegenheit der Presse auf der Linie des Burgfriedens. Gelegentliche Indiskretionen wären unvermeidlich. Bei den während der Kriegsjahre bekannt gewordenen Fällen stellte sich zudem meistens noch heraus, daß die undichte Stelle bei solchen Meldungen nicht die Pressekonferenz gewesen war[320].

Interessant ist auch Deutelmosers Kennzeichnung des Charakters der Sitzungsatmosphäre und des Verhaltens der Teilnehmer untereinander. Der Umgang miteinander muß durch ein hohes

---

[318] BA, Potsdam, RK 2 441, "Große Protokolle"; vgl. dazu auch Kap. 3.5. Zur (Stimmungs-) Lage: Ritter, *Staatskunst und Kriegshandwerk*, S. 142 ff. Mai, *Ende des Kaiserreichs*, S. 70 ff.

[319] BA, Potsdam, RK 2 441, Protokoll vom 11.02.1916, S. 1 f. und die hier sehr ausführliche (Kurz-)Fassung der OZ: BA, MA, RM 3/v. 10 312 Aufzeichnungen der Pressebesprechung vom 11.02.1916, Nr. 98, S. 1 f.

[320] Ebd., S. 3 ff.

Maß an Verbindlichkeit gekennzeichnet gewesen sein. Höflicher Respekt und gegenseitige Achtung erwuchs auch aus der gemeinsamen Arbeit. Selten bestimmten persönliche Differenzen das Bild, die sachliche Auseinandersetzung - auch wenn sie mit entsprechender Vehemenz und Schärfe geführt wurde - stand im Vordergrund.

Stellvertretend für diese noch an anderen Stellen zu beobachtenden Einstellung können die Worte stehen, die der Vertreter des Admiralstabs in der Pressekonferenz, Kapitän Boy-Ed, bei seinem Abschied im August 1918 an die Konferenzteilnehmer richtete: "Wenn immer ich in diesen Saal trat, geschah es in dem Empfinden, in einen Kreis von Kollegen und Kameraden einzutreten, bei denen man sicher war, stets Unterstützung zu finden, und wenn diese aus sachlichen Meinungsverschiedenheiten nicht möglich war, so doch mit vollem Verständnis und nötigenfalls auch der Entschuldigung zu begegnen." Er gab der Hoffnung Ausdruck, daß der "Geist des gegenseitigen Sichverstehens und Verzeihens" auch ferner erhalten bliebe[321].

Das gute persönliche und kollegiale Verhältnis der Teilnehmer untereinander war außergewöhnlich. Es stand in einem gewissen Gegensatz zu den autoritären Machtstrukturen und den Arbeitsbedingungen, die durch die Zensurverordnungen oder andere Verfügungen bestimmt wurden. Innerhalb dieses Gremiums traten durchaus Meinungsverschiedenheiten zwischen den Behördenvertretern und den Journalisten zutage. Häufiger waren die Presseleute oder auch die Ressortsprecher untereinander nicht einer Meinung. Die überwiegende Mehrheit der Teilnehmer - ganz gleich ob Journalist oder Behördenvertreter - sah sich auf einer gemeinsamen Basis. Der Respekt vor der gegenseitig zu leistenden Arbeit verband zumeist über alle Interessengegensätze hinweg.

Von politisch 'rechts' stehenden Journalisten waren die Konferenzen mehrfach vorwurfsvoll als "Presseparlament" bezeichnet worden. Die Kennzeichnung war in einem gewissen Rahmen wohl zutreffender, als diesen Kreisen und vielleicht auch der offiziellen Seite lieb gewesen wäre, die solche Beschreibungen energisch zurückwiesen. Aber das natürliche Fragerecht und längere Statements der Journalisten erhöhten tatsächlich den Erwartungsdruck auf befriedigende Antworten durch die Ressortvertreter. Es wurde nicht alles beantwortet, aber aus den Reaktionen und dem Verhalten der Befragten ließen sich auch schon Erkenntnisse ableiten. Major Deutel-

---

321 Der Anlaß für die Äußerung Boy-Eds, auf diese ungewöhnliche Form der Zusammenarbeit besonders einzugehen, war sein Ausscheiden aus dem Kreis am 23.08.1918. BHStA, MKr 14 026 Nr. 404 vom 23.08.1918, S. 6. Vgl. MKr 14 027 Nr.407 vom 03.09.1918, S. 12: Dort bat der Vertreter des A.A. trotz harscher Kritik weiter um den üblichen "guten Ton".

moser wollte denn auch keinen Mangel an Vertrauen darin sehen, wenn "... die Vertreter der Behörden hier in diesem Kreise nicht immer alles sagen, was sie wissen." Streng geheime Angaben könnten mit Rücksicht auf die Erfordernisse des Krieges auch im engeren Kreise in Sondersitzungen nicht weitergegeben werden. Die Möglichkeiten und Spielräume der Berichterstattung in Friedens- und Kriegszeiten waren unterschiedlich groß. Nicht nur die Verleger und Journalisten spürten das ständig, auch der Chef des KPrA war sich dessen bewußt: "Die Presse ist unter dem Banne der Zensur, die wir alle für ein notwendiges Übel halten, nur in sehr beschränktem Maße das Ausdrucksmittel für die öffentliche Meinung[322]." Dennoch dürfe sich trotz der schwierigen Bedingungen keine Resignation breitmachen. Die im Verlauf des Krieges ständig gewachsenen Teilnehmerzahlen würden die Nützlichkeit der Konferenzen untermauern. Die wichtige Bedeutung der Sitzungen sei inzwischen auch dadurch für die Behörden ein Faktum. Das Interesse der amtlichen Stellen in der Provinz an den gedruckten Besprechungsergebnissen würde diese Einschätzung bestätigen. Ein Aufrechnen, wer nun jeweils stärker von der Durchführung der Pressebesprechungen profitierte, lehnte Deutelmoser ab. Die Konferenzen wären als festgefügte Einrichtungen so etabliert, daß ihr Fortbestehen - bei allen Schwierigkeiten - nicht ernsthaft in Frage gestellt werden könne. Oberstes Ziel aller Teilnehmer wäre, sich für das Wohl des Staates einzusetzen. Für das Bestehen und den Erfolg in diesem Kriege wolle man gemeinsam kämpfen. Deutelmoser hob die Vorteile, die beide Seiten von den Veranstaltungen hätten, noch einmal hervor und schloß seine Ausführungen mit der Feststellung: "Wir brauchen uns gegenseitig, und das Vaterland braucht uns alle miteinander[323]." Lebhafter Beifall der Konferenzmitglieder bürgte für eine breite Zustimmung.

Für die Pressevertreter und den Ausschuß ergriff danach Georg Bernhard das Wort. Er war sehr dankbar, daß mit der Skizzierung der Entstehungsgeschichte der Konferenzen andere Versionen endlich eindeutig als "Legenden" entlarvt seien. Die Sitzungen wären eine "notwendige

---

322 BA, Potsdam, RK 2 441, Protokoll vom 11.02.1916, S. 4 ff. und BA, MA, RM 3/v. 10 312 Nr. 98, S. 1 f.

323 Ebd., S. 5. In einem Schreiben des O.K.M. vom 09.07.1915 an Georg Bernhard äußert sich die Behörde entsprechend: "Die Presse-Konferenz im Reichstage ist ohne allen Zweifel als eine gemeinsame Veranstaltung wichtiger Zentralbehörden des Deutschen Reiches, des Oberkommandos in den Marken und der Vertreter deutscher Zeitungen aufzufassen, und auch der Zweck, bedeutsame vaterländische Interessen während des Krieges in gemeinsamer Arbeit zu fördern, ist richtig gekennzeichnet." BA, MA, RM 3/v. 10 304, Pressesitzungen von August 1914 bis Juli 1916.

Arbeitsgemeinschaft zu vaterländischen Zwecken", und außerdem hätte der dort herrschende verbindliche Ton nichts mit einer "Preisgabe von Überzeugungen" zu tun[324].

Das Verhältnis der Sitzungsteilnehmer zu den Behördenvertretern war offensichtlich grundsätzlich von gegenseitigem Respekt getragen. Das Burgfriedenprinzip sollte keinesfalls durch die Presse in Zweifel gezogen werden. In dem Bewußtsein um die zwingende Notwendigkeit eines Arrangements unter den gegebenen Umständen ist das Zustandekommen dieser Pressekonferenzen erklärbar. Deswegen entzogen sie sich auch in Form und Inhalt einer Reglementierung, wie sie in den Zeitungen durch die Zensur vorgenommen werden konnte. Die persönliche Integrität und die Fachkompetenz Erhard Deutelmosers hat das Verhältnis der offiziellen Seite zu den Pressevertretern sicher zusätzlich positiv beeinflußt. Die Journalisten waren zu Zugeständnissen bereit, boten ihre Hilfe für das Vaterland an. Sie setzten ihre Reputation, die durch den Krieg schon gelitten hatte, dafür aufs Spiel. Die Anfangseuphorie in der Bevölkerung war längst abgeflaut. Man hatte mit Versorgungsproblemen und nachlassender Stimmung zu kämpfen.

In Erwartung eines erfolgreichen Kriegsjahres 1916 sollten nun mehr Informationen nach außen dringen. Die Kriegsleitung schien analog zur Verdun - Planung auch eine offensivere Pressestrategie verfolgen zu wollen.

Auch die zivile Reichsleitung wurde aktiv, um ihren Kontakt zu den Journalisten zu verbessern. Der Pressedienst im R.d.I. unter Magnus von Braun wurde am 1. März 1916 zu einer Nachrichtenstelle ausgebaut. In der wenige Tage danach ergangenen Verfügung heißt es u.a.: "Schriftliche oder mündliche, auch telephonische Mitteilungen an die Presse erfolgen ausschließlich durch die Nachrichtenstelle. Den Herren Unterstaatssekretären und Abteilungsdirigenten bleibt unmittelbare Auskunftserteilung vorbehalten, doch wird gebeten, die Nachrichtenstelle in jedem einzelnen Falle nachträglich hiervon zu verständigen. Den übrigen Beamten ist jeder mündliche oder schriftliche Verkehr mit der Presse untersagt ... Vertreter der Nachrichtenstelle müssen vor allem immer über die Dinge Bescheid wissen, die sich nicht zur Weitergabe an die Presse eignen[325]."

---

324 BA, Potsdam, RK 2 441, Protokoll vom 11.02.1916, S. 8 ff.; diese Stellungnahme ist in dem OZ Protokoll nicht mehr enthalten!

325 BA, Potsdam, R.d.I. 14 210 und 14 442/1: Die Nachrichtenstelle im Reichsamt des Innern, Verfügung von Staatssekretär Delbrück vom 06.03.1916, hier Punkt 5 und 6, Dok. 72.

In einer Stellungnahme des R.d.I. wurde wenige Tage später ausführlich auf die neue Organisationsstruktur der Nachrichtenabteilung eingegangen. Die Gründe für die Veränderungen und Erweiterung dieser Abteilung lagen in den gestiegenen Anforderungen an die Regierung, die stärker ihrer Leitfunktion gerecht werden mußte. Der notwendige Rückhalt in der öffentlichen Meinung müsse hergestellt werden und dies ginge nur über ein "planmäßiges Bearbeiten" der Presse. Das Verständnis für die Maßnahmen und die Politik der Regierung sollte in den Redaktionen geschaffen werden, nur so wäre eine ausreichende Verbreitung der Meldungen zu erreichen, die im übrigen nicht zwangsläufig deren unkritische Billigung voraussetzten. Auch die Regierung sei gehalten, "Reklame für's Geschäft" zu machen, denn "Klappern gehöre zum Handwerk"[326]. Dazu seien allerdings genaue Kenntnisse über die Personen und die Zeitungen unabdingbar. Nach der klassischen Methode (*Was* wurde *wo* von *wem* geschrieben?) sollte eine Charakterisierung der Blätter und der Journalisten möglich sein. Entsprechende Recherchen wären durchzuführen und festzuhalten. Die persönliche Fühlungnahme mit den Journalisten sei ausdrücklich erwünscht. Nur gewachsene Vertrauensverhältnisse ermöglichten ein enges Zusammenarbeiten zum gegenseitigen Vorteil. Diese Form der Kooperation schloß ausdrücklich den - bereits bestehenden - engen Kontakt mit den Pressestellen der anderen Behörden mit ein[327]. Die Auskunftsberechtigung innerhalb der Nachrichtenabteilung sollte auf eine kleine Zahl von kompetenten Personen beschränkt bleiben, um vor der Presse ein einheitliches Bild abzugeben. Für die praktische Arbeit wurde eine Reform des Lese- und Archivierungsdienstes vorgenommen, der in Zukunft einen schnelleren und direkteren Zugriff auf die gewünschten Informationen ermöglichte. Der Leiter der Nachrichtenstelle mußte stets aktuell unterrichtet sein. Er bemühte sich um den fortdauernden Kontakt zu den zuständigen Personen im eigenen Hause, bei den anderen Ressorts und bei der Presse[328].

Offensichtlich waren sowohl die militärische als auch die zivile Reichsleitung davon überzeugt, daß der "Draht zur Presse" aktiver und effizienter als bisher genutzt werden müßte. Das "Gegenseitigkeitsprinzip" sollte hervorgehoben werden, um das Interesse an einer gemeinsamen Basis zu wecken. Von einer professionelleren und gezielteren Zusammenarbeit mit der Presse

---

[326] BA, Potsdam, R.d.I. 14 442/1, 12-seitiger Organisationsplan der Nachrichtenstelle vom März 1916, Dok. 75-86, hier S. 2 ff.

[327] Ebd., S. 6 ff.

[328] Ebd., S. 12.

versprachen sich die Ressorts auch einen stärkeren Effekt ihrer eigenen Bemühungen, auf die öffentliche Meinung Einfluß nehmen zu können. Die grundsätzliche Bereitschaft, mehr Informationen als bisher zu geben, bedeutete allerdings nicht, daß sich von der Qualität her schlagartig für die Pressevertreter wesentliche Verbesserungen ergeben hätten. Die Öffnung und Ausweitung der Kontakte vollzog sich eher in kleinen Schritten.

Kennzeichnend für eine sich zunehmend entspannende Atmosphäre war auch die Diskussion über mögliche Lockerungen der Zensur. Im Zuge der Budgetdiskussionen im preußischen Herrenhaus waren ähnlich wie im Reichstag erwartungsgemäß auch Zensurthemen zur Sprache gekommen. Zwischen dem preußischen Innenministerium und dem R.d.I. wurden im März 1916 bezüglich einer besseren Handhabung der Zensur Überlegungen ausgetauscht. Das betraf in erster Linie den Spielraum für die Abschaffung überflüssig gewordener Zensurverfügungen, über die man recht schnell Einigkeit erzielte.

Was die Erörterung der Kriegsziele anging, die ein Grundsatzproblem in der Zensurfrage darstellten, so gingen die Meinungen Loebells und Delbrücks vor allem über die unabhängige Ausübung der erforderlichen Kontrollen auseinander. Loebell schwebte vor, diese Funktion einer Zensurstelle für Fragen der Kriegszielerörterungen in Berlin zu überlassen, die dann entsprechend mit den Militärbefehlshabern zusammengearbeitet hätte. Delbrück hielt dem entgegen, daß die Zensur eine Maßnahme bleiben müsse, die lediglich aus militärischen Gründen ausgeübt werde. Die Zivilbehörden dürften nicht in die Verantwortung für Entscheidungen gedrängt werden, die letztlich in den Händen der Militärbehörden läge[329]. Die Schwierigkeiten, ja die Unmöglichkeit einer exakten Trennung von militärischen und politischen Themen oder von Themen, die von so staatstragendem Interesse seien, daß erneut Rückwirkungen auf militärische Entscheidungen zu befürchten waren, wurden hier zum wiederholten Male offengelegt, ohne daß sich eine befriedigende Lösung abgezeichnet hätte. Das KM sprach sich ebenfalls gegen eine Milderung der Zensurbestimmungen in der Kriegszielfrage aus. Eine separate Zensurstelle würde zudem das persönliche Anordnungsrecht der Militärbefehlshaber unzulässig beschränken und wäre schon von daher abzulehnen. Erleichterungen und Verbesserungen im Zensurbereich würden durch eine sorgfältige Beachtung der Richtlinien möglich, die den Zensurstellen von den Zentralbehörden durch Vermittlung der OZ zugingen und auf deren

[329] BA, Potsdam, RK 2 437/9, Schreiben Loebells vom 19.03.1916, Antwort Delbrücks vom 25.03.1916 und Stellungnahme Wandels vom 27.03.1916.

Berücksichtigung die Befehlshaber mit Nachdruck hingewiesen worden seien (unbeschadet ihrer persönlichen Verantwortlichkeit)[330].

Das Bemühen um eine für alle Seiten praktikable und akzeptable Handhabung der Einfluß–möglichkeiten auf die öffentliche Meinung war auch auf einem ganz anderen Feld unverkennbar. Zu einem großen Problem hatte sich schon während des Jahres 1915 die Ernährungsfrage entwickelt. Schwierigkeiten und Engpässe in der Lebensmittelversorgung waren vor der Bevölkerung nicht geheimzuhalten. Die zunehmende Unzufriedenheit wurde durch die Ungleichheit bei der Verteilung der Belastungen zusätzlich geschürt. Spannungen konnten nicht ausbleiben, die Unruhe und der Protest in der Bevölkerung artikulierte sich im Frühjahr 1916 in Straßenkundgebungen und ersten Streiks. Obwohl die Regierung bereits Maßnahmen ergriffen hatte, fehlte es an einer "einheitlichen Organisation des gesamten Bewirtschaftungssystems"[331]. Um zu verhindern, daß der spürbar zunehmende Druck sich weiter nachteilig auf die innere Geschlossenheit des Volkes auswirken würde, war die Einrichtung einer solchen Institution schnellstens geboten. Offen blieb nur die Frage, ob ihre Leitung in militärische oder zivile Hände gelegt werden sollte. Auf Beschluß des Bundesrates wurde dann am 22. Mai 1916 das Kriegsernährungsamt (K.E.A.) gegründet. Alle bestehenden Kriegsgesellschaften für Einzelprodukte wurden darin eingegliedert. An die Spitze wurde der ostpreußische Oberpräsident Freiherr von Batocki berufen, dem Führungsbeirat gehörten für das Militär General Wilhelm Groener, für die Gewerkschaften Adam Stegerwald und für die Sozialdemokraten Dr. August Müller an. Die Pläne zu einem von der OHL gelenkten Instrument mit Groener an erster Stelle hatten sich zerschlagen. Selbst das KM legte Wert auf eine zivile Leitung, und Groeners Pläne, vom K.E.A. aus entsprechende Weisungsbefugnisse gegenüber den Stellvertretenden Generalkommandos zu erhalten, stießen dort keineswegs auf Gegenliebe. Damit zeigte sich, daß auch das K.E.A. bei seiner Arbeit mit den föderalistischen Strukturen des Reiches zu kämpfen haben würde. Es war auf die Zusammenarbeit mit den Länderbehörden angewiesen, die jedoch um der eigenen Machterhaltung willen einer zunehmenden Zentralisierung und Machtkonzentration in Berlin skeptisch gegenüberstanden. Die Vollmachten des K.E.A. waren nicht groß genug, um die hochgesteckten Erwartungen in der Öffentlichkeit nach Sicherung der Lebensmit-

---

[330] BA, Potsdam, RK 2 437/10, Schreiben Wandels vom 08.04.1916.

[331] Kielmansegg, *Weltkrieg*, S. 177.

telversorgung und nach mehr Verteilungsgerechtigkeit vollständig erfüllen zu können. Die Pläne Batockis, den Ausbau des K.E.A. zu einem Reichsamt für Ernährung, wurden nicht verwirklicht. Eine Stärkung erfuhr das Amt immerhin durch die im Jahre 1917 erfolgte Berufung eines preußischen Ernährungskommissars. Auf diese Weise ist es jedenfalls gelungen, die preußischen Partikularinteressen zurückzudrängen[332].

Das K.E.A. besaß eine eigene Pressestelle und war fortan auch ständig mit einem Vertreter auf den Pressekonferenzen präsent. Seine Kompetenzen waren allerdings in ähnlicher Weise wie die des KPrA gegenüber den Stellvertretenden Generalkommandos eingeschränkt. Die Einrichtung des Amtes wurde sowohl von ziviler als auch von militärischer Seite als notwendig erachtet, weil eine zunehmende Verschlechterung der Stimmung im Inneren die erfolgreiche Fortsetzung des Krieges in ernsthafte Gefahr hätte bringen können. Doch zu einer konsequenten inneren Umstrukturierung der Befugnisse kam es bis zum Kriegsende nicht. Das K.E.A. hat innerhalb seiner Möglichkeiten und seiner Macht verhindert, daß aus den Nöten einer zunehmend schwierigen Ernährungslage eine echte Hungerkatastrophe geworden ist. Die Versorgungslage blieb zwar auf der Tagesordnung der innenpolitischen Themen, die gefährlichen Zündstoff enthielten, fast zwangsläufig ständig präsent; doch auseinandergebrochen ist die innere Einheit des deutschen Reiches an dieser Frage nicht. Die Blockade der Entente war allgegenwärtig und nicht zu beseitigen. Der Regierung blieb nur wenig Spielraum für eine Politik des permanenten Krisenmanagements auf dem Ernährungssektor. Dies geschah dann - soweit es möglich war - nach dem Prinzip, alle Verbraucher mit den Grundnahrungsmitteln zu versorgen. Auch das K.E.A. hat es dabei von sich aus nicht vermocht, die verkrusteten Strukturen zu überwinden[333]. Insoweit bestehen interessante Parallelen zwischen der Arbeit des KPrA und der des K.E.A., auch wenn die eine Behörde unter militärischer und die andere unter ziviler Leitung stand. Beide Stellen können als Produkt des Krieges gelten, denn über die Notwendigkeit ihrer Einrichtung bestand prinzipiell Einigkeit zwischen der Reichsleitung und der OHL. Unter fehlender Richtlinienkompetenz hatten beide Ämter zu leiden. Der Ausbau zu einer Reichsbehörde blieb ihnen verwehrt. Dennoch gelang in beiden Fällen eine gewisse Kompensation der Probleme auf

---

[332] Feldmann, Gerald D., *Army, Industry and Labor in Germany*, The Legacy of the Great War, hrsg. von Jay Winter, Providence/Oxford 1992, S. 110 ff. Zuerst publiziert in Princeton 1966. Skalweit, August, *Die Deutsche Kriegsernährungswirtschaft*, Stuttgart 1927, S. 180 ff. Auch bei Kielmansegg, *Weltkrieg*, S. 178 ff.

[333] Feldmann, *Army, Industry, Labor*, S. 113 f.; Kielmansegg, *Weltkrieg*, S. 182 und Mai, *Ende des Kaiserreichs*, S. 91 ff.

dem jeweiligen Sektor. Ihre Arbeit half während des Krieges entscheidend mit, strukturelle Schwächen innerhalb der Verfassung zu überbrücken. Die Versuche, nach Gründung des K.E.A. auch die Schwierigkeiten der Ernährungsfragen für die Behandlung in der Öffentlichkeit präsenter zu machen, passen zu einer Tendenz der ersten Jahreshälfte 1916: dem Druck der öffentlichen Meinung in Teilbereichen entgegenzukommen, ohne jedoch an einer Grundhaltung gegenüber der Presse etwas zu ändern.

3.5. Macht und Ohnmacht der Journalisten zur Jahreswende 1915/16

Die Situation zur Jahreswende 1915/16 wurde von der Erkenntnis bestimmt, daß das Ende des erwarteten kurze Krieges schon sehr lange auf sich warten ließ. Trotz aller Erfolgsmeldungen von den Fronten saßen die Kriegsparteien an der Westfront im Stellungskrieg fest. Im Osten und auf dem Balkan waren die Gebiete, um die gekämpft wurde, zu groß, um eine baldige Entscheidung wahrscheinlich zu machen. Die Versorgungslage hätte zwar besser sein können, sie war aber im Vergleich zu den kommenden Wintern ("Kohlrübenwinter" 1916/17) durchaus stabil. Der Burgfrieden war durch die innerparteilichen Kämpfe der Sozialdemokraten nicht mehr ganz so fest wie zuvor. Die Frage der Kriegsziele wurde zwischen den Parteiflügeln wieder verschärft diskutiert und die Alternative eines 'Friedens ohne Annexionen' offen gefordert. Mit der Zustimmung oder Ablehnung der Kriegskredite dokumentierten die Abgeordneten ihre Haltung in dieser Frage. Doch konnten diese Anzeichen von Kritik an der Linie der Fraktion noch lange keinen mehrheitlichen Einstellungswandel weder in der eigenen Partei noch außerhalb der Sozialdemokratie bewirken. Dies waren aber eindeutige Signale einer langsam wachsenden Unzufriedenheit mit der aktuellen Kriegslage, an die sich auch eine gehörige Portion Skepsis über mögliche Entwicklungen und den längerfristige Folgen dieses Konflikte anschlossen[334]. Ein weiterer bedeutender innenpolitischer Streitpunkt war die Frage nach dem unbeschränkten Einsatz der U-Boote. Von diesen unterschiedlichen Auffassungen innerhalb des Reichstages war allerdings auf den Pressekonferenzen kaum etwas zu spüren. Die Stimmung-

[334] Nipperdey, *Deutsche Geschichte*, Bd 2, S. 784 f.

slage hinsichtlich des kommenden Kriegsjahres war von überwiegend positiven Erwartungen in der Hoffnung auf eine erfolgreiche Beendigung des Krieges erfüllt[335].

Die Journalisten hatten ihr eigenes zentrales Thema während der Wintersitzungen. Es betraf ihre eigenen Arbeitsverhältnisse und die in ihrem nächsten Umfeld. Während der Konferenzen gelang es ihnen immer wieder, diesen Punkt ins Zentrum der Diskussionen zu rücken. Auch die Zensurhandhabung bot wieder einmal Anlaß zur Klage.

Das Vertrauen zwischen den Pressevertretern und den Behörden schied sich häufig an der Frage, welche Meldungen zensurpflichtig seien und welche nicht. Der 'Berliner Lokalanzeiger' wurde wegen eines Artikels über die Demissionierung des griechischen Generalstabschefs am 20. Dezember 1915 verboten. An diesem Verbot des Oberkommandos entzündete sich eine heftige Grundsatzdiskussion, die exemplarisch die schwierige Arbeitssituation der Journalisten skizziert. Interessant ist hierbei jedoch, daß bei aller sachlichen Schärfe des Streits doch stets ein sehr verbindlicher Ton gewählt wurde. Der respektvolle Umgang miteinander wurde auch während dieser Auseinandersetzungen gepflegt[336].

Die Journalisten warfen in dem erwähnten Beispiel der Zensurstelle vor, selber gegen geltende Vereinbarungen verstoßen zu haben, da militärische Meldungen aus neutralen Ländern nicht zensurpflichtig seien. Ein Verbot der Zeitung stelle eine völlig überzogene Reaktion dar. Eine solche einschneidende Maßnahme sei eine Ausnahme und nur bei wiederholten, gravierenden Verletzungen der Bestimmungen zu verantworten. Die insgesamt negative Wirkung in der Öffentlichkeit wäre außerdem einzukalkulieren. Die OZ rechtfertigte das Vorgehen als "Grenzfall, der militärische Interessen weitgehend berühre". Die ausführliche Begründung fand wenig positive Resonanz bei den Journalisten. Die Argumentationslinie der Behörde verschärfte sich: "Wir wollen diesen Krieg gewinnen und alles, was in der Presse diesen Erfolg verkleinern oder in Frage stellen könnte, durch die Zensur bekämpfen und nötigenfalls unterdrücken." Mäßigend erwähnte Major Olberg, daß den Behörden trotz einiger Reibungen an dem weiteren Ausbau des Vertrauensverhältnisses gelegen sei. Schließlich "ziehen wir alle an einem Strang", nur die gemeinsame Arbeit führe zu dem Ziel, welches alle Seiten erreichen möchten[337]. Die

---

[335] Zur Lagebeurteilung: Ritter, *Staatskunst und Kriegshandwerk*, S. 191 ff., Mai, *Ende des Kaiserreichs*, S. 72 ff., Nipperdey, *Deutsche Geschichte*, Bd 2, S. 768 f. und S. 775.

[336] Vgl. dazu Kap. 3.4.

[337] BA, Potsdam, RK 2 441, Nr. 78 vom 22.12.1915, S. 4 ff.

Pressevertreter äußerten ihr Unverständnis über diese Maßnahme. Es stellte sich heraus, daß der Zensor des ersten Telegramms mit der Meldung aus Griechenland in den Nachmittagsstunden von einem Kollegen abgelöst worden war. Die nachfolgenden Telegramme erschienen dem Kollegen in der Zensurstelle nicht für eine Weiterverbreitung geeignet. Die Redaktion des 'Lokal-Anzeigers' ahnte dies zu jenem Zeitpunkt nicht und sah von sich aus keinen Bedarf, sich in dieser Angelegenheit noch einmal mit dem Oberkommando oder der OZ in Verbindung zu setzen. Der Chefredakteur des Blattes, Goldschmidt, faßte seine sehr differenzierte und schlüssige Argumentationslinie gegen das erfolgte Verbot mit der Bemerkung zusammen: "Die Behörden haben das Recht dafür zu sorgen, daß sie Recht behalten, aber sie sollten doch eingedenk sein, daß sie deswegen noch lange nicht immer Recht haben[338]."

Aus diesem Streitfall erwuchs weiterer Widerspruch gegen eine Angewohnheit der OZ, die Verbreitung von Nachrichten als "unerwünscht" zu kennzeichnen. Dies bedeute in manchen Fällen ein Verbot, in manchen auch wieder nicht. Die Pressevertreter forderten eine eindeutige Abgrenzung. Für den Presse-Ausschuß wurde Georg Bernhard noch deutlicher: "Wie jedes Unrecht hat auch das Zensurunrecht seine Grenzen. Niemand kann mir verbieten, etwas zu besprechen, wenn die Besprechung nichts enthält, was unter die Verbote fällt. Das lasse ich mir weder von Kollegen noch von einer Behörde gefallen[339]." Neben weiterer Kritik an der OZ, deren übertriebene Zensurvorgaben an die Provinzblätter für weitere Mißstimmung gesorgt hatten, war nun das Oberkommando zu einer Stellungnahme herausgefordert worden[340]. Hauptmann von Vietsch wies für das O.K.M. in seinem Statement noch einmal auf alle hinlänglich bekannten Rechtsgrundlagen hin, ohne daß er damit den Widerspruch des Journalistenkreises herausgefordert hätte. Prinzipiell teilten die Anwesenden seine Kennzeichnung der Rechtsgrundlage. Bernhard hielt den Zustand insgesamt zwar "für ein rechtlich sanktioniertes Unrecht", bestritt jedoch nicht die formellen Anrechte der Behörden auf entsprechende Regelungen. Das Problem war grundsätzlicher Natur, und bezüglich des Sachverhaltes hatte das Oberkommando gegen ein in eineinhalb Jahren der Zusammenarbeit in den Pressekonferenzen

---

[338] Ebd., S. 10 f.

[339] BA, Potsdam, RK 2 441, Nr. 79 vom 29.12.1915, S. 8.

[340] Der Pressevertreter Eisele ("Kölnische Volkszeitung") überspitzte die Vorwürfe an die OZ mit der Bemerkung: "Es ist bald soweit, daß man überhaupt nichts mehr schreiben kann!" RK 2 441, Nr. 80 vom 31.12.1915, S. 8.

gewachsenes "Gewohnheitsrecht" verstoßen. Durch die Besprechungen wären, so argumentierte Bernhard, "... die zu beachtenden Normen durch Gebrauch festgestellt und sanktioniert worden." Hinter den auf den Konferenzen vertretenen Behörden stehe für die Journalisten unmittelbar die OHL und die Regierung. Wenn das Oberkommando oder die OZ von bisherigen Übereinkünften willkürlich abweichen und sogar zu der unbegreiflichen Maßnahme eines Verbotes greifen, so wäre das Vertrauen in die Verhandlungen und damit auch in ihre Zweckmäßigkeit tief erschüttert. Gerade in Zweifelsfällen müsse mit mehr Sensibilität und Fingerspitzengefühl vorgegangen werden[341].

Es gelang nur mühsam, die Affäre um den 'Lokal-Anzeiger' beizulegen. Immerhin erzielten der Presse-Ausschuß und KPrA-Chef Deutelmoser Einigkeit darüber, daß - wenn auch nicht absichtlich - gegen den Sinn geltender Bestimmungen verstoßen worden sei. Das Verbot mit seiner vor allem im Ausland sehr schädlichen Wirkung erkannte auch Deutelmoser als nicht unbedingt erwünschte Maßnahme an. Er ging allerdings nicht so weit, die Möglichkeit in Aussicht zu stellen, solche Sonderfälle durch entsprechende Verfügungen der OHL oder des KPrA für die Zukunft ausschließen zu können[342].

Die Journalisten befanden sich in einem ständigen Kampf mit den Zensurbestimmungen. Doch hegten sie die Hoffnung, über die Konferenzen zu einem vernünftigen Arrangement mit den Behörden zu kommen. In gewisser Weise waren sie damit auch erfolgreich, in letzter Konsequenz gaben sie sich aber auch einer Selbsttäuschung hin. Die Notwendigkeiten einer Art Kriegsrecht auch für die Presse wurden von den Journalisten - wenn auch unter Protest - akzeptiert. Sie waren bereit, zum Wohle ihres Vaterlandes zu berichten und ihren Beitrag auf dem Weg zum Sieg zu leisten. Sie glaubten an einen Erfolg des Deutschen Reiches. Es lag in ihrem Interesse, sich den Umständen anzupassen und in gemeinsamer Arbeit mit den Behörden für sich den gröẞtmöglichsten Freiraum zu erstreiten. Das gelang durchaus erfolgreich, denn auch der Exekutive war an der Zusammenarbeit gelegen. Die Macht der Journalisten lag in ihrer Gemeinschaft begründet. Auch ihnen war es zu verdanken, daß die Pressekonferenzen zu einer festen Einrichtung wurden, über die niemand so einfach hinweggehen konnte. Das "Presseparlament" war ein Forum für Informationen und zugleich eine Bühne für interessante

---

[341] BA, Potsdam, RK 2 441, Nr. 81 vom 03.01.1916, S. 6 ff.

[342] BA, Potsdam, RK 2 441, Nr. 82 vom 05.01.1916, S. 14 ff.

journalistische Statements, deren Niveau und Inhalte häufig die Beiträge der Behördenvertreter übertrafen. An ihre Grenzen stießen die Teilnehmer der Zeitungen immer dann, wenn sie - wie in dem beschriebenen Beispiel - letztlich nur mit mäßigem Erfolg gegen behördliche Maßnahmen Protest erhoben. Die durch militärische Notwendigkeiten begründete Phalanx der Bestimmungen und ihre restriktive Interpretation durch die - Dank der Verfassung mit viel Macht ausgestatteten - Generalkommandos und deren Zensurstellen war im Prinzip nicht zu durchbrechen. Die Ohnmacht der Journalisten lag darin, daß sie sich in letzter Konsequenz nur in einem begrenzten Rahmen arrangieren konnten. Sie wünschten sich mehr Vertrauen und mehr Freiheiten und hörten nicht auf sich darum zu bemühen. Die Behörden versäumten es, diese Offerte angemessen zu nutzen. Die Möglichkeiten, die in den Pressebesprechungen lagen, wurden so von beiden Seiten nur unzureichend genutzt. Die Pressevertreter hätten nur dann ihre Auffassung einer echten partnerschaftlichen Zusammenarbeit durchsetzen können, wenn die Behörden diese wirklich gewollt hätten. Trotz alledem ist der Charakter der Berliner Pressekonferenzen vielschichtiger, lebhafter, kritischer und weit interessanter, als das Koszyk bisher angenommen hatte[343]. Viele Dinge des journalistischen Tagesgeschäftes konnten auf diesem Forum bearbeitet werden. Es herrschte ein enger, häufig persönlicher Kontakt zwischen den Teilnehmern und den Vertretern der Behörden. Der gemeinsame Arbeitsstil war in der Regel sehr konstruktiv. Der Anspruch der Behörden auf eine in ihrem Sinne wohlwollende Behandlung der von ihnen präsentierten Meldungen konkurrierte mit der Absicht der Pressevertreter, ihre Aufgabe so gewissenhaft und unabhängig wie möglich wahrzunehmen.

Die Pressekonferenzen waren ein sehr fortschrittliches Instrument der Pressepolitik, das jedoch nicht angemessen zur Entfaltung gebracht wurde. Auf der anderen Seite waren den Entwicklungsmöglichkeiten dieses Forums innerhalb der Verfassung und der gesellschaftlichen Bedingungen des Kaiserreiches auch Grenzen gesetzt, die nicht so ohne weiteres zu überwinden waren. Auf Seiten der Exekutive gab es - von wenigen Ausnahmen wie Deutelmoser oder später Haeften abgesehen - niemand, der das große Potential der 'vierten Gewalt' erkannte und dann auch angemessen eingesetzt hat. Es fehlte an politischen Leitideen und den entsprechenden Führungspersönlichkeiten, die in der Lage gewesen wären, einen solchen Transformationsprozeß zu leisten. Deswegen 'verzettelten' sich die Pressevertreter auch in einer Vielzahl von Diskussionen, ohne dabei wesentliche Fortschritte erzielen zu können.

---

343 Vgl. Koszyk, *Pressepolitik*, S. 186 ff.

4. Die Zuspitzung der Kriegslage bewirkt eine Verschärfung der Auseinandersetzungen um die Pressepolitik

4.1. Weitere Aufklärungsinitiativen und die Gründung der Militärischen Stelle des Auswärtigen Amtes (MAA)

Am 21. Februar 1916 begann der deutsche Angriff auf Verdun. Der deutsche Generalstabschef Erich von Falkenhayn war trotz der wetterbedingten Verzögerung von neun Tagen, die den Franzosen wertvolle Zeit zur Verstärkung ihrer eigenen Kräfte geschaffen hatte, zuversichtlich, daβ seine Armeen aus dieser von ihm kontrollierten Materialschlacht mit entscheidenden Vorteilen herausgehen würden. Von einer "Periode von Operationen" im Westen war unmittelbar vor Beginn des Angriffs die Rede gewesen, so daβ auch noch andere schwere Kämpfe im Laufe des Jahres zu erwarten waren. Während seine Armeeführer die Eroberung der Festung als oberstes Ziel ansahen, beabsichtigte Falkenhayn, die französische Armee an dieser Stelle zu Truppenkonzentrationen zu zwingen, damit er an anderen Stellen der Westfront mit überlegenen operativen Möglichkeiten ein Aufbrechen des Stellungskrieges erreichen konnte. Nach anfänglichen Erfolgen, die allerdings schon unter hohen Verlusten erkämpft worden waren, geriet der Angriff ins Stocken. Für Falkenhayn wurde Verdun zum Trauma. Er 'verbiβ' sich während der kommenden Monate in die Schlacht. Er schätzte sowohl die Widerstandskraft der Franzosen als auch die Reaktionsbereitschaft der Engländer, unter dem Eindruck dieser Kämpfe eher zu einem überhasteten Gegenangriff anzusetzen, falsch ein[344].

Falkenhayn hatte zu Beginn des Jahres 1916 während der Planungen der Verdunoffensive ein überraschend groβes Interesse am parallelen Einsatz der U-Boot Waffe gegen England gezeigt. Bis zum Jahresende 1915 galt er wie der Reichskanzler als Gegner des unbeschränkten U-Bootkrieges. Die neutrale Haltung der USA wäre bei einem rücksichtslosen Einsatz der U-Boote stark gefährdet worden[345].

Schon im Vorfeld der groβen Offensive in Frankreich hatten sich am 1. Februar 1916 auch Deutelmoser und Hamman über diesen wichtigen Punkt unterhalten. Die grundsätzliche Frage

---

[344] Janβen, *Kanzler und General*, S. 181 ff.

[345] Mai, *Ende des Kaiserreichs*, S. 76 ff.

war dabei, ob man der Marine glauben könne und ob sie tatsächlich in der Lage sei, England auf die Knie zu zwingen. Auch innerhalb der Marine, die seit Kriegsbeginn einiges von ihrer Überzeugungskraft eingebüßt hatte, waren die Ansichten über die Verschärfung des U-Bootkrieges durchaus geteilt. Dennoch hat es zu diesem Zeitpunkt einen Beschluß gegeben, daß die Verschärfung bis zum 1. März vorzubereiten sei, ohne damit direkt ein Inkrafttreten zu verbinden[346]. Freiherr von Mumm und Erzberger äußerten ebenfalls ihre Skepsis bezüglich eines erfolgreichen Einsatzes der U-Bootwaffe. Die Nachteile eines möglichen amerikanischen Kriegseintritts wurden in jedem Fall höher bewertet[347]. Am 26. und 27. Februar sondierte Kapitän z.S. Widenmann, der Chef von N, die Haltung Deutelmosers und Nicolais zur U-Bootfrage und wies auf die Wichtigkeit einer einheitlichen Linie hin. Man solle doch "gegenseitig die Karten aufdecken". Der Admiralstab sei für eine Verschärfung, das A.A. dagegen, und der Kaiser wolle Falkenhayn die Entscheidung überlassen, argumentierte Widenmann. Deutelmoser vermerkte im Anschluß an die Gespräche, daß die Abteilung N aus dem Gr.H.Qu. offensichtlich besser unterrichtet werde als er[348].

Am 1. März erörterten Deutelmoser und Hamman den Stand der Dinge. Für Hamman stand außer Frage, daß Bethmann Hollweg zurücktreten werde, wenn eine Entscheidung gegen ihn falle. Die Konsequenz aus der Regierungsdenkschrift des Reichskanzlers war für Hamman gegebenenfalls eine neue Zensurverfügung, die Hetzartikel zur Befürwortung bestimmter Kriegsmaßnahmen unterdrücken helfe. Deutelmoser verwies auf die strikten Anwendungsmöglichkeiten der letzten Richtlinien. "Damit höre das alleinige Zensurrecht des RMA auf." Die Zensurbehörden müßten nur verpflichtet werden, sich alle Artikel über den U-Bootkrieg auch vorlegen zu lassen, damit das RMA nicht "unter der Decke" arbeiten könne[349].

Am Nachmittag des selben Tages suchte Deutelmoser im Admiralstab Admiral von Holtzendorff auf, zu dem er nicht nur auf der Amtsebene, sondern auch aufgrund vertrauter persönlicher Beziehungen ein gutes Verhältnis hatte. "Holtzendorff ließ durchblicken, daß er mit dem Kanzler einig sei. Es komme ihm nun auf die richtige Behandlung der Sache in der Presse an.

---

[346] Deutelmoser, *Tagebücher*, Heft II, S. 126 f. und S. 129 f.

[347] Ebd., S. 145 (13.02.1916) und S. 148 (25.02.1916). Erzberger äußerte sich während eines Abendessens in Botschafterkreisen eindeutig: "Die Öffentlichkeit ist über den U-Bootkrieg im Irrtum!", S. 149.

[348] Ebd., S. 149-155.

[349] Ebd., Besprechung mit Hamman vom 01.03.1916, S. 157 f.

Auf das Nachrichtenbüro des RMA sei er ohne jeden Einfluß, obgleich es ihm an sich ja mit zur Verfügung stehe." Widenmann unterstehe Tirpitz und sei ein "unheimlicher Mann", N und Tirpitz würden wie jeher "... mit allen Mitteln arbeiten"[350].

Aggressive Artikel, wie die von Graf Reventlow oder Georg Bernhard, wären falsch. "Man binde doch den Feinden nicht vorher auf die Nase, was geplant sei." Die U-Boote torpedierten derzeit sowieso schon alles, was möglich wäre ohne anschließend aufzutauchen, um nicht selber in Gefahr zu geraten. Auch Erfolgsberichte würden stets nur nach ausländischen Zeitungsmeldungen veröffentlicht, um die Kommandanten nicht in Schwierigkeiten zu bringen. Im Zweifelsfall könne man sich mit Minen herausreden. Es bliebe die Frage, was zu tun sei, und ob das KPrA neue Zensuranweisungen ausarbeiten sollte?

Deutelmoser hielt das nicht für eine geeignete Maßnahme, weil man N nicht übergehen könne, ohne daß "in sachlicher Hinsicht" und "wegen einer offenbaren Spaltung innerhalb Regierung und Kriegsleitung" Beunruhigung entstehen würde. Deshalb müßte ein Marinevertreter, evtl. Widenmann, wörtlich eine vorab formulierte gründliche Erklärung verlesen. Das RMA muß wie das KM auf seine verwaltungsmäßigen Aufgaben beschränkt bleiben, dies sei Sache des Admiralstabes. Durch den Kanzler als seinem Vorgesetzten könnten Tirpitz jegliche Übergriffe untersagt werden. Die Behandlung in der Presse müsse "in jedem Fall zurückhaltend sein"[351].

Am nächsten Tag wollte Widenmann telefonisch Einzelheiten über die Besprechung vom Vortag in Erfahrung bringen. Deutelmoser gab an, mit Holtzendorff über die Behandlung der U-Bootfrage in der Presse gesprochen zu haben. Er verwies auf die unbedingte Notwendigkeit der Einhaltung der Zensurvorschriften, um dem Gegner nicht vorschnell irgendwelche Absichten zu verraten. Widenmann stimmte zu und empfahl, daß das KPrA anstelle des Oberkommandos doch die Einhaltung überwachen solle. Deutelmoser erkannte, daß sowohl Falkenhayn als auch das KPrA damit in die Defensive geraten würden und N weiterhin seine Blätter im Sinne des RMA instruieren könne und diese Zeitungen noch immer gegen die Bestimmungen handeln könnten. Er ließ die Lösung offen, wies aber sofort die OZ an, beim O.K.M eine entsprechende

---

350 Ebd., Besprechung mit Holtzendorff vom 01.03.1916, S. 158 f.

351 Ebd., S. 160 ff., Holtzendorff gab damit als pragmatische Linie aus: Bestehende Verschärfung offiziell leugnen, auf Minen oder Fehler eines Kommandanten berufen, ggf. Pausen oder Milderung gegen unbewaffnete Neutrale; Ruhe in der Presse, gelegentlich Artikel durchlassen, damit vermeintlicher Grund zur Verschärfung noch besteht.

Vorschrift der Vorprüfung der U-Bootartikel zu erwirken. Auch Staatssekretär Jagow war am selben Tag mit der gleichen Absicht dort vorstellig geworden. Am darauffolgenden Abend, am 3. März 1916, erging schließlich auch eine entsprechende Mitteilung der OZ an die Provinzbehörden in dieser Angelegenheit[352].

Im Gr.H.Qu. hatte inzwischen der Chef des Marinekabinetts, Admiral von Müller, mit der Aufschiebung der Festsetzung des Datums für den Beginn des "unbeschränkten U-Bootkrieges" die gespannte Situation zwischen Kaiser, Kanzler, Falkenhayn und Tirpitz entschärfen können. Falkenhayn hatte sich in den Tagen zuvor vehement für die Verschärfung des U-Bootkrieges eingesetzt, weil er sich dadurch auch eine Entlastung seines ins Stocken geratenen Angriffs bei Verdun versprochen hatte. Holtzendorff hingegen hatte dem Generalstabschef die mehrheitliche Zustimmung in der nächsten Umgebung des Kaisers zu dieser neuen Linie nicht mehr mitgeteilt. Der Kanzler setzte sich durch, und Falkenhayn blieb nur die vage Aussicht auf einen Termin im April. Wilhelm II. entschied sich jedoch dann wenige Tage später vorerst ganz gegen den U-Bootkrieg. Alles Drängen Falkenhayns, diesen Entschluß zu revidieren, half nicht mehr. Tirpitz reichte sofort seinen Rücktritt ein, als er sah, daß seine Sache nachhaltig gescheitert war, und daß seine Einflußmöglichkeiten auf die Presse durch die Änderung in der Zensurhandhabung erheblich eingeschränkt worden waren. Widenmann folgte ihm konsequenterweise nur kurz darauf Ende März 1916[353].

Die Kompromißformel aus den Besprechungen im Februar und März 1916 lautete schließlich "verschärfter U-Bootkrieg", der jedoch dann Mitte April, nach der Sussex - Torpedierung und scharfen Drohungen durch die USA, wieder in den bisherigen beschränkten Rahmen zurückgeführt wurde.

Letztlich hielt der Nachfolger von Tirpitz, Admiral von Capelle, selber vor Ende des Sommers eine erfolgreiche Durchführung des unbeschränkten U-Bootkrieges für unrealistisch[354].

---

[352] Ebenda, S. 165 f. und S. 168 ff.

[353] Janßen, *Kanzler und General*, S. 192 ff. Vgl. auch: Tirpitz, Alfred von, *Deutsche Ohnmachtspolitik im Weltkriege*, 2 Bde, Hamburg, 1926, hier Bd 2, S. 631 f.; ferner Erdmann, *Weltkrieg*, S. 75 ff. und Hubatsch, *Admiralstab*, S. 170 f. Widenmanns Karriere setzte sich noch während des Jahres 1916 in leitender Funktion in der Deutschen-Lichtbild-Gesellschaft (DLG) fort; vgl. Barkhausen, *Filmpropaganda*, S. 84 ff.

[354] Janßen, *Kanzler und General*, S. 196 f. Die Marine war zur Steigerung ihrer Bedeutung und Sicherung ihres Ansehens bereit, überzogene Zusicherungen zu geben und dabei auch die U-Bootwaffe in ihrer Wirkungsmöglichkeit zu mystifizieren. Das geschickte Jonglieren mit Zahlen in der Öffentlichkeit und die Propaganda von N schufen ein sonst kaum erklärliches Vertrauen in die Aussagen der Admiralität. Die Fehleinschätzungen der Marine wurden dadurch viel zu spät als solche entlarvt. Vgl. auch BA, MA, *Nachlaß*

Für Deutelmoser lag auch in der Bewertung dieser Auseinandersetzung eine Tragik des Weltkrieges, die in dem Gegensatz der Personen Bethmann Hollweg und Tirpitz sichtbar wurde. Das sehr vorsichtige Taktieren des Kanzlers auf der einen und die aggressive Vorgehensweise des Großadmirals auf der anderen Seite hätten in ihrem Zusammenwirken zu einer "Halbheit" geführt, die den Krieg nicht verhindern konnte. Den Gegnern Deutschlands im Ausland und den Parteien im Inland hätten beide damit Argumente gegen sich selber geliefert, so resümierte der KPrA-Chef am 26. März 1916[355].

Während die Kämpfe um Verdun auch im April ohne greifbare Entscheidung anhielten, rückte die Marine erneut in den Mittelpunkt der Aufmerksamkeit. Am 31. Mai 1916 kam es zu der einzigen großen Seeschlacht des Weltkrieges zwischen der deutschen und der englischen Flotte. Im Skagerrak trafen die deutschen Schiffe, die sich auf einem Vorstoß in norwegische Gewässer befanden, auf starke englische Verbände. Beide Seiten hatten offenbar bei diesem als "Begegnungsschlacht" beschriebenen Zusammenstoß nicht mit der tatsächlich vorhandenen Stärke des Gegners gerechnet. Der Schlachtausgang sprach in absoluten (Verlust-) Zahlen für die kaiserliche Flotte. Doch täuschte dieses Ergebnis über das eigentliche Fazit hinweg, bei dem nach außen beide Seiten den Sieg für sich in Anspruch nahmen. Im relativen Vergleich der vorhandenen Flottenstärken kann man bei Berücksichtigung der englischen Überlegenheit höchstens noch von einem etwa unentschiedenen Schlachtausgang sprechen. Die Kürze des Gefechts und das Taktieren der Befehlshaber auf beiden Seiten ermöglichte den deutschen Schiffen zudem die umgehende Rückkehr in Richtung Wilhelmshaven, bevor weitere Kämpfe am darauffolgenden Tag die englische Überlegenheit hätte zum Tragen kommen lassen können. Die Tatsache, daß die deutsche Hochseeflotte nicht in der Lage war, einen Sieg über die "Grand Fleet" zu erringen, war nun auch von der Marine nicht mehr zu leugnen. Das sich daraus ergebende vorsichtige Agieren mit der Flotte verschob die Interessenschwerpunkte der Admiralität allein schon deswegen mittel- und langfristig noch stärker in Richtung U-Bootkrieg, weil die Marine nicht in der Bedeutungslosigkeit verschwinden durfte[356].

Tirpitz N 253/74 Schriftwechsel zur Verabschiedung 1916, Dok. 17-26. Tirpitz lieferte Bethmann am 08.03.1916 die gewünschte U-Boot Übersicht.

[355] Deutelmoser, *Tagebücher*, Heft II, S. 178.

[356] Herzfeld, *Weltkrieg*, S. 176 ff.

Die Presse und die Öffentlichkeit nahmen die positiven Siegesmeldungen der Marine zuerst dankbar und fast euphorisch auf. Erst am 8. Juni bestätigte der Admiralstab den Verlust eigener Schiffe ("Lützow" und "Rostock"). Das führte dann zu einer "allgemeinen Verstimmung über dieses Vertuschungssystem." Auch innerhalb der Pressekonferenz wurde gegen diese Vorgehensweise scharf protestiert[357]. Die Stimmungslage zeigte in der Öffentlichkeit noch weitere Risse, da sich die Lebensmittellage nicht entscheidend besserte. Die Zuversicht in der Heimat wurde auch durch die lange Kriegsdauer, die Unsicherheiten über militärische und politische Entscheidungen im eigenen Land und über die wirkliche Stärke der Feinde gefährdet. Die Behörden in Süddeutschland versuchten in der ersten Jahreshälfte 1916 (im Februar Erlaß in Bayern, im Mai Empfehlungsvorschlag und Erlaß in Württemberg) entsprechende Maßnahmen zur Aufrechterhaltung der Stimmung in der Heimat zu ergreifen. Neben einer positiven Einfluß–nahme auf die Presse wurde auch bereits daran gedacht, Beamte, Geistliche und Lehrer zur Stärkung einer optimistischen Gesamthaltung heranzuziehen. Die Reaktionen in den Ministerien auf diese Vorschläge hielten sich allerdings in Grenzen. Empfehlungen für eine positiv gehaltene Aufklärung der Bevölkerung ergingen in Bayern an die höheren Kommandeure und in Württemberg an die Kirchen- und Schulbehörden[358].

Die Kämpfe um Verdun in der "Blut- und Knochenmühle", in der "Hölle" oder wie unzulänglich man auch immer diese Todesmaschinerie bezeichnet hat, dauerten indessen an. Das Massensterben ohne durchgreifenden militärischen Erfolg ging weiter. Verdun wurde auf deutscher und auf französischer Seite im Ersten Weltkrieg zu dem Symbol der Sinnlosigkeit und des Wahnsinns des Krieges. Die eingesetzten deutschen Divisionen hatten weniger Reserven und blieben länger im Kampfgebiet an vorderster Front als die französischen Soldaten. Das wog bei dieser Prestigeschlacht im Nachhinein noch schwerer, als am 11. Juli die aktiven Kampfhandlungen von deutscher Seite eingestellt werden mußten. Den Franzosen gelang es dann von Mitte Oktober bis Mitte Dezember, auch die wesentlichen Teile des Geländes mit den Forts Douaumont und Vaux wieder in ihre Hände zu bringen. Den Grund für den Abbruch der Verdunkämpfe lieferte zum einen die am 4. Juni an der russischen Südwestfront begonnene Brussilow-Offensive, welche die Österreicher in größte Schwierigkeiten brachte und Falkenhayn im Westen zum Abzug wichtiger Truppenteile zwang, die er ursprünglich als Reserven in

---

[357] Wolff, *Tagebücher*, S. 386 (Nr. 368) und S. 392 (Nr. 373).

[358] *Militär und Innenpolitik*, Bd 1, Nr. 126-129, Anfänge der amtlichen Propaganda.

Verdun oder in einer Angriffsschlacht gegen die Engländer einzusetzen gedacht hatte. Zum anderen begann am 1. Juli das Trommelfeuer an der Somme, und die OHL mußte auch hier sehr bald feststellen, daß sie Heftigkeit und Umfang des erwarteten, ja erwünschten Gegenangriffs der Entente stark unterschätzt hatte. Über vier Monate, noch dazu durch einen regenreichen Herbst unter schwierigsten Bedingungen, rannten nun vor allem englische Truppen gegen die deutschen Stellungen an. Die Verlustzahlen übertrafen noch die von Verdun, allerdings waren auf beiden Seiten auch erheblich mehr Divisionen auf einem größeren Frontabschnitt beteiligt. Das Ergebnis der Kämpfe an der Somme in der zweiten Jahreshälfte 1916 hatte einen ähnlich unentschiedenen Charakter wie in Verdun. Das Ringen um zerschossene Gipfel, zerstörte Städte oder von Granaten völlig aufgewühlte Gebietsabschnitte endete immer wieder in sinnlosem Gleichstand der kämpfenden Soldaten. Die Auswirkungen der frustrierenden Schlachtausgänge zeigten sich in allen beteiligten Armeen, am stärksten vielleicht bei den französischen Truppen während des Jahres 1917[359].

Während Falkenhayn in der zweiten Junihälfte in Verdun noch einmal alles an Einheiten nach vorne warf, was er zur Verfügung hatte, um doch noch einen Erfolg zu verbuchen, geriet er plötzlich innenpolitisch auf einem ganz anderen Sektor im Hinblick auf Fragen der Zensur unter Druck. Es entstand eine heftige Kontroverse mit Bethmann Hollweg um die Frage einer möglichen Trennung von politischer und militärischer Zensurkontrolle. Ausgangspunkt war ein Brief des Reichsverbandes der deutschen Presse an den Reichskanzler vom 20. Mai 1916. In diesem Schreiben, von dem Falkenhayn eine Abschrift erhielt, wurde der Wunsch zum Ausdruck gebracht, die politische Meinungsfreiheit wirklich nur an den Punkten zu beschränken, wo unmittelbare Kriegsinteressen berührt würden. Die in immer stärkerem Maße angestiegene und auferlegte Zurückhaltung in großen politischen Fragen führe zu "wachsender Unsicherheit und Verwirrung der öffentlichen Meinung." Nach innen und außen sinke das Vertrauen in die deutsche Presse, ihr Ansehen und Gewicht ginge zunehmend verloren. Die Auffassung des Verbandes war, daß politische Zensur unter dem Mantel der militärischen Zensur ausgeübt würde. Die Presse hätte sich bisher insgesamt vorbildlich im Sinne des Vaterlandes engagiert. Es sei daher, trotz des Risikos "einzelner Ausschreitungen", dringend zu

---

[359] Herzfeld, *Weltkrieg*, S. 100 f. und Erdmann, *Weltkrieg*, S. 71 f. Zur Stimmung unter den französischen Soldaten 1917: Audoin-Rouzeau, *Men at war*, S. 63 ff.

überlegen, diesen Zustand zu beseitigen und mehr Meinungsspielraum für die Behandlung der existenziellen politischen Fragen zu schaffen[360].

Anstelle des Reichskanzlers ließ nun Falkenhayn selber eine Stellungnahme zu dieser Frage abgeben, die mitten in der Zensurdebatte des Reichstages vom 24. bis 30. Mai an die Öffentlichkeit gelangte. Auch an das KPrA ging eine entsprechende Weisung, in der festgestellt wurde, daß Presse und Parlament darauf hinarbeiten würden, "... die Zensur über politische Dinge den Militärbehörden zu entrücken und den Zivilbehörden unter der Verantwortung des Reichskanzlers zu unterstellen ..." Die bestehende Rechtsgrundlage sähe gleichwohl anders aus. Sollte dies von den leitenden Stellen dennoch beschlossen werden, so die Mitteilung der OHL weiter, wäre es in dem Falle zu begrüßen, daß die militärischen Zensurstellen von der politischen Zensur auch tatsächlich "reinlich geschieden" würden[361].

Bethmann Hollweg war in mehrfacher Hinsicht über diese Vorgehensweise der OHL verstimmt. Das Schreiben und die Anfrage des Reichsverbandes war an ihn gerichtet gewesen und nicht an die OHL. Eine Bemerkung oder Stellungnahme der OHL ohne vorherige Konsultation seiner Person oder der Reichskanzlei stellte einen klaren Eingriff in die Kompetenzen der zivilen Reichsleitung dar. Auch der Inhalt des Schreibens betraf einen Bereich, bei dem es vorrangig auf die Haltung der Regierung ankam. Die OHL durfte sich ohne Absprache mit dem Reichskanzler nicht äußern und schon gar nicht öffentlich mitten in die laufenden Reichstagsverhandlungen hinein. Auch wenn nach Aussage der OHL nur "feststehende und längst bekannte Grundsätze" weitergegeben worden seien und deshalb auch kein Bescheid darüber nötig gewesen wäre, mußte Bethmann Hollweg energisch auf eine solche Handlungsweise reagieren. Eine von der OHL angeregte Trennung der Zensur war in der Praxis nahezu unmöglich und hätte die Position der Reichsleitung nur schwächen können. Denn eine zivile Behörde hätte dem Druck der Presse zur Freigabe der politischen Grundsatzfragen nicht lange standhalten können. Politische Zensurausübung allein ohne die direkte Koppelung an militärische Belange hätte die Burgfriedenshaltung innerhalb der Presse in kürzester Zeit gesprengt. Die Bereiche waren zu eng ineinander verwoben - das wußte auch die OHL - als daß eine solche Trennung der Bereiche wirklich ernsthaft in Erwägung zu ziehen gewesen wäre. Der Reich-

---

[360] BA, Potsdam, RK 2 437/10, Schreiben des Reichsverbandes vom 20.05.1916.

[361] Vgl. dazu: Nicolai, *Nachrichtendienst*, S. 82 und Koszyk, *Pressepolitik*, S. 178.

skanzler konnte trotz intensiver Telegrammkorrespondenz mit Falkenhayn das Problem nicht zufriedenstellend aus der Welt schaffen. Er wandte sich deswegen an den Kaiser mit der Bitte, Falkenhayn und der OHL entsprechende Weisungen zu erteilen, damit solche Dinge in Zukunft nicht mehr vorkommen könnten[362]. Ob das durch Wilhelm II. geschehen ist, ließ sich leider nicht feststellen. Diese Auseinandersetzung über Presse- und Zensurfragen belegt, wie belastet und zunehmend angespannter das Verhältnis zwischen Bethmann Hollweg und Falkenhayn gewesen ist.

Die allgemeine Nervosität wurde auch an den Folgen eines Verbotes des Berliner Tageblatts durch das O.K.M. am 28. Juni 1916 sichtbar. Die Redaktion entschloß sich zwar zu einem Arrangement mit den Militärbehörden, in dem sie den Brief des Kommandanten (von Kessel) zu diesem Vorfall am kommenden Tag - allerdings mit einer entsprechenden Einleitung - abdruckte, aber Theodor Wolff gab sich mit seinem heftigen Protest beim Oberkommando und beim A.A. nicht zufrieden. Er kündigte am 30. Juni seinen Austritt aus dem Zensur-Ausschuß der Presse an, "... weil er an ein wirksames Vorgehen der Presse gegen die Zensur nicht glaube." In einem Brief an Bethmann Hollweg protestierte er in aller Schärfe gegen die Vorgehensweise des Oberkommandos, beklagte sich über das gleichgültige Verhalten Hammans und kündigte mit sofortiger Wirkung alle Beziehungen der Zusammenarbeit mit dessen Pressebüro auf[363]. Der Reichskanzler räumte in einem Brief an Wolff am 4. Juli ein, daß er sich der Militärgewalt angesichts der etwas zu weit gehenden Polemik in dem Artikel hätte beugen müssen. Hamman träfe allerdings an der ihm unterstellten Empfehlung des Verbotes keine Schuld. Wolff verwies in seiner Antwort auf den Reichstagsbeschluß, wonach Zeitungsverbote nur mit Zustimmung des Reichskanzlers erfolgen dürften. Bethmann Hollweg müsse sich in einem so klaren Fall von Kompetenzverletzung gegenüber dem Oberkommando durchsetzen[364]. Insgesamt wurde angesichts dieser Entwicklungen sichtbar, daß der Druck auf die ver-

---

362 BA, Potsdam, RK 2 437/10, Telegramm der OHL vom 08.06.1916. Entwurf des Schreibens mit Streichungen und handschriftlichen Ergänzungen Bethmann Hollwegs an Wilhelm II. vom 09.06.1916 mit Schilderung und Ablauf der Kontroverse, das am 10.06.1916 durch von Valentini zum Kaiser gelangte.

363 Wolff, *Tagebücher*, S. 395 ff. (Nr. 381 f.). Anlaß des Verbotes war ein ungezeichneter Artikel, der von Theodor Wolff stammte, über die Kriegsziele der sechs Verbände vom 26.06.1916 gewesen.

364 Ebd., S. 398 (Nr. 384). Es handelt sich um die Resolution Nr. 204, die am 10.01.1916 vom Reichstag verabschiedet worden war, RK 1 939 *Reichstagssitzungen*.

antwortlichen Stellen der Exekutive wuchs, mehr als bisher für eine bessere und effizientere Pressepolitik Deutschlands zu tun.

Bei den Behörden wurden sicher auch deswegen die Anstrengungen verstärkt, eine Dienststelle zu schaffen, welche "... die Beeinflussung und Leitung der öffentlichen Meinung in der Heimat im Sinne der OHL in die Hand nehmen solle"[365]. Nach einer Sondierungssitzung des KM mit den Vertretern der Stellvertretenden Generalkommandos zu diesen Fragen der Stimmungskennzeichnung in der Heimat wurde eine neue Initiative durch das KPrA gesteuert. Deutelmoser sah schon seit längerer Zeit die Notwendigkeit der einheitlichen Zusammenarbeit aller Behörden, um endlich auch in den neutralen Ländern und in der Heimat die Aufklärungsarbeit zu intensivieren. Nun lud er in enger Abstimmung mit Major Nicolai am 20. Juni 1916 alle Vertreter der Ressorts ein, um endlich Einigung über die Einrichtung einer Zentralstelle zu erzielen. Die Teilnehmer der Sitzung verständigten sich auf eine Institution, die dem A.A. anzugliedern sei, weil dort bereits die notwendigen Informationen über das feindliche und neutrale Ausland zusammenliefen. Die Besetzung des Postens des Leiters dieser Abteilung sollte dem Generalstab vorbehalten bleiben[366]. Tags darauf erfolgte auf Einladung des Kulturbundes eine Besprechung im KPrA. Mit einer fast identischen Besetzung der Vertreter der Exekutive wurde erneut diskutiert. Dieser Zusammenkunft muß eine weitere dieser Art vorausgegangen sein. Sie könnte im Mai oder Anfang Juni 1916 stattgefunden haben, denn die Vertreter des Kulturbundes nahmen darauf mehrfach Bezug. Diesem Bund deutscher Gelehrter und Künstler schwebte der Aufbau einer Propagandaabteilung vor. Ihre eigene Organisation, so stellte es Walter Rathenau dar, sei mit dem notwendigen Maß an Neutralität ausgestattet, so daß eine zu schaffende Unterabteilung des Kulturbundes zusammen mit Vertretern der Regierung diese Aufgabe übernehmen könnte. Die enge Fühlungnahme mit den Behörden und deren Kontrollfunktion sei selbstverständlich; auch die notwendigen Gelder müßten von offizieller Seite bereitgestellt werden, damit niemand Zweifel an den integren Absichten hegen könnte. Nur von einer direkten Einflußnahme und "Stimmungsmache" der Behörden sei abzuraten.

Die Vorschläge wurden von den Behördenvertretern freundlich aufgenommen, teilweise wurde auch Unterstützung zugesichert. Die Teilnehmer verständigten sich darauf, eine entsprechende

---

365 *Militär und Innenpolitik*, Bd 1, Nr. 130, hier besonders S. 310, Anm. 7.

366 An der Besprechung nahmen neben Deutelmoser und Nicolai folgende Herren teil: Graf Wedel (A.A.), Generalkonsul Thiel (ZfA), Kapitän Boy-Ed (Admstb), Korvettenkapitän Rieder (RMA), Magnus von Braun (R.d.I), Major Berg, Major Witte und Hauptmann Grau (alle KM). Barkhausen, *Filmpropaganda*, S. 46 f.

Eingabe beim Reichskanzler zu machen, um ihre Sache weiter zu verfolgen[367]. Ob die Behördenvertreter über die "Spitze" dieses Vorschlagpaketes des Kulturbundes - die Behörden sollten aus Gründen der Glaubwürdigkeit einer privaten Initiative diese Aufgabe überlassen - "pikiert" waren, wie Barkhausen meint, läßt sich anhand des Sitzungsprotokolls nicht belegen. Die Stellungnahme Nicolais enthielt allerdings schon klare Hinweise auf eine kurz bevorstehende Einrichtung einer solchen Abteilung, die jedoch von einer energischen, in Organisationsfragen erprobten Persönlichkeit, geleitet werden müßte. Eine Leitung durch die Schriftsteller sei nicht geboten, auch wenn die Vorschläge und Initiativen insgesamt zu begrüßen seien. Die Behörden waren zwar zur Zusammenarbeit mit Organisationen wie der des Kulturbundes bereit, doch sie bestimmten den Rahmen und besetzten die Schaltstellen bei der Durchführung. Barkhausen bezeichnet dieses Vorgehen als eine Art "Abspeisung" der Kulturbundpläne. Diese Kennzeichnung führt ein wenig in die Irre. Man sollte eher von einer Vertröstungstaktik sprechen, bei der die Behörden bemüht waren, solche Initiativen unter Vorspielung einer konkreten Einbindung unter ihrer Kontrolle zu behalten[368].

Die Vorbereitungen zur Einrichtung einer Stelle, die diese Propagandaaufgaben übernehmen sollte, waren so weit gediehen, daß sie ab dem 1. Juli 1916 als MAA ihre Arbeit aufnehmen sollte. Organisationstechnisch wurde die MAA bei der Nachrichtenabteilung des A.A. als selbständige Einheit neu gebildet, unterstellt wurde sie der mobilen Abteilung IIIb des Feldheeres. Zu ihrem Leiter wurde Oberstleutnant, später Oberst Hans von Haeften bestimmt (vom 7. Juli 1916 bis 11. September 1918); sein Nachfolger (bis 21. November 1918) wurde Major Edwin von Stülpnagel[369].

Der 1870 geborene Haeften hatte bis in den Weltkrieg hinein eine vorbildliche militärische Karriere vorzuweisen. 1904 wurde er in den Großen Generalstab versetzt, wo er - genau wie später auch Erhard Deutelmoser - in der kriegsgeschichtlichen Abteilung an Veröffentlichungen

---

367 *Militär und Innenpolitik*, Bd 1, Nr. 131, S. 313 ff. Das RMA war nicht vertreten, Hauptmann Witte vom KM war ebenfalls nicht dabei; dafür waren als Offizielle noch Freiherr von Oldershausen (R.d.I.), Dr. Freund (preußisches Innenministerium), Hauptmann Kroeger und Bloem (Generalstab) anwesend. Der Bund deutscher Gelehrter und Künstler (Kultur-Bund) war neben seinen beiden Vorsitzenden, Präsident Prof. Dr. Waldeyer und Vizepräsident Sudermann u.a. durch Dr. Rathenau und Prof. Dr. Planck vertreten.

368 Vgl. Barkhausen, *Filmpropaganda*, S. 47 f.

369 Vogel, *Organisation*, S. 29, Stegmann, *Inlandspropaganda*, S. 78 und Brühl, *Militärgeschichte und Kriegspolitik*, S. 222 f. Organisatorische Stellung der MAA innerhalb der Abteilung IIIb in: *Militär und Innenpolitik*, Anlage 2, S. 1 409.

mitarbeitete. Ende 1914 wurde er mit der Leitung der Nachrichtenstelle Ost in Posen beauftragt. Er fungierte unter dem Kommando von Generaloberst von Moltke als Verbindungsmann zwischen dem Großen Hauptquartier im Westen, Berlin und dem Stab des Kommandos OberOst. Bei seiner für Moltke, Hindenburg und Ludendorff und gegen Falkenhayn gerichteten Sondierungstätigkeit mit dem Ziel, diesen als Generalstabschef der 2. OHL abzulösen, war er im Januar 1915 gescheitert. Er selber nahm für sich in Anspruch, aus tiefer innerer Überzeugung zum Wohle des Vaterlandes gehandelt zu haben. Er vertrat seinen Standpunkt mit überzeugender Konsequenz noch vor dem Kaiser, auch nachdem er erfahren hatte, daß eine andere Entscheidung bezüglich der Organisation der Kommandofrage gefallen war[370]. Haeften entging nach diesem "Machtkampf der Generäle" nur durch die Fürsprache Plessens, der ebenfalls ein Anhänger Ludendorffs war, dem Kriegsgericht, wurde aber durch den Kaiser persönlich "kaltgestellt". Nach dieser Strafversetzung versah er seinen Dienst in den Stäben der Gouvernements in Köln und Antwerpen. Von dort aus wurde er zur MAA bestellt.

Nach dem Krieg leitete er 12 Jahre lang die kriegsgeschichtliche Abteilung des Reichsarchivs und war damit für die Herausgabe der Weltkriegsbände mitverantwortlich. Von 1931 bis 1934 war er der zweite und zugleich letzte Präsident des Reichsarchivs. Im Jahr seines Ausscheidens wurde er als Mitglied in die preußische Akademie der Wissenschaften aufgenommen. Nach seinem Tode im Jahre 1937 wurde der Generalmajor a.D. in Nachrufen der "Frankfurter Zeitung" als ein "Mann mit glänzendsten politischen und militärischen Begabungen" bezeichnet. Karl Demeter schildert ihn als "eine Ausnahmeerscheinung im damaligen aktiven Offizierskorps". Nicht nur wegen des Nachrufes, den Friedrich Meinecke 1938 in seiner Gedächtnisrede gehalten hat, gilt er für Demeter als eine Persönlichkeit mit Ideen und von hohem geistigen Format[371].

Es steht unzweifelhaft fest, daß die Urteile über Haeften ganz wesentlich durch seine Tätigkeit nach dem Kriege positiv beeinflußt worden sind. Wie er seine Rolle als MAA-Chef, die sich auch wieder an einer Nahtstelle zwischen der OHL und der Reichsleitung befand, bewältigte, wird noch zu sehen sein. Die Beschreibung und Zuordnung seiner Aufgabe in dieser neuen

---

370 BA, MA, Nachlaß Hans von Haeften N 35/5 und N 35/7. Vgl. auch Guth, *Gegensatz 1914/15*, S. 84 f.

371 Guth, *Gegensatz 1914/15*, S. 78 f., dort auch ein guter Überblick über den Nachlaß Haeftens. Weiterhin: Demeter, Karl, *Das Reichsarchiv*, Frankfurt 1969, S. 42 ff. Meinecke, Friedrich, *Preußisch-deutsche Gestalten und Probleme*, Leipzig 1940, S. 175.

Abteilung wäre somit jedoch schon ein Argument für die Berufung Haeftens auf diese Position. Es bleibt leider unklar, wer seine Person letztlich wieder ins Spiel gebracht hat. Falkenhayn hatte ihn, so die offizielle Aussage Nicolais, für die einheitliche Leitung und die ausreichende Berücksichtigung militärischer Gesichtspunkte "für diese Stelle in Aussicht genommen". Über die Hintergründe wären nur Vermutungen anzustellen. Es darf als wahrscheinlich gelten, daß es aufgrund der Vorgeschichte nicht Falkenhayns Idee gewesen war, einen Offizier, der gegen ihn intrigiert hatte, mit einer solchen Aufgabe zu betrauen. Tatsache bleibt, daß in Zeiten äußerster militärischer Anspannung (Verdunkämpfe/Brussilowoffensive) und zunehmendem Druck auf die zweite OHL, ein Kandidat für eine neue Propagandaabteilung durchsetzbar gewesen ist, der als glühender Anhänger Ludendorffs bekannt war[372]. Deutelmoser und das KPrA waren in diese Entscheidung nicht miteinbezogen worden, auch das A.A. hatte auf diese Personalfrage keinen Einfluß. Ludendorff äußerte sich zeitlich nur sehr vage (Sommer 1916) über den Moment, an dem die OHL an die Reichsleitung herantrat, "eine straffere Organisation für die Propaganda einzurichten." Er sprach von "zahlreichen Widerständen im A.A." bis die MAA ins Leben gerufen werden konnte[373]; dieser Eindruck läßt sich in der hier rekonstruierten Entstehungsgeschichte nicht belegen. Die späteren Differenzen wurden offensichtlich fälschlicherweise in die Konsolidierungszeit dieser Einrichtung übertragen. Insgesamt sprach Ludendorff dem wirtschaftlichen und politischen Propagandadienst des A.A. sowieso jegliche relevante Bedeutung ab. Für die MAA war die finanzielle Absicherung durch das A.A. erwünscht, dem dadurch das Recht auf Mitprüfung der Herausgabe einheitlicher Richtlinien zustand. Nach Ludendorffs Auffassung hat das A.A. davon "so gut wie keinen Gebrauch gemacht." Haeftens Rolle beurteilte er ausgesprochen positiv, alle erreichten Erfolge seien das Verdienst von Haeften und seinen Mitarbeitern. Die Schuld für den mangelnden Gesamterfolg sah er bei der Weigerung des Reichskanzlers, sich hinter die Arbeit Oberst Haeftens zu stellen, um die vielbeschworene "Einheit des Ganzen" zu erreichen[374]. Eine apologetische Argumentation, wie noch zu sehen sein wird, denn Ludendorff verlangte, daß sich der Reichskanzler hinter eine Behörde stellen sollte, die nahezu ausschließlich nach den Weisungen der OHL verfuhr. Ein solches Zugeständnis wäre einer Kapitulation der Reichsleitung in Propagandafragen vor der OHL gleichzusetzen

---

[372] Vgl. Barkhausen, *Filmpropaganda*, S. 48 f.

[373] Ludendorff, Erich, *Meine Kriegserinnerungen 1914-1918*, Berlin 1919, S. 301 f.

[374] Ebd., S. 303.

gewesen. Sie hätte sich in völlige Abhängigkeit für Dinge begeben, über die sie nicht befinden durfte, die sie aber anschließend vor der Öffentlichkeit zu verantworten gehabt hätte.

Über den zukünftigen Aufgabenbereich der MAA gingen die Vorstellungen der beteiligten Behörden auseinander. Das A.A. und auch das KPrA hatten sich für Generalkonsul Thiel von der ZfA als Kandidaten eingesetzt, der neben dem Mann der OHL eine "duale Führungsspitze" bilden sollte. In einer konstituierenden Sitzung der Vertreter der Exekutive am 10. Juli deutete sich bereits an, daß sehr unterschiedliche Auffassungen über die Aufgabenverteilung und die Verantwortlichkeiten bestanden[375]. Nicolai konnte sich gegen das A.A., das R.d.I. und das KM nicht durchsetzen. Er wollte eine strenge Unterscheidung zwischen militärischer und politischer Propaganda manifestiert sehen. Die militärische Propaganda sollte in die Hände der MAA gelegt werden, und Haeften wäre in jedem Fall nur an die Weisungen des Chefs der OHL gebunden gewesen. Dem widersprach natürlich die Verpflichtung, die Tätigkeit in der MAA unter die Kontrolle, Prüfung und Verantwortung des A.A. zu stellen, das allein die Kompetenz besaß, über die politische Wirkung der durchzuführenden Maßnahmen zu befinden. Obwohl Haeften als Person durchaus positiven Zuspruch bei den Behördenvertretern erfuhr, so schien seine Rolle von Beginn an unterschiedlich interpretiert worden zu sein. Das A.A. sah es so an, daß Haeften als "Militärisches Mitglied" seinen Dienst bei einer Abteilung des A.A. antreten würde. Haeften selber taktierte vorsichtig, um nicht gleich zu Beginn einen Kompetenzstreit zu entfachen, der das ganze Unternehmen zum Scheitern hätte bringen können. Von seinem Selbstverständnis her und auch nach Auffassung der OHL und der Abteilung IIIb war er in letzter Konsequenz an die Weisungen des Generalstabs gebunden. Die anderen Ressorts wie das R.d.I. unter von Braun, der Admiralstab unter Boy-Ed oder das KM unter Major Grau verstanden die Schaffung der MAA auch eher im Sinne des A.A.; sie begrüßten das Ziel einer größeren Vereinheitlichung, sahen durch die Abstellung von Mitarbeitern aus ihrem Bereich ihren Einfluß als gesichert an und standen der zukünftigen Arbeit positiv gegenüber[376].

Die MAA entwickelte sich während des Krieges zu einer sehr großen und bedeutsamen Behörde, unter deren Zuständigkeit die militärische, militärpolitische und die kriegswirt-

---

[375] KGFA W-10/50 298 *Forschungsarbeit zur Geschichte des Bild- und Filmamtes (Bufa) von seiner Gründung bis zu seiner Auflösung 1919* von einem unbekannten Mitarbeiter der KGFA im Jahre 1931 verfaßt, hier S. 9 ff.

[376] Barkhausen, *Filmpropaganda*, S. 50 f.

schaftliche Propaganda im Ausland fiel[377]. Insbesondere der Bereich der Film- und Bildpropaganda, auf den noch einzugehen ist, fiel in ihren Aufgabenbereich. Erst war sie der mobilen Abteilung IIIb zugeordnet, dann folgte eine kurzzeitige Unterstellung unter die Politische Abteilung der OHL, und seit dem 9. Januar 1917 war sie "der OHL unmittelbar zugeteilt." Das weiter gewachsene Selbstbewußtsein von Haeftens gegenüber den Zivilstellen des A.A. äußerte sich in seiner - am 20. Janauar 1917 auch schriftlich geäußerten - Haltung, daß der "... Leiter der MAA als Organ der OHL keine dienstlichen Belehrungen von einem Beamten des A.A. annehmen kann"[378]. Auch die Etatzugehörigkeit wechselte folgerichtig im darauffolgenden Monat vom A.A. zum KM. Die zunehmende eigenständige Entwicklung dieser Abteilung unter der Regie der OHL wurde nach außen allerdings erst am 5. Juli 1918 anhand der Umbenennung in "Auslandsabteilung der OHL" (Ohla) durch die entsprechende Verfügung Ludendorffs deutlich. Erst in der zweiten Oktoberhälfte 1918 wurde die Abteilung formell, inhaltlich und finanziell wieder dem A.A. unterstellt und erhielt damit auch ihre alte Bezeichnung MAA zurück. Verschiedene kleinere Stellen anderer Ressorts waren der Ohla/MAA noch bis in die letzten Kriegstage hinein zugeteilt worden[379].

Parallel zu den Besprechungen der Einrichtung der MAA waren endlich die lange geforderten Richtlinien für die Pressekonferenzen formuliert worden, die dann am 11. Juli 1916 als Geschäftsordnungsentwurf vorgelegt werden konnten. Die "Bestimmungen für die Pressebesprechungen im Reichstagsgebäude" umfaßten auf 9 Seiten insgesamt 18 Paragraphen. Die Vertreter des KPrA hatten unter maßgeblicher Beteiligung Deutelmosers diesen Entwurf ausgearbeitet. In enger Abstimmung mit den Behördenvertretern und nach gemeinsamer Beratung mit dem Presse-Ausschuß sollte die endgültige Form der Geschäftsordnung dann festgelegt werden[380].

---

377 Die Abkürzung MAA wurde statt MA vom 18.11.1916 an zur Vermeidung von Verwechslungen für das Amt verwendet. KGFA W-10/50 298 *Forschungsbericht Bufa*, S. 11 f.

378 Barkhausen, *Filmpropaganda*, S. 74.

379 Vogel, *Organisation*, S. 29 ff. Vgl. dazu auch Kap. 5.2.

380 BA, MA, RM 3/v. 10 312 Schreiben Nr. 8 786 vom 11.07.1916 mit Verteilungsplan. Änderungs- oder Ergänzungsvorschläge sollten dabei noch berücksichtigt werden. Die bisherige Praxis erfuhr im wesentlichen nur noch eine schriftliche Fixierung. Dieses als "Entwurf" gekennzeichnete Schriftstück ist mehr als nur ein Rohkonzept gewesen. Es dürfte der gültigen Geschäftsordnung sehr nahe gekommen sein; vielleicht war es sogar mit ihr identisch. Die verabschiedete Fassung lag leider nicht in den Akten. Einschneidende Änderungen dieser Vorlage können allein schon deswegen nicht erfolgt sein, weil in den überlieferten Konferenzen mehrfach auf diese Geschäftsordnung Bezug genommen worden ist. Dabei wurden diese Regelungen bestätigt.

In §1 wurde betont, wie sich die Zentralstellen des Reiches die Grundlage des Informationsaustausches mit einem auserwählten Kreis von Journalisten vorstellten. Als Nachrichtenbüros waren nur das Wolffsche Telegraphen Büro (WTB) und die Telegraphen Union (TU) zugelassen. Die Berichterstattung an ausländische Zeitungen war den Pressevertretern untersagt. Nur reichsdeutsche Journalisten durften teilnehmen (§9)[381]. Die Vertraulichkeit der Besprechungen innerhalb des Teilnehmerkreises war die zentrale Basis der Sitzungen (§2). Den Vorsitz bei den Sitzungen führte ein gewählter Vertreter aus dem Kreis der Zentralbehörden (§5 und §6). Der Presse-Ausschuß vertrat die beteiligten Journalisten im Verkehr mit den Behördenvertretern und bearbeitete die gemeinsamen Angelegenheiten (§7). Alle teilnahmeberechtigten Personen (§3) - die Schriftleiter aller wichtigen deutschen Zeitungen zählten dazu (§10) - mußten ihre Eintrittskarte mit sich führen (§4). Bei groben Verstößen gegen die Bestimmungen mußte die Karte zurückgegeben werden. Neuzulassungsanträge waren an den Vorsitzenden zu richten, der dann nach Rücksprache mit dem Presse-Ausschuß und den Behördenvertretern "nach eigenem pflichtgemäßen Ermessen" entschied (§8)[382].

Bei Sonderbesprechungen und Vorträgen konnte nach Prüfung der Zuverlässigkeit eine Tageskarte für die Teilnahme ausgegeben werden. Der Vorsitzende kontrollierte diese Gäste persönlich (§11). Die Nachrichten wurden dreistufig eingeteilt (§12):

I. Mitteilungen, die von der Presse nach freiem Ermessen benutzt werden dürfen; die telegraphische, telefonische oder briefliche Weitergabe war gestattet.

II. Vertrauliche Auskünfte, bei denen nur die briefliche Weitergabe gestattet ist und bei denen auch eine Vertraulichkeitsverantwortung für die Empfänger in den Redaktionen zu übernehmen ist. Die Nachrichtenagenturen durften nur in Ausnahmefällen Äußerungen, die sie von autorisierten Behördenvertretern erfahren hatten, weitergeben (§15b).

III. "Mitteilungen unter Ziffer III. sind der höchste Ausdruck des persönlichen Vertrauens. Sie dürfen in keiner Form aus den Sitzungen hinausgelangen und auch nicht an die Redaktionen weitergegeben werden."

---

381 Erst im Frühjahr 1917 wurde für die verbündeten Mächte eine Presseeinrichtung geschaffen. Vgl. dazu Schreiben von Major Stotten (zu der Zeit Chef des KPrA) Abt. Gst. J. Nr. 4 vom 19.02.1917, BA, MA, RM 5/v. 3 804 (Pressesitzungen und Pressebesprechungen).

382 BA, MA, RM 3/v. 10 312 Nr. 98, S. 3. Die Entscheidung wurde stets in sehr enger Abstimmung mit dem Presse-Ausschuß gefällt. In der Regel schloß sich der Vorsitzende dem Urteil des Ausschusses an und teilte dann die Entscheidung dem Antragsteller mit.

Die normalen Mitteilungen der OHL erfolgten stets unter Ziffer II., dabei war eine wörtliche Benutzung nicht gestattet. Der Tatsachenstoff durfte nur für eine sachverständige Besprechung der Heeresberichte verwandt werden, ohne dabei jedoch Inhalten der Heeresberichte vorauszueilen (§13). Auch die Erörterungen über diese Mitteilungen während der Sitzungen fielen automatisch unter II. (§14). Die Korrespondenzen und Agenturen reichten ihre Abnehmerliste für die Weitergabe der Auskünfte aus den Pressebesprechungen an den Vorsitzenden zur Kenntnisnahme weiter. Die von ihnen verbreiteten Schriftstücke mußten per Belegexemplar eingereicht werden. Es war untersagt, an Blätter, die eigene Vertreter in Berlin hatten, zu berichten. Die in §14 erwähnten Erörterungen durften keinesfalls wörtlich verbreitet werden, sondern nur umformuliert als eigenes Wissen des Berichterstatters an die Öffentlichkeit gelangen (§15). Fragen sollten nur behandelt werden, wenn sie von allgemeinem Interesse waren. "Der Meinungsaustausch muß sich in sachlicher Form halten und jede persönliche Schärfe vermeiden." Meinungsverschiedenheiten über die Geschäftsführung wurden in Sonderberatungen zwischen dem Presse-Ausschuß und den Behördenvertretern geklärt (§16)[383]. Pressevertreter konnten bei Zuwiderhandlungen gegen die Bestimmungen von einer weiteren Sitzungsteilnahme ausgeschlossen werden. Der Vorsitzende hörte dazu erst den Presse-Ausschuß und gab diese Stellungnahme an die Behördenvertreter zur Entscheidung weiter, gegebenenfalls erfolgte eine Sonderbesprechung wie unter §16 erwähnt (§17). Das kam in der Praxis jedoch kaum vor[384].

Allen Pressevertretern wurden diese Bestimmungen, die vertraulich zu behandeln waren, ausgehändigt. Aus einigen Dokumenten der Arbeit des Presse-Auschusses geht hervor, daß häufig Übermittlungs- und Übertragungsfehler zu unerlaubten Veröffentlichungen führten. So waren in den Redaktionen die Kollegen, die in den Büros eine Vertretung für den eigentlich zuständigen Journalisten übernahmen, oft nicht korrekt über die Verwendung der Informationen unterrichtet worden. Auch kam es vor, daß die Geheimhaltungsstufen bei der Übertragung vertauscht oder verwechselt wurden. Wenn z.B. während eines durchgehenden Berichtes zwischen Stufe "II." und "III." kurz gewechselt wurde, dann allerdings der übrige Teil der Nachricht unter "I." vorgetragen wurde, führte das schon mal häufiger zu ungewollten Veröf-

---

[383] BA, MA, RM 3/v. 10 312 Schreiben vom 11.07.1916 Zitat S. 6 ff.

[384] Aus den "Großen Protokollen" ist nur in einem Fall im Herbst 1918 bei zwei Pressevertretern, die zuvor schon mehrfach durch Verstöße aufgefallen waren, der Entzug der Teilnehmerkarten nachweisbar. Vgl. BHStA, Mkr 14 027.

fentlichungen[385]. Häufig passierte es, daß die Kommentare des Chefs des KPrA zum Heeresbericht wörtlich übernommen und abgedruckt wurden, obwohl sie nur Richtlinien zu einem möglichen Kommentar der Zeitung vorgeben sollten. Der Vorsitzende begnügte sich zumeist mit einer energischen Erinnerung an die Vereinbarungen. In besonders wichtigen Fragen ging der Presse-Ausschuß diesen Indiskretionen nach und sorgte in der Regel für eine einvernehmliche Aufklärung[386].

Ein treffendes Beispiel dafür stammt aus den Augusttagen 1918: Nachdem in der Sitzung vom 2. August 1918 der Vertreter des Admiralstabes über den bevorstehenden Wechsel bei der Marine (Admiral von Scheer für Admiral von Holtzendorff) informiert hatte, gab er ausdrücklich bekannt, daß der damit zusammenhängende, in naher Zukunft erfolgende Wechsel des Staatssekretärpostens unter keinen Umständen bekanntgemacht werden sollte (unter III.). In der folgenden Sitzung schien der Vertrauensbruch von zwei Korrespondenten offensichtlich zu sein. Die Journalisten hatten in ihren Blättern auch den Rücktritt von Staatssekretär Capelle angekündigt und daneben bereits als seinen Nachfolger Hipper genannt. Der Vertreter des Admiralstabes machte aus seiner Enttäuschung keinen Hehl und kündigte an, daß auf diesem Wege in Zukunft keine Informationen mehr erfolgten. Ein Antrag der Pressevertreter verurteilte diesen Vertrauensmißbrauch. Die Forderung wurde erhoben, die betreffenden Personen in Zukunft von den Besprechungen auszuschließen. Aufgrund der Regelung mit dem Presse-Ausschuß und dem Vorsitzenden sollte der Entzug der Teilnehmerkarten erfolgen. Die übrigen Pressevertreter brachten auch klar zum Ausdruck, daß sie weitere Vertrauensbrüche dieser Art unter keinen Umständen hinzunehmen gedachten[387]. Der Presse-Ausschuß untersuchte die Angelegenheit und konnte schon in der nächsten Sitzung offiziell erklären, daß die

---

385 BA, MA, RM 5/v. 3 788 Presseangelegenheiten von Juli - November 1918: Schreiben an den Ausschuß der Pressekonferenzen mit Verstoßbeispielen, z.B. der Fall "Hipper" im August 1918, Schreiben vom 02. und vom 09.08.

386 Die KPrA-Chefs Deutelmoser und Würz lösten ihre Aufgabe in diesem Sinne. Über Major Stotten ist leider aufgrund fehlender Protokolle kein Urteil möglich. Vgl. BHStA IV., Mkr 14 026 Nr. 394 vom 19.07. oder Nr. 398 vom 02.08.1918.

387 BHStA IV., MKr 14 026 Nr. 398 vom 02.08.1918 S. 5, Nr. 399 vom 06.08.1918 S. 3 f. oder Nr. 414 vom 27.09.1918 S. 4.

Meldung dazu nachweislich doch nicht aus dem Kreise der Pressebesprechung in die Zeitungsredaktionen gelangt sei. Die Information war auf anderem Wege "durchgesickert"[388].

Parallel zu diesem Vorfall wurde im August 1918 auch Kritik an der dreistufigen Einordnung der Statements laut, eine einfachere Bestimmung wurde gefordert. Der Vorsitzende stellte zuerst eine Neufestsetzung in Aussicht, die gemeinsam mit dem Ausschuß in Arbeit sei. In der nachfolgenden Sitzung war davon nicht mehr die Rede, und er meinte: "Jeder Herr, der eine Eintrittskarte bekommt, erhält gleichzeitig die Bestimmungen ausgehändigt ... Er muß also genau darüber unterrichtet sein, welche Verpflichtungen er mit der Zulassung übernimmt, also auch, welche Bedeutungen die Mitteilungen unter I., II. und III. haben. Das wird auch in Zukunft so gehandhabt werden[389]." Aus gegebenem Anlaß wurde nicht nur auf die Geheimhaltungsstufen hingewiesen, sie wurden nochmal gesondert abgedruckt und verteilt. Gelegentlich erfolgte auch spontan eine Eintrittskartenkontrolle während einer Sitzung[390].

Doch konnten Vorfälle dieser Art die Sitzungen nicht sprengen oder ein Gesamturteil über sie wesentlich trüben. Die Atmosphäre war - trotz mancher scharfer inhaltlicher Diskussionen - als wirklich vertrauensvoll einzustufen. Verstöße kamen zwar vor, und gerade die Zensurfragen gaben immer wieder Anlaß zur Diskussion, doch normalerweise steckte keine Absicht zur bewußten Indiskretion dahinter. Die Pressevertreter hatten die 'Spielregeln' der Konferenzen akzeptiert und waren ihrerseits sehr daran interessiert, das Informationsforum auf diesem Stand zu halten und auszubauen. Sie vermieden Indiskretionen und versuchten Verstößen so gut es ging entgegenzuwirken, denn sie erwarteten auf Dauer eher Nachteile von einer Mißachtung der Bestimmungen. Auch die Ressortvertreter waren um einen guten Kontakt zu den Journalisten bemüht. Das Forum der Pressebesprechungen sicherte ihnen eine breite Basis für die Möglichkeit, ihre Informationen einem großen Kreis von Journalisten zukommen zu lassen. Eine solche Art der direkten Zusammenarbeit zwischen Militär, Regierung und Behörden auf der einen und den Pressevertretern auf der anderen Seite gab es eben nur innerhalb dieser

---

388 BHStA, MKr 14 026 Nr. 401 vom 13.08.1918. In der darauffolgenden Sitzung, am 16.08. (Nr. 402) mußte der Ausschußsprecher Lorek allerdings feststellen, daß es in einer anderen Angelegenheit (Kapitän z.S. Boy-Ed Frontkommando und Korvettenkapitän Scheible als Vorstand der Presseabteilung) - entgegen der Beteuerungen der Pressevertreter - nachweislich eine Indiskretion aus dem Kreise gegeben habe.

389 BHStA IV., MKr 14 026, Nr. 400 (S. 9) und Nr. 401 (S. 1) vom 09. und 13.08.1918, Hinweise durch Major Würz.MKr 14 027 Nr. 412 vom 20.09.1918, Anlage zum Protokoll.

390 BHStA, MKr 14 027, Nr. 414 vom 27.09.1918, S. 4 f.

Konferenzen. Die Gültigkeit dieser Regelungen, die im Juli 1916 fixiert wurden, ist bis zur letzten Pressekonferenz am 8. November 1918 dokumentiert[391].

Deutelmoser konnte mit der Festlegung der Geschäftsordnung einen Erfolg verbuchen, weil es ihm gemeinsam mit dem Presseausschuß und den Behördenvertretern gelungen war, eine von allen Seiten sanktionierte Übereinkunft zu erzielen, die auch nach außen hin die vollständige Etablierung der Konferenzen in der Nachrichten- und Informationspolitik belegte. Doch verschloß er deswegen seine Augen nicht vor den bestehenden Problemen. Die Arbeit der OZ hatte sich nicht im Sinne einer strafferen, einheitlicheren Ressortarbeit entwickelt, weil anstelle der ursprünglich geplanten mündlichen Absprachen unter aktiver Beteiligung der Ressorts nun langwierige schriftliche Vorgänge auf den Weg gebracht werden mußten. Die Ressorts selber blieben nämlich weitgehend untätig. Er bemängelte auch das Nebeneinanderherarbeiten von Referenten in ein und derselben Behörde (z.B. dem A.A.), was fast immer eine Rücksprache beim Ressortchef erforderlich machte. Weil insgesamt eine große Richtlinie oder eine klare Zielsetzung fehlte, blieben auch die Pressebesprechungen nur "Stückwerk". Deutelmoser schwebten tägliche Besprechungen mit den Ressortvertretern und der OHL vor. Damit wäre eine einheitliche Orientierung gesichert, und auch die Stellung der Gesamtregierung zur Presse erhielte mehr Festigkeit. So könnte auch eine straffere Führung der öffentlichen Meinung erreicht werden. Für ihn war im Juli 1916 die OHL die Institution im Reich, die "das Heft ganz in der Hand haben muß", weil sie allein die Verantwortung für eine erfolgreiche Durchführung des Krieges trage, ohne die alle anderen Überlegungen hinfällig würden. Hinter jedem militärischen Erfolg stand die politische Ausbeutung des Resultats. Das sollte dann wiederum die Grundlage für neuerlichen militärischen Erfolg liefern. Erst wenn das militärische Ziel erreicht sei, wären die Politiker wieder entscheidend. Sein Satz, daß "... die OHL der Trumpf ist, der alles sticht", war kennzeichnend für Deutelmosers Überzeugung[392].

Koszyk beschreibt die Einstellung Deutelmosers zur Presse in den Tagebüchern als "nicht gerade konsequent und auf den Augenblick gemünzt". Er sieht starke Schwankungen "... zwischen einer eher pressefreundlicheren und einer disziplinierenden Haltung"[393]. Sicherlich lassen sich

---

[391] BHStA, MKr 14 027, Nr. 412 vom 20.09.1918: Als Beilage das Schreiben der OZ vom 19.09.1918, Nr. 46 526.

[392] Deutelmoser, *Tagebücher* Heft III, S. 55 ff.

[393] Vgl. dazu Koszyk, *Offizier und Pressechef*, S. 519.

eine Reihe spontaner Äußerungen dieser Art belegen. In der Gesamtheit spielen diese Schwankungen für eine Bewertung eine nebengeordnete Rolle, weil Deutelmoser sich stets sehr pragmatisch darum bemühte, innerhalb des Spielraumes, den er zur Verfügung hatte, eher progressive und liberale Elemente einer fachlich guten Pressearbeit durchzusetzen. Das dokumentieren seine zahlreichen Überlegungen, Denkschriften, Eingaben und Initiativen über die Jahre hinweg. Dabei besaß er durchaus klare Vorstellungen davon, wie die Presse eine verantwortungsbewußte Einbindung in die Konzepte der Reichsleitung hätte erfahren können. Die Glaubwürdigkeit und die Überzeugungskraft der staatlichen Informationspolitik hätten wirkungsvoll davon profitieren können. Die Kontinuität, die sich in seiner Persönlichkeit wiederfinden läßt, manifestierte sich in seinem Vertrauen und seinem Gehorsam zur OHL und in seinem stets loyalen Verhalten zum Kaiser und zur Reichsregierung. Diesen Punkt erkennt und betont auch Koszyk zutreffend[394]. Doch dabei berücksichtigt er die gesamte Grundhaltung des KPrA-Chefs unzureichend. An oberster Stelle seiner gesellschaftspolitischen Grundüberzeugungen im Weltkrieg stand für Deutelmoser eine - trotz aller Gegensätze - geschlossene Führung des deutschen Reiches, deren Ziel es war, zum Wohle des Vaterlandes diesen Krieg zu führen und in ihm zu bestehen. Das Dilemma für ihn und für das Kaiserreich bestand darin, daß eine klare, einheitliche, auf dem Boden des Burgfriedens ruhende Zielvorgabe für seine Arbeit weder bei der politischen noch bei der militärischen Führung deutlich erkennbar war. Diesen inneren Widerspruch hat Deutelmoser nicht auflösen oder überwinden können. Das erklärt, warum trotz aller Fortschritte im Detail die gesamte Pressepolitik nicht den Erfolg hatte, den sich alle von ihr erhofften. Die innere Zerrissenheit des Reiches, die Gegensätze zwischen militärischer und ziviler Reichsleitung, das Selbstverständnis der relevanten Entscheidungsträger der wilhelminischen Gesellschaft, all das stellte eher einen Beweis dafür dar, daß selbst die Einigung auf einen kleinsten gemeinsamen Nenner aufgrund der unterschiedlichsten Zielsetzungen kaum zu realisieren war.

Nach der gelungenen Verabschiedung der Geschäftsordnung holte der Alltag Deutelmoser sehr bald wieder ein. Unter den Pressevertretern hatte sich erneut "Unzufriedenheit" und "Mißstimmung" breitgemacht. In einem Gespräch mit Georg Bernhard erörterte Deutelmoser am 6. August die Gründe für die Häufung der Anzeichen in den Konferenzen. Die Haltung der

---

[394] Ebd., S. 520.

Pressevertreter wurde "... als Ausdrucksform einer allgemeinen, mit der Kriegsmüdigkeit zusammenhängenden Volksstimmung" charakterisiert. Aber auch über eine Reihe von einzelnen Ereignissen (z. B. die Zensur über Feldpostbriefe), die bei den Journalisten und in der Bevölkerung für Ärger und Unmut gesorgt hatten, wurde gesprochen. Bernhard verwies auf Pannen der Informationspolitik des A.A. und erbat sich vor allem mehr sachkundige militärische Aufklärung. Nach Bekanntwerden beunruhigender Nachrichten von der Westfront hätte allein das Erscheinen Deutelmosers die Pressekollegen beruhigt, nachdem zuvor schon schlimme Befürchtungen über die Lage geäußert worden waren. Dennoch erbat sich Bernhard auch über eine Bemerkung im Protokoll mehr gehaltvolle Informationen von der OHL durch Deutelmoser. Dieser bewertete die Darlegungen des Ausschußvorsitzenden in mehrfacher Hinsicht als Beleg für die "herrschende Nervosität" in der Öffentlichkeit. Allerdings läge in den Äußerungen Bernhards auch ein "Wink", die Pressesitzungen stärker als bisher zur "Hebung der öffentlichen Stimmung" zu benutzen. Deutelmoser wollte diese Anregung gerne aufgreifen, jedoch nur im Rahmen einer militärisch und politisch verantwortbaren Zielsetzung, die nur sehr unscharf erkennbar war und die deswegen wiederum eher Zurückhaltung erforderte. Über die Gerüchte bevorstehender weiterer Veränderungen der Befehlsverhältnisse im Osten wurde auch gesprochen, ohne bestimmte Vermutungen jedoch zu vertiefen[395].

Nach heftigen Diskussionen über die Neuordnung der Befehlsstruktur an der Ostfront war der Kaiser gezwungen, in einer am 28. Juli nach Pleß einberufenen Konferenz gemeinsam mit dem österreich-ungarischen Bundesgenossen die zugespitzte Situation zu bereinigen. Ausgelöst worden war die Frage der Übertragung des Oberbefehls über die Armeen der Donaumonarchie an Hindenburg von dem ungarischen Oppositionsführer Andrassy. Bethmann Hollweg ergriff in Pleß ebenfalls entschlossen Partei für eine Ausweitung der Kompetenzen Hindenburgs[396]. Er eröffnete dem Kaiser, daß es bei dieser Entscheidung auch um die Dynastiefrage gehe: "Mit Hindenburg könne er einen enttäuschenden Frieden machen, ohne ihn nicht[397]!" Damit wurde auch klar, daß Bethmann die möglichen Erfolgsaussichten dieses Krieges inzwischen deutlich geringer einschätzte. Für Falkenhayns Strategie sah der Reichskanzler keine Perspektive mehr.

---

[395] Deutelmoser, *Tagebücher* Heft V, S. 1 ff.

[396] Janßen, *Kanzler und General*, S. 230 ff.

[397] Müller, Georg Alexander von, *Regierte der Kaiser?*, Göttingen 1959, S. 206.

Die Kompromißformel, die dann am 28. Juli gefunden wurde, sicherte Hindenburg die Befehlsgewalt über die Ostfront, in die am folgenden Tag auch noch die 2. Österreichische Armee miteinbezogen wurde. So entstand der "Dualismus" in der Heeresleitung, der eher als Übergangszustand denn als dauerhafte Einrichtung angesehen wurde. Falkenhayn blieb trotz der schwierigen Situation auf seinem Posten und versuchte angesichts der kritischen Frontlage in einer Art "Balanceakt", die Aufteilung der Armeen an der West- und Ostfront, den augenblicklichen Bedrohungen anzupassen[398].

Deutelmoser selber beschrieb die Politik des A.A. in dieser Situation als einen "gut eingefädelten Plan", um Hindenburgs Position zu stärken und eine Verlagerung der militärischen Schwerpunkte an die Ostfront zu erreichen[399]. Mit Haeften besprach er Mitte August auch die gespannte Situation beim Bundesgenossen Österreich-Ungarn, die bei dem Besuch Bethmanns und Jagows Wirkung gezeigt hätte[400]. Die Zuspitzung in der Führungsfrage der OHL erörterte Deutelmoser am 19. August mit einem Mitarbeiter aus dem Gr.H.Qu., Major von Scheller. Falkenhayn hatte wenige Tage zuvor Scheller gegenüber geäußert, daß er "sein Verhältnis gegenüber dem Kanzler nicht für fähig zu einer versöhnlichen Wendung zum beiderseitigen Einvernehmen halte." Auch aus dem A.A., so berichtete Scheller, würde nach seiner Einschätzung eine systematische Kampagne zum Sturz Falkenhayns betrieben, an der auch der Reichskanzler beteiligt wäre[401]. Die Kompromißformel von Pleß hatte die tiefgreifenden Gegensätze zwischen Hindenburg, Ludendorff auf der einen und Falkenhayn auf der anderen Seite nicht überbrücken können. Der Reichskanzler setzte alle seine Hoffnungen auf Erweiterung seines politischen Spielraumes in die Ablösung der 2. OHL und in die Berufung der in der Öffentlichkeit so populären Heerführer Hindenburg und Ludendorff. Während die Mittelmächte sich im August 1916 "in der bisher kritischsten Phase des Krieges" befanden, so urteilt Janßen, "hörte jegliche Zusammenarbeit zwischen Politik und Kriegführung auf." Jeder plante und arbeitete für sich und für seine Interessen[402]. Falkenhayn versuchte mit einer am 21. August verfaßten Denkschrift an den Reichskanzler seine inzwischen wieder gefestigtere Position weiter

---

[398] Janßen, *Kanzler und General*, S. 235 ff. Kielmannsegg, *Weltkrieg*, S. 333 f.

[399] Deutelmoser, *Tagebücher* Heft V, S. 14-19.

[400] Ebd., S. 26.

[401] Ebda, S. 31 f.

[402] Janßen, *Kanzler und General*, S. 243.

zu stärken. Der Chef der 2. OHL betonte seine Verantwortung für die Gesamtheit der Kriegführung und unterstrich nur zu deutlich, daß er eine entscheidende militärische Niederwerfung Rußlands für ausgeschlossen hielte. Hindenburg war nicht in der Lage, sich mit seiner Vorgehensweise und seinen Argumenten gegen den Kaiser durchzusetzen. Auch der Reichskanzler mußte einräumen, daß die öffentliche Meinung allein keineswegs ausreiche, um eine Ablösung des Generalstabschefs beim Kaiser durchzusetzen. Somit schien sich der "Dualismus" in der OHL durchaus als längerfristige Verständigungslösung zwischen den miteinander konkurrierenden Kräften herauszustellen[403].

Die Situation entwickelte sich dann wenige Tage später doch im Sinne der "Falkenhayn-Stürzler". Dies ahnte Deutelmoser wohl nicht, als er an Falkenhayns Entlassungstag seine eigenen Gedanken über die bisherige Entwicklung und die zukünftige Zusammenarbeit mit der Presse niederschrieb. Das Burgfriedenprinzip und die Geschlossenheit der Presse hatten nach seiner Auffassung inzwischen gelitten. Es bedürfe folglich gemeinsamer Grundlagenpositionen zwischen Presse und Exekutive, um das Vertrauen nicht nur zur militärischen, sondern zur gesamten Reichsleitung zu sichern. Ob sachliche Übereinstimmungen zu erzielen wären oder zumindest taktische Gründe für die Zusammenarbeit ausschlaggebend seien, wäre zweitrangig. Mit gewaltsamen Mitteln oder einem übertriebenen Zensureinsatz sei nichts zu erreichen. Für Deutelmoser besaß nur die militärische Führung ein ausreichendes Maß an politischer Neutralität. Nur die OHL könnte den Ressortegoismus überwinden. Die Geschichte und Entwicklung der Arbeit in den Pressekonferenzen führte er als Beleg für seinen Eindruck an. Dort hätte das A.A. von der Vorreiterrolle der militärischen Einrichtungen profitiert. Die Zusammenarbeit hätte sich im beiderseitigen Interesse entwickelt. Die Beteiligung anderer Ressorts war auf der einen Seite ein Beweis für den Stellenwert der Konferenzen und eine Bereicherung des Informationsangebotes für die Journalisten. Auf der anderen Seite nahm die Komplexität der Themen zu, die Interessenlage splittete sich teilweise auf.

Die zunehmende Nervosität der Behörden im Umgang mit der Öffentlichkeit drückte sich auch in der Abwälzung der Verantwortung für Zensurerlasse aus. Die Presse nutzte die sich ergebenden Spielräume natürlich aus. Von ihrer Taktik, sich der Parlamentarier mit Hilfe der Zensurdebatten des Reichstages für die Angelegenheiten zu bedienen, die sie in Kontroversen mit den Zensurbehörden brachten, war der Chef des KPrA nicht sehr erfreut. Nach seinem

---

403 Ebd., S. 244 f.

Selbstverständnis wäre ein Verzicht der Presse auf Augenblicksvorteile anzuraten gewesen, um mit differenzierter Kritik gegen die Bezirke vorzugehen, die dafür Anlaß geboten hatten. Deutelmoser wünschte sich sogar von den Presseleuten mehr öffentliche Unterstützung, um die Position des KPrA gegenüber den Stellvertretenden Generalkommandos zu stärken. Die Diskussionen über den U-Bootkrieg, die Verschärfung der Ernährungslage und die Kriegszieldiskussionen wären vor allem zu Lasten der Regierung gegangen, und sie hätte deswegen bei der Presse viel Kredit eingebüßt. Deutelmoser sah in einer "Systemlosigkeit der Konzessionsmacherei" die Hauptursache einer mangelnden Disziplin in der Presse. Nicht etwa ein "klares Zielbewußtsein", sondern die "Angst vor der öffentlichen Meinung", die Furcht vor einer Verschärfung der Lage durch zu starkes Unterbinden der Kritik hätte die augenblickliche uneinheitliche Situation geschaffen[404].

Interessant ist Deutelmosers scheinbar wechselhafte Haltung zur Einstellung der Presse. Obwohl er von fehlender Disziplin sprach, schwebten ihm keineswegs militärische Vorgehensweisen als Lösungsansätze vor. Er setzte auf die Notwendigkeit der Einsicht aller Beteiligten zum Wohl des Vaterlandes. Ohne freiwillige Mitarbeit der Presse, ob aus ehrlicher Überzeugung oder aus rational-berechnenden Motiven, wäre die so wichtige innere Stabilität der öffentlichen Meinung nicht zu erreichen gewesen.

Seine Zustandsbeschreibungen erscheinen einsichtig und nachvollziehbar. Das Fehlen eines klar umrissenen "Endzieles" oder zumindest konkret benannter "Zwischenziele" war nach seiner Einschätzung das Haupthemmnis, um die Presse auch als "Kriegswaffe" einsetzen zu können. Die allgemeine Friedenssehnsucht und ihr ambivalentes Verhältnis zur weiter unbestimmten Dauer des Krieges mit einem immer unklareren Ausgang (auch wenn er "nicht ernsthaft von einer Niederlage ausgeht") beeinflußte in zunehmendem Maße die Frage nach einem Ziel, das nicht nur einfach "Sieg" hieß. Für ihn konnte eine Lösung dieses Problems nur erreicht werden, wenn eine eindeutige Festlegung des militärischen Schwerpunktes (West- oder Ostfront) erfolgte und wenn eine Neuorientierung auf innenpolitischer Ebene zu einer klaren Linie der Reichsleitung führen würde. Ohne eine eindeutige Zielsetzung sah Deutelmoser auch keine Chance zu einer Konsolidierung der Kräfte auf dem Feld der Pressepolitik[405]. Damit spiegelten sich die Zerrissenheit der OHL, die zunehmenden Spannungen innerhalb der gesellschaftlichen Grup-

---

[404] Deutelmoser, *Tagebücher* Heft V, S. 40-58.

[405] Ebd., S. 59-65.

pierungen, der Parteien, der Verbände und Vereine und die konzeptionellen Mängel der Reichspolitik treffend in den Problemen wider, die den Bereich der Pressepolitik und der öffentlichen Meinung betrafen. Offensichtlich war auf diesem Sektor niemand in der Lage oder mit den nötigen Kompetenzen versehen - auch Deutelmoser nicht - mit der nötigen Initiative und klaren Vorgaben an diesem Zustand etwas zu ändern. Ein weiteres Problem stellten auch die unterschiedlichen Zielsetzungen der politischen Kräfte dar, welche die Presse gerne in ihre jeweilige Richtung gedrängt hätten. Die öffentliche Meinung war zu einem wichtigen Faktor geworden, aber über die Art und Weise der Einflußnahme herrschten sehr divergierende Auffassungen, wie sich noch zeigen sollte.

Der Kriegseintritt Rumäniens auf Seiten der Entente am 27. August 1916 besiegelte das Schicksal des Generalstabschefs Erich von Falkenhayn. Der Kaiser empfand diese Nachricht schicksalhaft und bedrohlichen zugleich. Als sich in dieser Situation auch noch das Militärkabinett gegen Falkenhayn aussprach, ließ er seinen obersten Militär fallen. Es bestand Handlungsbedarf in den Augen der Verantwortlichen. Falkenhayn reichte konsequenterweise umgehend seinen Abschied ein. Er weigerte sich aber, auf den Botschafterposten nach Konstantinopel versetzt zu werden. Die Genugtuung für sein durch absolute Loyalität gegenüber seinem Kaiser geprägtes Verhalten sollte er durch seine Verwendung an der Ostfront in der zweiten Hälfte des Jahres 1916 erhalten. Falkenhayn hatte als Armeeführer den entscheidenden Anteil an dem Erfolg der Mittelmächte über die rumänische Armee: Die Armee des Landes also, das durch seinen Kriegseintritt Falkenhayns Sturz als OHL-Chef ausgelöst hatte; eine Ironie des Schicksals[406].

Falkenhayn hat die in Deutelmosers Augen notwendige Offenheit, die es zur Arbeit mit der Presse bedurfte, nicht besessen. Er hätte stets auch seinen Vertrauten gegenüber "mit verdeckten Karten gespielt"; zu Journalisten hat er keinen 'Draht' entwikelt. Bei aller Kritik an Einzelentscheidungen (z.B. der Verdunoffensive) enthielten die Äußerungen Deutelmosers über den Generalstabschef auch sehr viel Respekt vor dessen Persönlichkeit[407].

Wie tiefgreifend der Einschnitt der Übernahme der OHL durch Hindenburg und Ludendorff generell für die Politik und die Kriegswirtschaft gewesen ist, hat vor allem Gerald D. Feldman

---

[406] Janßen, *Kanzler und General*, S. 249 ff. Kielmansegg, *Weltkrieg*, S. 336 f.

[407] Deutelmoser, *Tagebücher* Heft V, S. 74 f.

umfassend analysiert[408]. Nahezu alle zentralen Bereiche der Inlandspropaganda gerieten allerdings ebenfalls unter den Einfluß der 3. OHL. Das "Hindenburg-Programm" und das "Hilfsdienst-Gesetz" waren die Konzepte der neuen OHL, die einer Ausweitung ihrer gesellschaftspolitischen Machtbefugnisse Vorschub leisteten. Mit diesen Maßnahmen sollten Heer und Heimat geschlossen zum Sieg geführt werden. Mit dem "Hindenburg-Programm" hoffte die OHL die Industrieproduktion mit allen Mitteln steigern zu können. Von einer schrittweisen Ausweitung der Kapazitäten konnte keine Rede sein. Die Rüstungsproduktion mußte in neue Rekordhöhen hochgefahren werden.

Die von der OHL gesteckten Ziele erwiesen sich jedoch schon während des kommenden Winters als völlig überzogen und unrealistisch. Das Programm wurde gezwungenermaßen zurückgefahren. Ernährungs- und Transportprobleme spielten als Gründe dafür ebenso eine Rolle wie die Rohstoffknappheit[409]. Dem Mangel an Arbeitskräften hoffte die OHL durch die Einführung einer allgemeinen Arbeitspflicht beizukommen. Bis das sogenannte "Hilfsdienstgesetz" nach zahlreichen Verhandlungen zwischen der OHL (Groener) und der Regierung (Helfferich) sowie den Unternehmern und den Gewerkschaften in den Reichstag eingebracht werden konnte, vergingen einige Monate. Auch im Reichstag folgten noch scharfe Debatten. Den Parlamentariern - die SPD, Fortschritt, Zentrum und linker Flügel der Nationalliberalen hatten sich auf eine gemeinsame Linie verständigt - gelang eine "tiefgreifende Überarbeitung" der ursprünglichen Vorlage. Schließlich wurde am 2. Dezember 1916 das Gesetz über den "Vaterländischen Hilfsdienst" verabschiedet, alle männlichen Deutschen zwischen 16 und 60 konnten nun zum Dienst in der Rüstungsindustrie verpflichtet werden. Doch es war den Parlamentariern und den Gewerkschaften gelungen, wichtige sozialpolitische Komponenten für die Betriebe festzulegen (Schlichtungsausschüsse, Wechselmöglichkeit des Arbeitsplatzes, Verbesserung der Arbeitsbedingungen u.a.)[410]. Die Konsequenzen aus diesen Planungen waren eine Art "verbrieftes Mitspracherecht" der OHL in allen Fragen, die von existenzieller Bedeutung für die Kriegführung sein konnten. Die Bevölkerung des Deutschen Reiches brauchte eine positive Stimmungshaltung. Die Einheit von Front und Heimat war unabdinglich für ein erfolgreiches

---

408 Feldman, *Army, Industry and Labor*, S. 135 ff. Auch bei Mai, *Ende des Kaiserreichs*, S. 88 ff.

409 Kielmansegg, *Weltkrieg*, S. 187 ff. Mai, *Ende des Kaiserreichs*, S. 95 ff.

410 Kielmansegg, S. 190 ff. Alle wichtige Dokumente zur "Planung und Durchführung des Hilfsdienstgesetzes" in *Militär und Innenpolitik*, Bd 1, Nr. 185 ff.

Bestehen des Krieges. Die zivile Reichsleitung mußte sich also auf dem Sektor Pressepolitik fortan sehr intensiv mit den Auffassungen der führenden Militärs auseinandersetzen. Unter Falkenhayn hatte die Regierung damit kaum Probleme gehabt. Jetzt sollte sie auch auf diesem Feld um ihren Handlungsspielraum schwer zu kämpfen haben[411].

4.2. Ein neues Medium bringt Bewegung in die Diskussion: Die Film- und Bildpropaganda

Ein Bereich, der durch diese Veränderungen des Jahres 1916 plötzlich entscheidende Impulse für seinen Ausbau erhielt, ist die Film- und Bildpropaganda. Während der ersten zwei Kriegsjahre bestimmten die Bilder der in den sogenannten "Kriegswochenschauen" gezeigten Filmberichte den optischen Eindruck, den sich die Menschen in der Heimat von dem Geschehen an den Fronten machen konnten. Die beiden größten und bedeutendsten deutschen Gesellschaften, die ihre etwa in 14tägigem Rhythmus erscheinenden Filme auch im neutralen Ausland präsentierten, waren die "Messter-Film GmbH" und die "Eiko Film GmbH". Daneben gab es noch eine Reihe weiterer mittelgroßer Gesellschaften. Die größte Filmfirma im neutralen Europa, die "Nordisk GmbH" mit ihren "Nordisk authentischen Weltberichten" oder die Wochenschauen des Produzenten Martin Kopp (u.a. Münchener Neuigkeiten), machten der "Messter-Woche" und der "Eiko-Woche" Konkurrenz. Die Nordisk GmbH betrieb über Tochterunternehmen etwa 60 bis 70 große Kinos ("Erstaufführungstheater") im Deutschen Reich und besaß eine Produktions- (Nordische Film Co. GmbH) und eine Vertriebs- und Verleihgesellschaft (Oliver Film GmbH)[412].

Es dauerte immerhin bis in den Herbst 1914, bis sich die regelmäßige Berichterstattung eingependelt hatte. Oskar Messter war unmittelbar nach Kriegsbeginn auch in die Pressestelle beim Stellvertretenden Generalstab berufen worden. Dort zensierte er sämtliche Film- und

---

[411] Stegmann, *Inlandspropaganda*, S. 79 f.

[412] Diesen Hinweis verdankt der Verfasser Ralf Knuth, der sich eingehend mit der Filmgeschichte des Ersten Weltkriegs befaßt hat; vgl. Knuth, Ralf, *Vorgeschichte, Gründung und Entwicklung der Universum-Film-Aktiengesellschaft im Ersten Weltkrieg* Magisterarbeit, Düsseldorf 1993.

Photoaufnahmen von der Front. Parallel arbeitete er die Richtlinien für die Arbeitsweise der Filmgesellschaften und Kameraleute an der Front aus[413]. Im Laufe der Jahre 1915 und 1916 weitete er seine unternehmerischen Tätigkeitsbereiche auch auf Österreich-Ungarn und den Balkan aus. Dort wurden dann als eigene Wochenschauen, die "Sascha-Messter-Kriegsberichte" erfolgreich vertrieben. Alexander Graf Kolowrat, von seinen Freunden Sascha genannt, hatte am 13. März 1914 seine Firma als "Sascha-Filmfabrik" gegründet. Nach seiner Überstellung von der Front in Galizien zum Kriegspressequartier nach Wien erwies er sich als sehr flexibler und fähiger Produzent von Kriegsfilmen und Wochenschauen. Am 4. April 1916 wurde die "Sascha-Messter Film GmbH" gegründet, die eine weitere erfolgreiche Arbeit des Grafen Kolowrat garantierte und auch deutschen Interessen auf dem Balkan entgegenkam[414].

Im Deutschen Reich lag die offizielle Kontrolle des Bilderdienstes unter der Aufsicht des A.A., das am 7. Oktober 1914 die Zentralnachrichtenstelle ins Leben rief. Sie wurde nach ihrer Konsolidierung als Zentralstelle für den Auslandsdienst (ZfA) bezeichnet. Der Leiter der Bildpropaganda, Josef Schuhmacher, kümmerte sich um die Organisation der Ausstrahlung der Wochenschauen im neutralen Ausland[415]. Die im Oktober 1914 erlassenen Richtlinien für die Arbeit der Filmgesellschaften an der Front waren sehr restriktiv. Ausschließlich deutsche Firmen und deutsches Gerät durften von den Gesellschaften benutzt werden, die "patriotisch gesinnt seien" und mit "deutschem Geld arbeiteten". Filmen und Photographieren war nur mit der Genehmigung des Chefs des Generalstabs des Feldheeres gestattet, und die entstandenen Aufnahmen unterlagen zudem der Kontrolle der Photo- und Filmzensoren. Die Frontgebiete wurden zwischen den Gesellschaften aufgeteilt: Messter berichtete von der Westfront, Eiko von der Ostfront und die "Freiburger Express-Film GmbH" von den südlichen Kampfabschnitten. Das Material wurde zwar zwischen den Gesellschaften auch ausgetauscht, doch hatten die Kriegswochenschauen anfangs nur eine sehr begrenzte Wirkung. Daran Schuld waren jedoch weniger die Zensur und das Fehlen von Kampfszenen. Ausschlaggebend dafür waren überwiegend technische Gründe, weil die Kamera- , Schnitt- und Tontechniken noch recht primitiv waren. Dieser Eindruck von zeitweiser Langeweile wurde durch die Szenen aus der Etappe, die

[413] Wippermann, Klaus W., *Die deutschen Wochenschauen im Ersten Weltkrieg* in: Publizistik, Vierteljahreshefte für Kommunikationsforschung, 1971, S. 268-278, hier S. 269 f. Vgl. auch: Messter, Oskar, *Der Film als politisches Werbemittel*, Berlin 1916.

[414] Barkhausen, *Filmpropaganda*, S. 56 f.

[415] Vgl. Koszyk, *Pressepolitik*, S. 244 f. und Barkhausen, *Filmpropaganda*, S. 23 f.

in einem gewissen Gegensatz zu den aktiven Kampfschilderungen der Heeresberichte standen, noch gesteigert[416]. Die Probleme der Kommentierung konnten auch mit der Einfügung von Untertiteln und Begleitmusik nicht gelöst werden. Auch der Einbau von gezeichneten Karikaturen erschien dem Kinopublikum, das die Wochenschauen während eines Spielfilmabends sah, nicht mehr zeitgemäß. "Aktualität und Dramatik, wie sie von den Kriegswochenschauen des Zweiten Weltkrieges bekannt sind, gab es zu dieser Zeit nicht", resümiert Wippermann. Angesichts der technischen Möglichkeiten sollte man besser darauf hinweisen, daß es noch nicht soweit war. Denn der Film war zu Beginn des Krieges noch kein bedeutendes Propagandainstrument. Er wurde es erst im Verlaufe der vier Kriegsjahre. Die militärische und zivile Reichsleitung bauten Filme, Bilder, Zeichnungen und Photos 1914 zwar in ihre Kontrollorgane ein, interessierten sich aber ansonsten kaum dafür. Die Entstehung der Wochenschauen und die Materialsammlungen wurden in den ersten beiden Kriegsjahren nur von der Bilderstelle der ZfA begleitet und waren bis auf Drehgenehmigung und Zensur einem aktiven Einfluß der OHL völlig entzogen.

Der Filmarbeit haftete noch etwas Exotisches an, denn das Kino war gesellschaftlich noch nicht auf breiter Ebene akzeptiert. Bisher hatten Filme in erster Linie Unterhaltungscharakter gehabt. Die Beeinflussung von Menschen im In- und Ausland mit dem Medium Film war völliges Neuland. Doch der Film rückte mit der "Aufgabe der Kriegsberichterstattung" an die Seite der Zeitungen. Die Zahl der deutschen Filmgesellschaften stieg trotz der wirtschaftlichen Schwierigkeiten, einem stark beschränkten internationalen Markt und den Hemmnissen der Zensur im Jahre 1914 von 25 auf 130 im Jahre 1918 an[417].

Ein zielgerichtetes Engagement der OHL oder der zivilen Reichsleitung hat es bis ins Jahr 1916 hinein nicht gegeben. Es scheint auch eher ein Zufall zu sein, daß der besagte Josef Schuhmacher von der ZfA (in seiner Eigenschaft als Vertreter des Bundes deutscher Verkehrsvereine!) an einer Sitzung am 6. April 1916 in Leipzig teilnahm, die unter der Zielsetzung stand, eine "planmäßige, gemeinnützige Werbung für Deutschlands Kultur, Wirtschaft und Fremdenverkehr im Ausland mittels Film- und Lichtbild" zu erreichen. Der Verleger Siegfried Weber hatte den "Ausschuß zum Studium der Frage einer deutschen Film-

---

[416] Wippermann, *Wochenschauen*, S. 272.

[417] Ebd., S. 271.

und Lichtbilder Vortragspropaganda im Ausland", der am 24. Juli 1914 gegründet worden war, zu diesem Gespräch eingeladen. Die Konzeption einer gezielten Auslandspropaganda wurde durch den Direktor des "Weberschen Verlages", Ludwig Lietzsch, vorgestellt. Doch sollte erst nach Abschluß des Krieges mit der Umsetzung begonnen werden. Legationsrat Schmidt vom A.A. dämpfte die Hoffnungen auf finanzielle Unterstützung durch das Reich mit dem Hinweis auf die schädliche Auswirkung, die dann eine offiziös wirkende Propaganda zu erwarten hätte. Dennoch wurde die Planung einer Gesellschaft konkret in Angriff genommen und ein "Vorläufiger Arbeitsausschuss" gebildet, dem neben Weber und Schuhmacher auch noch Prof. Dr. Dade (Deutscher Landwirtschaftsverband), Dr. Herle (Bund der Industriellen) und Dr. von Stoijentin (Zentralverband der Industriellen) angehörten[418]. Knapp vier Monate danach, am 3. August 1916, wurde das A.A. schriftlich durch den Ausschuß vom Stand der Planungen unterrichtet. Der Name der neuen Gesellschaft, deren Satzung gleich mitgeliefert wurde, lautete "Deutsche Lichtbild Gesellschaft" (DLG). Das A.A. wurde freundlich gebeten, alle maßgeblichen amtlichen Stellen (u.a. KM, Stellvertretenden Generalstab, KPrA, R.d.I.) über die für Mitte September geplante Gründung zu informieren, damit die Gesellschaft direkt in vielleicht schon vorhandene Pläne zur Filmpropaganda miteingebunden werden könnte[419]. Dem Filmausschuß lag sehr viel an einer engen Zusammenarbeit mit den Behörden. Das wurde auch dadurch dokumentiert, daß der Termin der Gründungsversammlung um einen Monat verschoben wurde, damit alle noch im Urlaub befindlichen "Offiziellen" auch daran teilnehmen konnten. Ideelle und finanzielle Gründe mögen neben der wichtigen angemessenen Einführung im richtigen Rahmen dafür ausschlaggebend gewesen sein. Letztlich wurde die DLG dann doch erst am 18. November gegründet, weil sich die Verhandlungen zwischen den Verbänden doch länger hingezogen hatten als es ursprünglich geplant war. Ein Blick in die Liste des Verwaltungsrates der DLG bewies, daß eine Reihe bedeutender Vertreter verschiedener Bereiche der deutschen Wirtschaft dort als Mitglieder geführt wurden. Vier von ihnen seien hier stellvertretend genannt: Dr. Max Röttger (Vorsitzender des CdI), Dr. Roesicke (MdR und BdL Vorsitzender), Dr. Riesser (MdR und Vorsitzender des Bankengewerbes) und Dr. Hjalmar Schacht (Direktor der Nationalbank). Barkhausen zeigt in seiner Schilderung der Ereignisse, daß der

---

[418] BA, MA, RM 3/v. 9 901 Sitzungsbericht des Ausschusses vom 06.04.1916.

[419] BA, MA, RM 3/v. 9 901, Schreiben des Ausschusses an das A.A. vom 03.08.1916. Vgl. auch Barkhausen, *Filmpropaganda*, S. 39 ff.

Vorsitzende des Verwaltungsrates der "Friedrich Krupp AG", Dr. Alfred Hugenberg, nach der Übernahme des "Scherl-Verlages" in Berlin im März 1916 nun auch maßgeblichen Einfluß auf die DLG gewann und deren zukünftige Ausrichtung entscheidend mitbestimmte[420].

Parallel zur DLG-Gründung war das Thema Filmpropaganda aus einer ganz anderen Richtung in das Gesichtsfeld der zivilen und militärischen Führung gerückt. Die Stabilität der Türkei als Bundesgenosse schien eine aktive Beeinflussung erforderlich zu machen. Österreich-Ungarn konnte mit Propagandafilmen Erfolge verbuchen. Das A.A. sah sich nach den entsprechenden Meldungen im Juli 1916 zum Handeln veranlaßt. Am 29. Juli kam es auf Einladung des A.A. zu einer Besprechung, in der die Weichen für eine zukünftige kinematographische Propaganda gestellt werden sollten. Nach Schuhmachers ausführlichem Referat zum Stand der Dinge erzielten die beteiligten Einigung darüber, daß eine Stelle mit der Bearbeitung militärischer Angelegenheiten betraut werden müßte. Das R.d.I. und das KM sagten Unterstützung dahingehend zu, daß Aufnahmen in der Heimat möglich sein sollten, die bisher nicht gemacht werden durften. Die ZfA sollte sich verstärkt um die Beschaffung wirtschaftlicher Filme kümmern. Am 8. August erging dann an das A.A. die Mitteilung, daß auch Falkenhayn einer Ausweitung der Filmaufnahmen an der Front und in der Etappe zugestimmt habe. Um die Einflußmöglichkeiten der Zensur zu wahren, machte sich Major Nicolai für eine Zuordnung dieser Stelle zum Stellvertretenden Generalstab stark. Er setzte sich mit diesen Überlegungen aber nicht durch[421].

Währenddessen waren Haeften und Thiel damit beschäftigt, die Organisation und die Kompetenzen innerhalb der MAA zu regeln. Thiel hatte darauf verzichtet, bei der OHL klären zu lassen, inwieweit das A.A. die Verwendung des zur Verfügung gestellten Materials beeinflussen könnte. Haeften hatte mehrfach deutlich gemacht, daß er ausschließlich nach den Weisungen der OHL zu handeln gedächte. Damit zeichnete sich bereits im August ab, daß sich die Vorstellung eines "dualen Führungskonzeptes" innerhalb der MAA nicht durchsetzen lassen würde. Thiel verzichtete deswegen auf eine direkte Klärung. Er fürchtete, Falkenhayn und die OHL hätten dann die militärische Propaganda ganz ohne Rücksicht auf die Belange des A.A. durchge-

---

[420] Barkhausen, *Filmpropaganda*, S. 79 ff., auch: Deutsche Lichtbild Gesellschaft (Hrsg.), *Der Film im Dienste der nationalen und wirtschaftlichen Werbearbeit*, Berlin 1917.

[421] KGFA W-10/50 299 Manuskript von Dr. Hans Traub, *Die private deutsche Filmindustrie bei Kriegsausbruch und im weiteren Verlauf des Weltkrieges*, Aktenauszüge und Entwürfe, erstellt im Juli 1938, hier S. 11 ff. Barkhausen, *Filmpropaganda*, S. 67 ff.

führt[422]. Es sollte sich zeigen, daß die Optionen des A.A. innnerhalb der MAA noch weiter eingeschränkt wurden. Der Wechsel in der OHL von Falkenhayn zu Hindenburg und Ludendorff sollte die Chancen der zivilen Reichsleitung in der Ausgestaltung dieser neuen Behörde weiter reduzieren. Mitte September beklagten sich sowohl Freiherr von Mumm als auch Generalkonsul Thiel in vertraulichen Schreiben an ihren Staatssekretär über die Aktivitäten Haeftens, die eindeutig in den Geschäftsbereich des A.A. hineinreichen würden. Dahinter vermutete Mumm die neue OHL und Major Nicolai als Drahtzieher. Haeften profiliere sich offenbar auch aus dem Grunde, um vor Nicolai und Ludendorff einen "Befähigungsnachweis" zu erbringen, "er dehne sich gewaltig aus", meinte Thiel[423].

Vom Oktober 1916 galt die Regelung, daß Vorgänge an der Front, die für eine kinematographische Umsetzung geeignet schienen, direkt der MAA und nicht mehr der Abteilung IIIb zu melden seien. Auch die bundesstaatlichen Kriegsministerien wurden aufgefordert, die MAA dahingehend zu unterstützen[424]. Der Arbeitsbereich der militärischen Film- und Photostelle weitete sich in kürzester Zeit erheblich aus. Schon Ende November 1916 beantragte die MAA beim KM die sachliche und personelle Aufstockung dieser Abteilung. Im Dezember wurde im Rahmen der Erweiterung dieses Bereichs die Verdoppelung der mobilen Film- und Phototrupps (von zwei auf vier Einheiten, je Einheit bis zu maximal 12 Personen stark) vom KM bewilligt[425].

Parallel dazu hatte Haeften begonnen, sich für die baldige Errichtung einer zentralen Film- und Bildverwertungsstelle einzusetzen. Rückendeckung für seine Überlegungen erhielt er durch die von Ludendorff verfügte direkte Unterstellung der MAA unter die OHL vom 9. Januar 1917. Am 14. Januar legten alle beteiligten Stellen bei einer von Deutelmoser einberufenen Besprechung fest, daß die bestehenden Film- und Photostellen (z.B. Bilderzentrale der ZfA) ebenso wie die Filmdienststellen der MAA in das Bild- und Filmamt (Bufa) aufgenommen werden sollten. Am 30. Januar 1917 wurde dieses Amt gegründet[426].

---

[422] Barkhausen, *Filmpropaganda*, S. 51 f.

[423] Ebd., S. 73 f.

[424] KGFA W-10/50 298 *Forschungsbericht Bufa*, S. 12.

[425] Ebd., S. 21 f. Stegmann, *Inlandspropaganda*, S. 81.

[426] KGFA W-10/50 298 *Forschungsbericht Bufa*, S. 26 f. KGFA W-10/50 299, *Traub, Filmindustrie*, S. 68 f. und Barkhausen, *Filmpropaganda*, S. 74 f.

Der schnelle Bedeutungszuwachs des Photo- und Filmsektors begünstigte die Entwicklung der Abteilungen, die mit diesen Medien zu tun hatten. Auf Anweisung der OHL wurden ab Februar 1917 schon 6 Film- und Phototrupps an der West- und Ostfront, in Mazedonien und im Orient eingesetzt. In der "Zentralstelle Inland" wurden die Filme und Fixbilder entwickelt, bearbeitet und für die Verwendung zusammengestellt. Die Abteilungen Inlanddienst, Frontdienst und Vertrieb arbeiteten dabei eng mit den militärischen Stellen und der MAA zusammen. Für die Abteilung Auslandsdienst zeigte sich das A.A. mit seiner Nachrichtenabteilung personell und strategisch verantwortlich. Von dieser Stelle aus wurde das Bild- und Filmmaterial mit Hilfe der diplomatischen Vertretungen an Vertrauensleute im neutralen Ausland verbreitet. Die dazu notwendigen Gelder wurden aus Mitteln des A.A. aufgebracht[427]. Die übrige Finanzierung des Bufa wurde unter die Kriegskosten eingerechnet und vom KM und der Intendantur übernommen. Haeften schwebten für die Propagandaarbeit Spielfilme und belehrende Filme von der Etappe und den Frontabschnitten vor. Die Privatindustrie sollte bei zukünftigen Produktionen in der Etappe ebenfalls miteingebunden werden[428].

Nach dem Runderlaß an die Behörden vom 27. Februar 1917 legte die OHL Wert auf die Abgrenzung des Bufa zum A.A. Die neue Stelle sei zwar eine Unterabteilung der MAA, jedoch damit nicht automatisch auch eine A.A.-Abteilung. Die finanzielle Förderung durch den Propagandafond wäre außerdem doppelt so hoch wie der A.A.-Zuschuß. Interessanterweise wurde die Presse offiziell erst Ende März 1917 von der Einrichtung des Bufa in Kenntnis gesetzt, weil die OHL vorerst nichts über ihre Absichten an die Öffentlichkeit geben wollte[429].

Das Verhältnis des Bufa und der DLG bedurfte ebenfalls zu diesem Zeitpunkt einer Klärung, da es nicht frei von Spannungen war. In einer Sitzung am 29. März manifestierte sich die Haltung der Behörden gegenüber der DLG. Man erklärte sich zwar zu einer grundsätzlichen entgegenkommenden Zusammenarbeit mit der DLG bereit, sie sei jedoch kein kriegswichtiger Betrieb, ihre Filme könnten keinen amtlichen Charakter haben, und ihre gesamte Arbeit hätte sich an den Richtlinien und der Vorrangstellung des Bufa zu orientieren[430]. Den Stellvertretenden Generalk-

---

[427] KGFA W-10/50 298 *Forschungsbericht Bufa*, S. 32 f.

[428] Bei Ausstellungen in der Heimat hatten sich Museen bereits durch ein hohes Maß an Detailgenauigkeit hervorgetan. Begehbare Demonstrations-Schützengräben oder akustische Schlachtgeräusche unterstrichen die realitätsnahe Vermittlung der Exponate für die Betrachter, Brandt, *Kriegssammlungen*, S. 247 ff.

[429] KGFA W-10/50 299 *Traub, Filmindustrie*, S. 73 f. und Barkhausen, *Filmpropaganda*, S. 98 f.

[430] KGFA W-10/50 298 *Forschungsbericht Bufa*, S. 38 ff.

ommandos wurde auf der ersten großen Behördenbesprechung, die zur Vorbereitung des "Vaterländischen Unterrichtes" diente, am 4. April durch das KM mitgeteilt, daß sie sich für den erwünschten Einsatz des Bild- und Filmmaterials in Front und Heimat an das Bufa wenden könnten. Die Resonanz auf die Filmvorführungen seien bisher ausgesprochen positiv gewesen[431]. Während das Bufa sich bis zum Sommer 1917 weiter vergrößerte und vor allem auch begann, kleinere beweglichere Filmtrupps an der Front einzusetzen, verschärften sich die Auseinandersetzungen mit der DLG. Vor allem Haeften - so beschreibt es Barkhausen in seiner Schilderung dieser Vorgänge immer wieder - pochte auf die Richtlinienkompetenz des Staates und der OHL, die von keiner privaten Firma unterlaufen werden dürfe. Die Behörden mußten die gesamte Kontrolle der Filmpropaganda unter ihrem direkten Einfluß behalten. Ein wichtiger Einschnitt, der jedoch nur ein vorläufiges Ende der Streitereien bedeutete, wurde durch den von Ludendorff am 4. Juli 1917 in einem Brief an den Kriegsminister geforderten "Zusammenschluß aller (sic! deutschen) Filmfirmen" zu einem Konzern markiert. Dieses Schreiben - vielfach als "Geburtsurkunde der Ufa" bezeichnet - hatte eine Signalwirkung für noch viel weitreichendere Überlegungen als bisher[432]. "Die Schlacht gegen die DLG", die als reine Interessenfirma der Schwerindustrie angesehen wurde, setzte sich fort. Die Exekutive, allen voran Haeften und die MAA, aber auch die OHL und die Reichskanzlei, entwickelten gemeinsam mit dem Direktor der Deutschen Bank, Emil von Stauss, die Idee eines gemeinschaftlich getragenen Unternehmens. Daran sollten sich der Staat und die Privatwirtschaft mit hohen Einlagebeträgen beteiligen. Nach einigen streng geheim gehaltenen Verhandlungen wurde am 18. Dezember 1917 die Universum Film AG (Ufa) mit einem Gründungskapital in Höhe von 25 Millionen Mark ins Leben gerufen[433]. Drei zentrale Aufgaben wurden der Ufa mit auf den Weg gegeben:

"1) Den ausländischen Einfluß in Deutschland zu beseitigen, so daß die Bedürfnisse des deutschen Film-Marktes in der Hauptsache von der deutschen Filmindustrie gedeckt würden,

2) Ausübung der Propaganda im In- und Auslande im Sinne der OHL und der politischen Behörden,

---

431 *Militär und Innenpolitik*, Bd 2, Nr. 321, S. 805 und S. 809 f. An der Besprechung der Zensurstellenleiter nahmen etwa 50 bis 60 Offiziere und Behördenvertreter teil.

432 Barkhausen, *Filmpropaganda*, S. 118 ff. Johann, *Innenansichten*, S. 265 ff. kompletter Abdruck des Schreibens.

433 Barkhausen, *Filmpropaganda*, S. 132 ff. Dazu: Zglinicki, Friedrich von *Der Weg des Films*, Berlin 1956.

3) Hebung der gesamten deutschen Filmindustrie auf eine höhere Stufe und im Zusammenhang damit Erfüllung volksbildender und ethnischer Aufgaben."

Die zivile Reichsleitung hatte sich neben ihrem finanziellen Engagement durch einen Kontrollvertrag in Verbindung mit Sonderabkommen entscheidendes Mitspracherecht bei der Geschäftsführung des neuen Unternehmens gesichert. Der großangelegte Zusammenschluß der wichtigsten deutschen Filmfirmen (Nordisk im deutschsprachigen Raum, Messter-Film, Projektions AG Union-Film) unter ein gemeinsames Dach ergab ein Gebilde, das durch eine militärische oder politische Behörde unter keinen Umständen zu führen gewesen wäre. Den privatwirtschaftlichen Strukturen der einzelnen Beteiligungsgesellschaften hatten die Ressorts nichts gleichwertiges entgegenzusetzen. Es hätte auch nicht im Interesse der OHL, der Reichsleitung und der privaten Investoren gelegen, das behördliche Engagement in den Vordergrund zu schieben. Die Einigung auf einer großen Linie beendete keineswegs die internen Streitigkeiten. Das Bufa und die DLG rivalisierten weiter um Zuständigkeiten, Form und Inhalte der Produktion der Auslandspropaganda[434].

Zwischen der militärischen und zivilen Reichsleitung konnten Ende Januar 1918 die permanent schwelenden Konflikte innerhalb der MAA beigelegt werden, indem das Bufa aus der Zuständigkeit der MAA herausgelöst wurde. Die Unterstellung des Bufa unter das KM wies allerdings darauf hin, daß dessen Aufgabenbereich sich veränderte. Der Anspruch der OHL, das "... Bufa müsse die geistige Zentrale für die gesamte Film- und Bildpropaganda aller Reichs- und Staatsbehörden und zugleich die Aufsichtsbehörde der Ufa hinsichtlich der zweckentsprechenden Durchführung aller staatlichen Aufklärungsaufträge werden," war zu hochgegriffen. Das Bufa wurde in verkleinerter Form eine Verwaltungs- und Vermittlungsstelle, die sich während der gesamten ersten Hälfte des Jahres 1918 um eine klare Abgrenzung der Zusammenarbeit mit der Ufa bemühte[435]. Es wurden zwar weiter in verstärkter Zahl Filmtrupps an die Front geschickt, die über die Ufa Front- und Gefangenenkinos mit einer steigenden Zahl von Filmen belieferten, aber die geschäftliche und praktische Verwertung des Materials lag in den Händen der Ufa. Letztere Komponenten legten die Rahmenbedingungen für den im August 1918

---

[434] KGFA W-10/50 298 *Forschungsbericht Bufa*, S. 55, KGFA W-10/50 299 *Traub, Filmindustrie*, S. 115 ff. und Barkhausen, *Filmpropaganda*, S. 135 f.

[435] KGFA W-10/50 298 *Forschungsbericht Bufa*, S. 56 ff. Barkhausen, *Filmpropaganda*, S. 143. KGFA W-10/50 299 *Traub, Filmpropaganda*, S. 219: Aus dem Protokoll der Sitzung in der MAA am 24.12.1917 waren schon die Meinungsverschiedenheiten zwischen Haeften und Grau über das Verhältnis Bufa - Ufa herauszulesen.

vertraglich geregelten Einfluß des Bufa als "staatliche Kontroll- und Initiativstelle" gegenüber der Ufa fest. Die von der MAA in Ohla umbenannte Abteilung übermittelte die Wünsche der OHL an das Bufa[436]. Schwierigkeiten bereitete den Front- und Heimatdienststellen die etwas verwirrenden Zuständigkeitswechsel des Bufa. Ob es nun als Kriegsgesellschaft oder als halbamtliches Unternehmen angesehen wurde, die Kooperation mit andern Stellen hat darunter gelitten[437]. An der Arbeit des Bufa hat sich in den Oktobertagen auch durch die erneute Unterstellung in den Zuständigkeitsbereich der parallel dazu rückbenannten MAA nichts wesentliches mehr geändert. Der Behördenapparat funktionierte bis zum letzten Kriegstag, die Demobilisierung des Amtes vollzog sich bis zum 1. April 1919. Zwei Jahre später gingen die noch verbliebenen Verfügungsrechte auf das neugeschaffene Reichsfilmamt über, das der Reichskanzlei unterstellt war[438]. Die ersten konkreten Planungen dazu waren bereits in einer Besprechung am 31. Dezember 1918 in Angriff genommen worden. Es wurde intensiv über eine mögliche Aufnahme des Bufa als Teil des künftigen Reichspropagandaministeriums gesprochen. Vor allem der Filmdezernent des "Pressechefs" des Reichskanzlers machte sich für diese Lösung stark[439].

Erstaunlich ist, daß in der Bewertung und Einschätzung der Cinematographie durch die Briten auch Deutschland neben Frankreich eine Vorreiterrolle übernommen hatte. Die überwiegend durch Initiativen der privaten deutschen Gesellschaften im Ausland gezeigten Filme verfehlten ihre Wirkung nicht. Vor allem in Drittländern, wo die Bevölkerung weder lesen noch schreiben konnte, setzte sich der Film als Propagandainstrument so durch, daß er nach Einschätzung der englischen Experten schon 1917 "the most powerful agent for publicy now in existence" gewesen ist[440]. Bei der staatlich geförderten Produktion, Erfassung und Vermarktung blieben die Entwicklungen in Deutschland hinter denen in England sogar zurück. Die Briten hatten dabei mit Geheimhaltungsauflagen der Armee ebenso zu kämpfen wie die Deutschen. Mit dem gezielten Einsatz des Films für die Aufklärungsarbeit der Bevölkerung betraten die Verantwortli-

---

436 KGFA W-10/50 298 *Forschungsbericht Bufa*, S. 65 f.

437 Ebd., S. 82 f.

438 Barkhausen, *Filmpropaganda*, S. 182 und KGFA W-10/50 298, S. 85 ff.

439 KGFA W-10/50 299 *Traub, Filmindustrie*, S. 108.

440 Sanders/Taylor, *British Propaganda*, S. 123 f.

chen im Jahre 1916 Neuland[441]. Der Wert und die Möglichkeiten dieses neuen Mediums für die Aufklärungstätigkeit waren von den Verantwortlichen in der deutschen Filmindustrie früh und innerhalb des Militärs und der Regierung erst spät erkannt worden. Mit der MAA-Gründung veränderte sich die Einstellung zum Film aber dann sehr schnell. Bis dahin hatte man sich überwiegend auf die Wochenschauen beschränkt und eine noch bescheidene Filmproduktion am Rande "mitlaufen" lassen. Es dauerte geraume Zeit, bis die OHL die Grundlagen für die Drehbedingungen und die technischen Voraussetzungen an der Front und in der Etappe schaffte. Nach anfänglicher Skepsis wandelte sich das Bewußtsein. Die unsichere Kriegslage zwang immer stärker dazu, alle Möglichkeiten zur Erhaltung einer positiven Grundstimmung im Reich einzusetzen.

Bei der Lösung der organisatorischen Probleme stießen die Behörden an die Grenzen ihrer Einflußmöglichkeiten. Auch wenn die Regierung und die OHL in unterschiedlicher Weise ihren Einfluß innerhalb der Ufa geltend machen konnten, so blieb die große Zentrale des deutschen Films ein Unternehmen, das mit staatlicher Beteiligung nach privatwirtschaftlichen Gesichtspunkten geführt wurde. Beim Bufa war dies - Barkhausen erwähnt und belegt das an zahlreichen Stellen - einer der größten Mängel. Die investierten Summen standen in der Bilanz in keinem Verhältnis zum Ertrag. Das allein führte schon zu Schwierigkeiten bei der Regelung und Umsetzung der Zusammenarbeit zwischen Ufa und Bufa.

Über die Wirkungen der Filme auf die Bevölkerung gibt es nur wenig gesicherte Erkenntnisse[442]. Weltweit begann der Film während der Weltkriegsjahre die Menschen in seinen Bann zu ziehen. Propaganda- oder Kriegsfilme profitierten von dem einsetzenden Boom und verstärkten ihn noch[443]. Die Zahl der Produktionen wuchs, die Filmtechnik verbesserte sich, und die inhaltliche Vielfalt der gezeigten Filme erfuhr ebenfalls eine Steigerung[444]. Optimismus und Siegeszuversicht durchzogen die Beiträge. All das reichte in Verbindung mit einer hohen Bereitschaft des Publikums zu Kinobesuchen aus, um das Interesse und die Begeisterung der

---

[441] Ebd., S. 126 ff.

[442] Barkhausen, *Filmpropaganda*, S. 180 f.

[443] Sanders/Taylor, *British Propaganda*, S. 126.

[444] BHStA IV., MKr 2 334, Sitzung des KPrA vom 06.08.1917: Die Aufklärungsoffiziere waren in dieser Phase von der Qualität der Bufa-Filme noch nicht überzeugt und mahnten dringende Verbesserungen technischer und inhaltlicher Natur an, bevor diese Filmstreifen den Soldaten vorgeführt würden, S. 2 ff.

Zuschauer zu erzielen. In der Heimat, in der Etappe oder in den (teilweise) mobilen Frontkinos waren die Plätze meist voll besetzt[445]. Die Authentizität, die durch die Filme vermittelt wurde, verwischte sicherlich die Distanz der Betrachter zur Realität noch weiter, als das ohnehin auf anderen Wegen schon geschah. Inwieweit das Bild in der Öffentlichkeit vom Kriegsverlauf und von den Siegeshoffnungen davon positiv verändert wurde, ist nur zu vermuten. Es ist empirisch kaum möglich, den tatsächlichen Einfluß der Film- und Bildpropaganda auf die ein Filmtheater besuchende Zivilbevölkerung und die Soldaten des Deutschen Reiches zu erfassen. Dennoch läßt sich festhalten, daß dieses Medium eindeutig eine zuversichtlichen Stimmung innerhalb der Bevölkerung gefördert hat und die Moral der Soldaten durch erfolgreiche Bilder von anderen Kampfabschnitten stärkte. Trotz aller Auseinandersetzungen um die praktischen Zuständigkeiten der Umsetzung des Einsatzes dieses Mediums lagen die OHL, die Reichsleitung und wichtige Vertreter der Wirtschaft auf einer Linie, wenn es um Ausbau und Erweiterung dieses Sektors ging. Bei mehr Einigkeit unter den Beteiligten wären auch sicherlich noch weitaus größere Fortschritte zu erzielen gewesen.

4.3. Weichenstellungen der Propaganda zwischen Krieg und Frieden durch Hindenburg und Ludendorff

Doch nicht nur innerhalb der MAA und auf dem Bild- und Filmsektor gab es in der zweiten Jahreshälfte des Jahres 1916 Bewegung. Auch die übrigen Pressestellen machten sich Gedanken über eine Verbesserung der Organisation der amtlichen Propaganda. In gemeinsamen Sitzungen kamen das A.A., N und das KPrA überein, sich über die Herausgabe einer Halbwochenschrift zu verständigen, in der regelmäßig die Bereiche angesprochen werden sollten, die für eine Versorgung der Bevölkerung mit aufklärenden Informationen wichtig seien. Die "Deutschen Kriegsnachrichten" (D.K.) sollten Artikel über Kriegsereignisse, die Frontlage, die wirtschaftliche Situation, die Berichterstattung der Feinde, die Meinungen im neutralen Ausland und

[445] Im Mai 1918 schätzen die Behörden die Besucherzahlen in den etwa 2 000 deutschen Kinos auf rund 500 000 pro Tag. Vgl. Stegmann, *Inlandspropaganda*, S. 96, Anm. 132.

noch eine ganze Reihe anderer Themen enthalten. Die Übersendung des Entwurfes, der aus der Hand von Erhard Deutelmoser stammte, wurde am 2. Oktober 1916 an alle Ressorts veranlaßt. Nachdem zuerst von Seiten des R.d.I. Widerspruch gegen diese Pläne laut geworden waren - der Staatssekretär Helfferich befürchtete eine Steigerung der Uniformität in der Presse und riet von einer Einmischung der Militärbehörden in wirtschaftspolitische Fragen ab - einigte man sich Ende Oktober darauf, vornehmlich Militär- und Marinefragen zu behandeln und nur in begründeten Einzelfällen bei direkten inhaltlichen Zusammenhängen auch andere Gebiete miteinzubinden[446].

Deutelmoser war Anfang September plötzlich unter Druck geraten. Das KPrA hatte sich in der bisherigen Kriegsberichterstattung eher zurückhaltend gezeigt, und auch die Lagebeurteilung zum Ende des zweiten Kriegsjahres wurde in Kreisen der neuen OHL nicht gerade gutgeheißen. Zudem traten Gerüchte auf, daß alle Mitarbeiter Falkenhayns von ihren Posten entfernt würden[447]. Am ersten September bat Falkenhayn Deutelmoser zu einem Gespräch, bei dem sich beide des Ernstes der Lage bewußt waren und gleichermaßen betonten, daß gerade nach diesem vom Zeitpunkt her nicht sehr günstigem Wechsel, der nach Falkenhayns Auffassung unvermeidlich geworden war, Einigkeit für das Vaterland an oberster Stelle stehen müsse. Falkenhayn hat Deutelmoser für seine Treue und seine erfolgreiche Mitarbeit ausdrücklich gedankt: "Sie haben ihre Aufgabe so gelöst, wie sie gar nicht besser gelöst werden konnte. Und wenn ich draußen das mir anvertraute Werk nicht habe zu Ende führen können, so lagen die Gründe ganz gewiß nicht auf dem Gebiete, auf dem Sie mein Berater gewesen sind." Nachdem sich Deutelmoser im Gegenzug für sein "Vertrauen und die Güte" bedankt hatte, die ihm Falkenhayn stets erwiesen hätte, betonte dieser: "Das beides gibt es bei mir nur für solche Leute, denen es auch wirklich gebührt. Und von Ihnen hat das immer gegolten[448]."

Am 3. September hatten Hindenburg und Ludendorff zu einer großangelegten Besprechung nach Schloß Pleß ins Hauptquartier eingeladen. Auch Deutelmoser, Haeften und Nicolai waren einbestellt worden. Sie stimmten ihre Dienstgeschäfte am Vormittag gemeinsam ab. Ludendorff bat dann alle wichtigen Offiziere und Ressortvertreter zu Einzelvorträgen zu sich. Deutelmoser

---

[446] *Militär und Innenpolitik*, Bd 1, Nr. 133 und Nr. 134, S. 320-326. Zur Diskussion über die D.K., S. 325, Anm. 8.

[447] Deutelmoser, *Tagebücher* Heft VII, S. 1 f.

[448] Deutelmoser, *Tagebücher* Heft VI, S. 26-31, Zitate, S. 30 f.

war erst am Abend an der Reihe. Ludendorff folgte dem Referat des KPrA- Chefs sehr interessiert und verständig, stellte Fragen und stimmte den unterbreiteten Vorschlägen zur Vereinheitlichung des Presseapparates grundsätzlich zu[449].

Folgende Punkte gab er Deutelmoser mit auf den Weg:

"1. KPrA sollte ein übersichtliches Tableau seiner Gliederung erreichen.

2. In der Presse keine Zukunftsbetrachtungen über die Kriegsereignisse zulassen. Ebensowenig Hinweise auf Fehler in der feindlichen Kampfesweise oder Kriegsrüstung. Zensoren, die dagegen verstoßen, sind wegzujagen.

3. Stets betonen, daß die OHL keine Politik betreibe.

4. Orientierung des A.A. geschieht unmittelbar durch das Gr.H.Qu.

5. Mehr Ausnutzung der neutralen Berichterstatter. Reise ins Verwaltungsgebiet Obost. Da gibt es viel Interessantes zu sehen.

6. Mehr vom Kaiser in der Presse bringen! (Zunächst auf dem Umweg durch die neutralen Berichterstatter, damit nicht der falsche Eindruck entsteht, als stecke eine besondere Absicht dahinter.)

7. In Nordschleswig werden Stellungen ausgebaut. Es ist nötig, das mit dem Hinweis auf mögliche Angriffspläne Englands zu begründen, nicht etwa mit Mißtrauen gegen Dänemark.

8. Die Angriffstätigkeit vor Verdun wird demnächst ein wenig nachlassen. Es muß betont werden, daß das absichtlich geschieht und daß die OHL gute Gründe dafür hat[450]."

Deutelmoser zeigte sich von den äußeren Umständen seines Besuches in Pleß tief beeindruckt und räumte seinen Schilderungen darüber weit mehr Raum ein, als den inhaltlichen und technischen Fragen. Dennoch wird hiermit belegt, daß Hindenburg und Ludendorff offensichtlich alle wichtigen Mitarbeiter zu einer konsolidierenden Besprechung zusammengerufen haben und daß Ludendorff dabei schon sehr konkrete Überlegungen zur Presseleitung vorschwebten. Sicherlich stellt das Vortragsgespräch auch eine Art Überprüfung der Persönlichkeit Deutelmosers dar.

---

449 Ebd., S. 31-42: Deutelmoser reiste gemeinsam mit Haeften an! (S. 31); Interne Besprechung mit Nicolai, S. 33; Vortragsgespräch mit Ludendorff, S. 41 f.

450 Deutelmoser, *Tagebücher* Heft VI, Nachtrag am 06.09. über die Weisungen Ludendorffs, S.49 ff. Vgl. auch Koszyk, *Offizier und Pressechef*, S. 521 f.

Am Abend des 12. September erfuhr der KPrA-Chef von Nicolai, daß Bethmann am Tage vorher bei Ludendorff nachgefragt habe, ob Deutelmoser, falls er Interesse habe, als Nachfolger Otto Hammans zur Verfügung stünde. Ludendorff würde eine positive Entscheidung Deutelmosers unterstützen, wenn Bethmann zugleich die (an dieser Stelle nicht näher ausgeführten) Bedingungen der OHL erfüllen würde[451]. Ludendorff bestätigt in seinen Erinnerungen, daß er dem Wunsch Bethmanns nach einer Ablösung Hammans durch Deutelmoser entsprochen habe, damit endlich "... etwas Ganzes geschaffen werden würde." Seine Forderungen, die Bethmann Hollweg ablehnte, lauteten: "Leitung aller Presse-Dezernate der Zivilbehörden durch eine autoritative, beim Reichskanzler unmittelbar unterstellte Persönlichkeit, inniges Zusammenarbeiten dieser Stelle mit KPrA und der Presse-Abteilung des Admiralstabes, Beschränkung der Presseabteilung des A.A. auf außenpolitische Fragen; dafür Vertiefung ihrer Arbeit für feindliche, neutrale und verbündete Zeitungen und endlich Vertretung und Förderung der wirtschaftlichen Interessen der Presse durch eine zentrale Stelle." Ludendorff bemängelte ausdrücklich, daß von Seiten der Presse eine "einheitliche Vertretung" fehle. Der "Presse-Ausschuß" der Pressekonferenzen, der VDZV und der Reichsverband der deutschen Presse waren sich nach seiner Einschätzung "in sich schon nicht einig".[452] An anderer Stelle kritisiert er die "sehr dürftigen Einrichtungen" im Bereich der Propagandaorganisation zum Zeitpunkt seines Eintretens in die OHL, die einen entsprechenden Namen "nicht verdienen würden"[453].

Deutelmoser bestätigte, daß Ludendorff ihn ermuntert habe, alles dafür zu tun, damit die "feste, treue und opfermutige Haltung des Volkes" bestehen bliebe, dann bestünde auch "kein Zweifel" am Erfolg.[454] Ludendorff beabsichtigte mit diesem Personalwechsel die Führung in Pressefragen

---

[451] Deutelmoser, *Tagebücher* Heft VII, S. 5. Vgl. Nicolai, *Nachrichtendienst*, S. 89 f.

[452] Ludendorff, *Kriegserinnerungen*, S. 295 ff. Die offizielle Zustimmung erfolgte erst Ende Oktober, vgl. dazu Kap. 1.2.; auch bei Nicolai, *Nachrichtendienst*, S. 90 ff.

[453] Ebd., S. 301.

[454] Deutelmoser, *Tagebücher* Heft VII, S. 10 ff. Wahrscheinlich ist der erwähnte Besuch im Gr.H.Qu. vom 03.09.1916 gemeint, wenn Deutelmoser in seinen Aufzeichnungen am 15.09.1916 schreibt: "Dieser Tage erst war ich im Hauptquartier bei Hindenburg und Ludendorff ..."

zweckmäßigerweise der Reichsleitung zu übertragen. Er war auch bereit, dafür seinen KPrA-Chef an das A.A. abzugeben[455].

Am 25. September unterhielt sich Deutelmoser dann mit Haeften über den in der Schwebe befindlichen Plan eines Übertritts in die Dienste des Reichskanzlers. Deutelmoser schrieb Nicolai über diese Unterredung. Von Seiten des A.A. wußte Haeften zu berichten, gäbe es "an einer ihm (Deutelmoser) nicht wohlwollenden Stelle" Vorbehalte gegen seine Person, weil er der "Partei Falkenhayn zugerechnet würde". Deutelmoser betonte nur, daß seine fachliche Arbeit stets im Vordergrund gestanden hätte; seine Loyalität beziehe sich primär auf das Sachinteresse. Er hoffe, daß Haeften ihn nicht nur "aus alter Freundschaft angepriesen" hätte. Zudem hinge er auch wegen der investierten Arbeit an seiner bisherigen Stellung. Er hatte sich, das betonte er auch in einem Nachwort, immer vertrauensvoll auf die Seite des Reichskanzlers gestellt und versucht, dessen Position zu stärken. Auch um persönliche Vermittlung zwischen Falkenhayn und Bethmann bemühte er sich dabei. Die Sache stand für Deutelmoser immer an oberster Stelle[456]. Das wird unter anderem durch seine Arbeit für die Deutschen Kriegsnachrichten, deren "Vater" und Initiator er war, belegt[457]. Die D.K. waren eine Korrespondenzgründung des KPrA, die die Presse umfassend mit Nachrichten und Informationen aus allen Ressorts versorgen sollte. Am 2. Oktober 1916 stellte Deutelmoser sein Konzept in der Reichskanzlei vor. Die Einwände in der Reichskanzlei richteten sich gegen die Entwertung der Pressedienste der einzelnen Behörden. Die Offiziösität und Uniformität würden in der Presse eher eine ablehnende Haltung hervorrufen. Die Tatsache, daß der Provinzpresse auf diesem Wege Nachrichten der OHL und Marine zugehen könnten, wurde hingegen außerordentlich begrüßt. Insgesamt stellte sich jedoch die zivile Reichsleitung hinter die Herausgabe und stimmte ihr zu, nachdem politische und wirtschaftliche Fragen nur in Ausnahmefällen Gegenstand der Behandlung sein sollten[458].

---

[455] KGFA W-10/50 367 Forschungsarbeit von Oberarchivrat Oberkircher, *Die Entwicklung der Stimmung in der Heimat im Winter 1916/17, Presse und Propaganda*, vom 10.01.1924, hier S. 17 f. Diese Arbeit stützt sich neben dem Aktenmaterial des Reichsarchivs wesentlich auf das Buch Nicolais, *Nachrichtendienst*, aus dem Jahre 1920. Deswegen entsprechen die Wertungen Oberkirchers häufig den Ansichten des ehemaligen IIIb-Chefs.

[456] Deutelmoser, *Tagebücher*, Heft VII, S. 39 ff.

[457] *Militär und Innenpolitik*, Bd 1, Nr. 135, S. 326, Anm. 9.

[458] BA, Potsdam, RK 2 437/12 Vorstellung der Korrespondenzgründung der D.K. am 02.10.1918. Schreiben von Helfferich vom 16.10.1916, Dok. 293/294. Vgl. dazu *Militär und Innenpolitik*, Bd 1, Nr. 134 und Nr.

Doch Deutelmoser spürte neben diesen sachlichen Auseinandersetzungen in den Oktobertagen zunehmende Widerstände gegen seine Person in seiner nächsten Umgebung. Major Nicolai und Hauptmann Kroeger benannte er als die Personen, die ihm und seiner Arbeit Widerstände entgegenbrachten. Er führte eine Reihe von Belegen dafür an. Die Anerkennungen seiner Leistung durch den Generalstabschef beschränkten sich auf persönliche Äußerungen Falkenhayns zum Neujahr 1916 und unmittelbar nach dessen Abschied. Darauf hatte die Abteilung IIIb keinen Einfluß gehabt. Auf der ersten Zensoren-Versammlung im Februar 1916 "... tauchte Nicolai plötzlich auf und riß", indem er eine Arbeitsentlastung Deutelmosers als Begründung anführte, "den Vorsitz an sich." Deutelmosers Vorschläge und Initiativen wurden von Seiten der Abteilung IIIb wenig unterstützt, häufig wurde sogar gegengesteuert. Als aktuelle Beispiele verwies er auf seine gerade laufenden Bemühungen um die D.K. und nannte die Angliederung der Bild- und Filmpropaganda an die MAA. Gegen den ausdrücklichen Wunsch Deutelmosers wurde dann Major Stotten - unter dem Vorwand, daß Deutelmoser der Erholung bedürfe - zum KPrA abkommandiert. Nicolai deutete auch unverhohlen an, daß er beabsichtige, das KPrA direkt dem Chef IIIb zu unterstellen, wenn Stotten dort neuer Chef werden würde. Bei den Ehrungs- und Beförderungsgepflogenheiten schien Deutelmoser ebenfalls nicht in vorderster Reihe zu stehen; auch persönlich und finanziell hat ihn das berührt. Da Nicolai diesen Dingen ohne Begründung nun nicht mehr ausweichen könne und weitere Beschneidungen der Kompetenzen des Chefs des KPrA nicht angeraten seien, stünde nun der Zeitpunkt für eine "Abschiebung" seiner Person dicht bevor. Deutelmoser geht sogar so weit "unter der Marke der Freundschaft" von "einer systematischen Unterdrückung seiner Persönlichkeit" durch Nicolai zu sprechen[459].

Nach außen hat Deutelmoser diese Gedanken nicht getragen, er hat sie nur seinem Tagebuch anvertraut. Am darauffolgenden Tag sollte sich zeigen, daß auch Haeften sich von Nicolai böse vorgeführt fühlte. Nicolai hatte nach Haeftens Schilderung in einem vertraulichen Gespräch mit Ludendorff und Bartenwerffer eine grundlegende Neuorganisation des Auslandinformationsdienstes des A.A. erörtert, ohne ihn davon in Kenntnis zu setzen. Haeften war darüber heftig empört und sehr aufgebracht. "Er, Haeften, habe Nicolai seinerzeit mit Müh und Not in den

136. Nr. 134: Zur Vorlage Deutelmosers: S. 322, Anm. 1; zum Einwand und zur letztlichen Zustimmung Helfferichs S. 325, Anm. 8, Nr. 136: Zur weiteren Ausgestaltung der D.K. S. 332.

[459] Deutelmoser, *Tagebücher*, Heft VII, S. 52 ff. Vgl. auch Koszyk, *Offizier und Pressechef*, S. 522 f.

Generalstab gebracht. Jetzt sei ein solches Verhalten der Dank. N.(icolai) wolle alles an sich reißen, alles zentralisieren u.(nd) leiten." Deutelmoser gelang es, den MAA-Chef zu beruhigen, obwohl er im Prinzip dessen Ansicht teilte[460]. Nicolai begleitete dann noch am selben Tag den designierten Nachfolger als KPrA-Chef, Major Stotten, zu einem Gespräch mit Deutelmoser. Nicolai stellte den Wechsel in der Behördenspitze als beschlossene Sache dar, Stotten solle sich ab sofort im KPrA einarbeiten. Die offizielle Bestätigung der Berufung Deutelmosers auf seinen neuen Posten im A.A. würde sich jedoch noch verzögern, weil der Reichskanzler in den nächsten Tagen noch auf die Dienste Hammans angewiesen sei. Außerdem sei unmittelbar nach interner Bekanntgabe der Ablösung Hammans für Deutelmoser ein vierzehntägiger Urlaub vorgesehen, bevor er an seiner neuen Wirkungsstätte tätig werden solle[461]. Am 4. Oktober bat dann Staatssekretär Jagow Deutelmoser zu sich, um mit ihm eine programmatische Erörterung der anstehenden Aufgaben vorzunehmen. Jagow eröffnete Deutelmoser gleich zu Beginn des Gesprächs, daß ihn eine sehr undankbare Aufgabe erwarten würde. Gerade deswegen seien sowohl der Kanzler als auch er selber sehr dankbar, daß er - Deutelmoser - sich bereitgefunden habe, sich diesen Herausforderungen zu stellen. Der Kanzler habe angesichts der laufenden Debatten im Reichstage bisher gezögert, mit Hamman über dessen Ablösung zu sprechen. Er wolle dies jedoch in den nächsten Tagen tun. Nach Jagows Aussage würde der Wechsel für Hamman, trotz der neuen Aufgabe, die ihn bei der Transocean-Gesellschaft erwarte, "ein ziemlicher Blattschuß sein". Jagow verwies zusätzlich auf den physischen Leistungsschwund des noch amtierenden Direktors der Nachrichtenabteilung des A.A., der die Überlegungen zum Wechsel beeinflußt habe. Hamman hätte zudem durch seinen Verzicht auf Rechtfertigungen gegen die von vielen Seiten gegen das A.A. geführten Vorwürfe und durch seine Einstellung, energische Gegenmaßnahmen und gelegentlich auch Polemik generell zu unterlassen, alles Vertrauen verspielt. Jagows Fazit war: "Der ganze Karren ist völlig verfahren[462]!"

Dann erörterten beide gemeinsam die Nachteile, die das "System Hamman" durch die Bevorzugung bestimmter Zeitungen, vor allem der "Frankfurter Zeitung", inzwischen in der Gesamtstimmung der Presse zu spüren bekäme. Deutelmoser wollte sich um Parteilosigkeit

---

460 Deutelmoser, *Tagebücher*, Heft VII, S. 57 f.

461 Ebd., S. 58. Die Ernennung Stottens zum KPrA-Chef am 01.11.1916 erfolgte durch eine Allerhöchste Kabinettsorder vom 28.10.1916, BA, Potsdam, RK 2 438.

462 Deutelmoser, *Tagebücher*, Heft VIII, S. 1 ff.

bemühen und beabsichtigte, die Vertrauenswürdigkeit der Organe zu dem entscheidenden Kriterium der Informationsweitergabe zu machen. Auch an eine stärkere Einbindung der konservativen Blätter war gedacht. Dies könne jedoch nur sehr vorsichtig geschehen und würde auch nicht mit allen Redakteuren der "Deutschen - Tages - Zeitung" oder der "Kreuzzeitung" zu verwirklichen sein[463]. Deutelmoser verwies auf einen wichtigen Grundsatz, der von Tirpitz immer sehr eng beherzigt worden sei. Der Pressechef einer Abteilung benötige jederzeit eine "weitreichende Orientierung". Nicht nur die Dinge, die bereits beschlossen sind, seien wichtig, sondern vielmehr die Dinge, die in absehbarer Zeit spruchreif werden könnten, wären als eigene Hintergrundinformation für eine erfolgreiche Pressearbeit notwendig. Da das Problem der auswärtigen Politik leider stark von einer Art "System der Aushilfen" gekennzeichnet sei, setzte Deutelmoser auf eine klare Orientierung an der OHL. Die OHL erschien als die einzig stabile Größe mit einer klaren Konzeption[464]. Nur mit engen Kontakten zur OHL ließe sich die Basis für eine vernünftige Pressearbeit auf Seiten der zivilen Reichsleitung schaffen. Jagow beurteilte im Hinblick auf die Auseinandersetzungen zwischen Falkenhayn und Bethmann diesen Punkt etwas zurückhaltender. Er ließ damit indirekt durchblicken, daß natürlich während des Krieges die Politik ihren Handlungsspielraum nach den Einschätzungen der militärischen Fachleute, denen man das Vertrauen geschenkt habe, ausrichten müsse. Die größte Bedrohung der Regierung gehe derzeit allerdings von Tirpitz und Bülow aus. Auf Seiten Bülows stünde auch Georg Bernhard. Deswegen drohe auch von dieser Seite mehr Gefahr als von der des Groß-admirals[465]. Mit dieser Besprechung hatten Jagow und Deutelmoser ihre bisherige eher vorsichtige Fühlungnahme stark intensiviert. Für Jagow war es sicher erfreulich, daß er mit Deutelmoser einen loyalen und fachkundigen Mitarbeiter in Pressedingen in die Dienste der zivilen Reichsleitung einführen konnte. Deutelmoser war sich der drängenden Probleme seines neuen Aufgabenbereiches bewußt. Er stand dem Wechsel aber auch deswegen positiv gegenüber, weil er hoffte, von dieser Stelle aus einer einheitlichen Pressepolitik zum Wohle des Deutschen Reiches neue Impulse geben zu können. Zwei Tage später vereinbarten die beiden Gesprächspartner, daß der Amtsantritt Deutelmosers auf den 27. oder 28. Oktober gelegt

---

[463] Ebd., S. 7 ff.

[464] KGFA W-10/50 367 Oberkircher, *Entwicklung der Stimmung*, S. 4. Oberkircher sah die OHL ebenfalls als "einzige Größe an, die in Deutschland unbestritten war."

[465] Deutelmoser, *Tagebücher*, Heft VIII, S. 10 ff.

werden solle. Jagow wies darauf hin, daß vor Jahresabschluß jedoch nicht mit der vollständigen Entlassung Hammans zu rechnen sei[466]. Es vergingen noch einige Tage, bevor es dem Reichskanzler angeraten erschien, Hamman über die anstehenden Veränderungen zu unterrichten. Er wartete die Debatte über die U-Bootfrage im Reichstag erst noch ab[467].

Am 20. Oktober "platzte die Bombe" auch für die Öffentlichkeit. In einer WTB-Meldung vom selben Tag wurde bekanntgegeben, daß "... der Dirigent der Presseabteilung des A.A. abgehe und durch Deutelmoser ersetzt werden solle"[468]. Der preußische Innenminister zeigt sich in der am selben Tag stattfindenden Sitzung des Königlichen Staatsministeriums "völlig überrascht" von dieser Nachricht. Genauso erstaunt zeigt sich Staatsminister Helfferich, dem "... vorher auch keinerlei dahingehende Mitteilung gemacht (worden sei)." Beide bedauerten diese unerwartete Bekanntmachung, denn so wären Anregungen von ihrer Seite nicht mehr möglich. Jagow mußte nun die Situation entschärfen, mit der vollendete Tatsachen geschaffen wurden, ohne daß vorher alle Ressorts hinzugezogen oder zumindest informiert worden waren. Er erklärte, daß "... die Veröffentlichung des WTB plötzlich hätte erfolgen müssen, weil der bevorstehende Abgang Hammans schon in weiten Kreisen der Presse bekanntgeworden sei." Deutelmoser hätte allerdings "schon seit längerer Zeit" an Arbeiten des Presseamtes mitgewirkt. Er sei eine "gute Wahl", "kein ausgesprochener Parteimann", und man erhoffe sich eine "nach allen Seiten ausgleichende" Wirkung von seiner Tätigkeit. "Deutelmoser habe den festen Willen, sich mit allen Parteien gut zu stellen und werde im übrigen auch von Seiten der Presse geschätzt[469]." Jagow unterstrich ferner, daß sich trotz dieses Wechsels innenpolitische Preßangelegenheiten auch zukünftig kaum aus dem Geschäftsbereich des A.A. herauslösen lassen würden. Das war als Beschwichtigungsversuch gegenüber den Ressorts anzusehen, die sicher auf eine Diskussion über Strukturänderungen innerhalb der Ressortzuständigkeiten im Rahmen dieser wichtigen Personalveränderung gedrängt hätten. Doch die OHL und die Reichskanzlei

---

[466] Ebd., S. 23. Vgl. Stegmann, *Inlandspropaganda*, S. 77, Anm. 15: Zur Person Deutelmosers, den er als "ungewöhnlichen, im Hinblick auf sein Selbstverständnis und seine politisch-soziale Haltung keineswegs repräsentativen Generalstäbler" bezeichnet, findet sich ein ähnliches Urteil bei Nicolai, *Nachrichtendienst*, S. 72: "(Er war) nicht absolut Soldat und besaß für einen solchen eine außerordentliche allgemeine Bildung und politische Begabung ohne parteipolitische Gebundenheit."

[467] Vgl. Kap. 1.2. Hamman muß zwischen dem 12. und 15.10.1916 unterrichtet worden sein. Das belegen die Schilderungen Deutelmosers und dessen Brief an Hamman vom 16.10.1916.

[468] BA, Potsdam, RK 1 603 Bericht über die Sitzung des Staatsministeriums vom 20.10.1916, Dok. 48, S. 1.

[469] Ebd., S. 2.

sahen keinen Bedarf für eine solche konzeptionelle Erörterung. Die personelle Veränderung war schon tiefgreifend genug und hatte zudem programmatischen Charakter. Am 29. Oktober begleitete Hamman Bethmann während eines Vortrages über die Polenfrage vor Chefredakteuren im Reichskanzlerpalais vermutlich zum letzten Mal in seiner offiziellen Funktion[470]. Seine Mitarbeit und seine Hilfe hat er dem Reichskanzler und den Behörden auch nach seiner Entlassung nicht verweigert, wenn er darum gebeten wurde. Er nahm in seiner Funktion als Transocean-Chef noch mehrfach an Besprechungen teil[471]. Deutelmoser schied zum Monatsende offiziell aus dem militärischen Dienst aus und trat am 1. November 1916 seine neue Stelle im A.A. an. Hindenburg selber dankte Deutelmoser für seine langjährige Arbeit im Generalstab ausgesprochen freundlich. Seit Kriegsbeginn hätte Deutelmoser seine Aufgabe, "... die Interessen der OHL gegenüber den öffentlichen Organen zu vertreten, vortrefflich gelöst." Das dort erworbene Vertrauen sah Hindenburg auch "als Grundlage für die Berufung auf den neuen verantwortungsvollen Posten" an. Auch der Kaiser hatte dem Abschiedsgesuch des KPrA-Chefs "in auszeichnender Weise" entsprochen[472].

Die Art und Weise dieser Würdigung belegt, daß Deutelmosers Kompetenz und seine Loyalität auch von der 3. OHL geschätzt wurden. Die Militärs versprachen sich durch seine Berufung eine Steigerung ihres Einflusses in der Presseabteilung des A.A., während er für die Reichskanzlei wohl der einzige Kandidat war, der auch von ihrer Seite für diesen Posten in Frage kam. Es war eine einvernehmliche Lösung gefunden worden.

Jagow selbst hatte nicht mehr sehr viel Zeit, um dann in der praktischen Zusammenarbeit mit Deutelmoser die Umsetzung ihrer gemeinsamen Überlegungen aktiv zu beeinflussen. Nachdem sich die Rücktrittsgerüchte um Jagow schon in den Vormonaten verstärkt hatten, reichte dieser am 21. November 1916 seine Demission ein. Sie ging angesichts der nur wenige Stunden später in den Redaktionen eingehenden Nachricht vom Tode des Kaisers Franz Joseph in den Meldungen des nächsten Tages fast zwangsläufig etwas unter. Jagow hatte sich gegen die Bevormundung des A.A. in außenpolitischen Fragen durch die Militärs und vor allem durch Luden-

---

[470] Wolff, *Tagebücher*, S. 448 f. (Nr. 456). Wolff berichtet von einem Gespräch mit Bethmann Hollwegs und seinen Mitarbeitern nach dem Vortrag, bei dem auch wieder über Schreibverbote und die Zensur gesprochen wurde. Der Reichskanzler äußerte dabei eine gewisse Verwunderung über die Klagen Theodor Wolffs: "Ist die Zensur denn wirklich noch so schlimm?", Zitat S. 449.

[471] So z.B. bei der Konzeption des 'Pressechef'-Postens im Herbst 1917, vgl. Kap. 5.1.

[472] BA, Koblenz, *Nachlaß Schwertfeger*, NL 15, Dok. 48, Schreiben Hindenburgs an Deutelmoser vom 31.10.1916.

dorff in der Polenfrage zur Wehr gesetzt, konnte Kaiser Wilhelm jedoch nicht auf seine Seite bringen und zog umgehend seine Konsequenzen daraus[473].

Deutelmoser hatte am Abend des 4. Oktober nach seiner Besprechung mit Jagow in seinem Büro noch Besuch von Nicolai erhalten. Er erfuhr, daß sein Nachfolger nun dem Chef der Abteilung IIIb direkt unterstellt sein würde. Die politischen Orientierungen sollten jedoch verstärkt von Deutelmosers neuer Stelle ausgegeben werden. Von den an das KPrA gerichteten Vertrauensfragen sollte er ständig unterrichtet werden. Das ist in der Praxis nach seiner Aussage dann allerdings "niemals geschehen"[474]. Die gemeinsame Ebene beider Ämter in ihrer zukünftigen Zusammenarbeit sah Nicolai in der Schaffung einer "einheitlichen Außenpropaganda in der Presse". Seine Anregung, die Presse-Offiziere im Ausland nicht mehr den Botschaften, sondern dem Generalstab zu unterstellen, wies Deutelmoser für das A.A. als "völlig unannehmbar" zurück. Deutelmoser befürchtete bei so einer Handhabung ungeschickte Entgleisungen der Militärs, die mehr zerstören würden, als daß sie hilfreich wären. Er hielt nichts davon, den Ausbau einer Organisation innerhalb solch sensibler Zusammenhänge "plump und aufdringlich aufzuzwingen". Nur eine vorherige, konstruktive Beratung zwischen der OHL und dem A.A. könne Abhilfe schaffen, um die Interessen beider Seiten angemessen zu sichern. An der Zuständigkeit dürfe sich jedoch nichts ändern[475].

Am darauffolgenden Tag wurde den Behörden ein Memorandum Deutelmosers über die Vor- und Nachteile der öffentlichen Erörterung der Kriegsziele zugestellt. Ludendorff selber hatte den Wunsch geäußert, die Erörterung in gewissem Umfange freizugeben[476]. Noch Anfang September hatte der Reichskanzler im Hinblick auf die Entwicklung der polnischen Frage einen Vorschlag Loebells zurückgewiesen, der sich bei ihm in einem ähnlichen Rahmen für eine Freigabe der Kriegsziele eingesetzt hatte. Bethmann Hollweg verwies dabei auf eine im Zusammenhang mit diesen Fragen ohnehin schon eingetretene Milderung der Zensurhandhabung. Er war jedoch nicht bereit, Diskussionen über konkrete Detailprobleme hinzunehmen. Die zivile Reichsleitung hatte sich mit den leitenden Pressevertretern intern besprochen und war mit ihrer Bitte, die polnische Frage nicht in allen Einzelheiten zum Thema einer öffentlichen Erörterung

---

[473] Wolff, *Tagebücher*, S. 458 (Nr. 473) und S. 460 (Nr. 477).

[474] Deutelmoser, *Tagebücher* Heft VIII, S. 14 f.

[475] Ebd., S. 16 f.

[476] BA, Potsdam, RK 2 437/12 Begleitschreiben Deutelmosers (Geheim! Eilt!) vom 08.10.1916, Dok. 245.

zu machen, auf Verständnis gestoßen. Auch parlamentarische Schwierigkeiten befürchtete er zu diesem Zeitpunkt nicht[477]. Nachdem nun aber durch die 3. OHL, namentlich durch den Ersten Generalquartiermeister Ludendorff, eine Diskussion über eine mögliche Freigabe der Kriegszielerörterungen nachhaltig gefördert worden war, lag es im Aufgabenbereich Deutelmosers, die Gesprächsgrundlage für die Besprechung zwischen den militärischen Stellen, der Reichskanzlei und dem A.A. zu schaffen. Eine gewisse Zerrissenheit und Widersprüchlichkeit in der Argumentationsführung und Formulierung der ausführlichen Denkschrift des KPrA-Chefs hatte Deist seinerzeit schon angemahnt[478]. Sie erklärten sich einerseits aus der Komplexität des Sachverhaltes, andererseits jedoch auch aus der persönlich schwierigen Lage Deutelmosers, der nach einer für beide Seiten (OHL und A.A.) annehmbaren Lösung suchte. Der öffentliche Druck auf eine Freigabe der Diskussion über die Kriegsziele hatte mit zunehmender Dauer des Krieges stetig zugenommen. Durch die wenig zufriedenstellenden militärischen Ergebnisse des Jahres 1916 und durch den Wechsel in der OHL rückte auch diese Frage wieder stärker in den Mittelpunkt. Deutelmoser erkannte völlig richtig die zwei große Gefahren, die eine Freigabeerklärung bewirken könnte: 1. Die bisherigen inneren Spannungen könnten in aller Schärfe in die Öffentlichkeit getragen werden, was eine schwere Erschütterung des Burgfriedens bedeuten würde. Die immer noch im großen und ganzen vorhandene innere Einigkeit gegen die alliierte Bedrohung könnte dabei stark untergraben werden. 2. Die Frustrationen und Enttäuschungen der Bevölkerung könnten sich in starker Kriegsmüdigkeit äußern, die sich wiederum negativ auf die Fixierung der Kriegsziele auswirken könnte[479].

Deutelmoser entschloß sich trotz aller Bedenken dazu, eine Freigabe zu empfehlen und knüpfte daran allerdings ein ganzes Paket von Voraussetzungen. Sein Hauptaugenmerk richtete er dabei auf die Punkte, deren Festlegung sich im Friedensfall als nachteilig herausstellen könnte. Überzogene oder zu eng eingegrenzte Absichtserklärungen würden, wenn sie nicht zu verwirklichen wären, eine schwere Hypothek für etwaige Verhandlungen bedeuten. Auch die entsprechenden Gegner dieser Positionen würden so unnötig auf den Plan gerufen. Er riet zu einer angemessenen und eher vorsichtigen Behandlung der Kernfragen. Damit die Diskussion über die strittigen Punkte sachlich bliebe und die innere Einigkeit ebensowenig in Frage gestellt werden

---

477 Ebd., Schreiben Loebells vom 06.09.1916 und Antwortschreiben Bethmann Hollwegs, Dok. 110-112.

478 *Militär und Innenpolitik*, Bd 1, Nr. 175, S. 431-440, hier S. 432, Anm. 6.

479 Ebd., S. 437.

würde wie der Zusammenhalt mit den Bundesgenossen, wäre die Reichsregierung als Garant dafür gefordert "... mit allen ihr zur Verfügung stehenden Mitteln ausgleichend, ordnend und führend in (den öffentlichen Meinungsaustausch) einzugreifen"[480].
Nach einer kurzen Vorbesprechung am 9. Oktober kam es am darauffolgenden Tag in der Reichskanzlei zu der entscheidenden Zusammenkunft mit Vertretern der zivilen Reichsleitung, des Admiralstabes des KM und des KPrA. Während das KM und der Admiralstab der Denkschrift prinzipiell zustimmten, gab es von Seiten Hammans und Wahnschaffes Widerstände. Sie zeigten sich angesichts der für den kommenden Winter zu erwartenden Ernährungsprobleme und der zu befürchtenden Diskussion über die Gebietserweiterungen eher skeptisch im Hinblick auf eine Freigabe. Hamman wies zudem darauf hin, daß der Reichskanzler jegliche Erörterung der polnischen Frage bis auf weiteres für unzulässig erklärt habe. Dennoch einigte man sich auf eine gemeinsame Anfrage an die OHL, ob sie diese Bedenken teile und auf ihrem Wunsch weiter bestehe, die Erörterungen freizugeben. Ferner sollte die OZ unter Berücksichtigung dieser Einwände einen Entwurf für die praktische Zensurausübung konzipieren und allen Ämtern dann noch einmal vorlegen. Einen aussagekräftigen Entwurf stellte man bis zum Monatsende in Aussicht[481]. Die sich verdichtenden Aktivitäten veranlaßte die OZ, auch einen erneuten Versuch zu unternehmen, die Kriegsministerien in Sachsen und Württemberg zu bitten, einen ständigen Vertreter als Kontaktoffizier zum KPrA nach Berlin abzustellen. Bayern hatte von Anfang an von dieser Möglichkeit Gebrauch gemacht, weil die Zensurbestimmungen des dortigen Kriegsministeriums teilweise von denen in Berlin abwichen[482]. Bei den beiden anderen großen Bundesstaaten erschien eine enge Fühlungnahme nicht erforderlich zu sein, da nach ähnlichen Grundlagen wie in Berlin gearbeitet wurde. Doch die Ausgangslage hatte sich seitdem erheblich geändert. Die Weitergabe der Informationen aus der Pressebesprechung erforderte eine direkte fernmündliche Mitteilung an die Ministerien, um eine aktuelle Unterrichtung zu gewährleisten. Manche Dinge wurden wegen der Gefahr der Spionage nicht schriftlich verbreitet. Ein direkter Kontakt würde den gegenseitigen Spielraum für eigene Wünsche erhöhen. Aufgrund der bisher

---

480 Ebd., S. 440.

481 *Miltär und Innenpolitik*, Bd 1, Nr. 176, S. 441 f.

482 Staatsarchiv Dresden, Akten des Stellvertretenden General-Kommando XII. Armeekorps Nr. 12 559, *Innerer Dienst*, Schreiben des KPrA vom 16. und 18.10.1916, Dok. 59-61. Zu den Besonderheiten der bayerischen Pressearbeit: Fischer, Doris, *Die Münchener Zensurstelle während des Ersten Weltkriegs. Alfons Falkner von Sonnenburg als Pressereferent im bayerischen Kriegsministerium in den Jahren 1914 bis 1918/19*, München 1972.

schon stark angestiegenen Korrespondenz mit der Leipziger Zensurstelle (Zentrale des deutschen Buchhandels) und der in absehbarer Zeit wegen der Freigabe der Erörterung der Kriegsziele zu erwartenden Mehrarbeit sei es nun angeraten, zum gegenseitigen Vorteil dringend einen solchen Posten zu besetzen. Württemberg hatte nach Auskunft des KPrA bereits zugestimmt, ab dem 1. November 1916 einen ständigen Vertreter nach Berlin zu entsenden, obwohl die Arbeitslasten nicht annähernd mit denen zu vergleichen waren, die auf einen sächsischen Vertreter zukommen würden[483]. Das sächsische Kriegsministerium erklärte sich Anfang November bereit, mit Beginn des neuen Jahres einen Referenten für die den Bundesstaat Sachsen betreffenden Presseangelegenheiten nach Berlin zu entsenden. Vorher sollte dieser Offizier noch die Zensurstellen und die Pressezentrale des Ministeriums kennenlernen. Mit einer Vereinbarung über Stellung und Tätigkeit des Referenten wollte das KM verhindern, daß ihr Mitarbeiter zur personellen Aufstockung des KPrA mißbraucht würde und sich mit Angelegenheiten zu beschäftigen habe, die mit seiner Aufgabe nichts zu tun hätten[484]. Die stetig gewachsene Arbeit im KPrA erforderte nun die Mitarbeit der Bundesstaaten, wenn diese weiterhin Wert auf eine gute und schnelle Informationsversorgung legten.

Doch nicht nur die Freigabe der Kriegsziele blieb Mitte Oktober ein pressepolitisches Thema von hohem Rang für den Reichskanzler und die Behörden. Auf Seiten des VDZV war ihr Vorsitzender Robert Faber ebenfalls nicht untätig. Mit zwei an einer früheren Stelle bereits erwähnten Denkschriften eröffnete er dem Reichskanzler die aus einer Zwischenbilanz seines Verbandes entwickelte Konzeption einer künftigen Pressepolitik des Deutschen Reiches[485]. Faber stellte eingangs fest, daß die publizistische Vorbereitung für diesen Krieg "völlig ungenügend" gewesen sei. Die "eigenartige Pressestruktur" des Reiches - einige große Stadt- und Landzeitungen, eine Fülle kleiner Territorial- und Heimatblätter - seien dabei durchaus ein Spiegelbild "... der Gliederung des deutschen Reiches in Bundesstaaten (und) der landsmannschaftlichen und sozialen Ordnung des deutschen Volkes." Diese Besonderheiten wären zu berücksichtigen, wenn es um die seiner Auffassung nach zentrale Frage der Verbesserung des

---

483 StA Dresden, Stellv.Gen.Kom. XII., Nr. 12 559, Dok. 61, S. 1 f.

484 Ebd., Schreiben des KM vom 06.11.1916, Dok. 63, S. 1 f. Das KM bemerkt eingangs, daß das württembergische KM sich inzwischen doch ablehnend zu dem KPrA-Vorschlag geäußert habe. Dennoch befürworte das KM in Sachsen im eigenen Interesse die Entsendung eines Vertreters zur OZ.

485 Vgl. Kap.3.2.

Pressedienstes mit den Nachrichten für das In- und Ausland ginge. Vor allem der Anhebung des außenpolitischen Niveaus deutscher Zeitungen galt Fabers Augenmerk, denn damit würde sich gleichzeitig das Ansehen des Deutschen Reiches im Ausland steigern lassen. Die fast schon obligatorische Kritik des VDZV am WTB enthielt Hinweise auf die mangelhafte internationale Reputation des Büros, seine Abhängigkeit von der Privatkundschaft in Bank- und Börsenkreisen und auf die Abwälzung der finanziellen Lasten für telegraphische und telefonische Übermittlung zu Lasten der Provinzpresse[486].

Alle bisherigen Gespräche und Vermittlungsinitiativen, die zwischen Faber, Hamman und WTB-Chef Mantler stattgefunden hatten, waren ohne greifbares Ergebnis geblieben. Mantler konnte sich nur mit dem Gedanken einer "Betriebsgemeinschaft" des VDZV mit dem WTB anfreunden. Hamman dachte an eine Fusion zwischen WTB und VDZV. Faber hingegen wollte sein Ziel der weitestgehenden Ausschaltung aller Privatinteressen nicht aus den Augen verlieren[487]. Dem VDZV schwebte zur Lösung dieser Probleme ein "gemeinnütziger Nachrichtendienst auf genossenschaftlicher Basis" vor. Ein Regierungspressedienst sei nicht machbar, "... weil die Öffentlichkeit das Vertrauen zur Unabhängigkeit der Presse und zur Selbständigkeit der in den Zeitungen vorgetragenen Meinung verliert. Diese Erfahrung mache (der VDZV) während des Krieges fast täglich als Rückwirkung der an sich unvermeidlichen Zensur." Der Weg dorthin sei mit einer "... Übertragung des Pressedienstes an ein von der Presse gegründetes, geleitetes und kontrolliertes ... Unternehmen" zu beschreiten. Die Erfüllung der Aufgaben dieses Büros sollte durch einen "Beirat aus Regierungsvertretern, Reichstagsabgeordneten und Zeitungsmännern überwacht (werden)"[488].

Faber erhoffte sich eine Verbesserung des Pressedienstes im In- und Ausland durch eine unabhängige Arbeit, die jedoch "in engem, vertrauensvollem Einvernehmen mit der Regierung" gehalten werden sollte. Die Glaubwürdigkeit und die Qualität der Meldungen könnte entscheidend gesteigert werden. Die Objektivität des Materials sei allein schon durch die automatische Selbstkontrolle der Presse gewährleistet, so daß frei von Tendenzen über die wahren Sachverhalte berichtet werden könnte[489]. Er beschrieb die Maßnahmen, die zur Einrichtung des Büros

486 BA, Potsdam, RK 1 579, Große Denkschrift Fabers vom 19.10.1916, S. 4 ff.

487 Knesebeck, *Propagandafeldzug*, S. 76 f.

488 BA, Potsdam, RK 1 579 Große Denkschrift Fabers, S. 8 ff.

489 Ebd., S. 11 f.

und zur organisatorischen und technischen Umsetzung der VDZV-Ideen durchzuführen seien, bevor er abschließend noch einmal gesondert auf die Dringlichkeit einer solchen Initiative hinwies. Das Konzept des VDZV diene dazu, "... den großen Anforderungen, (die) im kommenden Frieden an die deutsche Presse" gestellt würden, gerecht werden zu können. Die Einarbeitung bestehender, guter Strukturen sei wünschenswert und beabsichtigt. Nur so sei die "Bedeutung des Pressedienstes für (zukünftige) Kriegszeiten" angemessen zu berücksichtigen. Alles in allem sei dies als "Vorbedingung für eine von verstehendem Vertrauen der Öffentlichkeit getragene Politik der Regierung" anzusehen, ohne die das Deutsche Reich weder die Fortführung des Krieges, noch die nachfolgende Friedensphase auf diesem Sektor erfolgreich bewältigen würde[490].

Obwohl Faber einige strukturelle Mängel des deutschen Pressedienstes zutreffend analysierte, durfte er nicht auf eine umfassende Umsetzung der von ihm geforderten Punkte hoffen. Die 3. OHL hatte gänzlich andere Vorstellungen vom Einsatz der Presse im Sinne ihrer Maßnahmen, die endlich eine Kriegsentscheidung zugunsten des Deutschen Reiches erzwingen sollten. Nicolai stellte sich den Vorschlägen ebenfalls entgegen. Der Gedanke des engen Anschlusses an die Regierung behagte ihm ebensowenig wie die Nachrichtenbürokonzeption der Verleger. Er wollte unter den bisherigen Bedingungen ohnehin am liebsten nur mit den Redakteuren zusammenarbeiten. Die Journalisten auf den Pressekonferenzen ließen sich allerdings nicht durch die Offerten des IIIb-Chefs beeindrucken, der ihnen mehr Informationen versprochen hatte. Sie blieben mit ihren Verlegern auf einer Linie[491]. Auch der Reichskanzler konnte den Forderungen des VDZV nicht nachgeben, ohne seine eigene Position damit in Gefahr zu bringen. Selbst wenn die Reichsregierung und die Reichskanzlei innerhalb dieses neuen Pressedienstes ihren Einfluß hätten geltend machen können, so wäre ein "genossenschaftliches" von Reichstagsmitgliedern und Pressevertretern geführtes und kontrolliertes Nachrichtenbüro an Stelle des WTB oder in Konkurrenz zum Wolff-Büro zum damaligen Zeitpunkt nicht denkbar gewesen. Es fehlte an den notwendigen politischen und wirtschaftlichen Rahmenbedingungen. Die Strukturen waren weder liberal noch demokratisch genug, um einem solchen Konzept realistische Aussichten auf eine Verwirklichung zu geben. Die Exekutive war außerdem gerade im Begriff, Bereiche des

---

490 Ebd, S. 19 ff.

491 Knesebeck, *Propagandafeldzug*, S. 74.

Pressewesens, wie z.B. die MAA, stärker unter die Verantwortung und Kontrolle der OHL zu stellen. Tagesprobleme wie die Abstimmung mit den Bündnispartnern über Kriegsziele oder die Polenfrage beherrschten die innenpolitische Szenerie. Der Reichskanzler erreichte den nötigen Spielraum für sein geplantes Friedensangebot nur durch seine Zustimmung an die OHL, der Polenproklamation zu akzeptieren. Dabei waren der Druck und der Einfluß von Hindenburgs und Ludendorffs Seite schon immens[492]. Bethmann Hollweg hätte bei der Befürwortung einer solchen Initiative des VDZV nachteilige Auswirkungen auf die Festigkeit seiner Stellung unmittelbar zu spüren bekommen. Fabers Vorschlag hatte so keine Aussicht auf Erfolg, auch wenn er mit seiner Zustandsbeschreibung und seinen Prognosen zum großen Teil richtig gelegen hatte. Erst in den letzten Tagen des Kaiserreiches - in der zweiten Oktoberhälfte 1918 - waren die Bemühungen des VDZV um ein fortschrittliches Nachrichtenbüro erfolgreich; zu spät, um noch Entscheidendes in einer aussichtslosen Situation zu retten[493].

Inzwischen wurden die Bemühungen um einen Entwurf für die Freigabe der Kriegszielerörterungen vorangetrieben. Major Nicolai zeigte sich persönlich für das Telegramm vom 28. Oktober 1916 verantwortlich, das dem KPrA am selben Tag zugestellt wurde. Deutelmoser befand sich zu diesem Zeitpunkt wie geplant in Urlaub. Sein Wechsel ins A.A. ist - wie schon Deist zutreffend vermutete - wohl kaum von den Auseinandersetzungen um die Frage der Freigabe beeinflußt worden. Die angesprochenen Unterschiede dieser Version Nicolais zu der vorhergehenden Denkschrift Deutelmosers könnten jedoch einen Beleg für eine Akzentverschiebung im Verhalten der Militärbehörden liefern. Die OZ veranlaßte eine Änderung der Formulierung, die am 3. November ausgeführt worden ist. Die Einbeziehung von "Verfassungsfragen" (vorher "innenpolitische Fragen") in die Kriegszielbesprechung war demnach verboten. Dies weist auf einen strengeren Zuschnitt der Freigabe der Erörterungen im Hinblick auf militärische Interessen hin. Deutelmoser hatte diese Überlegungen im Vergleich dazu erheblich offener formuliert und außerdem genau wie die zivilen Behörden auch intensiv auf die "unauflösliche Verknüpfung der Kriegszielforderungen der einzelnen politischen Gruppen mit den innenpolitischen Streitfragen der Zeit" hingewiesen[494].

---

[492] Kielmansegg, *Weltkrieg*, S. 556.

[493] Höhne, *Geschichte der Nachricht*, S. 116. Vgl. auch Kap. 3.2.

[494] *Militär und Innenpolitik*, Bd 1, Nr. 178, S. 444 ff., hier vor allem S. 445, Anm. 6.

Zugelassen wurde die öffentliche Erörterung von deutschen Kriegszielen. Von möglichen Zielen der Verbündeten durfte nicht die Rede sein. Ansprüche, die über das augenblicklich militärisch Erreichte hinausgingen, sollten ebenfalls unterbleiben. Das Augenmerk sollte stets darauf gerichtet werden, daß das Deutsche Reich und seine Verbündeten einen Verteidigungskrieg zu führen hätten. Eine sachliche Erörterung der Entschädigungsansprüche erschien deshalb auch nicht in einem falschen Licht. Die Freiheit des Welthandels war ein weiterer wichtiger Punkt, der nicht mehr unter die Vorzensur fallen sollte[495].

Innerhalb der Behörden waren damit die Diskussionen über die Freigabe der Erörterungen keineswegs beendet. Vor allem die Marine intervenierte nun auf einmal gegen die Freigabe, obwohl sie sich mit der Denkschrift Deutelmosers noch einverstanden erklärt hatte. Ihr Hauptargument war, daß angesichts des noch ungewissen Kriegsausganges eine Festlegung auf bestimmte Ziele äußerst schwierig sei. Die Reichsbehörden müßten sich vor allem zuerst über entsprechende Direktiven verständigen, damit in der Öffentlichkeit nicht aus dieser Unsicherheit heraus eine größere Verwirrung entstünde[496].

Die in den Augen der OHL nicht ausreichende politische Vorbereitung und eine fehlende adäquate internationale Ausnutzung der am 5. November 1916 erfolgten Polen-Proklamation führte zu scharfer Kritik an der Reichsleitung. Damit versuchte Ludendorff auch die Schuld für die nun notwendig gewordenen "drakonischen Anweisungen an die Presse" der Reichskanzlei zuzuschieben[497]. Die OHL hatte Druck gemacht, um ihre Rekrutierungsabsichten in Polen voranzubringen und weil sie fürchtete, Rußland oder die Entente könnten dem Deutschen Reich zuvorkommen[498].

Wenn die Vielfalt der Ereignisse, der Amtswechsel im KPrA und in der Nachrichtenabteilung des A.A. und die damit verbundenen weiterreichenden Überlegungen berücksichtigt werden, dann ist es nicht verwunderlich, warum es an der nötigen Zeit und Ruhe für ein pressepolitisches Konzept gefehlt hat. Es wurde eher eine Art "fortgesetztes Krisenmanagement" bei dem Versuch betrieben, die Öffentlichkeit angemessen auf die Veränderungen einzustimmen. Dazu kamen

---

[495] Ebd., S. 444 f.

[496] Ebd., Bd 1, Nr. 179, Stellungnahme des Chefs des Admiralstabes vom 07.11.1916, S. 446 ff.

[497] KGFA W-10/50 367 Oberkircher, *Entwicklung der Stimmung*, S. 17 f.

[498] Kielmansegg, *Weltkrieg*, S. 552 ff. Zum Mißerfolg der Werbungsaktion polnischer Freiwilliger, die schon am 09.11.1916 erfolgte und damit die Wirkung der Proklamation fast völlig neutralisierte, vgl. S. 559.

starke Meinungsverschiedenheiten zwischen der OHL und der Reichsleitung, in welcher Form dieses Vorhaben durchzuführen sei.

Ludendorff ergriff am 8. November mit seinem Brief an den Reichskanzler die Initiative, um "in möglichst weitgezogenen Grenzen" die Erörterungen zuzulassen. Er versprach sich davon eine "unbedingt günstige Beeinflussung der Volksstimmung" und sah von Seiten der OHL auch keine größeren Bedenken gegen die Aufhebung des Zensurverbotes[499]. Bethmann Hollweg entschloß sich nach sorgfältiger Abwägung drei Tage später dazu, den entsprechenden Erlaß zu unterstützen. Die Freigabe müßte als solche erkennbar sein, deshalb lehnte er größere Beschränkungen ab. Er sprach sich gegen die Tolerierung pazifistischer Strömungen aus, betonte jedoch, daß Meinungen, "die sich auf einen Friedensschluß auf Grund eines status quo aussprechen", nicht unterdrückt werden dürften. Die Zustimmung des R.d.I. und des KM hatte er bereits eingeholt, und er befürwortete eine schnellstmögliche Beschleunigung der Angelegenheit. In einem Zusatz führte er die drei Punkte an, die unbedingt weiterhin verboten bleiben müßten:

"1. Jede verhetzende Bekämpfung der Ansichten Andersdenkender oder Ihrer Beweggründe

2. jede Betrachtungsweise, die auf eine Beeinflussung der militärischen Kriegführung hinausläuft und

3. jede Störung des Verhältnisses zu unseren Verbündeten (und den Neutralen - Ergänzung das KM am 12.11.16)[500]."

Über diese inhaltlichen Fragen herrschte - mit Ausnahme des Admiralstabs - kein Dissens. In den folgenden Tagen gab es jedoch eine intensive Telegrammkorrespondenz, in der Umsetzungsdetails und die Frage eines militärischen Aufsichts- und Beschwerdedienstes als Immediatstelle - eine Idee Ludendorffs - erörtert wurden[501]. Die Reichskanzlei hatte zwischenzeitlich eine sechsseitige vertrauliche Informationsschrift (mit Datum vom 15. November 1916) für die Redaktionen verfaßt, die an die Journalisten verteilt werden sollte. Die Fehler der Polen - Proklamation wollte die Regierung nicht wiederholen. Die im Anschluß an die Freigabe zu erwartende nationale und internationale Diskussion über die Kriegszielerörterungen sollte die deutsche Presse nicht unvorbereitet treffen. Unabhängig von der sachlichen Berechtigung der

---

499 BA, Potsdam, RK 2 438, Schreiben Ludendorffs vom 8.11.1916, Dok. 66.

500 Ebd., Antwortschreiben Bethmann Hollwegs vom 11.11.1916, Dok. 70-72.

501 Ebd., Telegramme vom 12.11. und 14.11.16, Dok. 80-86.

angeschnittenen Themenbereiche waren "taktische Ratschläge" zu insgesamt 15 aufgeführten Punkten enthalten. Betont wurde vor allem, daβ aus einer Position der Stärke heraus die deutschen Interessen zu vertreten seien. Der Verteidigungscharakter des Krieges sollte immer wieder hervorgehoben werden. Alle Erörterungen sollten zum Ziel haben, daβ ein baldiger Frieden wahrscheinlicher werden würde. Es wurde appelliert, alle Überlegungen maβvoll zu halten und auch bei unterschiedlichen Standpunkten sachlich zu bleiben. Diskussionsstandpunkte über Gebietserweiterungen oder -rückgaben sollten in Anbetracht möglicher Kompensationsleistungen flexibel gehalten werden. Die Wirkungen jedweder Äuβerungen auf die Verbündeten, das neutrale Ausland und die Feinde, sollten sorgfältig bedacht werden. Die Presse sollte sich dabei allerdings weiterhin geschlossen gegen Hetzartikel und unberechtigte Forderungen des Auslandes zur Wehr setzen[502].

Diese informelle Pressemitteilung der Reichskanzlei setzte auf das Vertrauen und Entgegenkommen der Journalisten in den Redaktionen bei der zukünftigen Behandlung der Kriegszielfragen. Sie ist als eine konstruktive Einbindung der Presse in einer schwierigen Situation anzusehen, weil es dazu keine überzeugende Alternative mehr gab. Nur mit dem nötigen Vertrauensvorschub konnte dieser sensible Komplex in eine (wenn auch eingeschränkte) freie öffentliche Diskussion entlassen werden. Offiziell wurde vorerst auch noch nichts Konkretes veröffentlicht[503]. Der ausgesprochen verbindliche Ton und die vorsichtige, sehr moderate Behandlung auch schwieriger Punkte unterstreicht, daβ die Reichsregierung alles daran setzte, mit der Freigabeentscheidung eine positive Wirkung zu erzielen. Statt einer Verhärtung der Fronten sollte eine allgemeine Grundstimmung gefördert werden, die Bethmann Hollweg die nationale Rückendeckung für seine Friedenspläne ermöglichen sollte. Die OHL stand hinter diesen Überlegungen, weil sie der Friedensofferte ohnehin wenig Erfolg zumaβ, und zeitgleich dazu aber eine Art gröβere Sammlung der Kräfte im Deutschen Reich erfolgen könnte, die zu der notwendigen Stärkung der nationalen Einheit und einer zuversichtlicheren Volksstimmung führen würde.

---

[502] Ebd., Vertrauliche Mitteilung an die Redaktionen vom 15.11.1916, Dok. 115-120.

[503] Ebd., Dok. 147: Am 20.11.1916 berichtete Helfferich von Berlin aus in einem Telegramm an Wahnschaffe in Pless, daβ Loebell bei einer möglichen Anfrage während der heutigen Sitzung des Abgeordnetenhauses zur Freigabe der Kriegsziele nur über "derzeit stattfindende Erwägungen zwischen der OHL und dem Reichskanzler berichten wird, die wohl demnächst abgeschlossen werden dürften."

Die Diskussion über die juristische und technische Handhabung der Freigabe setzte sich zwischen der OHL, dem KM und der Reichskanzlei allerdings fort. Das KM wollte seine Kompetenzen und die der Stellvertretenden Generalkommandos im Hinblick auf die einzurichtende Kontrollstelle nicht preisgeben, während die Reichskanzlei auf eine gesetzliche Regelung oder eine entsprechende Allerhöchste Kabinettsorder drängte. Die OHL beharrte auf der Unabhängigkeit der OZ und lehnte eine Instanz im KM ab, weil diese gegenüber dem Reichstag verantwortlich wäre[504]. Bethmann Hollweg gelang es, die sich bedrohlich in die Länge ziehenden Auffassungsunterschiede kompensatorisch aufzufangen, indem er sich selbst für die Einheitlichkeit der Handhabung verbürgte. Am 23. November 1916 war nach Rücksprache mit dem KM auch der Kaiser für die Annahme des Gesetzes mit den Stimmen Preußens im Bundesrat. Der entsprechende Gesetzentwurf beinhaltete, daß eine "Militärische Zentralinstanz als Aufsichts- und Beschwerdestelle errichtet wurde"[505].

Nachdem sich Bethmann Hollweg persönlich mit den Einwänden und Ergänzungsvorschlägen der einzelnen Ressorts beschäftigt hatte, versicherte er allen Beteiligten, daß die Reichsregierung und er selbst dafür Sorge tragen würden, daß die vorgesehene Freigabe in geordneten Bahnen zur allseitigen Zufriedenheit ablaufen würde. Er untersagte den Behörden ausdrücklich, ohne Rücksprache mit dem Reichskanzler und ohne dessen Billigung, irgendwelche Maßnahmen bei Verstößen gegen die Richtlinien zu ergreifen. Bethmann Hollweg kündigte die Einrichtung eines Referates in der Nachrichtenabteilung des A.A. an, welches sich ausschließlich um diese Probleme kümmern werde. Falls "von Fall zu Fall die Mitwirkung der OHL notwendig sein würde", werde er von seiner Seite aus entsprechende Maßnahmen veranlassen[506].

Nun konnte die Freigabe auf den Weg gebracht werden. Am 25. November kündigte die OZ per Telegramm die Aufhebung des Verbotes der Kriegszielerörterungen für den 28. November an. Ein ausführliches Empfehlungsschreiben an die Zensurstellen mit Erläuterungen, das die

---

[504] Ebd., Telegramm Ludendorffs vom 17.11.1916, Dok. 125-127, Helfferich-Stellungnahme zur Zentralinstanzdiskussion an den Reichskanzler vom 20.11.1916, Dok. 138-140.

[505] BA, Potsdam, RK 2 438, Gesetzesentwurf über den Kriegszustand Nr. 448. Zustimmung von S.M. vom 23.11.1916. Am 04.12.1916 wurde diese Beschwerdestelle gegen die Anordnungen der Militärbefehlshaber in Berlin eingerichtet. Obermilitärbefehlshaber wurde der preußische Kriegsminister, vgl. KGFA W-10/50 367 Oberkircher, *Entwicklung der Stimmung*, S. 25 f.

[506] *Militär und Innenpolitik*, Bd 1, Nr. 180, Schreiben des Reichskanzlers an die Staatssekretäre und preußischen Staatsminister vom 23.11.1916, S. 448 f. BA, Potsdam, RK 2 438, Dok. 182.

Ratschläge enthielt, die auch an die Berliner Presse weitergegeben wurden, verschickte die OZ ebenfalls. Die OHL und die zivile Reichsleitung hatten sich darin über eine Reihe von Punkten verständigt, auf die nachfolgend dann noch einmal ausführlich eingegangen wurde. Mit nur wenigen unwesentlichen Änderungen entsprach das OZ-Schreiben dem Entwurf der Reichskanzlei vom 15. November 1916. Große Teile der Ausführungen basierten auf der Denkschrift Deutelmosers vom 5. Oktober des Vormonats[507]. In einer Pressebesprechung im Bundesratssaal im R.d.I. wurde den Journalisten dieser 16-Punkte-Katalog am 25. November offiziell mitgeteilt[508].

Koszyk listet die Punkte dieses Schreibens zwar zusammenfassend auf und betont, daß an dieser Stelle des Krieges, "... die deutsche Pressepolitik an ihrem kritischen Wendepunkt angelangt war." Diese Behauptung bleibt jedoch bei ihm völlig isoliert im Raume stehen[509]. Was er mit dem Begriff "kritischer Wendepunkt" meint, geht aus dem Zusammenhang keineswegs eindeutig hervor. Einerseits hebt er darauf ab, daß es letztlich den Behörden nicht gelang, die in der Öffentlichkeit schwelende Diskussion über die Kriegsziele unter Kontrolle zu behalten, und daß die Reichsregierung den Wünschen des Reichstages nachgeben mußte. Andererseits erwähnt er die Äußerungen Nicolais vor der Pressekonferenz, daß nun alle verfügbaren Kräfte innerhalb des Deutschen Reiches mobilisiert werden könnten. Koszyks Zielrichtung bleibt an dieser Stelle unklar. Es war sicher eine taktische Entscheidung, die von der Reichsleitung in Abstimmung mit den Behörden und der OHL gefällt worden ist, die Erörterung der Kriegsziele freizugeben. Aber der Reichskanzler besaß dabei Handlungsspielraum und bewies auch Durchsetzungsvermögen. Der Nutzen der Freigabe erschien allen Beteiligten größer als ein weiteres, nur begrenzt erfolgreiches Aufrechterhalten des Verbotes. Die Presse wurde gerade in diesem Fall ausreichend früh von den bevorstehenden Veränderungen in Kenntnis gesetzt und konstruktiv eingebunden.

Ausschlaggebend für den Meinungsumschwung der Reichsleitung und für den letztlich gewählten Zeitpunkt der Freigabe dürften in viel stärkerem Maße die Gespräche gewesen sein, die im Vorfeld der Friedensofferte Bethmann Hollwegs vom 12. Dezember 1916 zwischen der

---

507 Ebd., Bd 1, Nr. 181, OZ-Telegramm, S. 450 und Nr. 181 OZ-Erläuterungsschreiben, S. 451-456.

508 BA, Potsdam, RK 2 439, Dok. 6-13. Vertrauliche Aufzeichnung der Besprechung vom 25.11.1916. Entspricht den Aufzeichnungen in *Militär und Innenpolitik*, Nr. 182, S. 457 ff.

509 Vgl auch Koszyk, *Pressepolitik*, S. 194 ff., Zitat S. 197.

politischen und der militärischen Führungsspitze und den Verbündeten seit den Oktobertagen geführt worden sind. Der innere Druck hat in dieser Phase natürlich diese Entscheidung auch beeinflußt. Der Spannungsbogen der Kriegsziele war seit Kriegsbeginn schon sehr groß. Die Vorstellungen schwankten zwischen sehr weitreichenden Forderungen des extrem rechten politischen Spektrums und insgesamt eher zurückhaltenderen Äußerungen, je weiter man ins linksliberale und sozialdemokratische Lager gelangte. In der Artikulierung der festzuschreibenden Ergebnisse eines Krieges, dessen siegreicher Ausgang im Herbst 1916 zumindest ungewiß war, fanden sich grundlegende Auffassungen einer nationalen und internationalen Ordnung wieder, die ein Spiegelbild der jeweiligen gesellschaftspolitischen Auffassungen der politischen Lager darboten. Dazu kamen dann im Herbst 1916 die vom österreichisch-ungarischen Bundesgenossen forcierten Überlegungen, sich angesichts der zunehmenden Ungewißheit eines erfolgreichen Kriegsausganges so schnell wie möglich über ein gemeinsames Kriegszielprogramm zu verständigen, das dann als Grundlage für ein mögliches Friedensangebot der Mittelmächte dienen konnte[510]. Nun mußte in irgendeiner Form eine Festlegung erfolgen, die das Septemberprogramm des Reichskanzlers von 1914 konkretisierte. Bethmann Hollweg wollte den Rahmen der Freigabe so beeinflussen, daß er den Spielraum für seine Friedenssondierungen erweitern konnte. Er hatte sich gegen Ende des Jahres 1916 aus mehreren Gründen zu einer Friedensofferte entschlossen. Die Mittelmächte konnten in dieser Phase nach eigenem Bekunden ihr Angebot mit einer starken und gefestigten Haltung nach außen tragen. Die Frontlage war stabil, im Westen und Osten standen deutsche Truppen tief im Feindesland. Die Bundesgenossen waren mit dieser Offerte zufriedengestellt. Mit Hindenburg und Ludendorff waren die Militärs an der Spitze der OHL, die das Vertrauen der Bevölkerung und den Respekt der Feinde besaßen. Die Ententestaaten gerieten unter Zugzwang, weil das Deutsche Reich als erste der kriegführenden Parteien einen solchen Schritt unternahm. Eine positive Wirkung bei den Neutralen war zu erwarten, und auch aus den Kreisen der Ententebevölkerung erhoffte man sich Reaktionen, die deren eigene Regierungen unter Druck setzen würden. Dem lange erwarteten Vermittlungsangebot des amerikanischen Präsidenten Wilson vom 18./20. Dezember 1916 waren die Mittelmächte zuvorgekommen. Durch politisches Handeln stärkte der Reichskanzler zugleich seine innenpolitische Position, denn die Forderungen

---

510 Kielmansegg, *Weltkrieg*, S. 412 f. Mai, *Ende des Kaiserreichs*, S. 116 ff.

nach Annexionen und dem unbeschränkten U-Bootkrieg waren zunehmend lauter geworden[511]. Mit dem Entschluß zur Freigabe der Kriegszielerörterungen verschafften sich Reichsregierung und OHL im eigenen Land vorab ein Ventil. Denn so konnten innerhalb des Reiches die nach außen hin offengehaltenen Forderungen mit Inhalten gefüllt werden. Die eigene Bevölkerung durfte weiter ihren Vorstellungen nachgehen. Eine interne Festlegung auf bestimmte Punkte war dabei allein deshalb unvermeidlich, weil die öffentliche Diskussion andernfalls außer Kontrolle zu geraten drohte. Nach außen gab sich die Regierung des Deutschen Reiches mit konkreten Forderungen erst einmal betont zurückhaltend. Der Reichskanzler konnte Widerstände der OHL Dank einer offenen Kompromißformel vorerst ausschalten. Wolfgang J. Mommsen sah dies als "... den letzten Versuch, die öffentliche Meinung auch nur einigermaßen im Rahmen dessen zu halten, was sich als Ausgangspunkt für einen Verhandlungsfrieden gerade noch vertreten ließ"[512]. Nur so erhielt sich Bethmann Hollweg genügend Spielraum für das Friedensangebot der Mittelmächte vom 12. Dezember 1916.

Die heutige Interpretationsbreite des Friedensangebotes umspannt einen weiten Bogen. Die Einschätzungen sprechen einerseite von einer Scheinofferte, die nur dazu dienen sollte, den unbeschränkten U-Bootkrieg zu legitimieren. Andererseits geht man davon aus, daß es sich um einen durchaus ernstgemeinten Vorstoße gehandelt habe, das Terrain für Verhandlungen zu sondieren[513]. Echte Friedensbereitschaft gab es wohl auf beiden Seiten nicht, weil jeder der Gegner noch auf einen Kriegsausgang in seinem Sinne spekulierte. Die Tatsache, daß sich nahezu parallel zur Offerte Bethmanns in London, Paris und Petersburg neue Regierungen konsolidierten, die von ihrer Zusammensetzung und Ausrichtung her eine noch härtere Auseinandersetzung bis zum Sieg über die Mittelmächte in ihr Programm geschrieben hatten, schränkte die ohnehin nur geringen Erfolgsaussichten dieser Friedensbemühungen zusätzlich ein[514].

---

[511] Nipperdey, *Deutsche Geschichte*, Bd 2, S. 816 f.

[512] Mommsen, *Regierung Bethmann 1914-1917*, S. 154.

[513] Vgl. Verlaufsschilderung der Verhandlungen bei Ritter, *Staatskunst und Kriegshandwerk*, Bd 3, S. 340-349 und bei Fischer, *Griff nach der Weltmacht*, S. 408-418. Für weitere Literaturhinweise Hildebrand, Klaus, *Deutsche Außenpolitik 1871-1918*, München 1989: Zur "Fischer-Kontroverse" S. 133 ff.; zu Positionen und Tendenzen der Außenpolitik S. 139 ff.

[514] Vgl. dazu Steglich, Wolfgang, *Die Friedenspolitik der Mittelmächte*, Bd 1, Wiesbaden 1964 und Farrar, Lancelot F., *Divide and Conquer. German Efforts to Conclude a Separate Peace, 1914-1918*, Boulder, New York 1978.

Dennoch boten sich in den Notenwechseln und geheimen Gesprächen mit den Vereinigten Staaten Perspektiven. Kielmansegg resümiert, daß Deutschland den "unzweifelbar aufrichtigen Willen Wilsons zur Neutralität", dessen Bedeutung und die darin liegenden Chancen nie richtig erkannt hat[515]. Wilson hat die Kriegsgegner zu Beginn seiner diplomatischen Bemühungen immer als gleichberechtigte Partner angesehen. Auch wenn die Entente allen Offerten miß–trauisch und ablehnend gegenüberstand, so blieb die Tatsache bestehen, daß ohne die amerikanische Unterstützung der Krieg nur schwerlich zu gewinnen gewesen wäre. Das Deutsche Reich beeilte sich mit seiner Antwort auf die Erklärung Wilsons, ohne die als sicher geltende Ablehnung des eigenen Angebotes durch die Entente (sie erfolgte am 30./31. Dezember) abzuwarten. Die von Staatssekretär Zimmermann verfaßte und am 26. Dezember abgeschickte Note beurteilt selbst Gerhard Ritter als "überstürzt".

Formell ging Deutschland auf Wilsons Vorschlag zwar ein, inhaltlich wies man die amerikanische Initiative zurück. Fischer hat belegt, daß Zimmermann auch eine Vermittlung Wilsons in Form eines "clearing house" nicht akzeptieren wollte. Ritter und Fischer waren sich in ihrer Beurteilung der Lage einig, daß trotz dieser für Wilson sehr unbefriedigenden deutschen Antwort noch nicht alle Chancen für eine Verständigung vertan waren[516]. Die Journalisten wurden am 2. Weihnachtsfeiertag in einer Pressebesprechung über die Note informiert, die auch zu Beginn der Sitzung verlesen wurde. Die den Pressevertretern durch die Regierung streng vertraulich mitgeteilten Informationen begründete die Schnelligkeit der Antwort damit, daß Deutschland Wilson nicht warten lassen wollte, was dessen Eitelkeit sicher schmeicheln würde. Außerdem käme man der Entente zuvor, die sich immer noch nicht offiziell zur deutschen Dezemberofferte geäußert hatte[517]. Die Presse wurde angehalten, sich gegenüber der amerikanischen Initiative freundlich-zurückhaltend zu äußern. Die grundsätzliche Sympathie sollte jedoch ruhig mit einer Portion Skepsis im Hinblick auf die Durchführbarkeit verbunden werden, denn die Haltung der Entente gäbe derzeit keinen Anlaß zu großen Hoffnungen. Das gemeinsame, ehrliche deutsch-amerikanische Interesse am Frieden sollte betont, die sichere, eigene Position der Stärke klar hervorgehoben werden. Ein "amerikanischer Frieden" unter der

---

[515] Kielmansegg, *Weltkrieg*, S. 438.

[516] Ritter, *Staatskunst und Kriegshandwerk*, Bd 3, S. 364 f. und Fischer, *Griff nach der Weltmacht*, S. 388 ff.

[517] BA, Potsdam, RK 2 439, Pressebesprechung vom 26.12.1916, Dok. 14-23, 10-seitiges Protokoll, hier S. 2 f.

Vermittlung Wilsons läge aber eindeutig nicht im deutschen Interesse. Dennoch sollte die Presse dies "aus taktischen Gründen nicht zu stark unterstreichen"[518]. Auch verschärfte Forderungen und Ansprüche an die Feinde schadeten nur der ehrlichen Absicht, die Kriegsparteien zu einem Frieden nach deutschen Vorstellungen "an einen Tisch zu bekommen", was die derzeit klare und vorrangige politische Absicht sei. Deswegen seien auch Anspielungen und Drohungen auf den schärferen U-Bootkrieg ausdrücklich unerwünscht. So setze sich Deutschland dem Verdacht aus, das eigene Friedensangebot lediglich als Rechtfertigung für eine solche Maßnahme gesucht zu haben. Das wäre nicht nur schädlich für die Regierung, die eine solche "Rückenstärkung" nicht brauche, sondern für das Ansehen des Deutschen Reiches im neutralen Ausland schlechthin. Die Befürchtung, daß bei einem Fehlschlag der Friedensbemühungen, "... unsere politische Leitung dann der kriegerischen irgendwie in den Arm zu fallen suchen würde", wurde entschieden zurückgewiesen[519]. Die Stoßrichtung der Regierung wird Dank dieses Protokolls deutlicher. Es ist der Versuch, mit Hilfe der Presse die Öffentlichkeit insgesamt auf eine gemäßigte Linie einzuschwören, die dem Deutschen Reich zumindest die Chancen auf stimmungstaktische Vorteile im In- und Ausland sicherte. Wenn auch die Möglichkeiten auf wirkliche Friedensgespräche nur gering waren, so wollte man wenigstens einheitlich die Taktik des eingeschlagenen diplomatischen Weges unterstützt sehen. Ein Balanceakt war der Versuch einer Fixierung der Kriegsziele und damit auch der Friedenskonzeptionen in jedem Fall. Ein Konsens aller Interessen erschien im eigenen Land ebenso schwer möglich wie im Ausland. Dennoch gelang es dem Reichskanzler, die überzogenen Erwartungen in der Bevölkerung einzudämmen. Doch der zustandegekommene innenpolitische Kompromiß blieb mit einem hohen Risiko behaftet: Man mußte einen Siegfrieden zustande bringen, ansonsten würden sich alle Forderungen eher ins Gegenteil verkehren. Die OHL erwartete von Anfang an ein Scheitern der Friedensofferte und ihre Ablehnung durch die Feindmächte. Danach erhoffte sie sich einen höheren Spielraum für ihre eigenen Vorstellungen. Sie setzte dabei unverhohlen auf den "unbeschränkten U-Bootkrieg" und verstärkte den Druck auf den Reichskanzler. Es gelang der OHL, bei den Verhandlungen der Formulierungen eines deutschen Kriegszielprogrammes im Dezember 1916 und bei der Vorstellung ihrer Konzeption für das Kriegsjahr 1917 ihre Ansichten weitaus stärker zur Geltung zu bringen als das Bethmann Hollweg recht sein konnte. Der Reichskanzler arbeitete

---

[518] Ebd., S. 5 ff.

[519] Ebd., S. 8 ff.

darauf hin, daß ihm die Vereinbarung im Zweifelsfalle immer noch genügend Handlungsspielraum ließe, wenn es erst einmal zu Verhandlungen käme. Diese Hoffnung erfüllte sich nicht. Die ohnehin nur halbherzig betriebene Friedensaktion scheiterte, weil sich die harte Linie in der OHL und in der Regierung gegenüber Bethmann Hollweg durchgesetzt hatte[520]. Innenpolitisch war das Friedensangebot und die sich anschließenden Notenwechsel im Rahmen der vorhandenen Möglichkeiten durchaus ein Erfolg für die Regierung. Die Kampfbereitschaft im deutschen Volk und ihr eigenes Ansehen waren auf jeden Fall gestärkt worden. Der Reichskanzler büßte jedoch den Boden, den er gegenüber der OHL im Vorfeld der Offerte gutgemacht hatte, schnell wieder ein. Mit der Ablehnung des Friedensvorstoßes verlor er innenpolitisch mehr von seiner Reputation, als er durch die Freigabe der Kriegsziele und die Offerte hinzugewonnen hatte. Das forcierte in der Konsequenz die Vorgänge, die dem Entschluß zum unbeschränkten U-Bootkrieg vom 9. Januar 1917 vorangingen. Seine dort erklärte Zustimmung zum Ausspielen des "letzten Trumpfes" der OHL, dem "unbeschränkten U-Bootkrieg", ist eine Bestätigung dafür, daß er sich nun dem Drängen der Militärs und der Mehrheit der Reichstagsparteien nicht mehr widersetzen konnte[521].

4.4. Spielräume und Grenzen einer einheitlichen Pressepolitik

Parallel zu den Besprechungen über die Freigabe der Kriegszielerörterungen, die vornehmlich durch die KPrA-Initiativen zwischen den Behörden unter der Regie der Reichskanzlei abliefen, fühlte sich auch die OHL veranlaßt, im Zusammenhang mit den Plänen zur Aufrechterhaltung einer zuversichtlichen Volksstimmung auf die öffentliche Meinung einzuwirken. Am 8. November lud sie daher alle wichtigen Ressortvertreter zu einer großen Sitzung über dieses Thema ein. Major Nicolai betonte in seiner Einführung, daß es um die Festlegung und Koordination einer einheitlichen Linie in der Aufklärungsarbeit ging. Das Wort "Propaganda"

[520] Ritter, *Staatskunst und Kriegshandwerk*, Bd 3, S. 349 und Nipperdey, *Deutsche Geschichte,* Bd 2, S. 817.

[521] Mommsen, *Regierung Bethmann 1914-1917*, S. 155 f.

sollte nach Möglichkeit vermieden werden. Von Haeften ergriff die Gelegenheit, um ausführlich auf die Werbetätigkeit der MAA hinzuweisen[522]. Das KPrA schloß sich an. Dann wurden vor allem Inhalt und Zweck der D.K. erörtert, deren Exemplare alle Ressorts gerne in ausreichender Zahl zur Verfügung gestellt bekommen hätten. Interessant war die von allen Seiten gebotene Zurückhaltung nicht nur bei Flugblattaktionen. Deren amtliche Urheberschaft sollte nicht auf den ersten Blick erkennbar sein. Eine unauffällige Vorgehensweise war erwünscht, weil im anderen Falle die Wirkung der Initiativen stark herabgesetzt werden würde[523]. Alle Behördenvertreter beschlossen, sich zukünftig regelmäßig im Monatsrhythmus zu treffen, um sich gegenseitig über die jeweiligen Maßnahmen auszutauschen und um gemeinsame Aktionen besser abstimmen zu können. Ein interessanter Aspekt war, daß die Bundesstaaten in diese konzertierte Aktion miteinbezogen werden sollten. Die dazu erforderlichen Gespräche sollten umgehend aufgenommen werden[524]. Am 5. Dezember traf sich ein etwas verkleinerter Kreis von Behördenvertretern aller wichtigen Ressorts, um den Fortgang der Inlandspropaganda zu besprechen. Als neue Informationsschrift wurde die Deutsche Kriegswochenschau (D.K.W.), deren erste Nummer zwei Tage später erscheinen sollte, vorgestellt. Angelehnt an das Konzept der D.K. sollten hier vor allem übergreifende Artikel Platz finden, die nicht in den D.K. verwendet werden konnten. Die militärischen Stellen betonten, daß sie in der Wahl der Themenbereiche keineswegs auf Gebiete der Zivilbehörden überzugreifen gedachten, da sie die gegenseitige loyale Mitarbeit nicht in Frage stellen wollten. Auf Beschwerden von Seiten der Presse, daß ein Überangebot an halbamtlichen Artikeln bestünde, reagierte der neue KPrA-Chef Stotten gelassen. Er sah die Gefahr der Einförmigkeit als gering an.[525] Auch als diese Kritik vom R.d.I. und vom A.A. im Januar 1917 erneut an das KPrA herangetragen wurde, wies er sie zurück. Während die zivilen Stellen eine Abstumpfung in den Redaktionen gegen die Anhäufung des amtlichen und halbamtlichen Materials bemerkten, in dessen Folge die Gleichförmigkeit der Artikel einen erheblichen Vertrauensverlust der Leserschaft nach sich zog, beharrte Stotten auf dem Standpunkt, daß eine gewisse Gleichförmigkeit nach außen hin nur die Geschlossenheit der

---

[522] *Militär und Innenpolitik*, Bd 1, Nr. 136, S. 328 ff. RK 2 438, Dok. 176-181, 15-seitiges Protokoll der Sitzung.

[523] *Militär und Innenpolitik*, S. 333. Das Kultusministerium bat um die Überlassung von 67 000 Exemplaren zur Verteilung unter den Lehrern und Pastoren.

[524] Ebd., S. 337 f.

[525] *Militär und Innenpolitik*, Nr. 138, S. 343 ff.

deutschen Presse unterstreiche. Einwände gegen die Wirkung der D.K. im Inland ließ er nicht gelten. Er hielt den häufig parallelen Abdruck derselben Schriften für "völlig unbedenklich", weil mit ihnen eine "zuversichtliche, siegesfrohe und entschlossen-einheitliche Stimmung" geschaffen würde[526]. Hier deutete sich bereits an, daß die Kluft zwischen den militärischen und zivilen Behörden in den Auffassungen über die Methoden einer zentralen Aufklärungspolitik auseinanderdrifteten.

Doch vorerst waren noch Strategiekonzepte gefragt, mit deren Hilfe im kommenden Jahr für ein erfolgreiches Ende gearbeitet werden sollte. Die 3. OHL hatte sich die Konzentration der Kräfte vorgenommen, um auf dieser Basis den nötigen Rückhalt für eine militärische Entscheidung zu gewinnen. Für dazu notwendige Reformen in der Pressepolitik entwickelten allerdings zwei Personen aus zivilen Ressorts im Dezember 1916 richtungsweisende Vorschläge: Der Ministerialdirektor im A.A., Erhard Deutelmoser, und der Leiter der Nachrichtenstelle im R.d.I., Magnus von Braun, legten am 3. bzw. am 10. Dezember 1916 die Ergebnisse ihrer Überlegungen in zwei Denkschriften vor. Beide Denkschriften enthielten - wenn auch teilweise gegenläufige - konkrete Konzepte, wie Verbesserungen in der Organisation der Presse- und Propagandapolitik erzielt werden könnten[527].

Die beiden Pressefachleute gingen in ihren Entwürfen auf die Zersplitterung und Zerfahrenheit der Pressedienste im Deutschen Reich ein. Beide kannten aus eigener Anschauung die Probleme. Sie hatten sich in ihrer täglichen Arbeit damit immer wieder auseinanderzusetzen. Deutelmosers Hauptanliegen betraf die Umorganisation und den Ausbau der Pressearbeit des A.A., bei dem die Sicherung der "lückenlosen Unterrichtung der Nachrichtenabteilung" durch alle anderen Abteilungen und Behörden als grundlegende Voraussetzung gewährleistet sein müßte. Vor allem die viel zu zahlreichen "amtlichen und halbamtlichen Presseorganisationen" würden in Verbindung mit einem "verhängnisvollen Ressortgeist" zu einer Schwächung der Regierung gegenüber der Presse und den Parteien führen. Deshalb sei es notwendig, bei allen Themenbereichen, die eine Wirkung auf die ausländische öffentliche Meinung hätten, die Regie dem A.A. zu überlassen. Alle anderen Ressorts (OHL, KM, RMA oder Admiralstab) wären miteinzubeziehen, doch "die vollziehende Gewalt" obläge dem A.A. Auch im eigenen Lande

---

[526] Ebd., S. 344 f., Anm. 5 mit Zitaten.

[527] Vogel, *Organisation*, S. 44-47: Die Denkschriften sind mit ihren wichtigsten Thesen im Quellenanhang bei Vogel abgedruckt: Schrift Deutelmosers vom 03.12.1916 S. 88-91, Schrift von Brauns vom 10.12.1916, S. 91-94.

wäre eine Änderung der Zuständigkeiten wünschenswert, denn gerade der Reichskanzler müsse "... als Leiter der Gesamtpolitik stattdessen erheblich engere Fühlung mit der Presse gewinnen[528]." Deutelmoser hatte schon vor seinem Amtsantritt von sich aus umgehend die Reorganisation der Nachrichtenabteilung beabsichtigt, denn nach der Verfassung war der Reichskanzler für die innere und äußere Reichspolitik allein verantwortlich, und dazu gehörte auch der Pressedienst[529]. Ein eigenes Pressebüro außerhalb der Nachrichtenabteilung sollte geschaffen werden. Deutelmoser ging sehr vorsichtig mit der Perspektive eines "Reichspresseamtes" um, das sich daraus vielleicht erst nach dem Kriege entwickeln könnte. Er war sich der möglichen Widerstände in den Pressereferaten der Behörden, für die dies eine klare Kompetenzbeschneidung bedeutet hätte, bewußt. Die ZfA und die weiteren Referate der Auslandsabteilungen sollten unter die Leitung des Direktors der Nachrichtenabteilung gestellt werden. Auch von Haeften hatte nur zwei Wochen zuvor eine ähnliche Vereinheitlichung der Auslandsaufklärung unterstützt. Die Tatsache, daß Deutelmoser dafür plädierte, Thiel und die ZfA aus der MAA herauszulösen, kam Haeften entgegen, um den eigenen Machtspielraum zu erweitern. In einem gesonderten Punkt wies Deutelmoser auf das gegenseitige Mitprüfungsrecht bei militärischen und politischen Veröffentlichungen hin, das von Haeften und er sich gegenseitig gewähren wollten. Während der Pressebesprechungen im Reichstagsgebäude sollte die Oberaufsicht der Zensur an das A.A. übergehen. Die letzte Forderung zielte auf eine Stärkung des Einflusses der zivilen Stellen auf Verlaufsinhalte der Konferenzen und deren Wiedergabe in der Protokollierung ab[530].

Magnus von Braun wies ebenfalls auf die Unzweckmäßigkeiten und Unzulänglichkeiten vieler Presseeinrichtungen in den Ämtern hin. Er bemängelte, daß unter Bethmann Hollweg sehr lange eine zentrale Pressestelle der Reichsregierung gefehlt hätte. So entstanden seit 1914 nach und nach vermehrt zahlreiche Pressebüros bei den einzelnen Reichsämtern. Selbst das Sauerkohlamt verfügte am Kriegsende über eine eigene Pressestelle[531].

Der Leiter der R.d.I. Pressestelle sprach sich jedoch gegen eine Zentralisierung der Abteilungen unter einer Behörde aus. Eine höhere Effizienz versprach sich von Braun von einer Straffung der

---

[528] Ebd., S. 89 f.

[529] Deutelmoser, *Tagebücher*, Heft VIII, S. 33 ff.

[530] Vogel, *Organisation*, S. 42 und S. 91.

[531] von Braun, *Ostpreußen*, S. 100.

Abteilungen der einzelnen Behörden mit einer klaren Aufgabenabgrenzung. Ein zentrales Büro könnte gar nicht allein in dem Maße auf die einzelnen Belange der Ressorts Rücksicht nehmen. Informationen gingen verloren, die Behörden könnten auf ihren Spezialgebieten den Anforderungen nicht mehr gerecht werden. Ressortübergreifende Themen sollten allerdings auch entsprechend behandelt, d.h. von einer zentralen Stelle aus koordiniert werden. Was die hierarchische Gliederung anging, so waren beide Presseexperten wieder nicht sehr weit voneinander entfernt. Denn von Braun stellte sich ein Pressebüro mit einem Unterstaatssekretär in der Reichskanzlei vor, dem alle Ämter unterstellt sein müßten. Er versprach sich von der Eigenverantwortlichkeit der Ämterchefs unter der Kontrolle der Reichskanzlei ein besseres Ergebnis, betonte zugleich, daß der Reichskanzler die höchste Kontroll- und Entscheidungsinstanz bleiben müsse[532].

Auch die OHL sah sich genötigt, vor der Jahreswende den Reichskanzler auf diese Problematik anzusprechen und ihre Ansichten zu erläutern. Ludendorff nahm in der Einleitung seines Schreibens vom 17. Dezember 1916 die im Rahmen der Friedensofferte angeblich nicht "rechtzeitige und ausreichende Unterrichtung derjenigen militärischen Stellen, die mit der Presse verkehren," zum Anlaß, ebenfalls die Einrichtung einer Zentralstelle zu fordern[533]. Die "Zersplitterung und das Nebeneinander einzelner Pressestellen", in Verbindung mit deren teilweise geringer Personalstärke, führe zu einer Beschränkung auf die Ressorts. "Die Zahl der Stellen, die mit der Presse arbeiten, ist durch die im Kriege entstandenen Behörden vermehrt worden." Die Pressebesprechungen könnten jedoch nicht als Instrument einer einheitlichen Leitung angesehen werden, weil die einzelnen Behördenvertreter auch hier "... unabhängig voneinander ohne vorheriges gegenseitiges Einvernehmen nebeneinander her arbeiten." Ludendorff wollte eine Stelle, die direkt unter dem Einfluß des Reichskanzlers stand. Im Falle einer "kommissarischen Beratung", an denen auch die Bundesstaaten beteiligt werden sollten, wünschte er sich die Hinzuziehung eines OHL-Vertreters. Von sich aus würde er den Vorschlag fördern, wo es ihm möglich wäre[534].

---

[532] Vogel, *Organisation*, S. 43 f. und S. 92 f.

[533] BA, Potsdam, RK 2 438, Schreiben Ludendorffs vom 17.12.1916, Dok. 206-208, hier S. 1; Bethmann Hollweg schrieb dazu an den Rand: "Was soll das heißen? Um 12 Uhr Mittags wurde die Presse informiert, um 1 Uhr die Kanzlerrede gehalten und damit die ganze Welt informiert."

[534] Ebd., S. 2 f. Hindenburg äußerte sich am 24.01.1917 in einem zweiten Schreiben in ähnlicher Weise, vgl. Vogel, *Organisation*, S. 45.

Die Aussage Ludendorffs bestätigt, daß die einzelnen Behördenvertreter für ihre jeweilige Abteilung Stellungnahmen abgaben. Von einer geschlossenen Indoktrinierung der Journalisten kann also nicht die Rede sein. Jedes Ressort versuchte, so gut wie möglich, seine Interessen den Pressevertretern vorzustellen. Die Tatsache, daß eine interne Vorverständigung der Ämter fehlte, zeigt, daß einer kollektiven Beeinflussung der Sitzungsteilnehmer enge Grenzen gesetzt waren. Die Behörden versäumten es im Gegenzug allerdings auch, die von allen als notwendig erachtete Einheitlichkeit durch eine bessere vorherige Abstimmung vor den Konferenzen zu dokumentieren. Die Möglichkeiten eines durchaus geeigneten Forums wurden nicht hinreichend ausgeschöpft.

Deutelmosers Randbemerkung unter dem Brief Ludendorffs belegt, daß er am 27. Dezember nur von der Existenz, aber noch nichts von den Details der Denkschrift von Brauns erfahren hatte. Er wollte die Bekanntgabe dieser Schrift, die er als "sehr beachtenswert" wenn auch von seinen eigenen Überlegungen "etwas abweichend" skizzierte, abwarten, bevor er zu dem OHL-Vorschlag Stellung bezog. Eine Pressestelle nach Ludendorffs Vorstellungen wäre "ohne fortwährende, unmittelbare Fühlung mit der Presse" vorab "zum Verdorren verurteilt." Der Pressedienst würde so nur unnötig aufgebauscht. Er plädierte für den "kürzesten Weg". In der Problembeschreibung stimmte er der OHL-Anregung ausdrücklich zu. (Die Zerfahrenheit der Pressedienste) "... liegt in erster Linie an der Eigenart unserer Reichsverfassung mit ihrer großen Wirrnis in den Zuständigkeiten. Das Grundübel können wir, vorerst jedenfalls, nicht ändern[535]." Dennoch bemühte sich Deutelmoser um eine Verbesserung der Zustände. Er traf sich Mitte Januar mit von Braun zu einer Besprechung. Beide einigten sich nach der gegenseitigen Erörterung ihrer Denkschriften auf einen Kompromißvorschlag. Die Ressortkompetenzen sollten angemessen berücksichtigt werden, ohne daß eine neue Zentrale in der Reichskanzlei geschaffen werden müßte. Der Direktor der Nachrichtenabteilung sollte fortan jedoch die Leitung der Ressortbesprechungen der Pressereferenten übernehmen und damit in der Lage sein, die Regierungsinteressen in einer einheitlichen Gesamtlinie stärker zur Geltung zu bringen. Doch obwohl das A.A. und das R.d.I. diesem Vorschlag zugestimmt hatten, mußte er nach einer Besprechung am 10. Februar 1917 wieder verworfen werden. Die Reichskanzlei wollte einer Erweiterung der Referate in den Ressorts nicht zustimmen. Der Hauptstreitpunkt blieb die Frage

---

535 BA, Potsdam, RK 2 438, Maschinenschriftliche Randbemerkung Deutelmosers vom 27.12.1916, S. 2 f.

nach der Trennung oder der Zusammenfassung der innen- und außenpolitischen Propaganda. Je nach Konzeption wären daraus auch bestimmte weisungsrechtliche Kompetenzen entstanden. Von einer im Anschluß daran notwendigen Abstimmung mit den militärischen Stellen konnte zwangsläufig noch gar keine Rede sein[536].

Stegmann sieht die Probleme anhand der Zerfahrenheit und der Aufsplitterung der Pressereferate ähnlich. Er führt als entscheidenden Grund den ungeheuren "Ressortegoismus" an, der bei über 20 verschiedenen Pressestellen schlimme Formen annehmen konnte. Die von Deutelmoser beabsichtigte Vereinheitlichung der vorhandenen Stellen, die aber eine strikte Trennung in organisatorischer Hinsicht für innen- und außenpolitische Zuständigkeiten bedeutet hätten, konnte deswegen zu diesem Zeitpunkt auch noch nicht erfolgen[537]. Vogel machte hauptsächlich interne Widerstände in der Reichskanzlei und im R.d.I. dafür verantwortlich, daß unter Bethmanns Kanzlerschaft eine Entscheidung nach den oben erwähnten Denkschriften nicht mehr herbeizuführen war[538].

Die prinzipielle Forderung nach Zentralisierung verband alle Vorschläge. Doch die von der OHL präferierte Form versprach keine Abhilfe. Die Entscheidung des Reichskanzlers vom 20. Januar 1917 fiel gegen eine Zentralstelle aus. Sie könnte durchaus im Zusammenhang mit dem knapp zwei Wochen zuvor gefaßten Beschluß zum Übergang auf den unbeschränkten U-Bootkrieg gesehen werden. Bethmann Hollweg konnte und wollte nicht auch noch auf diesem Feld gegenüber der OHL nachgeben. Erschwerend kam hinzu, daß es mit der Stimmungslage innerhalb der Journalistenschaft um die Jahreswende 1916/17 insgesamt nicht zum besten bestellt gewesen sein muß[539]. Das K.E.A. und das A.A. hatten im Hinblick auf die schwierige Ernährungslage schon Mitte Dezember unterschiedliche Darstellungswünsche an die Presse weitergeleitet. Berichte über die Lebensmittelversorgung glichen somit einer Gratwanderung gegenüber den Behörden und der Öffentlichkeit. Die Pressevertreter sollten sich nach dem Wunsch des A.A. offiziell "in Zurückhaltung" üben, während Batocki eher für eine "ungeschminkte und offene" Schilderung plädierte, damit die Gefahren erkannt und abgewendet

---

[536] Vogel, *Organisation*, S. 45 f.

[537] Stegmann, *Inlandspropaganda*, S. 81.

[538] Vogel, *Organisation*, S. 45 ff.

[539] Vgl. Nicolai, *Nachrichtendienst*, S. 185.

werden könnten. Eine "geeignete Form" der Berichterstattung gestaltete sich ungeheuer schwierig, denn auch die Wirkung auf das Ausland mußte berücksichtigt werden. Oberkircher ist es in seiner Bewertung gleichgültig, ob die Presse die Stimmung im Volke erzeugt hatte oder sie durch die Presse nur wiedergegeben worden ist. Entscheidend sei, daß die Presse ein "Spiegelbild" von der tatsächlichen Situation gegeben habe[540]. Das Dilemma, in dem die Pressevertreter steckten, war von ihnen nicht zu lösen. Doch auch die Exekutive tat sich schwer damit.

Erstaunlich ist, daß an dieser wichtigen Schnittstelle des Krieges alle Beteiligten in der Analyse der Problematik nicht sehr weit voneinander entfernt zu sein scheinen. Nach nun fast zweieinhalbjähriger Kriegsdauer war als Hauptmangel in der Pressepolitik die fehlende Einheitlichkeit zwischen den offiziellen Stellen gegenüber der Presse erkannt. Beim Militär, bei der Regierung und bei den Behörden wurde nicht nur mit unterschiedlich hohem Personalaufwand, sondern auch mit unterschiedlichen Konzeptionen gearbeitet. Es fehlte an der nötigen Abstimmung und an einer klaren Linie. Das gegenseitige Bemühen, ein Arrangement zu finden, kann zu diesem Zeitpunkt keinem der beteiligten Ressorts abgesprochen werden. Doch all diese Verständigungsversuche und Absprachen verschleiern im Prinzip die entscheidende Tatsache: Die Zielsetzungen waren zu unterschiedlich. Jeder hatte nur seinen eigenen Vorteil vor Augen, wenn argumentiert wurde, im Interesse des Deutschen Reiches zu handeln. Wichtig erscheint, dabei auf die Schlüsselfunktion der OHL hinzuweisen, die mit ihrer Einschätzung der Frontlage den Spielraum für alle Beteiligten festlegte. Die Abhängigkeit der Politik von der Entwicklung des Kriegsverlaufes und die innenpolitischen Positionskämpfe für die Umsetzung der jeweils eigenen Pläne zum noch unbestimmten Zeitpunkt eines Friedens machte es praktisch unmöglich, an den verfassungsmäßigen Rahmenbedingungen etwas zu ändern. Bei einer solchen Diskussion hätte wahrscheinlich auch gar keine Einigung über eine Erneuerung der organisatorischen Grundlagen für die Strukturen der Informationspolitik des Kaiserreiches erzielt werden können.

---

540 KGFA W-10/50 367 Oberkircher, *Entwicklung der Stimmung*, S. 47 ff.

4.5. Bethmann Hollweg unterliegt im Kampf um den 'richtigen' Weg bei den Aufklärungskonzepten

Wenn man sich die Situation zu Beginn des Jahres 1917 vor Augen führt, so scheint gerade Bethmann Hollweg derjenige zu sein, der sich einer allseits gewünschten Kompromißlösung bei einer Aktivierung der Pressepolitik widersetzte. Doch besonders der Reichskanzler hatte bewegte Monate mit zahlreichen wichtigen Veränderungen hinter sich. Der Wechsel in der OHL von Falkenhayn zu Hindenburg und Ludendorff war von ihm unterstützt worden. Parallel dazu liefen bereits Reformpläne für den Pressesektor an. Die Gründung der MAA ist als ein deutliches Zeichen für die Umsetzung behördlicher Aktivitäten anzusehen. Der forcierten Trennung von Otto Hamman folgte der Wechsel Deutelmosers in die Nachrichtenabteilung des A.A. Das plötzlich gestiegene Interesse der OHL an einem stärkeren Einfluß auf die öffentliche Meinung beschleunigte Entscheidungen wie die Freigabe der Kriegszielerörterungen, die Bethmanns Hollwegs Handlungsspielraum vorerst sogar vergrößerte. Nachdem das deutsche Friedensangebot auf Ablehnung gestoßen war, wuchs der Druck der OHL auf den Reichskanzler auf verschiedenen Ebenen. Er wäre im Bereich des Pressewesens durch die Errichtung der geforderten Zentralstelle selber noch stärker in eine Reibungsposition in der Öffentlichkeit gedrängt worden, als ihm das nach Lage der Dinge recht sein konnte. Der Mittelpunkt des gesamten politischen Pressedienstes verblieb somit einstweilen bei der Nachrichtenabteilung des A.A. und wurde nicht in die Reichskanzlei verlegt. Der Reichskanzler teilte Ludendorff mit, daß die jüngsten personellen Veränderungen schon zu einer wesentlichen Vereinheitlichung beigetragen hätten, und die eingeleiteten strukturellen Verbesserungen noch nicht abgeschlossen seien. Er setzte darauf, daß sich nach dem im Fluß befindlichen Umgestaltungsprozeß die gewünschten Organisationsreformen von selbst ergeben würden. Den Erfolg der von der OHL angeregten Lösung, zog er in Zweifel und stellte fest, daß er es bei dem bisherigen Stand vorerst belassen wolle[541].

Noch immer liefen die Sondierungsgespräche mit den Amerikanern, obwohl nach dem Entscheid für den unbeschränkten U-Bootkrieg alle militärischen Vorbereitungen dafür

[541] BA, Potsdam, RK 2 438, Antwort Bethmann Hollwegs an Ludendorff vom 16.01.1917, Dok. 280.

angelaufen waren. Der Erfolg der deutschen U-Boote sollte in den nächsten Monaten kriegsentscheidende Wirkung haben und die Entente zum Frieden zwingen. An die prognostizierten Versenkungszahlen und Tonnagebilanzen der Marine klammerten sich Regierung und Heeresleitung.

Das Risiko des amerikanischen Kriegseintritts wurde von den Befürwortern dieses Beschlusses bei der OHL und in Marinekreisen bewußt in Kauf genommen. Die Entscheidung sollte zugunsten der Mittelmächte gefallen sein, bevor die amerikanischen Truppen überhaupt richtig einsatzfähig wären. Diese fatale Fehleinschätzung der Vereinigten Staaten im Hinblick auf ihr logistisches Leistungsvermögen und ihre Menschen- und Materialstärke sollte sich in ihrer ganzen verhängnisvollen Tragweite erst nach und nach herausstellen. Im Sommer 1918 lieferten die Alliierten dann den Beweis ihres für die Mittelmächte schließlich übermächtigen militärischen Potentials[542]. Der Reichskanzler hatte in der Kronratssitzung am 9. Januar 1917, obwohl er sich des Risikos und der Unwägbarkeiten des unbeschränkten U-Bootkrieges durchaus bewußt war, trotzdem offiziell seine Zustimmung dazu gegeben.

Am selben Tag wurden die Kompetenzen der MAA zu Gunsten der OHL durch eine unmittelbare Unterstellung ausgeweitet. Das A.A. verlor damit Terrain und Ansprüche an den MAA-Chef von Haeften, der sich der engen Unterstützung Ludendorffs sicher sein konnte[543]. Auch die Wahlrechtsfrage war während der Besprechung aufgeworfen worden. Die Unzufriedenheit in der Bevölkerung über dieses ungelöste Problem wuchs. Die Einschätzungen der Volksstimmung waren auch hinsichtlich der Ernährungslage nicht gerade positiv. Es gab deswegen Überlegungen, das Volk mit entsprechenden Zusagen zur Wahlreform aufzumuntern. Das RMA und das M.d.I. waren jedoch gegen Konzessionen auf diesem Feld, da sie nur kurzfristig zu einer innenpolitischen Beruhigung geführt hätten. Die Krone dürfe "keine Schwäche" zeigen. Das A.A. hingegen plädierte für das gleiche Wahlrecht, denn nach dem Kriege wäre eine Reform unbedingt erforderlich. Somit könne man auch jetzt schon handeln. Das Für und Wider blieb aber ohne Ergebnis. Wilhelm II. wollte lieber noch weiter abwägen, was zu tun sei[544].

---

[542] Kielmansegg, *Weltkrieg*, S. 390 f.

[543] Barkhausen, *Filmpropaganda*, S. 74.

[544] BA, Potsdam, RK 2 015, Kronrat vom 09.01.1917, Sitzungsbericht.

Mit der U-Boot Entscheidung verband sich auch die Erwartung auf gesteigerte Zuversicht in der Öffentlichkeit. Die Militärs erhofften sich durch die U-Bootwaffe zusätzlich entscheidende Impulse in der Landkriegsführung. Die Marine versprach laut Admiral Capelle England innerhalb von sechs Monaten "in die Knie zu zwingen." Die Regierung profitierte innenpolitisch von der psychologischen Wirkung der Entscheidung, die sie nicht mehr hatte verhindern können. Der Reichskanzler hegte nun die Hoffnung, gerade mit dem Einsatz dieses äußersten Mittels einem schnellen Friedensschluß näher zu kommen und durch diesen Druck und mit der wiedererstarkten, eigenen festen Siegeszuversicht die Feinde zum Einlenken und zu Friedensgesprächen zu drängen[545].

Georg Bernhard, der sich als Chefredakteur der "Vossischen Zeitung" und in seiner Eigenschaft als Vorsitzender des Presse-Ausschusses zumeist kritisch zu Bethmann Hollweg geäußert hat, warf dem Reichskanzler später vor, daß er seine "amerikanischen Schritte" nicht nur vor der Presse verheimlicht, sondern sie sogar durch das A.A. "abgeleugnet" hätte. Wenn die öffentliche Meinung eingeweiht gewesen wäre und eine ehrliche Chance auf einer Vermittlerrolle des amerikanischen Präsidenten bestanden habe, dann wäre auch von seiner Zeitung eine Haltung gegen den U-Bootkrieg eingenommen worden. "U-Bootkrieg und amerikanische Vermittlung - das war allerdings unmöglich!" Deswegen war Bernhard auch sehr überrascht, daß der Reichskanzler nach dieser Kehrtwendung seiner Überzeugunger was die Seekriegsführung anging "auch nur einen Tag im Amt überlebt hat!" Für ihn und seine Zeitung war die Entscheidung für den U-Bootkrieg "... nicht nur das Signal zu einem Personen-, sondern auch zu einem Kurswechsel"[546]. Bethmann Hollweg kämpfte jedoch noch immer darum, einen Ausweg aus einer schon verfahrenen Situation zu finden. Fast den gesamten Januar wurden die Sondierungen durch die Botschafter Bernstorff und Lansing fortgesetzt. Wilson wollte von den Deutschen konkrete Bedingungen erhalten. Der Reichskanzler konnte sich nicht dazu entschließen, ein verhandlungsfähiges Papier vorzulegen, mit dem er gegenüber der OHL und gegenüber den USA hätte auftreten können. Nachdem er am 26. Januar bei seiner Antwort an Wilson bedauert hatte, dem Vorschlag Wilsons nach einer Konferenz deswegen nicht nachkommen zu können, weil die deutschen U-Boote bereits ausgelaufen seien, unternahm er noch einmal einen

---

[545] Mommsen, *Öffentliche Meinung*, S. 660 f.

[546] Bernhard, Georg, *Die Kriegspolitik der Vossischen Zeitung*, Berlin 1919, S. 22 f.

Vorstoß, um diese Entscheidung zu revidieren. Am 28. Januar bestätigte der Admiralstab, daß eine Rücknahme der Befehle noch weitestgehend möglich sei.[547] Doch die strikte Ablehnung des Kaisers und der OHL, Wilson als Friedensvermittler zu akzeptieren und die letztlich entscheidende Argumentation der OHL und des Admiralstabes, daß jegliche weitere Verzögerung den Erfolg der Maßnahme gefährden könne, ließen dem Reichskanzler keinen Spielraum mehr. Die deutsche Note vom 31. Januar 1917 führte unmittelbar zum Abbruch der diplomatischen Beziehungen mit den USA[548]. Auslöser dafür war das bereits am 16. Januar aufgegebene Telegramm von Staatssekretär Zimmermann mit einem Bündnisangebot an Mexiko für den Fall eines deutsch - amerikanischen Krieges. Der britische Geheimdienst dechiffrierte das bis heute berühmte 'Zimmermann-Telegramm' und spielte es den Amerikanern Ende Januar zu. Die Empörung bei Wilson und seiner Regierung war groß und für den deutschen Botschafter in New York, Bernstorff, war dieses Untergraben seiner ernsthaften Verständigungsbemühungen ein diplomatisches Debakel. Der Gedanke Zimmermanns, einen Nebenkriegsschauplatz durch einen amerikanisch - mexikanischen Konflikt zu begründen, hatte etwas von dieser absurden Leichtfertigkeit, mit der viele einflußreiche Militärs und Politiker einem möglichen Kriegseintritt der USA gegenüberstanden. Bethmann Hollweg hat zu diesem Zeitpunkt sehr zurückhaltend reagiert. Zimmermann hatte sich zwar im Hinblick auf den U-Bootkrieg sehr weit vorgewagt, doch was die Kriegszielforderungen der OHL anging, da übte er sich zusehends in einer Art pragmatischen Zurückhaltung und lag damit wieder eng auf der Linie seines Kanzlers[549].

Die Amerikaner waren über das sehr zwiespältige Bild, das die deutsche Regierung abgegeben hatte, sehr verstimmt. Zwischen Verständigungsbereitschaft und Verschärfung des Konfliktes schwankend wollten sie nicht zum Spielball irgendwelcher taktischer Finessen einer unklaren deutschen Außenpolitik werden. Mitte März erfolgte von deutscher Seite die Ablehnung des

---

[547] Bethmann Hollweg, *Betrachtungen*, Bd 2, S. 161.

[548] Kielmansegg, *Weltkrieg*, S. 428 ff. und Fischer, *Griff nach der Weltmacht*, S. 397 f.

[549] Hürter, Johannes, *Die Staatssekretäre des Auswärtigen Amtes im Ersten Weltkrieg*, in: *Der Erste Weltkrieg. Wirkung, Wahrnehmung, Analyse*, S. 216-251, hier S. 237 f. Zum Zimmermann-Telegramm noch immer aktuell: Tuchmann, Barbara W., *The Zimmermann Telegram*, New York 1958.

Ersuchens der Amerikaner, beim U-Bootkrieg wenigstens ihre Schiffe unversehrt zu lassen. Bis zum Kriegseintritt der USA dauerte es nun nur noch bis zum 6. April 1917[550].

Die deutschen Journalisten ahnten noch nichts von dem folgenschweren Telegramm und seiner Entschlüsselung. Sie waren auf der Pressebesprechung am 31. Januar gebeten worden, die Veröffentlichung in der "Norddeutschen Allgemeinen Zeitung" (NAZ) abzuwarten. Die Note und die Denkschrift der deutschen Regierung wurden vor den Pressevertretern verlesen und ihnen auch ausgehändigt. Die Frage des U-Bootkrieges sollte nun - so umstritten sie bis dahin gewesen sein mag - einmütig behandelt werden, damit das "Schwergewicht der deutschen öffentlichen Meinung" die Entscheidung stützen helfe. Die "innere Einheit" sei vorrangig, jedes "Zeichen innerer Spaltung" zu vermeiden. Es wurde von Seiten der Behörden betont, daß der Zeitpunkt des Handelns bewußt und richtig gewählt worden sei. Der U-Bootkrieg wäre "das beste und einzige Mittel", um den Krieg schnell zu beenden und keinesfalls eine "Art von Verzweiflungstat." Dennoch wünschte sich der Vertreter des A.A. eine weiterhin gemäßigte Haltung der Presse gegenüber den USA, damit es vielleicht doch noch gelänge, "Amerika aus dem Krieg herauszuhalten." Ein Kriegseintritt der USA könnte jedoch "an der Zuversicht auf den Sieg nicht das mindeste ändern"[551].

Auch nach dem Abbruch der diplomatischen Beziehungen zwischen dem Deutschen Reich und den USA wurde die Presse vier Tage später gebeten, weiterhin die Wirkungen ihrer Artikel zu bedenken. Das neutrale Ausland sollte nicht denselben Weg wie die USA beschreiten, und Amerika müsse trotz alledem noch nicht in den Krieg eintreten[552]. Das Wunschdenken des A.A. zielte mehr auf eine Form der Schadensbegrenzung und Beschwichtigung ab. Es ging darum, dem Ausland gegenüber das Gesicht zu wahren und die erwarteten negativen Rückwirkungen der Entscheidung zum unbeschränkten U-Bootkrieg einzugrenzen. Damit wurde von den Journalisten etwas verlangt, was der Reichskanzler selber nicht zustande gebracht hatte.

Ragnhild von Fiebig Hase bilanziert über diesen Abschnitt deutscher Kriegspolitik in schonungsloser Offenheit: "Die Rückkehr zum uneingeschränkten U - Bootkrieg war zweifellos eine

---

550 Fiebig- von Hase, Ragnhild, *Der Anfang vom Ende des Krieges: Deutschland, die USA und die Hintergründe des amerikanischen Kriegseintritts am 6. April 1917,* in: *Der Erste Weltkrieg. Wirkung, Wahrnehmung, Analyse*, S. 125-153, hier S. 130 ff.

551 BA, Potsdam, RK 2 439, Aufzeichnung der Pressebesprechung vom 31.01.1917, Dok. 24-29, S. 1 ff. Vgl. auch Mommsen, *Öffentliche Meinung*, S. 661.

552 BA, Potsdam, RK 2 439, Aufzeichnung der Pressebesprechung vom 04.02.1917, Dok. 36-45, S. 4 ff.

militärische Fehlentscheidung, weil sie von einer Reihe gravierender Fehleinschätzungen der Kriegslage, der Politik Wilsons und der amerikanischen Kapazität ausging. Daß aber Anfang Januar 1917 endgültig militärische Aspekte gegenüber allen politischen Bedenken den Ausschlag gaben, hatte vor allem damit zu tun, daß Bethmann Hollwegs Politik gescheitert war[553]."
Die Militärs hingegen nutzten ihren Zugewinn an Autorität nicht nur im Hinblick auf die Seekriegsführung. Die OHL war in Erwartung der Großangriffe der Entente für das laufende Jahr inzwischen damit beschäftigt, die Kampflinie an der Westfront zu begradigen und die Truppenkontingente teilweise neu zu organisieren. Der gut vorbereitete Rückzug in die ausgebaute "Siegfriedstellung" begann Anfang Februar. Das freigegebene Gelände wurde planmäßig zerstört, um den Vorteil für den Feind so gering wie möglich zu halten. Zwischen dem 16. und 19. März schlossen die deutschen Divisionen die Rückverlegung erfolgreich ab. Die Presse wurde noch am selben Tag von den Notwendigkeiten dieser Aktion informiert. Ohne auf nähere Einzelheiten einzugehen, betonte die OZ in einer offiziellen Mitteilung den planmäßigen und gelungenen Verlauf der Aktion. Die Verwüstungen des aufgegebenen Kampfgeländes waren ebenso unumgänglich wie die Abschiebung der Bevölkerung aus der neuen Kampfzone. Erwähnt werden sollte in der Berichterstattung der "Gewinn der operativen Freiheit der OHL" durch diese Maßnahmen. Die Wirkung der feindlichen Heeresberichte könnte damit abgeschwächt und das Vertrauen von Heer und Volk in die eigene Führung gestärkt werden. Im Hinblick auf die großen Abwehrschlachten des Jahres 1917 erwies sich dieser Schachzug der OHL als strategische Meisterleistung[554].

Unter dem Druck der Ereignisse rückte das Deutsche Reich enger mit seinen Partnern zusammen. Es gelang im Verlaufe des Monats Februar einen Mißstand zu beseitigen, der schon geraume Zeit zu Klagen zwischen den Regierungen der Mittelmächte geführt hatte. Für die verbündeten Mächte wurde eine Presseeinrichtung geschaffen, um eine einheitlichere Linie in die gegenseitige Berichterstattung zu bringen. Das "Verbündete Kriegspressequartier" (V.K.P.) wurde beim KPrA eingerichtet. Zu seinem Leiter wurde Leutnant d.R. Spielhagen ernannt. "Zu dem V.K.P. gehören eine Anzahl besonders geeigneter Vertreter der österreichisch-ungarischen,

---

[553] Fiebig- von Hase, *Der Anfang vom Ende*, S. 152.

[554] BA, Potsdam, R.d.I. 14 414, OZ-Schreiben vom 19.03.1917, Dok. 186-187, S. 1 ff. Kielmansegg, *Weltkrieg*, S. 346 ff.

bulgarischen und türkischen Presse, die von der OHL hierzu ausdrücklich zugelassen werden." Sie erhielten namentliche Ausweiskarten. Erklärter Zweck des V.K.P. war, "... den genannten Pressevertretern in besonderem Maße militärische Nachrichten zugänglich zu machen. Den Mitgliedern soll ferner durch Reisen an die Front und im Inland sowie durch Teilnahme an Ausstellungen und ähnlichen Veranstaltungen persönliche Einblicke in die Kriegsereignisse und in militärische Einrichtungen in der Heimat gewährt werden[555]."

Ähnlich wie bei den Besprechungen der deutschen Pressevertreter wurden die V.K.P.-Jornalisten einmal wöchentlich (freitags) durch den Generalstabsoffizier des KPrA über die militärische Lage unterrichtet. Danach bestand Gelegenheit zu einer Aussprache über militärische Fragen. Weitergehenden Wünschen und Anregungen aus dem Teilnehmerkreis wollte man, so gut es ging, entgegenkommen. Doch damit war erneut ein Aufklärungsschwerpunkt unter die militärische Regie gefallen. Das vitale Interesse der Verbündeten am Fortgang der militärischen Entwicklung drängte auch hier die politische Verständigung in den Hintergrund. So ist es nicht verwunderlich, daß aus den Reihen der Presse selber die Frage nach der Abgrenzung der Verantwortlichkeit laut wurde.

Der Journalist Wacker vom "Hamburger Fremdenblatt" äußerte sich dazu in der Pressekonferenz am 12. März 1917. Seine Anfrage löste heftige Reaktionen aus. Wacker erkundigte sich bei den Behördenvertretern nach den Kompetenzgrenzen zwischen der OHL und der Reichsregierung. Der KPrA-Chef sicherte umgehend eine Antwort zu. Wackers Intention lag darin, die OHL vor der Öffentlichkeit von Verantwortungen freizusprechen, die nach seiner Einschätzung in den Zuständigkeitsbereich der Reichsleitung fielen. Obwohl Deutelmoser mündlich bei Stotten direkt eine enge Abstimmung der Behörden vor der offiziellen Antwort anmahnte, kam es zu erheblichen Differenzen zwischen der OHL und der Reichskanzlei. Deutelmoser und Bethmann Hollweg bestanden auf einer Beteiligung an der geplanten Erklärung. Sie hegten die Befürchtung, daß "... die Militärs aus dieser Geschichte sehr leicht eine höchst gefährliche Aktion machen könnten"[556]. Auch Magnus von Braun vermutete, daß die Anfrage von militärischer Seite "bestellt" gewesen sei. In der Reichskanzlei wurde diese Ansicht

---

[555] BA, MA RM 5/v. 3 804, Schreiben von Major Stotten vom 19.02.1917, Pressesitzungen und Pressebesprechungen.

[556] BA, Potsdam, RK 2 439, Notiz der Reichskanzlei über die Wackeranfrage vom 13.03.1917 mit Randbemerkungen, Dok. 69. *Militär und Innenpolitik*, Bd 2, Nr. 257, S. 672 f.

geteilt[557]. Bethmann Hollweg telegraphierte am 14. März an Hindenburg und lehnte in ungewöhnlicher Schärfe jegliche detaillierte Antwort auf die Anfrage Wackers ab. Er war empört darüber, daß das KPrA angewiesen worden war, am nächsten Tag eine dort vorbereitete Erklärung abzugeben, ohne daß die Reichsleitung Einfluß darauf nehmen konnte. Er bestand auf einer Abstimmung zwischen OHL und Reichskanzlei und forderte statt einer Kenntnisnahme die Mitprüfung des Antwortentwurfes, bevor dieser den Journalisten offiziell bekanntgegeben werden würde. Ludendorff trieb die Angelegenheit dann nicht noch weiter auf die Spitze und setzte die Beantwortung aus. Weil der Reichskanzler an den folgenden Tagen in Wien weilte, blieb eine persönliche Klärung des Streitfalles aus. Die Vermittlungsversuche der Mitarbeiter blieben erfolglos[558]. Hindenburg bemühte sich daraufhin um eine grundsätzliche Klärung des Verhältnisses zwischen Kommandogewalt und politischer Verantwortlichkeit. Als zentrale Forderung stand dabei im Raum, daß die OHL nicht in innenpolitische Streitigkeiten hineingezogen werden dürfe. Er gab dabei zu, daß die OHL mit ausdrücklicher Billigung des Kaisers "... die Pressevertreter benutzt, um eine günstige Stimmung im Deutschen Volk für die jetzt im Gang befindlichen Operationen zu schaffen"[559].

Bethmann Hollweg unterstrich, daß die politischen Maßnahmen durch die Reichsleitung und seine Person gedeckt seien und folglich auch von ihr nach außen vertreten werden würden. Unabhängig davon müsse es eine interne Angelegenheit bleiben, die Stärke des jeweiligen Anteils der Reichsleitung und der OHL an den getroffenen Entscheidungen festzulegen. Er verwies auf die Aufzeichnungen Deutelmosers zu diesen Vorgängen und stellte erneut Verhandlungen zwischen Stotten und Deutelmoser zur Disposition[560]. Letztlich wurden in der Pressekonferenz vom 10. April 1917 zwei verschiedene Erklärungen verlesen. Das A.A. beschränkte sich auf eine Grundsatzäußerung im Sinne der von Bethmann angedeuteten Gesamtverantwortung durch die Reichsregierung. Das KPrA zog die Grenzen der Zuständigkeiten der OHL überall

---

[557] von Braun, *Ostpreußen*, S. 139. *Militär und Innenpolitik*, Bd 2, Nr. 257, S. 672, Anm. 5. Die Annahme von Deist hat sich als zutreffend erwiesen. Wackers Anfrage zielte auf "den Abtransport der belgischen Arbeiter, die schlechten Ergebnisse in Polen (und) das Fehlschlagen des Hilfsdienstgesetzes." Vgl. BA, Potsdam, RK 2 439, Dok. 69.

[558] *Militär und Innenpolitik*, Bd 2, Nr. 260, S. 677 ff., hier S. 677, Anm. 3.

[559] Ebd., S. 679.

[560] BA, Potsdam, RK 2 439, Aufzeichnungen Deutelmosers vom 20.03.1917, Dok. 80-82. *Militär und Innenpolitik*, Bd 2, Nr. 261, S. 680 f. (Deutelmoser-Stellungnahme) und Nr. 262, S. 682 ff.

dort, wo die Ausführungen auf die nachgeordneten Behörden überging[561]. Mit diesen Statements wurde das Zerwürfnis nur überdeckt, es kam zu keiner Einigung über diese Kernfrage. Trotzdem wurden Reichskanzler und die OHL schneller wieder zu einer engen Zusammenarbeit gedrängt als ihnen das nach diesen Auseinandersetzungen lieb sein konnte. Die Russische "Februar"-Revolution sorgte für völlig neue Perspektiven. Es bestand mit dem Zusammenbruch des zaristischen Systems nun die Hoffnung auf einen separaten Frieden im Osten. Politik und Militärs waren sich über die Vorgehensweise einig, die deutschen Frontaktivitäten zugunsten von Propagandaaktionen einzuschränken. Mit solchen Mitteln sollten die Auflösungsprozesse und die Zersetzung des russischen Heeres beschleunigt werden[562]. Die deutsche Diplomatie arrangierte mit Zustimmung der OHL den Transport zahlreicher Emigranten (u.a. am 9. April 1917 auch mit Lenin) in ihr Heimatland, weil sich das Deutsche Reich von den Sozialisten, egal ob sie der Entente oder den Mittelmächten zugeneigt waren, eine größere und radikalere politische Umwälzung und damit auch einen schnelleren Frieden versprach. Die Bemühungen der Westmächte, ihren Bundesgenossen weiter in diesem Krieg zu halten, standen diesen Bestrebungen entgegen. Gemeinsam mit den inneren Auseinandersetzungen führte der Weg des ehemaligen Zarenreiches dann zur russischen 'Oktober-Revolution', deren Folgen die Welt für fast ein Jahrhundert in zwei feindliche Lager teilen sollte[563].

Doch erst einmal war man bemüht, den Nutzen für das Deutsche Reich aus dieser Entwicklung zu ziehen. Dabei sahen sich die Reichsleitung und die OHL auch der Gefahr eines schädlichen Übergreifens der Revolutionsgedanken auf das eigene Land gegenüber. Die OHL setzte ihrerseits auf ein Zensurverbot und untersagte die Veröffentlichung des Aufrufes der russischen Sozialisten an die deutschen Arbeiter in der Presse. In dem 'Kopenhagener Aufruf' vom 27. März 1917 war erstmals die Forderung nach einem "Frieden ohne Annexionen und Kontributionen" enthalten. Die OHL fürchtete im Soge dieser Forderung ein starkes Aufkommen sozialistischen Gedankengutes und antimonarchistischer Tendenzen in der deutschen Bevölkerung. Die Wirkungen auf die Moral und den Zusammenhalt des Heeres konnten sich als sehr

---

[561] *Militär und Innenpolitik*, Bd 2, Nr. 263, S. 684 f., hier S. 685, Anm. 8.

[562] Kielmansegg, *Weltkrieg*, S. 491 f.

[563] Ebd., S. 495.

nachteilig erweisen[564]. Das A.A. und der Reichskanzler waren gegen dieses Verbot, denn "ein Aufruf durch unterirdische Kanäle würde viel bedenklicher wirken als eine Erörterung in der Öffentlichkeit"[565]. Doch die OHL beharrte auf ihrer Zuständigkeit und der Aufrechterhaltung des Verbotes, weil direkt militärische Interessen berührt wären. Immerhin gelang es Bethmann Hollweg unabhängig von der Zensurverfügung, die linksgerichtete Presse zu einer gemäßigten Berichterstattung über die Revolution zu bewegen. Seine Argumentationslinie stützte sich darauf, daß "... jede Nervosität und Ängstlichkeit in allen Anordnungen, insbesondere solchen der Zensur, zu vermeiden sei." Es würde ein "Eindruck der Schwäche und Unsicherheit" entstehen, und das Vertrauen in die Regierung würde aufs äußerste erschüttert[566]. Erneut schaffte es der Reichskanzler nicht, sich gegen die Militärs durchzusetzen und eine Rücknahme des Zensurverbotes zu erwirken. Es schien Bethmann Hollweg jedoch dringend geboten, unter der Führung der Reichskanzlei die innenpolitischen Rückwirkungen der Revolution gemeinsam mit allen wichtigen Ressortchefs zu erörtern. Um sich über entsprechende Maßnahmen zu verständigen, lud er am 31. März zu einer Besprechung in die Reichskanzlei ein.[567] Die Ressortvertreter diskutierten vor allem über die Verfahrensweise der Beeinflussung der Presse. Sondierungsgespräche mit dem VDZV wurde sowohl von Ministerialdirektor Deutelmoser als auch von Major Grau als dringlich erachtet, weil die Journalisten durch Faber das KM und das A.A. um entsprechende Orientierung gebeten hatten. Eine deutliche Mehrheit der Teilnehmer sprach sich für eine - wenn auch energische - positive Informationspolitik gegenüber der Presse aus. Zensurmaßnahmen sollten die Ausnahme bilden und auf Einzelfälle beschränkt bleiben. Die Zensoren erhielten dementsprechende Weisungen. In Zweifelsfällen sollte Rücksprache mit den Zentralbehörden genommen werden. Eine Vorzensurmaßnahme sei einem Zeitungsverbot in jedem Falle vorzuziehen. Die Effizienz der Vorzensur wäre in den meisten Fällen höher als die eines Erscheinungsverbotes, das von der Öffentlichkeit meistens sehr negativ aufgenommen

---

564 *Militär und Innenpolitik*, Bd 2, Nr. 264-272, S. 686-694, Telegrammwechsel zwischen dem 26.03. und 28.03.1917 zwischen der OHL, dem A.A. und der Reichskanzlei. Dazu auch Mommsen, *Öffentliche Meinung*, S. 664.

565 *Militär und Innenpolitik*, Nr. 265, Telegramm A.A. an OHL vom 27.03.1917, S. 688.

566 BA, Potsdam, RK 2 439, Schreiben Bethmann Hollwegs an den KM und die OHL vom 28.03.1917, Dok. 93-94, hier S. 1 f.

567 Ebd., Protokoll der Besprechung vom 31.03.1917, Dok. 107-113, hier S. 1. Unter den Teilnehmern (17 Personen) u.a.: Die Unterstaatssekretäre Wahnschaffe, Heinrichs und Dr. Drews, Nicolai (als Chef IIIb auch

würde. Der linken und linksliberalen Presse (u.a. auch Theodor Wolff) wurde vorgeworfen, mit ihren Artikeln zur Durchsetzung ihrer Ziele den Druck auf die Regierung gerade jetzt weiter zu verstärken. Mit dem Hinweis auf die notwendige Geschlossenheit des Deutschen Reiches und der Mittelmächte hoffte das KPrA die politischen Notwendigkeiten durchsetzen und eine Ausuferung der Diskussion unterbinden zu können. Damit erging zum Abschluß der Sitzung die Aufforderung an das A.A. und das KPrA, sich um die entsprechenden Unterlagen für eine enge Abstimmung "schleunigst" zu kümmern[568]. Am 5. April gab die OZ dann die entsprechenden Richtlinen zur Wahrung des Burgfriedens an sämliche Zensurstellen[569]. Ludendorff nutzte die Gelegenheit, um seine schon bekannten Forderungen nach einer Zentralisierung wieder zur Sprache zu bringen. Er begrüßte in seinem Schreiben vom 2. April. ausdrücklich die Zusammenkunft des vorangegangenen Wochenendes. Diesmal enthielt sein Vorschlag eine interessante Neuerung, weil für ihn die Sitzung vom 31. März 1917 Vorbildcharakter hatte. Er regte an, daß sich die bereits tätigen Mitarbeiter bei Bedarf auch in Zukunft in dieser Form zusammensetzen sollten. Ein Ausschuß sollte sich konstituieren, der sich in kritischen Situationen über sämtliche Presseangelegenheiten verständigen konnte. Den Vorsitz hätte die Reichsleitung inne. Alle Behörden hätten das Recht, ein Zusammentreten des Gremiums beim Vorsitzenden zu erbitten. So sei ein "... einheitliches Vorgehen der Reichsbehörden in Pressedingen sichergestellt"[570]. Damit lag ein Vorschlag der OHL auf dem Tisch, der durchaus diskutabel erschien, da er formal eine gute Kompromißlösung darstellte. Er vereinigte den Wunsch nach Zentralisierung ebenso wie die Aufrechterhaltung der Ressortkompetenzen, da er die bestehenden Institutionen in einer informell sehr bindenden Form zusammenbrachte. Diese Reformidee hätte zu einem anderen Zeitpunkt auch sicher Fürsprecher innerhalb der zivilen Reichsleitung gehabt. Doch die Atmosphäre zwischen dem Reichskanzler und der OHL war schon zu stark belastet. Es standen sich gesellschaftspolitisch völlig unterschiedliche Auffassungen gegenüber. Bethmann Hollweg setzte auf das Burgfriedensprinzip und wollte sich mit Hilfe der Ankündigung der Wahlrechtsreform durch die "Osterbotschaft" des Kaisers die sozialdemokratischen und liberalen Kräfte für

---

für die OHL), KPrA-Chef Stotten, OZ-Chef Olberg, R.d.I.-Chef von Braun, MAA-Chef Haeften, vom KM v.d.Bergh und Grau und von der Nachrichtenabteilung des A.A. Deutelmoser, Heilbron und Dr. Lewald.

568 Ebd., S. 5 ff.

569 *Militär und Innenpolitik*, Bd 2, Nr. 278, S. 705 f. Vgl. auch Koszyk, *Pressepolitik*, S. 34 ff.

570 BA, Potsdam, RK 2 439, Schreiben Ludendorffs vom 02.04.1917, Dok. 118, S. 1 f. Von Seiten der OHL dachte er an die ständige Mitwirkung von den Chefs der OZ, des KPrA und von IIIb.

eine weiterhin positive Kriegsstimmung gewogen halten. Die OHL setzte hingegen auf die Zurückdrängung aller parlamentarisch-demokratischen Tendenzen und wollte die innere Geschlossenheit des deutschen Volkes mit entsprechenden Maßnahmen erzwingen. Bei der Festlegung der Kriegsziele auf der Kreuznacher Konferenz vom 23. April 1917 stand der Kanzler im Prinzip schon "zwischen allen Stühlen". Den extremen Forderungen der OHL auf der einen Seite standen seine gemäßigten eigenen Vorstellungen und der nur zwei Tage zuvor erklärte Verzicht der Sozialdemokraten auf jegliche Annexionen gegenüber[571].

Die OHL und das KPrA forderten am folgenden Tag die Einberufung einer Konferenz der Ressorts, um über schärfere Richtlinien gegenüber der Zensur und der Presse zu beraten. Auch die Führung der Presse durch die politischen Behörden erschien den Militärs als unzureichend. Die Verbreitung der Friedensgedanken und die Behandlung der russischen Revolution wirkten sich nachteilig auf die "Spannkraft des deutschen Volkes und Heeres aus"[572]. Ludendorff informierte den Reichskanzler über das von ihm über das KPrA verfügte schärfere Vorgehen in einem separaten Telegramm und drängte erneut auf eine Einigung im Sinne der von ihm geforderten Zentralisierung[573].

Die Skepsis bei Bethmann Hollweg blieb bestehen. Seine Lage war schon schwierig genug, als daß er auf einem weiteren Feld Terrain an die OHL abgegeben hätte. Seine Gratwanderung zwischen den Parteien der Rechten und Linken trieb ihn immer stärker in eine aussichtslose Position. Seine "Politik der Diagonale" drohte am Widerstand der Mehrheit aller Parteien zusammenzubrechen. Auch die Stimmung in der Öffentlichkeit zeigte starke Risse. Matthias Erzberger beurteilte die Situation Ende April in einem Brief an Bethmann ausgesprochen pessimistisch. Für ihn stand fest, daß das jetzige Pressesystem nicht sehr erfolgreich sei und vor allem keine Stütze der Regierung darstelle, obwohl sie sich um den Rückhalt in den Zeitungen bemühe. Die gerade in den letzten Monaten zahlreichen schlechten Stellungnahmen der Presse gegenüber der Regierung hätten diesen Eindruck noch verstärkt. Erzberger schlug einen Abbau der "seit über zwei Jahren bestehenden Pressekonferenzen" vor, weil diese Form eines Presseparlamentes "offenkundig Nachteile" aufweise. Stattdessen regte er gezielte Gespräche im kleinen Kreis mit den leitenden Journalisten an, wenn die Regierung wichtige Informationen zu

---

571 Mommsen, *Öffentliche Meinung*, S. 664 f. Zur Osterbotschaft: Kielmansegg, *Weltkrieg*, S. 450.

572 BA, Potsdam, RK 2 439, Schreiben des KPrA vom 24.04.1917, Dok. 132.

573 *Militär und Innenpolitik*, Bd 2, Nr. 288, S. 722 f.

verbreiten habe. Diese informellen Zusammenkünfte müßten vor der Bekanntgabe der Nachrichten abgehalten werden. So gewinne die Regierung endlich eine breite Unterstützung (70-80% der Zeitungen) und könnte ihre Politik im In- und Ausland erfolgreich "verkaufen"[574]. Dieser Vorschlag Erzbergers stellte eine Mischung aus dem alten "System Hamman" mit dem während des Krieges daneben gewachsenen System der Pressekonferenzen dar. Er dachte an Besprechungen mit einem ausgesuchten Kreis führender Journalisten der großen Berliner Zeitungen und der wichtigen Blätter der Provinzpresse. Obwohl Bethmann Hollweg seit dem Wechsel Deutelmosers zur zivilen Reichsleitung gelegentlich auch persönliche Pressekonferenzen gegeben hatte[575], gehörten Abstimmungsprobleme und mangelnder Informationsfluß in der Nachrichtenabteilung keineswegs der Vergangenheit an.

Deutelmoser bemängelte Anfang Mai, daß Bethmann es versäumt habe, seine eigene Nachrichtenabteilung rechtzeitig über die Tendenzen und die Zielrichtung seiner Äußerungen in der Öffentlichkeit zu informieren. Daher rührten im April auch sogar in der NAZ und in anderen der Regierung nahestehenden Blättern eher negative Urteile über die Politik der Regierung. In der Phase der Vorbereitung einer Reichstagsrede müßte die Presse rechtzeitig genug "vorgewärmt" werden. Nur so könnten Deutelmoser und seine Mitarbeiter den Journalisten die gewünschte "Aufklärung sozusagen nach Maß auf den Leib schneidern"[576].

Die praktische Umsetzung dieses Vorhabens gelang nicht sonderlich erfolgreich. Auch der Monat Mai war von Diskussionen und Überlegungen über den richtigen Weg, die Presse in den Griff zu bekommen, gekennzeichnet. Hauptmann von Vietsch von der Presseabteilung des O.K.M. hielt das inzwischen erreichte Stadium der Kanzler- und Regierungskritik in der Presse für "unerträglich". In seiner Denkschrift vom 9. Mai 1917 an die OZ beschrieb er aus Sicht seiner Behörde die Gründe für diese Entwicklung[577]. Die negative Rückwirkung der ständigen Angriffe auf Bethmann Hollweg diskreditierten die staatliche Autorität. Dadurch ginge das Vertrauen in die Politik und innere Einheit verloren. Da der Kanzler selber nicht dagegen vorgehe

---

[574] BA, Potsdam, RK 2 439, Schreiben Erzbergers vom 27.04.1917, Dok. 138-140, S. 1 f.

[575] Vgl. dazu Mommsen, *Öffentliche Meinung*, S. 659.

[576] BA, Potsdam, RK 2 439/1, Schreiben Deutelmosers vom 06.05.1917, Dok. 3.

[577] BA, Potsdam, RK 2 439/1, Denkschrift vom 09.05.1917, Dok. 10-17. Vietsch schließt in seine Kritik die "rechten Blätter (u.a. "Deutsche Zeitung", "Deutsche Tageszeitung", "Berliner Neueste Nachrichten", "Tägliche Rundschau") und die "linken Blätter" (u.a. "Vorwärts", "Berliner Tageblatt") gemeinsam mit ein, hier S. 2.

und die Zensurbehörden auf Bethmanns ausdrücklichen Wunsch hin nur höchst selten gegen diese Artikel eingriffen, könnten nur die Militärbehörden den "Burgfrieden" wiederherstellen. Haß, Streit und Zwietracht in der öffentlichen Meinung führe zur Demoralisierung und verhindere eine positive Zusammenfassung der Volksstimmung. Mit einem stärkeren und härteren Eingreifen der Stellvertretenden Generalkommandos sei diesen gefährlichen Tendenzen entgegenzutreten[578].

Vietsch argumentierte geschickt für eine härtere Gangart im Umgang mit der Presse. Er faßte die gegen den Reichskanzler und die Regierung gerichteten Attacken als staatsgefährdende Angriffe auf Kaiser und Reich auf. Die vermeintlich unerklärliche Untätigkeit der zivilen Stellen, dieser Situation Herr zu werden, zwinge die Militärbehörden zum Handeln. Mit dem nötigen Druck gelänge es bestimmt, die gefährlichen Auswüchse der öffentlichen Meinungsbildung in den Griff zu bekommen.

Der Reichskanzler reagierte schließlich auf die zunehmende Anspannung und ließ die Ressortvertreter am 19. Mai 1917 zu einer Besprechung über die "Verwilderung der Presse" zusammenkommen[579]. Der Grund für seine abwartende Haltung und seine Taktik, sich weiterhin nicht direkt um eine stärkere Einflußnahme für seine Politik in der Öffentlichkeit zu kümmern, könnte mit der im April und Mai 1917 allgemein verbreiteten positiven Siegeshaltung zusammenhängen. Nicht nur die OHL und die Marine verfielen angesichts der erfolgreichen Versenkungsziffern der deutschen U-Boote und der Hoffnungen auf einen Zusammenbruch der russischen Armee einer neuen Siegeszuversicht[580]. Selbst Bethmann Hollweg ließ sich von dieser Woge der optimistischen Strömungen tragen und erwartete spätestens für den Herbst den langersehnten Frieden. Auch er sah, daß die Stabilisierung an der Westfront nach den 'Begradigungen' der Front geglückt war und englische und französische Durchbruchsversuche auf längere Sicht keinen entscheidenden Erfolg erzielen konnten. So belastete ihn auch der Kriegseintritt der USA nicht mehr sonderlich, weil von den amerikanischen Truppen keine kriegsentscheidende Wirkung mehr erwartet wurde[581]. Vor diesem Hintergrund ist es ver-

---

578 Ebd., S. 3 ff.

579 BA, Potsdam, RK 2 439/1, Besprechung in der Reichskanzlei vom 19.05.1917, Dok. 33-43.

580 *Militär und Innenpolitik*, Bd 2, Nr. 293, S. 744 f., auch Anm. 3.

581 Ritter, *Staatskunst und Kriegshandwerk*, Bd 3, S. 514 ff.

ständlich, daß ihm nicht daran gelegen war, die innenpolitischen Spannungen noch weiter zu vergrößern. Die Sitzung vom 19. Mai diente folglich von Seiten der Regierung eher einer kritischen Bestandsaufnahme. Man war allgemein um eine Entzerrung der angespannten Lage bemüht. Eine Verschärfung der Bestimmungen wurde deshalb auch nicht ernsthaft erwogen. Die bestehenden Verfügungen reichten aus, darin waren sich alle Ressorts einig[582]. A.A.-Direktor Deutelmoser wies mehrfach auf die unbedingt notwendige Gleichbehandlung des Vorgehens gegen die "rechte" und die "linke" Presse hin, falls ein Einschreiten nötig werde. Die Überlegung des O.K.M., mit einer Kundgebung durch Hindenburg das Volk wieder auf eine Linie einzuschwören, wurde von den anderen Behörden als untaugliches Mittel zurückgewiesen. Für die Regierung wäre ein zusätzlicher Autoritätsverlust die Folge einer solchen Aktion gewesen. Doch auch das KM, die OZ und das KPrA hielten nichts von solchen Appellen. Mehrheitlich verständigten sich die Ressorts stattdessen auf eine intensive persönliche Fühlungnahme mit der Presse, um sehr differenzierte und der Sache angemessene Gespräche führen zu können. Die gleichmäßige Handhabung der Zensur sei dabei ebenso wichtig wie ein weiterhin sachlicher und moderater Umgang mit der Presse. Nur bei extremen Verstößen wäre ein scharfes Vorgehen angebracht. Der Vorschlag einiger Kollegen, auch über die Pressekonferenzen in dieser Hinsicht stärker Einfluß zu nehmen, wurde von Deutelmoser verworfen, weil er dort dann neuerliche Diskussionen zu den strittigen Themen befürchtete. So erreiche man das Gegenteil von dem, was beabsichtigt sei.

Der Tenor der Sitzung bewies, daß Bethmann Hollwegs Linie der "langen Leine" eher Erfolg versprach als restriktive Maßnahmen. Einig waren sich die Fachleute letztendlich auch darüber, daß mit einer gezielten Einwirkung echte Überzeugungsarbeit bei den einzelnen Journalisten geleistet werden könnte. Deutelmoser hätte dazu gute Kontakte und eine entsprechende Stellung[583]. Die Beteiligten setzten auf Verständnis und Entgegenkommen bei der Presse. Der Ton und Inhalt des Entwurfs der entsprechenden OZ-Verfügung, der am 23. Mai an alle Behörden weitergereicht wurde, entsprach dieser erklärten Absicht der vorangegangenen Sitzung[584]. Die OHL zog allerdings noch weitere Konsequenzen aus dieser Ausuferung der

---

582 BA, Potsdam, RK 2 439/1, Besprechung in der Reichskanzlei vom 19.05.1917, S. 1 ff.

583 Ebd., S. 9 ff. OZ-Chef Olberg sagte: "Ihm folge die Presse. Er habe viel Kapital bei ihr ...", S. 10.

584 BA, Potsdam, RK 2 439/1, KPrA/OZ-Schreiben vom 23.05.1917, Dok. 45 und 46.

öffentlichen Meinung. Die Arbeit des KPrA und vor allem die Eignung der Persönlichkeit Major Stottens war darüber in die Kritik gekommen. Die OHL reagierte und übertrug der MAA mehr Kompetenzen in der Führung und Gestaltung der Inlandspropaganda. MAA-Chef von Haeften sprach dann am 25. Juni erstmals mit seinen Pressereferatskollegen über die konkreten Folgen des erweiterten Einflusses seiner Abteilung. Die MAA wollte sich nun verstärkt um gezielte Propagandaaktionen kümmern[585].

Die Ressortvertreter waren davon überzeugt, daß sich die vorhandenen Spannungen über die "großen Fragen", die das Volk beschäftigten, auch weiterhin auf die öffentliche Meinung auswirken würden. Das sei auch durch Verbote und Verfügungen nicht zu unterbinden. Doch auf die Art und Weise, wie und in welchem Rahmen diese Streitigkeiten ausgetragen werden dürften, wollten die Referatsleiter schon Einfluß nehmen. Mit ihren Maßnahmen waren sie bemüht, die innenpolitischen Auseinandersetzungen nicht noch weiter eskalieren zu lassen. Nicht alle Seiten zogen dabei an einem Strang. Ohne Wissen der zuständigen Behörden bemühte sich indessen IIIb-Chef Nicolai in Einzelgesprächen mit Verlegern und Vertretern wichtiger deutscher Zeitungen darum, die Blätter zu einer härteren Haltung in der Kriegszielfrage zu bewegen. Nicolais Anstrengungen blieben jedoch bei der "Kölnischen Volkszeitung" und bei der "Frankfurter Zeitung" ohne Erfolg, denn die Verleger verwahrten sich gegen eine solche Art der politischen Bevormundung[586]. Deutelmoser und Haeften erhielten davon Kenntnis und tauschten ihre Informationen gegenseitig aus.

Auch die Reichskanzlei wurde von der Angelegenheit unterrichtet. Solche versteckten Versuche, die von den Behörden festgelegte pressepolitische Linie auf höchster Ebene zu unterlaufen, belegen, wie nachhaltig das Verhältnis der OHL zur Reichsleitung gestört war.

Bei einer anderen Maßnahme waren sich die Behörden im Grundsatz allerdings einig. Um den Journalisten für ihre bisher überwiegend einmütige Unterstützung zu danken und die aufgeflammte Aggressivität einzudämmen, beabsichtigte das KPrA, eine Reihe ausgewählter Pressevertreter mit dem "Eisernen Kreuz 2. Klasse" auszuzeichnen. Da die Pressevertreter bisher "völlig leer" ausgegangen waren, sollte auf diese Weise eine angemessene Anerkennung

---

[585] *Militär und Innenpolitik*, Bd 2, Nr. 330, S. 839, Schreiben der MAA, hier Anm. 1.

[586] *Militär und Innenpolitik*, Bd 2, Nr. 327, S. 834, Aufzeichnungen des Ministerialdirektors Deutelmoser, Informationen über die Pressepolitik des Major Nicolai vom 12.06.1917.

ihrer Verdienste erfolgen[587]. Bei der Zusammenstellung der in Frage kommenden Persönlichkeiten zeigten sich zwischen den Ressorts allerdings nach und nach doch unterschiedliche Auffassungen darüber, wer zu berücksichtigen sei und wer nicht. Es ist mit hoher Wahrscheinlichkeit davon auszugehen, daβ der Reichskanzler selbst dafür gesorgt hatte, daβ Georg Bernhard im Mai von einer entsprechenden Liste gestrichen wurde[588]. Auf einer weiteren Liste, die in der zweiten Julihälfte Gültigkeit hatte, kam der Name des Presse-Ausschuβ-Vorsitzenden wieder dazu. Doch die Diskussionen zwischen den Ministerien waren damit nicht beendet. Mehrere Listen wurden hin- und hergeschickt, Namen ergänzt und wieder gestrichen, das Für und Wider einer Verleihung an die entsprechenden Personen abgewogen. Rücksichtnahmen auf eine ausgewogene Verteilung zwischen Berliner Zeitungen und Provinzzeitungen waren ebenso zu bedenken wie Parteirichtung und Stellung der einzelnen Pressevertreter. Die Verleihungsaktion an etwa 50 Journalisten zog sich bis zum Jahreswechsel 1917/18 hin[589].

Die zivile Reichsleitung bemühte sich auch auf diesem Wege - vor allem wegen der befürchteten schädlichen Rückwirkungen im Ausland auf die innenpolitischen Streitigkeiten - die Fassade des Burgfriedens aufrechtzuerhalten.

Bethmann Hollweg fällte in dieser Phase (Ende Mai/Anfang Juni 1917) auch eine Sachentscheidung, deren Ursprünge sogar bis in das Jahr 1910 zurückgingen. Er stimmte dem Ankauf und der Umgestaltung der "Norddeutschen Allgemeinen Zeitung" durch den Verleger Reimar Hobbing zu. Die NAZ sollte nach dem Kauf durch Hobbing ein modernes, international angesehenes Blatt werden, bei dem in Zukunft ein halbamtlicher Nachrichtenteil der Regierung redaktionell streng getrennt von den übrigen Nachrichten veröffentlicht werden sollte[590].

Mit Kriegsbeginn hatte der preuβische Innenminister Loebell diese NAZ-Reformidee aufgegriffen und sie Bethmann Hollweg im Rahmen anderer Vorschläge unterbreitet, der diese Überlegungen im Oktober 1914 jedoch ablehnte[591]. Danach verzögerten eine lange Krankheit

---

587 BA, Potsdam, RK 2 439/1, Schreiben des KPrA vom 31.05.1917, Dok. 49.

588 Ebd., Bericht vom 11.07.1917, Dok. 168 und 169. Bernhard hatte sich darüber beklagt, daβ der Reichskanzler eine Verleihung des EK II. an ihn "hintertrieben" habe, S. 1.

589 BA, Potsdam, RK 2 439/1 und 2 439/2 mit weiteren Schriftstücken.

590 BA, Potsdam, RK 1 565, Hobbings Brief an Hamman und seine NAZ-Denkschrift vom 04.07.1910, Dok. 93-100.

591 Ebd., Briefwechsel Loebell - Bethmann Hollweg August bis Oktober 1914, Dok. 165-170. Vgl. auch Kap. 1.1.

Hobbings und die schwierigen Kriegsumstände dessen Bemühungen um die Beschaffung der notwendigen finanziellen Mittel. Lange Zeit schien eine Wiederaufnahme der Initiative des Verlegers nicht mehr aktuell zu sein[592]. Doch Mitte April 1917 wagte Hobbing einen gut vorbereiteten zweiten Anlauf, der schließlich die Zustimmung des Reichskanzlers fand[593]. Der Reichsregierung war zu diesem Zeitpunkt offensichtlich daran gelegen, in der Öffentlichkeit ein positives Erscheinungsbild abzugeben. Unter dem allgemeinen Druck der öffentlichen Meinung und den ständigen Angriffen der OHL bot sich hier eine Perspektive für die Darstellung der eigenen Politik, ohne daß gravierende Veränderungen der Organisationsstruktur des Pressewesens hätten erfolgen müssen. Nach Hobbings Vorstellung sollte die NAZ auch Nachrichten der anderen Ressorts (z.B. R.d.I.) bevorzugt erhalten, um ihre Stellung im Zeitungsmarkt durch höhere Aktualität und entsprechende Authentizität zu untermauern. Die Reichskanzlei war grundsätzlich damit einverstanden. Im Juni wurden die Überlegungen konkretisiert und die Informationen dazu auch an einige Ministerien und Ämter weitergeleitet[594]. Doch bis zu einer erfolgreichen Umsetzung der Pläne sollte noch sehr viel Zeit verstreichen. Obwohl es Hobbing nach dem Reichskanzlerwechsel im August 1917 gelungen war, den Ankauf der NAZ "unter Dach und Fach" zu bringen, zogen sich die Verhandlungen mit den Ressorts noch fast ein Jahr hin. Der Egoismus der Behörden, Finanzierungs- und Kompetenzstreitigkeiten, verbunden mit den noch zu schildernden organisatorischen Veränderungen des Pressesystems, verhinderten eine rasche Umsetzung und füllten die Regierungsakten zum "Thema NAZ" mit reichlich Material. Die von Bethmann Hollweg innerhalb einiger Wochen angestrebte Reform der NAZ dauerte so lange, daß nach einigen Startschwierigkeiten im Juli 1918 mögliche Erfolgschancen der gesamten Unternehmung allein wegen der endlosen Planungs- und Verhandlungszeit stark gemindert worden waren[595].

Der Reichskanzler hatte auch in Gesprächen mit den Abgeordneten Anfang Mai alle Trümpfe in die Waagschale geworfen, um in der Kriegszielfrage noch einmal einen fast unmöglichen

---

[592] BA, Potsdam, RK 1 566, erwähnt im Schreiben Hammans an die Reichskanzlei vom 05.09.1917, Dok. 97 und 98, S. 1.

[593] Ebd., Schreiben Hobbings vom 15.04.1917 mit Konzepten, Dok. 18-23. Abschrift der Antwort Bethmann Hollwegs vom 30.05.1917, Dok. 238 und 239.

[594] Ebd., Schreiben der Reichskanzlei an die Ressorts vom 16.06.1917, Schreiben Hobbings an die Reichskanzlei vom 18.06.1917 und Antwort der Reichskanzlei an Hobbing vom 23.06.1917, Dok. 62-68.

[595] Ankaufbestätigung am 16.08.1917, Dok. 85. Vgl. weitere Entwicklung in BA, Potsdam, RK 1 566.

Kompromißbogen zwischen den Auffassungen der politischen Rechten und Linken zu schlagen[596]. Doch während des folgenden Monats, spätestens aber Anfang Juli 1917, war es vor der Öffentlichkeit nicht mehr zu verheimlichen, daß der erwartete Erfolg ausbleiben würde. Die U-Boot Hoffnungen zerrannen von Tag zu Tag mehr, die Lage in Rußland blieb ungewiß und ein vierter Kriegswinter ohne Aussicht auf baldigen Frieden waren Perspektiven, die in der Bevölkerung keine Euphorie hervorrufen konnten. Mit Erzbergers Reichstagreden vom 4. und 6. Juli wurde eine intensive Diskussion darüber in der Öffentlichkeit entfacht. Der "Interfraktionelle Ausschuß" wurde ins Leben gerufen, um eine Friedensresolution zu entwerfen. Obwohl Bethmann in der schwierigen Lage am 9. Juli sogar den Kaiser von Wahlrechtsreformen und einer Beteiligung prominenter Politiker an der Reichsregierung und der preußischen Staatsregierung überzeugen konnte, mußte er seiner insgesamt geschwächten Stellung im Reichstag und den Intrigen Ludendorffs und dessen Abgesandten, Oberst Bauer, Tribut zollen. Am 12. Juli verlor der Kanzler Dank der von Bauer zustandegebrachten Besprechung der Parteiführer den Rückhalt und die Mehrheitsaussichten im Reichstag. Für den Kaiser sprachen nun zu viele Gründe gegen "seinen" Reichskanzler. Bethmann Hollweg hatte sein Vertrauen verloren. Hindenburg und Ludendorff distanzierten sich am selben Tag der "Julikrise" von 1917 sehr geschickt per Rücktrittsandrohung von Bethmann, so daß ihm am 13. Juli nur noch die Demission blieb[597].

Erzbergers Handlungen in diesen Tagen erscheinen in einem etwas diffusen Licht. Er versuchte noch Ende Juni, den Reichskanzler von einem neuen Konzept des A.A. zur Hebung der nationalen Stimmung zu überzeugen. Der ehemalige ZfA-Leiter sah die Möglichkeit, mit Hilfe einer umstrukturierten NAZ und journalistisch geschulten Mitarbeitern direkt von der Nachrichtenabteilung des A.A. aus eine Leitfunktion für die "Lebensfragen des Vaterlandes" zu übernehmen. Neben enger Abstimmung mit den anderen Ressorts sollte ein kleiner politischer Beirat", der sich aus geeigneten Politikern und Pressevertretern zusammensetzen müßte, für die

---

596 Mommsen, *Öffentliche Meinung*, S. 666 f.

597 Schilderung nach Epstein, *Erzberger*, S. 206 f. Vgl. auch Kielmansegg, *Weltkrieg*, S. 454 ff., Ritter, *Staatskunst und Kriegshandwerk*, S. 552 ff., und Mommsen, *Regierung Bethmann 1914-1917*, S. 158 f. Dazu Quellenpublikation: *Der Interfraktionelle Ausschuß 1917-1918*, von Erich Mathhias und Rudolf Morsey, 2 Bände, Düsseldorf 1959. Zur "Kanzlerstürzerei" auch *Militär und Innenpolitik*, Bd 2, Nr. 319, S. 790 ff. Auszüge aus den Erinnerungen des Generalmajors a.D. Mertz von Quirnheims.

Erarbeitung noch weitergehender Direktiven der Propaganda gebildet werden[598]. Bis zuletzt war Erzberger also bemüht, der Reichsregierung seine Verbesserungsvorschläge zu unterbreiten. Nachdem er vom Scheitern des U-Bootkrieges überzeugt war, wagte er auf spektakuläre Weise im Reichstag die "Flucht nach vorne", und wandte sich letzlich damit von Bethmann Hollweg ab[599]. Erzberger war sich sicher, daß seine Friedenspolitik nur mit Hilfe eines Reichskanzlers durchsetzbar wäre, der eine überzeugende Mehrheit im Reichstag auf sich vereinigen konnte und der in der Lage war, sich politisch erfolgreich gegen die OHL zu behaupten. Bethmann Hollweg konnte dieser Mann nicht mehr sein. Der Wunschkandidat Bernhard von Bülow war - und da schätzte Erzberger die Haltung des Kaisers, die des Bundesgenossen Österreich-Ungarns und wahrscheinlich auch den Widerstand in der OHL falsch ein - in der nachfolgenden Personaldiskussion allerdings nicht durchsetzbar. Der Abfall Erzbergers von der Seite des Reichskanzlers war symptomatisch für die Entwicklung in der ersten Julihälfte 1917[600].

Die Ausrichtung der Pressearbeit der zivilen Reichsleitung war untrennbar an die militärischen Erfolge und an das dominierende Prinzip des Primats der entsprechenden Prognosen der OHL gebunden. Bethmann Hollweg hatte konsequenterweise keine Chance, gegen den wachsenden Widerstand in der öffentlichen Meinung und innerhalb der OHL zu bestehen, als das Scheitern seiner Politik offensichtlich wurde. Die tiefe Vertrauenskrise, in die er hineingeraten war, stellte sich als Resultat mehrerer Faktoren dar. Seine Gratwanderungen bezüglich der Kriegszielfragen rächten sich jetzt ebenso wie die von ihm mitgetragenen Erwartungen in den unbeschränkten U-Bootkrieg. Die relativ lose Einflußnahme der Reichskanzlei auf die Pressepolitik führte in der kritischen Situation Anfang Juli 1917 zu einem "Bumerangeffekt". Bethmann Hollwegs Überzeugung, daß eine indirekte Einflußnahme auf die Presse mehr bewirken könnte als Verbote und Verfügungen, brachte ihm persönlich keinen Nutzen. Sein Entschluß zum Verzicht auf eine stärkere Zentralisation der Pressepolitik unter seiner Kontrolle beraubte ihn nun der Möglichkeiten, mit gezielter Steuerung der drohenden Entwicklung noch einmal eine andere Richtung zu geben. Trotz des Versuchs persönlicher Einflußnahme seiner Mitarbeiter gelang es

---

598 BA, Potsdam, RK 2 439/1, Stellungnahme zu Erzbergers Vorschlag vom 30.06.1917, Dok. 73-75, hier S. 1 f.

599 Epstein, *Erzberger*, S. 213 f., vor allem Anm. 25.

600 Ebd., S. 216 und S. 220 f.

nicht, die Stimmung in den führenden Zeitungen zugunsten des Reichskanzlers zu drehen[601]. Deutelmoser bemühte sich am 10. Juli noch einmal, die verhängnisvolle Zerfahrenheit der Presse von den tendenziösen Sensationsmeldungen zu befreien. Er machte den Erfolg der amtlichen Bemühungen, den Einfluß der Abgeordneten auf die ihnen zugängliche Parteipresse geltend zu machen, allerdings davon abhängig, ob die Regierung vorher mit den Reichstagsmitgliedern entsprechende Richtlinien vereinbaren würde. Die Nachrichtenabteilung müßte umgehend über "den zu erwartenden politischen Ausgang" informiert werden und könnte so dann die "gewünschte Besprechung" auch in der parteilosen Presse lancieren[602]. Diese Verbindungslinie zu den Abgeordneten konnte die Regierung nicht mehr herstellen. Die Forderung nach einem Kanzlerwechsel stützte sich auf breite Zustimmung der öffentlichen Meinung. Nahezu jede Partei und Gruppierung erwartete nach dem Abgang Bethmann Hollwegs bessere Voraussetzungen zur Verwirklichung ihrer eigenen Vorstellungen. Nach dem Scheitern der "Politik der Diagonale" schienen jedoch die neuen Lösungen als 'Quadratur des Kreises' zu erscheinen. Die OHL bestimmte die politische Entwicklung stärker als je zuvor und diese Tatsache stand den notwendigen Reformbestrebungen diametral entgegen.

[601] Mommsen, *Öffentliche Meinung*, S. 669 f.

[602] BA, Potsdam, RK 2 439/1, Schreiben Deutelmosers vom 10.07.1917, Dok. 103 und 104.

5. Späte Ausbauversuche des Presseapparates

5.1. Michaelis und Hertling können sich offiziell auf einen 'Regierungssprecher' stützen: Den 'Pressechef beim Reichskanzler'

Magnus von Braun nimmt für sich in Anspruch, den neuen Reichskanzler Georg Michaelis in die Diskussion gebracht zu haben. Er steckte KPrA-Chef Stotten in der Besprechung vom 13. Juli 1917 einen Zettel mit dem Namen des preußischen Verwaltungsbeamten zu, auf dem darüberhinaus noch weitere Angaben zur Person standen. Stotten leitete diese Information an Nicolai weiter, der sie Ludendorff übermittelte. Ludendorff gestattete dem KPrA-Chef, der den Pressechef des R.d.I. als Urheber des Gedankens nicht erwähnt hatte, einen Artikel über Michaelis in der 'Täglichen Rundschau' zuzulassen. Auch diese Idee stammte von Magnus von Braun. Stotten besprach sich noch am selben Tag mit dem Chefredakteur, Heinrich Rippler, und der Artikel erschien am folgenden Tag. Die OHL und das KM brachten dann Michaelis Namen bei den Kreuznacher Nachfolgeüberlegungen irgendwann erfolgreich ins Spiel[603].

Michaelis war Unterstaatssekretär im preußischen Finanzministerium gewesen und bisher nur durch eine sehr "schneidige Rede" als Ernährungskommissar aufgefallen. Seine Berufung löste in der Öffentlichkeit eine allgemeine Überraschung aus[604]. Die OHL durfte davon ausgehen, daß der neue Reichskanzler prinzipiell auf ihrer Seite stehen würde und protegierte demzufolge seine Kandidatur entsprechend. Angesichts des für diesen Posten eklatanten Mangels geeigneter Kandidaten, die für den Kaiser, die OHL und die Mehrheitsparteien annehmbar gewesen wären, regte sich kaum Widerstand im Hinblick auf die Ernennung von Michaelis. Bethmann Hollwegs Wunschkandidat, Graf Hertling, wurde vornehmlich aus Altersgründen zu diesem Zeitpunkt nicht berücksichtigt[605].

---

[603] von Braun, *Ostpreußen*, S. 115 ff. Joachim von Grävenitz, der neue Chef der Reichskanzlei, fragte von Braun bereits am 14. Juli, "ob er Pressechef beim Reichskanzler" werden wolle. Von Braun behielt sich die Entscheidung vor (S. 117). Michaelis bedankte sich am Abend der kaiserlichen Zusammenkunft mit den Parlamentariern (20.07.1917) bei von Braun für dessen Hilfe bei der Nominierungsfrage zur Kanzlerschaft u.a. mit den Worten "Ich weiß ja, daß Sie es gemacht haben." S. 120.

[604] Wolff, *Tagebücher*, Nr. 575, S. 516.

[605] Fischer, *Griff nach der Weltmacht*, S. 524 f. Epstein, *Erzberger*, S. 223 f.

Am Nachmittag des 14. Juli trafen die politischen und militärischen Führer des Reiches im Garten des R.d.I. mit Michaelis zusammen. Neben dem ersten Kontakt mit dem neuen Kanzler ging es zugleich um die Friedensresolution. Michaelis reagierte auf die Auseinandersetzung zwischen den Parlamentariern und den Generälen überrascht, weil er an eine breite Übereinstimmung in dieser Frage geglaubt hatte. Die Kontroverse bewies, daß der neue Kanzler die gesamte Situation nur sehr unzureichend erfaßt hatte. Die Parlamentarier hingegen griffen zum "Gesetz des Handelns", und Scheidemann lancierte für den folgenden Tag eine Veröffentlichung des Resolutionstextes des Interfraktionellen Ausschusses im 'Vorwärts'. Ein Dementi durch die OHL oder den Kanzler war nun unmöglich geworden. Michaelis fügte in der Reichstagssitzung vom 19. Juli dem Orginaltext der Rede über die Resolution ein "wie ich sie auffasse" hinzu. Trotz der Annahme durch den Reichstag (Abstimmung: 212 ja, 126 nein, 17 Enthaltungen) wies dieser Zusatz auf seine Absicht hin, der OHL genügend Handlungsspielraum für ihre Annexionsforderungen zu erhalten[606]. Er beabsichtigte also nicht, die Friedensresolution im Sinne der Parlamentarier zu verwirklichen. Michaelis konservative Grundhaltung versprach auch im Hinblick auf die Wahlrechtsreform wenig engagierten Einsatz von Seiten des Reichskanzlers. Der OHL kamen diese Überzeugungen sehr entgegen. MAA-Chef von Haeften lieferte am 20. Juli auch gleich das entsprechende Konzept für die nun als dringend angesehene "Gegenpropaganda". Es sollte vor allem auf die stabile Lage des eigenen Landes und die absehbare Verschlechterung der Aussichten der Entente-Staaten abgehoben werden. Mit entsprechenden Artikeln in den D.K. und in der D.K.W. wäre eine Belebung der Stimmung zu erreichen. Auch Filme kämen dabei zum Einsatz. Patriotische Kundgebungen in großen deutschen Städten waren ebenso geplant wie ein Interview des Generalstabschefs mit neutralen Journalisten. Die anderen Behörden wurden in die "Sonderpropaganda" nach Bedarf miteingebunden[607].

Deutelmoser versprach sich von Kundgebungen dieser Art nicht allzuviel, solange nicht klare innenpolitische Entscheidungen gefällt seien. Die Wirtschaftslage, vor allem die Versorgungssituation gab wenig Anlaß zu Optimismus. Auch wirkungsvolle militärische oder

---

[606] Epstein, *Erzberger*, S. 227 f. von Braun, *Ostpreußen*, S. 117 spricht von einem "historischen Bild" im Garten mit Hindenburg, Ludendorff, Michaelis, Helfferich, Erzberger, Scheidemann, Payer, Südekum, Ebert, Fischbeck, Haußmann und Wahnschaffe.

[607] *Militär und Innenpolitik*, Bd 2, Nr. 330, S. 839 ff., besonders S. 840, Anm. 6.

politische Erfolge waren zur Hebung der kriegsmüden Stimmung nicht vorzuweisen. Die enttäuschten Hoffnungen in der Bevölkerung auf eine Entscheidung des Kampfes durch den U-Bootkrieg schürten nur noch zusätzlich Zweifel und Ungewißheit. Der Chef der Nachrichtenabteilung beschwor die Einigkeit der Organe der politischen und militärischen Staatsgewalt, an der es immer noch fehlte. Um erfolgreich die Stimmungswerte zu heben, setzte Deutelmoser auf die Bereitschaft der Reichsleitung, den Demokratieforderungen aus breiten Kreisen der Bevölkerung entgegenzukommen. Er sah dies allein schon deshalb als unerläßliche Notwendigkeit an, um nicht plötzlich von den Entwicklungen überrollt zu werden. Nur so hätte die überwiegende Mehrheit des Volkes auch wieder hinter die Regierung gebracht werden können. Der Pressechef hatte erkannt, daß im Deutschen Reich an diesem Fixpunkt die Gegensätze einer konservativen und einer fortschrittlicheren Lebens- und Weltanschauung aufeinanderprallten. Die Extrempositionen der Annexionisten und der Pazifisten verurteilte er, weil durch sie jegliche Aussicht auf einen möglichen Frieden verschlechtert würde. Der Eindruck einer inneren Zerfahrenheit Deutschlands bliebe im In- und Ausland bestehen, und keine der Positionen habe realistische Chancen auf ihre Verwirklichung. Auch Deutelmoser bot kein innenpolitisches Patentrezept an. Doch er hatte klar erkannt, daß für eine erfolgreiche Pressetaktik nur dann Perspektiven bestünden, wenn wieder eine breite Basis für die Regierungspolitik geschaffen würde. Dies setzte allerdings den Mut zu Entscheidungen voraus[608].

Der Chef der Nachrichtenabteilung hatte seit langem begriffen, daß Versäumnisse in der Politik und mangelnde Erfolge auf militärischem Gebiet auch von einer guten Informationspolitik nur bis zu einem gewissen Grad kompensiert werden konnten. Trotz einer allgemeinen Erleichterung über den Rücktritt Bethmann Hollwegs zeichnete sich in der Öffentlichkeit ab, daß die schweren innenpolitischen Kämpfe noch bevorständen. Die Probleme waren nicht einfach nur durch einen Reichskanzlerwechsel zu lösen[609].

Vielleicht wäre das Übergewicht der OHL in dieser Situation noch stärker zur Geltung gekommen, wenn nicht mit Richard von Kühlmann ein junger und doch schon sehr erfahrener Diplomat als Staatssekretär ins A.A. berufen worden wäre[610].

---

[608] *Militär und Innenpolitik*, Bd 2, Nr. 371, S. 989 ff., Vortragsnotizen Deutelmosers für den Reichskanzler über die Notwendigkeiten von Entscheidungen, hier S. 990 ff.

[609] *Militär und Innenpolitik*, Bd 2, Nr. 320, Monatsberichte über die Volksstimmung vom 03.08.1917, S. 799 ff., hier S. 802.

[610] Hürter, *Staatssekretäre*, S.226.

Gerade im Hinblick auf die Kriegszielforderungen des Deutschen Reiches schraubte er die Erwartungen der Regierung deutlich herunter. Kühlmann sah eine Verständigung der Kriegsgegner als absolute Notwendigkeit an und arbeitete intensiv an möglichen Lösungsansätzen. Bereits im Juli 1917 hatte er an eine "konzeptionelle Grundlage" entwickelt, der er allerdings erst einmal ein innenpolitisches Fundament geben mußte. Angesichts der Entschlossenheit der OHL, der Unerfahrenheit des neuen Kanzlers und der Uneinigkeit der Parteien, Verbände und Vereinigungen im Deutschen Reich war das ein mehr als schwieriges Unterfangen. Vor allem die Öffentlichkeit mußte behutsam auf diese Kurskorrekturen eingeschworen werden[611].

Bei dieser Ausgangslage fiel es Ludendorff nicht schwer, seine Bemühungen noch intensiver fortzusetzen, eine Vereinheitlichung des Pressedienstes zu fordern. Seine größtenteils schon bekannten Argumente trug er bei einer Besprechung im Gr.H.Qu. am 9. August vor. Michaelis zeigte sich diesen Gedanken gegenüber sehr aufgeschlossen, und Ludendorff ließ ihm noch am selben Abend seine ausgearbeiteten Überlegungen zugehen[612].

Nach Ludendorffs Vorstellung sollte eine autorisierte Person in der Reichskanzlei die einheitliche Leitung der gesamten Pressestellen der Zivilressorts übernehmen. Enge Anbindung und Abstimmung mit der OHL, der Marine und dem KM wäre selbstverständlich. Die Nachrichtenabteilung des A.A. sollte ihre Arbeit auf außenpolitische Fragen beschränken. Die Aufklärung sollte vor allem die wirtschaftlichen und politischen Gebiete miteinbeziehen, damit die Kampfkraft des Heeres nicht durch derartige Diskussionen in der Öffentlichkeit Schaden nähme. Die Bedenken des Reichskanzlers gegen eine direkte politische Beeinflussung der Bevölkerung durch die Reichskanzlei schob Ludendorff beiseite. Die militärischen Aufklärungsorgane könnten dann auf diesem Sektor tätig werden[613]. Das R.d.I. betonte hingegen im Briefwechsel mit Deutelmoser am 14. August, daß es seinerzeit Zugeständnisse des R.d.I. an den damaligen Reichskanzler gewesen seien, die zur Personalunion des Pressereferenten des Kanzlers mit der Leitung der Presseabteilung des A.A. geführt hätten. Die Nachrichtenstelle des R.d.I. bestand nun darauf, im Zuge der Umgestaltung ihren Aufgabenbereich beizubehalten. Die Abteilung

---

[611] Ebd., S. 238 ff.

[612] BA, Potsdam, RK 2 439/1, Schreiben Ludendorffs vom 09.08.1917, Dok. 186-189. Brief enthielt auch den bisherigen Schriftverkehr mit Bethmann Hollweg., hier S. 6. Dazu auch Kuhl, Hermann von, *Der Weltkrieg 1914-1918,* Bd I und II, Berlin 1929, hier Bd II, S. 2.

[613] Ebd., S. 7 f. Auch kurz erwähnt bei von Braun, *Ostpreußen*, S. 140 f.

wollte nicht in Abhängigkeit von anderen Stellen geraten, die womöglich nicht dem Reichskanzler unterstanden hätten. Für das eigene Ressort sei die Arbeit der Nachrichtenstelle unverzichtbar, und man hielt daher "... eine Herauslösung und Eingliederung in einem dem Amte fremden Apparat (für) völlig ausgeschlossen"[614]. Doch so weit, wie in diesem Schreiben befürchtet, reichten die Reformpläne gar nicht. Außerdem hatten sie eine etwas andere Tendenz. Das Schlagwort der "Einheitlichkeit der gesamten Pressepolitik" bestimmte die am 16. August abgehaltene Beratung über die "Neugestaltung des amtlichen Pressedienstes"[615]. Es war erneut Erhard Deutelmoser, der als Fachmann die bisherige Lage analysierte und die Konzeption in ihrer Gesamtheit vorstellte. Die "klare Rollenverteilung" der Ressorts sollte "Doppel- und Mehrfach-Arbeit" genauso ausschließen wie "Lückenhaftigkeit". Das geschlossene Auftreten der Regierungsstellen sei ebenso notwendig wie die richtige Personalbesetzung. Die Straffung der Lesedienste auf die wesentlichen Aufgaben war geplant. Je besser, schneller und weitsichtiger die leitenden Persönlichkeiten des amtlichen Pressedienstes in die Erörterungen und beabsichtigten Entschließungen der Reichspolitik eingebunden wären, umso vorausschauender und überzeugender könnten sie auf die öffentliche Meinung einwirken. Eine kompetente Vorbereitung stärke die Argumentationskraft und die Kritikfähigkeit gegenüber der Presse. Eine "mechanische Vereinheitlichung" schaffe da keine Abhilfe. Eine zentrale Verteilungsstelle, die mit der direkten Autorität des Reichskanzlers ausgestattet sei, hätte die entsprechende Weisungsbefugnis ohne einen unmittelbaren Einfluß auf die dann von den Ressorts vorgenommene Umsetzung zu nehmen. Das verspräche Erfolg, wenn gleichzeitig die Behörden untereinander in engem Kontakt stünden. Der militärische Apparat sollte - da wich Deutelmoser klar von der Ludendorffschen Vorgabe ab - nur "Verbreitungsapparat für vorgefertigten Aufklärungsstoff" sein[616]. Ein "Reichspresseamt" lehnte Deutelmoser mit Rücksicht auf föderative Belange ab, denn im Grunde sollten alle bisherigen Einrichtungen in diese neue Zentralstelle

---

614 BA, Potsdam, R.d.I. 14 433, Nachrichtenstelle. Bestimmungen, Anregungen und Erlasse der Nachrichtenstelle außerhalb des R.d.I., Schreiben vom 14.08.1917 R.d.I. an Deutelmoser, hier S. 1 und S. 12 f.

615 BA, Potsdam, RK 2 439/1 Aufzeichnung über die Beratung zur "Neugestaltung des Pressedienstes" vom 16.08.1917, Dok. 259-265. An der Sitzung nahmen teil: Reichskanzler Michaelis, die Staatssekretäre Helfferich und von Kühlmann, die Unterstaatssekretäre von Stumm und von Graevenitz und der Loebell-Nachfolger Drews als preußischer Innenminister; die Ressorts waren durch Deutelmoser, von Braun, von Radowitz, Heilbron, Oberst von Winterfeldt und Transocean-Chef Hamman (!) vertreten.

616 Ebd., Bericht Deutelmosers, S. 3 ff.

eingebaut werden, ohne daß dafür ein Dach auf Reichsebene geschaffen werden mußte. Das wäre dann nur die von ihm abgelehnte "mechanische" Zusammenführung gewesen[617].

Während der Beratung legten die Regierungsvertreter großen Wert auf die Trennung des außen- und des innenpolitischen Pressedienstes. Den Vorwürfen des Reichstages, daß Geldmittel für außenpolitische Bereiche für innenpolitische Zwecke verwendet würden, wollte man sich nicht mehr länger aussetzen. Otto Hamman sprach sich gegen diese Pläne aus, weil sich der Zugang zum gesamten politischen Informationsstoff an einer Stelle (dem A.A.) im Verlaufe der Jahre bewährt hätte. Der alte "Pressefuchs" unterstützte zwar die Absicht, daß der Reichskanzler alle Fäden in der Hand halten müsse, riet jedoch dringend zur Einbeziehung der Presse bei den Überlegungen zur Neuorganisation. Hamman vertrat seine alte Linie konsequent, setzte sich aber mit seiner Auffassung nicht durch. Michaelis Regierungsmannschaft war zuversichtlich, daß es gelänge, die Trennungsbestrebungen umzusetzen und "... die separatistischen Neigungen der amtlichen Stellen niederzuhalten"[618]. Den Kaiser informierte Michaelis am 24. August in Kreuznach von den Plänen, ein "Central-Presse-Amt" einzurichten[619].

In einer weiteren Besprechung am 27. August wollte sich Michaelis dann unter Hinzuziehung der Militär- und Marinebehörden weiter mit dem Thema beschäftigen. Deutelmoser sollte über die bestehenden amtlichen Stellen beim A.A., beim Heer und bei der Marine referieren, während von Braun über alle übrigen Organisationen berichten durfte. Ein spezieller Tagesordnungspunkt waren die Pressekonferenzen im Reichstag. Abschließend war beabsichtigt, sich über die daraus resultierenden Abgrenzungen des Geschäftsbereiches der neuen Zentralstelle der Reichskanzlei zu verständigen[620]. Es gelang in dieser zweiten Sitzung, die Behörden auf eine Linie zu bringen. Die Schaffung der neuen Stelle wurde allseits begrüßt. Michaelis kam nicht nur den Wünschen der OHL nach einer Zentralstelle entgegen, indem er den reichsamtlichen Pressedienst mit dem Posten des "Pressechefs beim Reichskanzler" an der Spitze am 3.

---

[617] Vgl. dazu auch Koszyk, *Kommunikationskontrolle*, S. 189 f. und Nicolai, *Nachrichtendienst*, S. 94.

[618] BA, Potsdam, RK 2 439/1, Beratungsprotokoll von Brauns S. 9-12, hier S. 9 ff.

[619] von Müller, *Regierte der Kaiser?* S. 315.

[620] Ebd., S. 12. Beratung auch erwähnt bei von Braun, *Ostpreußen*, S. 141. BA, Potsdam, R.d.I. 14 433, Rundschreiben der Nachrichtenstelle vom 21.08.1917. Alle Zentralbehörden im Reich und in Preußen sowie alle Kriegsgesellschaften wurden aufgefordert, so schnell wie möglich Informationen über Umfang und Organisation der bei ihnen vorhandenen Pressedienste an das R.d.I. weiterzugeben.

September 1917 einrichtete[621]. Die Vermittlung der politischen Direktiven und die Koordination zwischen den Abteilungen waren die Schwerpunkte der Arbeit für die Stelle, auf die Magnus von Braun aus dem R.d.I. berufen wurde. Er hatte den Geschäftsordnungsentwurf für den Posten des Pressechefs in einer Denkschrift am 23. August 1918 dem Reichskanzler persönlich vorgelegt. Sein Aufgabenfeld erforderte ständige Aktualisierung des Kenntnisstandes und eine flexible wechselseitige Informationsweitergabe[622]. "Der Pressechef des Reichskanzlers hat die Aufgabe, die einheitliche Arbeit sämtlicher Presseeinrichtungen der dem Reichskanzler unterstellten Ämter zu gewährleisten, alle grundsätzlichen und organisatorischen Fragen der Pressepolitik zu entscheiden bzw. der Entscheidung des Reichskanzlers vorzulegen[623]." Dagegen ist es nicht seine Aufgabe, der Presse - außer in dringenden Fällen - Informationen zu erteilen. Persönliche Fühlungnahme mit einer Anzahl führender Journalisten wurde für eine breite Informationsgrundlage durchaus als wichtig angesehen. Die vertrauensvolle Pflege von guten persönlichen Beziehungen zwischen Pressechef und führenden Journalisten bildete ein wesentliches Element dieser neuen Form der Pressepolitik[624]. Auch am Aufbau einer deutschen Weltnachrichtenorganisation in Zusammenarbeit mit Otto Hammans Transocean-Dienst war der Pressechef beteiligt. Die Pressereaktionen auf die Errichtung des neuen Amtes und die Berufung von Brauns wurden von ihm selbst als "sehr günstig" beschrieben[625]. Koszyk sah die offiziellen Bewertungen durch die Presse auch durchweg positiv. Er machte allerdings von Brauns enge Kontakte zu den "Münchener Neuesten Nachrichten" (MNN) dafür verantwortlich, daß Ludendorff schon Ende September seine Ablösung gefordert hat. In einem Artikel vom 20. September 1917 hatten die MNN im Hinblick auf Belgien Positionen eines Verständigungsfriedens gerechtfertigt. Koszyk vertritt die Auffassung, daß von Braun schon zu diesem Zeitpunkt bei Michaelis in Ungnade gefallen sei[626].

---

621 Stegmann, *Inlandspropaganda*, S. 85 f.

622 BA, Potsdam, R.d.I. 14 204, Erlaß des Reichskanzlers vom 09.09.1917, Dok. 6. Auch in: *Militär und Innenpolitik*, Bd 2, Nr. 336, S. 859 f., Erlaß des Reichskanzlers über den reichsamtlichen Pressedienst.

623 von Braun, *Ostpreußen*, S. 141.

624 BA, Potsdam, R.d.I. 14 204, Geschäftsordnung für den Pressechef beim Reichskanzler, Dok. 12 und 13.

625 von Braun, *Ostpreußen*, S. 142.

626 Koszyk, *Pressepolitik*, S. 46, besonders Anm. 59.

Der Pressechef zitierte aus dem Schreiben Ludendorffs an Michaelis zwar dessen Worte, "von Braun müsse eventuell das Feld räumen", doch er wußte auch davon zu berichten, daß der Reichskanzler seine Person gegenüber der OHL dann verteidigt hat. Michaelis klagte einige Tage später indirekt ein wenig darüber, daß von Braun ihm "immer Ansichten aufoktroyiere", während von Braun als Folge der schwankenden Haltungen des Kanzlers ohne klare Positionsbestimmung seine Arbeit als "Fortwursteln" bezeichnete[627]. Gegen die Interpretation Koszyks spricht ferner, daß von Braun bis zum Reichskanzlerwechsel im November im Amt blieb und auch weiterhin allmorgendliche Pressebesprechungen abhielt. Bei einem wirklich gravierenden Vertrauensverlust hätte Michaelis ihn früher verabschiedet oder zumindest den direkten Kontakt zu ihm spürbar eingeschränkt. Positiv anzumerken ist, daß von Braun seine organisatorischen Vorstellungen, die er bereits in der Dezemberdenkschrift von 1916 entwickelt hatte, durchsetzen konnte. Die mittel- und langfristigen Chancen auf eine Konzentration der Pressepolitik in den Händen der Reichskanzlei waren aber allein schon deswegen gering, weil der Pressechef nur im Einvernehmen mit den Referenten der Behörden entscheiden durfte und ihnen gegenüber keine Weisungsbefugnis besaß.

Außerdem unterlief von Braun zu allem Überfluß noch das Mißgeschick, auf die Reservatrechte der Bundesstaaten nicht genug Rücksicht genommen zu haben. Er wies die Bundesstaaten an, ohne die Unterschrift von Reichskanzler Michaelis einzuholen, "... niemand möge Mitteilungen über außenpolitische Angelegenheiten publizieren, ohne sie vorher dem A.A. zur Stellungnahme vorzulegen." Die Empörung der Regierungen in den Ländern (vor allem in Bayern), die ihre Reservatrechte gefährdet sahen und in Graf Hertling als bayerischen Ministerpräsidenten einen starken Sprecher hatten, verdeutlichte diesen taktischen Fehler von Brauns. Dieser Fauxpas belastete zukünftig seine Arbeit und schränkte ihn in seinen Bemühungen ein, die Pressearbeit weiter zu vereinheitlichen. Mit dem Reichskanzlerwechsel von Michaelis zu Hertling war sein Abschied vorgezeichnet. Für den neuen Reichskanzler war er angesichts des stark gestörten persönlichen Verhältnisses als enger Mitarbeiter nicht tragbar. Die Trennung erfolgte in gegenseitigem Einvernehmen. Anfang November reichte von Braun "mit Rücksicht auf die eingetretenen Personalveränderungen" seinen Rücktritt ein[628].

---

[627] von Braun, *Ostpreußen*, S. 145 ff.

[628] Vogel, *Organisation*, S. 49, Zitat nach Anm. 156; von Braun, *Ostpreußen*, S. 157 und S. 159.

Vogel traf mit seiner Kritik den Schwachpunkt der neugeschaffenen Stelle. Gravierender als alles andere dürfte seiner Einschätzung nach die Tatsache gewesen sein, daß dieser Organisation der Zusammenfassung aller zivilen Pressestellen ein echter Unterbau für eine effektive Arbeit gefehlt hatte. Die personelle und technische Ausstattung dieser neuen Einrichtung war ebenfalls nicht sehr groß[629]. Dennoch hielt man nach dem Reichskanzlerwechsel an dem gerade neugeschaffenen Amt fest. Graf Hertling übertrug diesen Aufgabenbereich durch eine entsprechende Verfügung Erhard Deutelmoser und betraute ihn mit der Übernahme der Amtsgeschäfte[630]. Deutelmoser setzte sich bereits im November 1917 dafür ein, eine Fusion der von ihm ausgefüllten Posten anzustreben. Der Pressechef sollte dann in die Nachrichtenabteilung des A.A. umziehen, das dortige Referat entsprechend vergrößert werden. Durch die Vereinigung der beiden Positionen konnte zwar eine gewisse Abhängigkeit von der Bereitschaft der anderen Ämter zur Zusammenarbeit nicht abgestellt werden, dem Pressechef unterstand aber jetzt eine arbeitsfähige Abteilung. Die Kompetenzen und der Einfluß, der von beiden Posten ausging, stärkte die Möglichkeiten der Pressearbeit auf ziviler Seite erheblich.

Auch gegenüber der OHL bewies Deutelmoser in neuer Rolle Stehvermögen. Er riet von einem Verbot des 'Vorwärts' durch den Oberbefehlshaber in den Marken, das am 21. Dezember 1917 ausgesprochen werden sollte, aus politischen Gründen dringend ab. Diese Empfehlung erfolgte mit vollem Einverständnis des Reichskanzlers und veranlaßte den Oberbefehlshaber, vorerst von einem Verbot Abstand zu nehmen. Aber der Militärvertreter beschwerte sich umgehend bei der OHL über diesen Eingriff in seine Machtbefugnisse. Die OHL unterstützte dieses Anliegen und forderte den Reichskanzler auf, seinen Pressechef anzuweisen, solche Einmischungen in militärische Belange zukünftig zu unterlassen. Graf Hertling teilte die Auffassung der OHL jedoch nicht und wies die Vorwürfe zurück, da Deutelmoser nur auf die politischen Folgen eines Verbotes hingewiesen habe. Eine ernsthafte Ermahnung der Redaktion hätte es auch getan, zumal die Reichsleitung auch in Zukunft von ihrer Seite die Hilfe des 'Vorwärts' gegen die "maximalistische Propaganda" im Heer in Anspruch zu nehmen wünsche. Der Reichskanzler verwies zusätzlich auf die recht großzügige Behandlung der 'Deutschen Tageszeitung', der 'Deutschen Zeitung' und anderer Blätter durch die Zensur. Dies läge kaum im Interesse der

---

629 Vogel, *Organisation*, S. 49.

630 von Braun, *Ostpreußen,* S. 159, Stegmann, *Inlandspropaganda*, S. 86 und *Militär und Innenpolitik*, Bd 2, Nr. 336, S. 859 f.

äußeren Politik. Dennoch sei er auch in diesem Falle dafür, daß "Gazetten nicht geniert werden sollen." Er lehnte eine unnötige Verschärfung der innenpolitischen Situation durch ein Zeitungsverbot ab[631].

Hindenburg stellte fest, daß sich die Zensurbehörden im Einzelfall nicht durch eine "einseitige Vertretung politischer Gesichtspunkte" leiten lassen dürften, wenn sie ein Vorgehen für notwendig erachteten. Deutelmoser hatte die Direktiven der zivilen Reichsleitung so entschlossen vertreten, daß es der Oberbefehlshaber nicht wagen konnte, ein solches Verbot auszusprechen, ohne damit gegen einen ausdrücklichen Wunsch der Reichsleitung zuwiderzuhandeln.

Die OHL stärkte dann seine Entscheidung, weil sie die militärische Schädlichkeit des Artikels als bewiesen erachtete und in diesem Falle die Priorität des Handelns in ihrer Hand liegen müsse[632].

Der Zusammenarbeit Deutelmosers mit dem KPrA war dieser Streit jedoch nicht abträglich. Der vom KPrA erstellte "Telegrammspiegel" der täglich durchlaufenenden Pressetelegramme wurde den politischen Behörden ab dem 5. Januar 1918 auf seine Anfrage hin zugestellt, da sie interessantes Material für seine Abteilungen enthielten[633].

Es gelang Hertling und Deutelmoser Mitte Februar erfolgreich, die Forderungen des Kronprinzen nach einem "generellen Zeitungsverbot" bestimmter Blätter (darunter die 'Frankfurter Zeitung', das 'Berliner Tageblatt' und der 'Vorwärts') zurückzuweisen. Ohne Absprache mit der Reichskanzlei sollten diesbezüglich auch zukünftig keine Entscheidungen getroffen werden[634].

Graf Hertling folgte - auch als Reaktion auf andere Meinungsverschiedenheiten mit der OHL - schließlich dem Vorschlag Deutelmosers und legte Ende Februar 1918 die Stellen "Pressechef beim Reichskanzler" und "Direktor der Presseabteilung des Auswärtigen Amtes" zur "Vereinigten Presseabteilung der Reichsregierung" zusammen. Die Leitung wurde konsequenterweise auch an Deutelmoser übertragen[635].

Hertling war der Auffassung, daß sich die "Art der Geschäftsführung" in den letzten Monaten bewährt hat, deswegen wollte er sie beibehalten. Es war gelungen, die innen- und außenpoli-

---

[631] BA, Potsdam, RK 2 439/2, Schreiben Hindenburgs vom 22.12.1917, Dok. 94, hier S. 1 f. und Schreiben des Reichskanzlers vom 26.12.1917, Dok. 92-93, hier S. 1 ff.

[632] Ebd., Hindenburgs Schreiben vom 01.01.1918, Dok. 95, S. 1.

[633] BA, Potsdam, RK 2 439/2, Schreiben vom 05.01.1918.

[634] Briefnotizen vom 05.-12.02.1918, Dok. 154-156.

[635] Vogel, *Organisation*, S. 50 und Koszyk, *Kommunikationskontrolle*, S. 158.

tischen Wirkungen durch die "vorläufige Doppelstellung", die seit Anfang November bestand (Pressechef des Reichskanzlers/Direktor der Nachrichtenabteilung des A.A.), aufeinander abzustimmen. Im Gegensatz zu Michaelis und von Braun legte Hertling Wert darauf, daß der direkte Kontakt zur Presse erhalten bliebe. Die Instrumente für entsprechende Optionen im amtlichen Verkehr der Reichsregierung mit der Presse waren vorhanden, z.B. vertrauliche Besprechungen mit einzelnen Journalisten oder die Pressekonferenzen. Die Obliegenheiten des Pressechefs grenzte er durch die neue Geschäftsordnung klarer als bisher von den Ressorts ab. So erwartete der Reichskanzler in Zukunft als Ergebnis weder eine "übermäßige Zentralisierung, noch eine verschwommene Zuständigkeit oder Zerfahrenheit" des Pressedienstes[636]. Erst mit dieser Entscheidung schuf sich die zivile Reichsleitung ein Gegengewicht zu den Pressestellen, die unter dem Einfluß der OHL standen. Dem pressepolitischen Organisationskonzept der Regierung fehlte allerdings noch immer eine inhaltliche Bestimmung. Notwendig war ein fest umrissenes Programm, welches in der Öffentlichkeit Anklang finden konnte und womit politische Entscheidungen den entsprechend breiten Rückhalt in der Bevölkerung erfuhren. Die Zentralstelle für den Heimatdienst (ZfH) wurde daraufhin als ein solches Instrumentarium konzipiert[637].

Michaelis und Magnus von Braun gebührt der Verdienst, der Einrichtung der Stelle des Pressechefs zum Durchbruch verholfen zu haben. Es ist müßig darüber zu spekulieren, ob die nach der Entlassung von Brauns eher zufällig entstandene Doppelstellung Deutelmosers nicht der viel wichtigere Schritt gewesen war. Denn nur Dank der Personalunion Deutelmosers konnte sich die Konstellation in der Praxis bewähren. Somit stand der zivilen Reichsleitung zu Beginn des Frühjahres 1918 immerhin ein Instrument zur Verfügung, das in der Lage war, andere Schwerpunkte als die OHL zu setzen.

Seine eigene Stellung konnte Michaelis trotz der redlichen Bemühungen seines Referenten für Presse und Öffentlichkeit nicht behaupten. Das Scheitern von Michaelis lag in seinem Unvermögen begründet, die Stärke und die Macht der Mehrheitsparteien angemessen einzuschätzen und zu berücksichtigen. Seine Behandlung der päpstlichen Friedensnote oder die ungerechtfertigten Angriffe auf die unabhängigen Sozialdemokraten im Hinblick auf deren unbewiesene

---

636 BA, Potsdam, R.d.I. 14 204, Schreiben Hertlings vom 28.02.1918 mit Anlage Geschäftsordnung, Dok. 10-13.

637 Vgl. Vogel, *Organisation*, S. 50 f.

Beteiligung an den Flottenunruhen isolierten ihn zusehends und machten seine Position unhaltbar. Die Parteien hatten ein Programm mit Forderungen skizziert. Der neue Kanzler mußte sich zur Durchsetzung dieser Punkte bereiterklären, sonst konnte er nicht mit parlamentarischer Unterstützung rechnen. Friedenssondierung auf Grundlage des päpstlichen Angebotes, Wahlrechtsreform, Aufhebung der politischen Zensur, Arbeitskammergesetz und Einschränkung der Koalitionsfreiheit der Gewerkschaften durch Änderung der Gewerbeordnung - das war eine recht ungewöhnliche Zusammenstellung eher allgemeiner und sehr konkreter Bedingungen[638].

Kielmansegg beschreibt die Situation im Herbst 1917 wie folgt: "Zu keiner Zeit war der Einfluß der Mehrheitsparteien und ihres Organs, des Interfraktionellen Ausschusses, wirksamer. Zu keiner Zeit wurde das politische Geschehen bereits so weitgehend von den Regeln des parlamentarischen Systems beherrscht wie in dieser Phase. Selbst für die OHL war die Furcht vor Streiks Anlaß zu völliger Zurückhaltung[639]." Das Problem war die praktische Umsetzung des Programms. Den Fraktionen fehlte wie schon im Juli ein geeigneter Kandidat. Mit dem bayerischen Ministerpräsidenten Graf Hertling ernannte der Kaiser letztlich einen Reichskanzler, der für ihn, die OHL und die Parlamentarier auch deshalb konsensfähig war, weil jeder glaubte, ihn schon in die entsprechende Richtung lenken zu können. Der physisch überforderte Hertling akzeptierte die Bedingungen der Parteien, war aber nicht in der Lage, sie unter den ständig zunehmenden inneren Spannungen und gegenüber dem zum Jahresende hin wieder stark steigenden Einfluß der OHL durchzusetzen. Auf den Kriegszielkonferenzen im Vorfeld und am Vorabend der russischen Oktoberrevolution (Beginn 7. November 1917) schworen sich die OHL, die Reichsregierung und die Verbündeten des Deutschen Reiches auf eine härtere Linie zur Fortführung des Krieges ein. Die OHL schien auf diese Weise von den Kanzlerwechseln zu profitieren und konkretisierte ihre Forderungen[640].

Die Revolution in Rußland und der bald darauf mit übertriebenen Hoffnungen begleitete Waffenstillstand an der Ostfront rückten gemeinsam mit anderen militärischen Erfolgsmeldungen des Winters und des Frühjahres 1918 das Ansehen der OHL wieder in ein angenehmes Licht. Die Ohnmacht des Reichstages während dieser Phase war ebenso bezeichnend wie das Erstarken der konservativen Kräfte im Reich. Von neuen Siegeshoffnungen getragen, verlagerten sich die

---

[638] Kielmansegg, *Weltkrieg*, S. 470 f.

[639] Ebd., S. 473.

[640] Fischer, *Griff nach der Weltmacht*, S. 579 ff.

Interessenschwerpunkte zugunsten der OHL. Politische Forderungen, die nicht in das Gesamtkonzept der OHL paßten, waren angesichts einer Kette von militärischen Erfolgen kaum durchsetzbar[641].

Damit gelangte man zur Entwicklung einer OHL-Initiative, zu der erste Überlegungen im Rahmen der Beeinflussung der Stimmung durch die Tätigkeit der Stellvertretenden Generalkommandos gemacht wurden. Ursprünglich war nur an eine "Aufklärungstätigkeit unter den Truppen" gedacht. Doch nach der Ablösung Bethmann Hollwegs zeichnete sich bereits ab, daß der zukünftige Organisationsrahmen Einfluß auf Heer und Heimat haben würde. Die Julikonzepte regelten Form und Inhalte der Aufklärung. Unter Michaelis Kanzlerschaft wurden energische Anstrengungen unternommen, diese großangelegte Propagandaaktion voranzutreiben. Durch eine Verfügung Ludendorffs vom 15. September 1917 wurde der Begriff für die Kampagne eingeführt, unter dem sie auch heute noch bekannt ist: "Vaterländischer Unterricht"[642].

Der OHL ging es darum, der feindlichen Propaganda gezielt entgegenzuwirken und den erlahmenden Willen des Heeres, bis zum endgültigen Sieg durchzuhalten, zu stärken. Die innere Geschlossenheit, die Überzeugungen und das Pflichtgefühl sollten die entschlossene Kampfkraft des Heeres sichern. Mit einer straffen Organisation sollten sämtliche Möglichkeiten ausgeschöpft werden. Alle Institutionen (z.B. KPrA, MAA, Generalkommandos) mußten eingebunden werden. Bücher, Broschüren, Armeezeitungen, Vorträge, Plakate, Bilder, Filme und Flugblätter waren mit dem betreffenden Aufklärungsinhalten zu füllen[643]. In einer großangelegten Besprechung der Militär- und Zivilbehörden Mitte Oktober 1917 waren sich die insgesamt 194 (!) teilnehmenden Vertreter der Ressorts darüber einig, daß auch die Zivilbevölkerung in diese Propagandakampagne miteingebunden werden mußte. Es wurde fortan zwischen "Truppenaufklärung" und "Inlandsaufklärung" unterschieden[644].

---

641 Kielmansegg, *Weltkrieg*, S. 474.

642 *Militär und Innenpolitik*, Bd 2, Nr. 330 ff., S. 839 ff. Sehr detaillierter Nachvollzug der gesamten Entwicklung auf diesem Sektor bei Deist im gesamten Kap. VIII: Die Propaganda im Zeichen des "Vaterländischen Unterrichts". Mai, Gunter, *Aufklärung der Bevölkerung und 'Vaterländischer Unterricht' in Württemberg 1914 - 1918*, in: Zeitschrift für Württembergische Landesgeschichte 36 (1979), S. 199-235, hier S. 230.

643 Vgl. Nicolai, *Nachrichtendienst*, S. 113-136, besonders die Leitsätze für den Vaterländischen Unterricht S. 119 ff. *Militär und Innenpolitik*, Bd 2, Nr. 331, S. 841 f., Leitsätze für die Aufklärungstätigkeit.

644 *Militär und Innenpolitik*, Bd 2, Nr. 333, S. 848 ff., Besprechung vom 07./08.10.1917.

Bis zum Jahreswechsel 1917/18 entfaltete sich unter der Regie des IIIb-Chefs Nicolai, dessen Stellung durch diese Aktion erheblich gestärkt wurde, ein komplettes Programm mit Maßnahmen zur massiven Beeinflussung von Soldaten und Zivilbevölkerung. Dazu zählte auch die Neuerung, die amtliche Berichterstattung über die Kampfereignisse zukünftig von "Offiziers-Kriegsberichterstattern" (OKB's) vornehmen zu lassen. Geeignete jüngere Offiziere rückten als OKB's bis in die vorderste Frontlinie vor und stellten ihre Eindrücke im Sinne der OHL als Militärjournalisten dem KPrA und vor allem der MAA zur Weiterverwertung zur Verfügung. Diese neue Variante der Schilderung der Kampfereignisse wirkte sehr authentisch und hob sich deutlich von der aus den stereotypen Heeresberichten ab. Die Nachfrage nach den Aufsätzen in der Heimat stieg bis zur Jahresmitte 1918 kontinuierlich an. Ungefähr 2 000 Zeitungen druckten im Sommer die OKB-Berichte ab und sandten die Belegexemplare an die Feldpressestelle[645]. Die Mobilmachung der Propaganda für eine vaterländische Gesinnung schloß Frontoffiziere, Reserveroffiziere, Pfarrer in Lazaretten und in der Heimat, Lehrer, Juristen und geeignete Redner aus den Zivilbehörden mit ein. Das KPrA wurde immer stärker zur Nahtstelle und Drehscheibe dieser Art der Aufklärung. Von dort aus wurden Beiträge geprüft, versandt und deren Verbreitung koordiniert[646]. Letztlich versuchten die Militärs das Kunststück fertig zu bringen, wirtschaftliche und politische Streitfragen zu glätten und dabei alle Probleme mit einem Rechtfertigungsnachweis über den Umweg der ehrlichen vaterländischen Gesinnung zu lösen. Aufwand und Ertrag des "Vaterländischen Unterrichts" standen trotz des Einsatzes aller vorhandenen Ressourcen in keinem Verhältnis zueinander. Die Soldaten hatten die Realität vor Augen und wurden mit zunehmender Kriegsdauer für Sieges- und Durchhalteparolen immer weniger empfänglich. In der Heimat wurden mit diesen Lehr- und Erziehungsmethoden überwiegend nur die Leute überzeugt, die ohnehin den durch die OHL verbreiteten Parolen Glauben schenkten. Die Propagandawelle "überflutete" Heer und Heimat mit Material. Das zeigte Wirkung, konnte aber letztlich die realen Probleme und Schwierigkeiten nicht überdecken. Die Versuche der zivilen Reichsleitung, dieser Art der Aufklärung selbst erfolgreich entgegenzusteuern, wurden durch die Menge des Materials allerdings zum Scheitern verurteilt. Die Frustration und die Abstumpfung gegenüber offizieller Propaganda wuchs, je länger der

---

[645] *Militär und Innenpolitik*, Bd 2, Nr. 338, S. 867 ff., besonders Anmerkungen 3 und 5.

[646] Stegmann, *Inlandspropaganda*, S. 84 f. *Militär und Innenpolitik*, Bd 2, Nr. 346, S. 894 ff. Über die vom KPrA arrangierten Besuche der Parlamentarier an der Front vom Herbst 1917 siehe ausführlich Anm. 28, S. 903 ff.

Krieg dauerte. Deswegen war die Wirkung der Propaganda des "Vaterländischen Unterrichtes" begrenzt und ihr Erfolg innerhalb der Bevölkerungsgruppen, die von ihm erfaßt werden sollten, nur sehr gering[647].

5.2. Die Regierung richtet ihre eigene Informationsbehörde ein: Die Zentrale für Heimatdienst (ZfH)

Der Auftakt des Kriegsjahres 1918 brachte mit Lloyd Georges Rede vom 5. Januar und Wilsons 14-Punkte Erklärung vom 8. Januar zwei durchaus unterschiedliche Reaktionen der Entente auf die Revolution in Rußland. Das Deutsche Reich schenkte den Vorstößen zwar Beachtung und reagierte durch Sondierungen Staatssekretär Kühlmanns und mit zwei Reden Graf Hertlings auf diese programmatischen Erklärungen, doch das Hauptaugenmerk der deutschen Führung lag auf den Friedensverhandlungen in Brest-Litowsk. Zu einer echten Annäherung der Kriegsparteien kam es nicht mehr. Beide Seiten kämpften eher um die moralische Legitimation ihrer Positionen[648].

An allgemeinen Friedensgesprächen zeigte die OHL zum Jahresbeginn wenig Interesse. Sie sah sich in einer neuen Position der Stärke. Ihr Optimismus gründete sich darauf, nach einem "Diktatfrieden" im Osten dort die Frontlinie erheblich verkürzen zu können. Danach stand einer Reduzierung der Truppenkontingente auf diesem Kriegsschauplatz nichts mehr im Wege. Die deutschen Militärs erhofften sich von dem gewonnenen Handlungsspielraum mit der vorgesehenen Verschiebung dieser Divisonen an die Westfront entscheidende Vorteile. Endlich glaubten sie, den Rücken frei zu haben und den Krieg nicht mehr an mehreren Fronten mit der gleichen Intensität führen zu müssen. Schon seit dem Herbst 1917 hatte Ludendorff die Pläne zu einer großen und entscheidenden Westoffensive vorbereitet. Je stabiler die Lage im Osten bis zu dem geplanten Angriffszeitpunkt war, desto besser wurden die Chancen für den Angriff im Westen beurteilt. Haeften und die MAA erhielten von den Absichten der OHL Mitte Dezember

---

[647] *Militär und Innenpolitik*, Bd 1, LXV.

[648] Kielmansegg, *Weltkrieg*, S. 545 ff.

Kenntnis. Daraufhin entwickelte Haeften eine Denkschrift über eine mögliche propagandistische Begleitung dieses entscheidenden militärischen Angriffs. Seine Kernthese war, daß man mit einer politischen Friedensoffensive den Druck auf die wenig verständigungsbereiten feindlichen Länder stark erhöhen könnte. Nach den deutschen Erfolgen gerieten die Regierungen dann so unter Druck, daß sie um Frieden bitten müßten oder zum Rücktritt gedrängt würden. Ludendorff billigte diese Überlegungen. Das A.A. war dagegen von dem Vorstoß der MAA nicht sonderlich überzeugt. Es ließ bis auf die Lancierung einiger Zeitungsartikel die Angelegenheit weitestgehend auf sich beruhen. Haeften zeigte sich davon enttäuscht, unternahm vorerst jedoch keine weiteren Anstrengungen in dieser Richtung[649].

Die Stimmung in der Heimat hingegen wurde wie schon im Herbst 1917 durch Streiks und eine erneute Verschärfung des innenpolitischen Klimas beeinträchtigt. Zwischen Ludendorff und Kühlmann kam es zu ernsten Auseinandersetzungen über die Kriegszieldefinitionen und die Ostpolitik. Ludendorff drohte zwischenzeitlich mit seinem Rücktritt. Die Entlassung des Chefs des Zivilkabinetts, von Valentini, Anfang Januar 1918 war ein sichtbares Zeichen für die Verhärtung der Fronten zwischen der OHL, dem Kaiser und der Reichsleitung[650].

Als Reaktion auf den zunehmenden Druck der OHL und der Öffentlichkeit auf die Staatsautorität entschloß sich auch die Regierung zum aktiven Handeln. Dabei mag eine Rolle gespielt haben, daß sich der überwiegende Teil der Presse bei den über die Friedensverhandlungen in Brest-Litowsk entstandenen Meinungsverschiedenheiten zwischen der OHL und Kühlmann auf die Seite der Militärs gestellt hatte[651]. Auch Deutelmoser sah sich in dieser Situation genötigt, nach Beilegung der Streiks Anfang Februar eine Zwischenbilanz des Krieges zu ziehen. Er war mit den Aktivitäten der OHL auf der politischen Bühne nicht einverstanden. Seiner Ansicht nach sei das Faktum, daß sich nach der Marneschlacht eine "völlig veränderte Kriegs- und Weltlage" ergeben hatte, in der Anfangsphase des Krieges sträflicherweise ignoriert worden. Deutelmoser vermied das direkte Eingeständnis einer Niederlage an der Marne, räumte jedoch schwerwiegende Folgen für die offensive Weiterführung der Kämpfe ein und verglich die Wirkung der

---

[649] BA, *NL Haeften* N 35/5, Tätigkeit vor und während der Frühjahrsoffensive 1918, Dok. 1-4.

[650] BA, *NL Haeften* N 35/5, Urteil Ludendorffs über Kühlmann, Dok. 4-6. Kielmansegg, *Weltkrieg*, S. 588 f. Herzfeld, *Weltkrieg*, S. 326 f.

[651] Vgl. Knesebeck, *Propagandafeldzug*, S. 110 f. Zu den Brest-Litowsk Verhandlungen auch Mai, *Ende des Kaiserreichs*, S. 136 ff. Vgl. auch Baumgart, Winfried *Deutsche Ostpolitik*, München 1966.

Schlacht mit der Niederlage Friedrich des Großen bei Kolin im Siebenjährigen Krieg. Deswegen wäre die öffentliche Meinung von Beginn an nicht an Tatsachen und der Wahrheit orientiert gewesen, sondern mit einer "unsoliden Stimmungsmache" zu einer "Hypertrophie der Siegesgewißheit" gelenkt worden. Die "Fiktion der Unfehlbarkeit der OHL" wurde durch die Flandernschlachten und Verdun endgültig entlarvt. Offiziell hielten die Behörden nicht ohne Erfolg zur Aufrechterhaltung der Autorität an ihr fest. Die starke Persönlichkeit Hindenburgs kompensierte die Kritik an den "Marineprophezeiungen über den U-Bootkrieg" durch die Bevölkerung, die sich zu fragen begann, "... ob die Leute in Uniform nicht am Ende auch bloß fehlbare Menschen seien"[652]? Deutelmoser verurteilte die seit dem Rücktritt Bethmann Hollwegs inzwischen "ganz offenkundigen" Eingriffe der OHL in die politische Leitung, die allerdings offiziell auch weiterhin abgestritten wurden. Die Bevorzugung "militärfrommer Blätter" bei der Zensurhandhabung war dabei ein wichtiges Indiz. Dieser Mißstand sorgte neben anderen Faktoren (Ernährungslage, Schleichhandel, "Kriegsgewinnler", Behördenwillkür, soziale Umschichtungen, Sorge und Trauer um Familienmitglieder, Zukunftsängste) für eine zusätzliche Verschlechterung der Stimmung.

In der Erwartung eines kurzen Krieges hatten die zuständigen Stellen es versäumt, sich rechtzeitig um die Einflußnahme auf die öffentliche Meinung zu kümmern. Die Reichsleitung - so argumentierte Deutelmoser - konnte das Vakuum nur mit militärischer Hilfe beseitigen. Deswegen wurde die Regierung auch "gegenüber dem automatisch steigenden Einfluß des Militärs immer unfreier." Die "inneren Schwierigkeiten" waren vorprogrammiert, weil die politische und militärische Zielsetzung unterschiedlich sein müsse. Deutelmoser verurteilte die begünstigende Nähe der Militärs zu den "chauvinistischen Elementen"; die extremen Agitationsaktivitäten der nationalen und rechten Gruppierungen, die erfolgreich von diesen Kontakten zur militärischen Führungsschicht profitierten, waren eine direkte Folge dieser Konstellation[653]. Es galt für die Regierung, sich dieser Entwicklung nicht ohne Gegenwehr zu stellen. Hertlings Entscheidung, Ende Februar den Posten des Pressechefs mit Deutelmoser zu besetzen und mit der Geschäftsordnung zu unterstreichen, daß er den Einfluß auf die Presse keineswegs nur den Militärs überlassen wollte. Er setzte ein Zeichen. Parallel dazu waren Besprechungen mit dem

---

[652] Deutelmoser, *Tagebücher*, VIII, S. 17 ff.

[653] Ebd., S. 26 f.

Vizekanzler von Payer gelaufen, um mit einer eigenen Institution die Inlandsaufklärung zusammenzufassen und zukünftig zu koordinieren. Die Vorteile der Nachrichtenversorgung aus bereits bestehenden Organisationen wollte man dabei voll ausschöpfen. Ganz bewußt hatte die Reichsleitung die OHL, das KPrA und die MAA aus diesen Zusammenkünften während der Monate Februar und März 1918 herausgehalten. Der Vorwurf der "Vormundschaft durch die OHL" sollte gar nicht erst aufkommen. Das Mißtrauen gegen die amtliche Öffentlichkeitsarbeit war so schon groß genug[654].

Den Anfang machten am 9. Februar zwei Besprechungen. Davon fand eine in der Reichskanzlei und eine im A.A. statt. Durch die zu treffenden Maßnahmen sollte "ein möglichst breites Spektrum politischer Überzeugungen" integriert werden. Die Reichsleitung versuchte nun auf der Linie der Mehrheitsparteien auch den überwiegenden Teil der Bevölkerung auf die veränderte Linie ihrer Aufklärungsbemühungen einzustimmen[655].

Die Zugeständnisse, die Kühlmann wegen der mangelnden Unterstützung des Kaisers und des Kanzlers im Kronrat vom 13. Februar an die OHL machen mußte, belegen wiederum den unter dem Vorwand militärischer Fragen gewachsenen Einfluß der OHL auf politische Entscheidungen. Der "Gewaltfrieden" von Brest-Litowsk mit seinen Bedingungen zeigte, daß sich ein harter Kurs durchgesetzt hatte. Die OHL sammelte noch einmal alle ihr zur Verfügung stehenden Kräfte zu einem großen Angriff im Westen, der "Michael-Offensive"[656].

Es wurde also für die Reichsregierung im eigenen Interesse höchste Zeit, selber etwas für die Akzeptanz ihres politischen Kurses in der Öffentlichkeit zu unternehmen. Die Aktivitäten der folgenden Wochen führten dann auch am 2. April 1918 zur Gründung einer neuen Organisation unter ihrer Leitung, der Zentrale für Heimatdienst (ZfH), die auch Zentralstelle für Heimataufklärung genannt wurde. Deutelmoser propagierte bereits Ende Februar ein "offenes Verhältnis" zu den zahlreichen Organisationen und zu den Parteien. Er wünschte sich eine sachorientierte, effiziente und flexible Abstimmung dieser neuen Einrichtung mit den Behörden und den Verbänden. Richtlinien für den Aufklärungsdienst und für die Film- und Bildpropaganda wurden in weiteren vertraulichen Besprechungen festgelegt. Hertling wies alle Einwände der OHL

---

654 Vogel, *Organisation*, S. 50 f.

655 Stegmann, *Inlandspropaganda*, S. 89, Dok. S. 104 f.

656 Herzfeld, *Weltkrieg*, S. 327 f. Nipperdey, *Deutsche Geschichte*, Bd 2, S. 849 f. Vgl. auch Hürter, *Staatssekretäre*, S. 240 f.

zurück und genehmigte diese Vorschläge am 13. März. Es folgten weitere Veranstaltungen, bei denen auch Vertreter der freien Gewerkschaften zur Mitarbeit gewonnen werden konnten[657].

Bei den an verbindliche, generell gültige staatliche Anweisungen gewöhnten Ressorts stieß Deutelmoser mit seinen Überlegungen jedoch auf Widerstand. Die OHL wandte sich direkt an Graf Hertling, um ihre Einwände vorzubringen. Ludendorff blieb auf der Linie von Haeftens und schlug in seinem Schreiben vom 20. März vor, ein zentrales Propagandaministerium einzurichten. Er bezog sich in seiner Argumentation vor allem auf die zwischenzeitliche Entwicklung bei den Feindmächten auf diesem Sektor und forderte die Schaffung eines "Reichs-Aufklärungsamtes". An dessen Spitze sollte unverzüglich eine Persönlichkeit von "autorativer Stellung" gesetzt werden; diese wäre auch in der Lage, die bisherigen Einrichtungen ohne umfangreiche Neuorganisation einheitlich zusammenzufassen. Als Leiter wünschte er sich den Staatssekretär des Reichskolonialamtes, Solf. Vor allem das englische Vorbild, mit Lord Northcliffe, Donald und Kipling in den führenden Positionen, sollte die dringende Notwendigkeit der Schaffung eines Propagandaapparates mit einem zuständigen Minister an der Spitze unterstreichen[658].

Die Planungen der Arbeit der ZfH waren zu sehr dem Einfluß der OHL entzogen worden, die nun ihrerseits für eine unabhängige Zentralstelle plädierte. Stegmann hat die Hintergründigkeit dieser scheinbar unverdächtigen Offerte aufgedeckt. Obwohl Solf als ein Anhänger Bethmannscher Politik galt, arbeitete er seit Jahresbeginn sehr eng mit MAA-Chef Haeften zusammen. Die Option für einen gemäßigten Kandidaten schien also eher ein Täuschungsmanöver zu sein. Pressechef Deutelmoser hätte zugleich auf die Organisation verzichten müssen, mit deren Hilfe er die Reichspolitik transparenter zu machen gedachte[659]. Den Vorschlägen Ludendorffs zur Umstrukturierung (Auslandspropaganda vom A.A. zum "Reichs-Aufklärungsamt" hin zu verlagern) erteilte der Reichskanzler eine klare Absage. Für Graf Hertling stellte die ZfH bereits eine solche Behörde dar, und er war keineswegs dafür, jetzt irgendwelche anderen Neuerungen

[657] Stegmann, *Inlandspropaganda*, S. 90 f., Dokumente S. 107 ff.

[658] Ludendorff, *Urkunden*, S. 282 ff. Schreiben über einheitliche Presseleitung und Aufklärung der öffentlichen Meinung mit Entwurf an den Reichskanzler vom 20.03.1918.

[659] Stegmann, *Inlandspropaganda*, S. 93.

einzuführen, die den Erfolg dieses Unternehmens in Frage gestellt hätten. Auch das KM wandte sich gegen die Pläne Ludendorffs[660].

Deutelmoser erstellte in seiner Denkschrift vom 31. März 1918 eine Analyse über die Entwicklung des Pressedienstes, um die Haltung der Reichsregierung entsprechend deutlich herauszuarbeiten[661]. Auch wenn die Abhandlung den Titel "Die politische Mobilmachung für den Frieden" trägt, liefert sie dennoch zahlreiche Positionsbestimmungen zur innenpolitischen Diskussion des Frühjahrs 1918. Für den Pressechef waren zwei Faktoren von grundlegender Bedeutung. Es konnte nur eine Politik der Reichsleitung Bestand haben, die auch in der öffentlichen Meinung verwurzelt war. Doch wäre es trotz eines inzwischen aufgebauten technischen Teils sehr schwierig, die vorhandenen Behördenstrukturen von einer aktiven Mitarbeit an der Umsetzung dieser Ziele zu überzeugen. Er räumte Versäumnisse auf der politischen Ebene in der Ausgestaltung des Pressewesens ein. Der Krieg machte leider von Anfang an in viel stärkerem Maße die militärische Zuständigkeit erforderlich. Mit den zwischenzeitlich gemachten Erfahrungen hielt er es von seinem jetzigen Standpunkt - im März 1918 - für sinnvoller, ein KPrA dem KM zu unterstellen und erst gar keine MAA zu gründen. Ein rechtzeitiger Ausbau der Nachrichtenabteilung wäre sogar noch besser gewesen. Es wiederholten sich Überlegungen und Forderungen aus seinen früheren Denkschriften, die teilweise noch nichts von ihrer Aktualität verloren hatten. Erneut war eine optimale Informationsgrundlage die wichtigste Voraussetzung für eine erfolgreiche Arbeit. Nur tägliche Gespräche und Kontakte mit dem Reichskanzler und den Chefs aller wichtigen Ressorts sicherten die Basis für alle weiteren Entscheidungen[662].

Gegenüber der OHL, die einsehen müsse, daß sie sich auf ihre Bereiche zu beschränken hätte, trat Deutelmoser sehr selbstbewußt auf. Der Primat der Politik und die mehrheitliche Erfassung der wichtigen gesellschaftlichen Gruppierungen erfordere das Handeln der zivilen Reichsleitung. "Nicht Zwangsmittel, sondern nur überzeugende Kräfte ... aller politischen und militärischen Behörden ... könnten ein breites Vertrauen begründen und festigen helfen." Auch die sozialdemokratische Minderheit müsse in dieses politische Konzept miteinbezogen werden. Irgendwelche

---

[660] Ludendorff, *Urkunden*, S. 287.

[661] BA, Potsdam, RK 2 439/2, 18-seitige Denkschrift Deutelmosers vom 31.03.1918, Dok. 195-212. In Auszügen auch bei Koszyk, *Pressepolitik*, S. 46 ff.

[662] BA, Potsdam, RK 2 439/2, Denkschrift Deutelmosers, S. 7 ff.

Anspielungen auf diktatorische Neigungen der OHL oder auf die Schwächlichkeit der Regierung lehnte er als Untergrabung der gesamten Arbeit ab[663].

Deutelmoser war zu diesem Zeitpunkt noch davon überzeugt, daß der Krieg militärisch zu gewinnen sei. Er setzte bei der ZfH-Arbeit auf eine Verständigungslinie, die das allgemeine Wahlrecht bejahte und gleichzeitig für einen "sicheren" Frieden ohne unnötige Annexionen eintrat. Zwischen dem rechten Flügel der Sozialdemokraten und den gemäßigt-national eingestellten Parteigängern wollte Deutelmoser den "Burgfrieden" neu beleben und nach Kompromissen suchen. Die nach wie vor vom Ressortegoismus getragenen Widerstände der Behörden bremsten die Entfaltungsmöglichkeiten der ZfH. Von Seiten des KPrA und der MAA sah sie sich heftiger (Aufklärungs-) Gegenwehr durch die OHL gegenüber. Deutelmoser reagierte darauf, indem er mit Haeften die Aufgabenbereiche zwischen MAA und A.A. zu klären beabsichtigte. Haeften berief sich entschieden auf seinen schon früher geäußerten Standpunkt, daß er seine Arbeit ausschließlich als Organ der OHL ausführe. Sein enges Verhältnis zu Ludendorff führe dazu, daß er auch Aufträge erhalte, die über den Aufgabenbereich der MAA hinausgingen. Deutelmoser beharrte unter diesen Umständen auf einer "...Neuordnung der Verhältnisse. Es gehe nicht an, daß die Möglichkeit fortbestehe, durch die vorwiegend aus Mitteln des A.A. unterhaltene und auch äußerlich mit dessen Namen gedeckte M.-Stelle oder deren Leiter, Maßnahmen zu betreiben, die der vom A.A. vertretenen Politik nicht völlig entsprächen[664]." Er setzte sich von diesem Zeitpunkt an für eine Umwandlung der MAA und eine Herauslösung aus der Zuständigkeit des A.A. ein. Schließlich hatte er andernfalls unter der Konstellation unkontrollierbare Widerstände aus einer Abteilung zu befürchten, die offiziell von dem A.A. und der OHL gemeinsam getragen wurde. Seiner Ansicht nach war die MAA realiter auch nicht dem A.A. unterstellt. In der Praxis arbeite Haeften im Zweifelsfall immer nach den Wünschen der OHL. Deutelmoser plädierte auch deswegen für eine Abtrennung der Abteilung, weil dann der Einfluß der OHL auf die Politik besser zu kontrollieren

---

[663] Ebd., S. 14 ff. Vgl. auch Stegmann, *Inlandspropaganda*, S. 94 f. und Barkhausen, *Filmpropaganda*, S. 145 f.

[664] BA, Koblenz, *Nachlaß Schwertfeger*, N 15, Nr. 504, Aufzeichnung Deutelmosers vom 08.04.1918, Dok. 49f.

wäre. Für ihn bestanden im April 1918 "zwei Regierungen"; die militärische Leitung verfügte dabei über mehr Macht als die politische Führung[665].

Bei der OHL stieß Deutelmoser mit seinem Vorschlag durchaus auf Zustimmung. Das zum Monatswechsel Mai/Juni von Ludendorff beim A.A. erbetene Einverständnis war nur noch Formsache. Am 5. Juli konnte die OHL die vorgenommene Änderung der Bezeichnung von MAA in Ohla (Auswärtige Stelle der OHL) veröffentlichen[666]. Diese Umwandlung kam also unter dem Druck der Reichsleitung zur Ausführung, da der Pressechef die "Zwitterstellung" der MAA wegen der zunehmenden Kompetenzstreitigkeiten zwischen OHL und der zivilen Reichsleitung für politisch untragbar hielt. Haeften hat während des Schriftverkehrs mit dem Parlamentarischen Untersuchungsausschuß im Jahre 1923 jegliche Differenzen der MAA mit dem A.A. abgestritten. Er kennzeichnete die Angelegenheit als reinen "Namenswechsel" und datierte sie in den Mai zurück. An dem Dienstverhältnis zum A.A. habe sich nichts geändert, da es seinen "sachlichen Einfluß" behalten habe. Aufklärungsmaterial in Wort, Film und Bild wäre durch die MAA/Ohla nur nach Prüfung und Genehmigung des A.A. im Ausland vertrieben worden[667]. Fast könnte von einem nachträglichen "Etikettenschwindel" Haeftens gesprochen werden, denn über die Berufung auf seine pflichtgemäße und korrekte Amtsführung verschwieg er die hier an anderer Stelle bereits aufgezeigten gravierenden Meinungsverschiedenheiten zwischen der OHL und der zivilen Reichsleitung, welche gerade an der MAA nicht spurlos vorbeigegangen waren. Es hatte sich eben nicht nur, wie Haeften behauptete, "lediglich um eine Namensänderung" gehandelt. Das Personal - das erklärt Haeften selbst - "unterstand in disziplinärer und dienstlicher Sicht der OHL"[668]. Der "sachliche Einfluß" des A.A. hatte folglich seine organisatorisch-autoritären Grenzen an dem Punkt, an dem Haeften sich nur noch an die Weisungen der OHL gebunden fühlte.

Die Änderungsbestrebungen der Regierung scheinen eine offene, aber nicht radikale Form des erwachten Widerstandes innerhalb der politischen Nachrichtenabteilungen gegen die OHL gewesen zu sein. Die zivile Reichsleitung wehrte sich gegen eine organisatorische und bezeich-

---

665 Barkhausen, *Filmpropaganda*, S. 146.

666 Ebd., S. 147. Vogel, *Organisation*, S. 32.

667 BA, Koblenz, *NL Schwertfeger* 15, Nr. 540, Schreiben vom 08.09.1923, Dok. 64.

668 Ebd., S.1. Vgl. auch Vogel, *Organisation*, S. 32.

nungstechnische Vereinnahmung durch die OHL, bei deren Entwicklung sie lange tatenlos zugesehen hatte.

Einen direkten Nutzeffekt für die ZfH hatte diese Abgrenzung allerdings nicht, zumal sich die Verwirklichung - von April an gerechnet - noch drei Monate hinauszögerte. Deutelmoser setzte parallel seine Sondierungsbemühungen mit direkten Kontakten zur Presse fort. Mitte April erhielt er von August Stein ein Schreiben, in dem die Position der 'Frankfurter Zeitung' zur Kriegsziel- und Friedenspolitik definiert wurde. Nur er selbst, KPrA-Chef-Würz und IIIb-Chef Nicolai erhielten Kenntnis von diesem Brief; nachgeordnete Stellen sollten von dieser Abstimmung nichts erfahren. Stein versicherte, daß seine Zeitung die Friedensresolution vom Juli 1917 nie als "starre Formel" angesehen habe. Annexionen in Kurland und auch der Brest-Litowsk-Friede würden daher von seinem Blatt durchaus gebilligt. Dennoch trete die 'Frankfurter Zeitung' weiterhin für "maßvolle Kriegsziele" ein, denn Ansprüche, die erkennbar "internationale Verwicklungen" nach sich zögen, lägen nicht im deutschen Interesse[669].

Diese Linie kam der persönlichen Überzeugung Deutelmosers sehr nahe. Leistungen und Errungenschaften der Gegner erkannte er vor allem auf dem Feld der politischen Propaganda an. Deswegen versuchte er auch mit Hilfe einer gemäßigten offiziellen Linie, eine breite Mehrheit der Zeitungen auf einen national und international tragfähigen Kurs zu bringen. Das Problem dabei war, daß der Spielraum innerhalb des Deutschen Reiches nicht weit genug reichte, um damit bei den Gegnern und im neutralen Ausland ein entsprechendes 'feedback' erwarten zu können[670].

Deutelmoser gelang es im Mai, zumindest organisatorische Fortschritte durchzusetzen. Die Überschneidung von Pressesitzungen verschiedener Behörden wurde zukünftig dadurch verhindert, daß die Ressorts diese Termine nur nach vorheriger Verständigung mit dem Pressechef festsetzen durften[671]. Auch an eine umfassende Beteiligung weiterer Reichs- und Staatsbehörden an der Tätigkeit der Zensurberatungsstelle des A.A. wurde gedacht, um die

---

669 BA, Potsdam, RK 2 439/2, Schreiben von August Stein an Pressechef vom 18.04.1918, Dok. 230, hier S. 1 f.

670 Deutelmoser, *Tagebücher*, VIII, S. 39 ff.

671 BA, Potsdam, R.d.I 14 204, Schreiben Deutelmosers an alle Ressorts vom 16.05.1918.

geplante politische Linie noch enger abzustimmen und eine einheitliche Umsetzung der Empfehlungen von vornherein zu ermöglichen[672].

Die Skepsis der Bundesstaaten gegenüber der neuen Stelle blieb dennoch bestehen. Außerdem ließ die personelle Besetzung erst allmählich ein steigendes Arbeitsvolumen zu. Der ZfH fehlte es an den entsprechenden Erfahrungen, die die anderen Behörden im Verlaufe der Jahre im Umgang miteinander gesammelt hatten. Viele Ressorts hatten zum Teil über Jahre bewährte persönliche Kontakte zwischen den Referenten vorzuweisen, die sich die ZfH nun mühsam erarbeiten mußte. Erst in der Weimarer Republik bewährte sich diese neue Konzeption der Aufklärung durch die Regierung. Nach der Umbenennung in die "Reichszentrale für den Heimatdienst" galt diese Behörde als erste politische Bildungsstelle in Deutschland. Während der Zeit des Nationalsozialismus wurde die Arbeit unterbrochen. Nach dem zweiten Weltkrieg entstand 1952 aus diesem Amt die 'Bundeszentrale für politische Bildung'[673].

Vogel und Stegmann sind sich darin einig, daß die ZfH angesichts dieser schwierigen Umstände während des Krieges keinen prägenden Einfluß auf die deutsche Öffentlichkeit mehr ausüben konnte. Ihr fehlte auch einfach die Zeit, um sich akzeptabel zu profilieren[674]. Für die zivile Reichsleitung war sie die Grundlage zu dem Versuch einer eigenständigen, aktiven und politisch wirksamen Tätigkeit auf dem Sektor der Informationspolitik der Bevölkerung. Die gemeinsame Einbindung der militärischen und politischen Propaganda hätte jedoch nur funktionieren können, wenn die OHL mit dem KPrA und der MAA zur Zusammenarbeit mit der ZfH bereit gewesen wären. Auch zu den Pressestellen der anderen Ressorts mußten erst Kontakte geknüpft werden. Einer neuen Stelle mit entsprechendem Einfluß begegneten die Referenten der bestehenden Behörden mit Skepsis.

Dennoch verdient nach Meinung des Verfassers dieser Schritt der Reichsleitung zur Eigenständigkeit Beachtung. Das Ziel dabei war, die Inlandspropaganda nicht mehr nur der OHL und den Ämtern zu überlassen, sondern selber die Initiative zu ergreifen. Auch das Bemühen um eine bessere interne Unterrichtung und Einheitlichkeit zeigte endlich Wirkung. Der Pressechef wurde anschließend nicht nur zum täglichen Vortrag, sondern auch zu den Kabinettssitzungen

---

672 BA, Potsdam, RK 2 439/2, Deutelmoser an Heilbron am 17.05.1918.

673 Wippermann, Klaus W., *Politische Propaganda und staatsbürgerliche Bildung. Die Reichszentrale für Heimatdienst in der Weimarer Republik*, Köln 1976, hier S. 15 f.

674 Stegmann, *Inlandspropaganda*, S. 96 ff. Vogel, *Organisation*, S. 51 ff.

herangezogen. Das KM wurde ebenfalls in dieses System eingebunden. Die OHL sah ihre Strategieschwerpunkte in Gefahr und blockierte die neue Initiative so gut wie sie es vermochte. Die Fronten waren aus der Sicht von Deutelmoser und von Payer klar: Würde die OHL in diese Arbeit miteinbezogen, dann wäre es besser, mit dem politischen Aufklärungsdienst gar nicht erst anzufangen[675].

Doch die Aufmerksamkeit der Militärs und der Bevölkerung war im Frühjahr überwiegend auf den militärischen Verlauf der zur Entscheidung führenden Westoffensive gerichtet. Alle setzten ihre Hoffnungen auf diesen letzten großen Angriff. Die "Michael-Offensive", die erfolgreich am 21. März begann und ohne große Perspektiven auf eine Wiederaufnahme am 5. April eingestellt werden mußte, und die nachfolgenden, auf Frontabschnitte beschränkten Einzelattacken brachten nicht die erhoffte Entscheidung. Die deutschen Truppen hatten beträchtliche Geländegewinne zu verzeichnen, aber sie konnten den ersehnten Sieg nicht erzwingen.

Die Hoffnungen der Soldaten und der Bevölkerung, mit dieser Offensive einem siegreichen Friedensschluß näher zu kommen, erfüllte sich nicht. Das war auch nicht mehr durch die Propaganda zu verbergen. Die deutschen Truppen behielten die Initiative trotz großer Verluste bis Mitte Juli in der Hand. Mit einem "System der strategischen Aushilfen" versuchte die OHL mit unstetem Aktionismus ihre Offensivvorstöße nicht zum Erliegen kommen zu lassen. Mit "Hammerschlägen" wollte Ludendorff den Gegner weiter zermürben und zum Frieden zwingen. Die Ressourcen der Feinde an Menschen und Material war weitaus größer als die OHL vermutet hatte. Die seit der "Michael-Offensive" vereinte militärische Führung der Entente war mindestens genauso entschlossen den Krieg zu gewinnen wie die OHL. Der Glaube an einen durchschlagenden Erfolg schwand im Deutschen Reich angesichts des Fehlens greifbarer Ergebnisse. Eine "dumpfe lethargische Erschöpfung" machte sich breit[676].

Ute Daniel hat diesen Vertrauensverlust der Behörden gegenüber der Öffentlichkeit an dem Punkt festgemacht, wo sich die "Interessenidentität" zwischen der Bevölkerung und den staatlichen Belangen aufzuheben begann. "In dieser Situation scharfer sozialer Spannungen bei gleichzeitiger Ungewißheit über die 'wirkliche' militärische Lage, die durch den Ausfall der kontrollierten Medien als glaubwürdiger Informationsträger entstanden war, entwickelte sich

---

675 Vgl. BA, Potsdam, RK 2 439/2, Denkschrift Deutelmosers, S. 15 f. Vogel, *Organisation*, S. 56.

676 Kielmansegg, *Weltkrieg*, S. 638 ff.

spontan, ungelenkt und unlenkbar ein Netz informeller Kommunikation, das das gesamte Reichsgebiet umspannte und auch die Fronten miteinbezog[677]."

Erzählungen, Gerüchte, Parolen, Witze im Gespräch oder im Briefverkehr untereinander garantierten den Informationsfluß zwischen den Menschen. Unterhaltungen und Diskussionen in Eisenbahnabteilen, in Lokalen, bei Anschlägen von Plakaten, bei Versammlungen von Vereinen oder bei Warteschlangen vor Ämtern und Geschäften sorgten für eine nie versiegende Quelle im Austausch von Neuigkeiten. Den Behörden gelang es immer weniger, gegen diese meistens negativen Strömungen anzukämpfen[678]. Diese Entwicklung blieb der OHL genausowenig verborgen wie der politischen Reichsleitung.

Ludendorff beauftragte Haeften, seine im Dezember und Anfang Januar begonnene Arbeit über die Konzeption einer "deutschen politischen Offensive" fortzusetzen. Ihm schwebte vor, die Phasen der "Kampfpausen" für eine gezielte politische Strategie zu nutzen, die mit Optionen für den Frieden die feindliche Heimatfront und deren Regierungen in eine "Friedenskrise" stürzen sollten. Die Kriegsbereitschaft der Feinde müßte durch eine "psychologische Katastrophe" erschüttert und gebrochen werden[679]. Haeften entwickelte eine internationale Propagandastrategie, ohne sich dabei allerdings innenpolitisch an den Vorstellungen der Mehrheitsparteien zu orientieren. Er räumte ein, daß die Waffenerfolge "... allein uns nicht den Frieden bringen werden. Dazu bedürfen wir des politischen Sieges hinter den feindlichen Fronten"[680]. Am Tag zuvor hatte Ludendorff zur praktischen Umsetzung dieser Vorstellungen die Einrichtung eines Auslandspropagandaamtes gefordert. Die MAA sollte nach entsprechendem Umbau den Kern des neuen Amtes bilden. Sämtliche Ressortstellen, die sich mit der Auslandsaufklärung befaßten, wollte Ludendorff in dieser neuen Behörde aufgehen lassen. Darunter fielen die Auslandsstelle des KPrA, die zur Nachrichtenabteilung des A.A. überstellte ZfA und das

---

677 Daniel, Ute, *Arbeiterfrauen in der Kriegsgesellschaft. Beruf, Familie und Politik im Ersten Weltkrieg*, Göttingen 1989, hier S. 241.

678 Ebd., S. 242 ff.

679 BA, Koblenz, *NL Schwertfeger*, Nr. 119, Konzept Haeftens vom 03.06.1918 und Schreiben Ludendorffs an den Reichskanzler vom 08.06.1918, Dok. 25-36. Abdruck auch bei Ludendorff, *Urkunden*, S. 478 ff. Auch bei Stegmann, *Inlandspropaganda*, S. 97 f. erwähnt, der jedoch das Haeften-Konzept nicht datieren konnte. Haeften hatte Ludendorff Mitte Mai diesbezüglich konkrete Vorschläge unterbreitet.

680 BA, Koblenz, *NL Schwertfeger*, Konzept Haeftens vom 03.06.1918, S. 10. Auch BA, MA, *NL Haeften* N 35/5, Bericht über die Denkschrift vom 03.06.1918., Dok. 19-28.

Bufa[681]. Der Vorschlag wirkte wie eine abgeänderte Variante des "Reichs-Aufklärungsamt"-Konzeptes, das sich der zivilen Reichsleitung gegenüber als nicht durchsetzbar herausgestellt hatte. Unter dem Vorwand, die politische Propaganda gegen die Feinde nutzen zu müssen, wäre die Verantwortung für dieses Amt auf die OHL übertragen worden. Deutelmoser begutachtete die Haeften-Denkschrift und bezeichnete sie als "ausgesprochene Dilettantenarbeit", weil sie viel zu theoretisch angelegt sei und die gleichen Fehler begehe wie die Friedensresolution vom 19. Juli 1917. Die wichtigste und zentrale Erkenntnis für ihn war jedoch das Eingeständnis des Verfassers, nicht mehr an eine Beendigung des Krieges mit Waffengewalt zu glauben. "Diese Auffassungsweise von militärischer Seite ist neu[682]." Deutelmoser begrüßte zwar die Bereitschaft der OHL, dem politischen Feld mit einer weniger schrofferen Haltung als bisher gegenüberzutreten, stellte jedoch heraus, daß "... die OHL uns erst einmal helfen (müßte), im Innern wieder Vertrauen und Einheit zu schaffen." Innere und äußere Politik bedingten sich gegenseitig. Nur mit der Zustimmung zur preußischen Wahlreform und gemeinsam mit dem Reichstag könne dies gelingen. Dabei müsse die Presse das "...politische Handeln mit geschickter Rollenverteilung unterstützen. Nur eine enge Verbindung des Zieles 'Wahlreform' mit Einbindung von Reichstag und Presse bürge für eine starke Auslandswirkung[683]."

Payer war sich vorab mit Deutelmoser über die ablehnende Haltung zur Haeften-Denkschrift einig. Aber auch der Reichskanzler und Kühlmann schlossen sich der Einschätzung des Pressechefs an. Solange die OHL nicht bereit war, sich den politischen Vorstellungen der Reichsregierung anzunähern (z.B. in der Belgienfrage), war eine Konzeption wie die Haeftens nicht praktikabel. Eine zusätzliche Verlagerung politischer Kompetenzen in die Kontrolle der OHL kam erst recht nicht in Frage, so daß auch die Pläne zum Auslandspropagandaamt nach einem Gespräch mit Haeften am 19. Juni durch den Reichskanzler verworfen wurden. Hinsichtlich einer "Friedens-Offensive" erzielten die Vertreter der Reichsleitung und Haeften insofern eine Einigung, als dieser Plan auf einer gemeinsamen Linie weiterverfolgt werden sollte. Die "Kühlmann-Rede" am 24. Juni zerstörte auch diese Pläne, weil Ludendorff Haeften

---

[681] Vogel, *Organisation*, S. 55, Auszüge des Schreibens auf S. 98 ff.

[682] BA, Koblenz, *NL Schwertfeger* N 15, Nr. 504, Gutachten Deutelmosers vom 14.06.1918, Dok. 57-59, hier S. 1 f.

[683] Ebd., S. 3. Vgl. Stegmann, *Inlandspropaganda*, S. 98.

jegliche weitere Arbeit in dieser Richtung untersagte[684]. Kühlmann hatte im Reichstag erstmalig öffentlich das ausgesprochen, was die OHL inzwischen inoffiziell zugegeben hatte: "... Durch militärische Entscheidungen allein, ohne alle diplomatischen Verhandlungen, könne ein Ende (des Krieges) kaum erwartet werden[685]." Damit löste er jedoch einen Sturm der Entrüstung aus. Die OHL wähnte sich immer noch in der Überzeugung, mit ihren begrenzten Vorstößen dem Feind das Gesetz des Handelns aufzwingen zu können. Sie sah in diesem offenen Bekenntnis eine Untergrabung ihrer militärischen Pläne.

In der Pressebesprechung am darauffolgenden Tag kam es zu heftigen Diskussionen zwischen den Behördenvertretern und den Journalisten[686]. Während die OHL durch KPrA-Chef Würz bemüht war, ihre ungebrochene Haltung und feste Siegeszuversicht zu unterstreichen, stellte sich A.A.-Vertreter von Schmidthals auf den Standpunkt, daß Kühlmann nur "Binsenweisheiten" ausgesprochen habe, was einen möglichen Friedensschluß angehe. Die Pressevertreter beklagten vor allem die fehlende frühzeitige Information. Presse-Ausschußleiter Georg Bernhard faßte die grundsätzliche Kritik zusammen: "Die Presse ist nicht hinterher zu kommandieren. Sie ist absolut selbständig ... Will man da Gleichklänge herausarbeiten, dann ist es nötig, sich vorher zu überzeugen, welches die Auffassung der Presse ist ... Jetzt die Sache hinterher einzurenken, ist unmöglich." Auch Kommentierungsbefehle in eine bestimmte Richtung seien gänzlich fehl am Platze[687]. Würz unterstrich noch einmal, daß die OHL von der Rede "... keine Kenntnis hatte und aufs Peinlichste überrascht war. Soweit die Ausführungen des Staatssekretärs, die sich mit der militärischen Lage beschäftigen, eine Auslegung zulassen, als ob unser militärischer Sieg in Frage stehe, entsprechen sie nicht der Auffassung der OHL." Die Journalisten protestierten noch einmal gegen eine "Bevormundung bei der Kommentierung" angesichts dieses Ereignisses. Das R.d.I. hatte eine Empfehlung für den Abdruck aus der 'Kölnischen Zeitung' herausgegeben. So ein Artikel, meinten die Pressevertreter, könne - wenn überhaupt - nur aus der NAZ

---

684 BA, MA, *NL Haeften* N 35/5, Über die Denkschrift vom 03.06.1918, Dok. 26 ff. Vgl. auch Barkhausen, *Filmpropaganda*, S. 148 f.

685 *Ursachen und Folgen*, Nr. 340 a), S. 271 ff., hier S. 274.

686 BHStA IV, München, MKr 14 026, Nr. 387 vom 25.06.1918, hier S. 12 ff.

687 Ebd., S. 14 f.

übernommen werden[688]. Die Spannungen und Ungereimtheiten zwischen der OHL und der zivilen Reichsleitung ließen sich auch in den Pressekonferenzen nicht mehr überdecken.

Graf Hertling hatte unabhängig von dieser Friedensinitiative und der Rede Kühlmanns am 23. Juni einen Gegenvorschlag Deutelmosers zu den Plänen des "Reichs-Aufklärungsamtes" angekündigt. Damit war zumindest eine wesentliche Überarbeitung der Überlegungen von Haeftens gemeint. Der MAA-Chef reiste am 30. Juni ins Gr.H.Qu., um sich mit Ludendorff angesichts der Geschehnisse des abgelaufenen Monats erneut über die Ziele der deutschen Politik auseinanderzusetzen. Dabei kam auch das Gespräch auf den möglichen Nachfolger Kühlmanns, Paul von Hintze. Nach der Auffassung der OHL schien er aufgrund seiner nationalen Gesinnung der richtige Mann am richtigen Ort zu sein. Haeften war anderer Auffassung. Er hielt von Hintze für "unerfahren" in der Außenpolitik, für "persönlich unzuverlässig" und für einen "höchst gefährlichen und ehrgeizigen Opportunisten" und riet deshalb von einer Berufung ab[689]. Die Militärs setzten sich gegenüber der Regierung in dem Streit um die Person Kühlmanns durch. In einer gemeinsamen Besprechung in Spa am 1. Juli wurde von seiten der OHL auf ihn so starker Druck ausgeübt, daß der Staatssekretär Wilhelm II. am 8. Juli um seine Entlassung bat[690]. Die inneren Spannungen hatten einen weiteren Höhepunkt erreicht. Weder Kühlmann noch der Reichskanzler oder der Kaiser waren in der Lage, gegenüber der Agitation der OHL zu bestehen, die sogar mit Hilfe einer Pressekonferenz gegen den Staatssekretär in der Öffentlichkeit Front gemacht hatte[691].

Fritz Fischer sah in den Kriegszielbesprechungen der Spa-Konferenz von Anfang Juli noch einmal einen "Höhepunkt deutschen Machtanspruchs", bei dem alle Beteiligten noch einmal gemeinsam "die alte Linie der bisherigen Politik beschritten"[692]. Die Krise um die Entlassung Kühlmanns, die Regelung seiner Nachfolge und die vom Reichstag am 13. Juli verabschiedeten Kriegskredite bestätigten, daß ein Abweichen von dem Kurs, den die OHL vorgegeben hatte, nicht mehrheitsfähig war. Nach wie vor hielt der feste Siegesglaube nach außen hin die Einheit zwischen Militär und Regierung und über die Parteigrenzen hinweg (mit Ausnahme der USPD)

---

688 Ebd., S. 17 f.

689 BA, MA, *NL Haeften* N 35/5, Aufzeichnungen vom 30.06.1918, Dok. 29-31, hier Dok. 30.

690 Ludendorff, *Urkunden*, S. 491 f. *Ursachen und Folgen*, Nr. 340 c), S. 275 ff, besonders S. 275, Anm. 3.

691 Fischer, *Griff nach der Weltmacht*, S. 841 ff.

692 Ebd., S. 842.

aufrecht. Zu diesem Zeitpunkt ahnten weder die OHL noch der Kaiser, der sich schon bei der Frage der Zimmermann - Nachfolge für Hintze ausgesprochen hatte, daβ mit dem langjährigen Diplomaten Paul von Hintze der Kurs Kühlmanns sogar noch eine entschlossenere Fortsetzung erfahren sollte. Entgegen dem abfälligen Urteil Haeftens entwickelte sich der schon in vielerlei Rollen bewährte ehemalige Konteradmiral zu einem kompetenten und engagierten Krisenmanager. Ein hohes Maβ an Sachkompetenz und ein entsprechendes 'handling' verschafften der Regierung gegenüber der OHL und dem Kaiser neuen Respekt[693].

Von einer Bestätigung der von Fischer beschriebenen "alten Linie" kann also keineswegs die Rede sein. Denn nachdem Ludendorff am 5. Juli die überfällige Umbenennung der MAA in "Ohla" bekanntgegeben hatte[694], faβte Deutelmoser zwei Tage später die Vorstellungen der zivilen Reichsleitung über die zukünftige Organisation der Pressepolitik in einer Denkschrift zusammen. Deutliche Abgrenzungen zu den Absichten der OHL kennzeichneten dieses Papier, auch wenn Deutelmoser die Idee eines "Reichspresseamtes" aufnahm und jetzt auch befürwortete. Der wesentliche Unterschied zum Haeften/Ludendorff-Vorschlag lag darin, daβ dieses Amt dem A.A. zu unterstellen sei. Es könne allerdings durchaus die vorhandenen Abteilungen der Ressorts in sich vereinigen. Die Leitung wäre mit der des Pressechefs in Personalunion zu verbinden, läge also demnach im Machtbereich der zivilen Reichsleitung. Das Amt hätte neben Abteilungen für Zentrale und Verwaltung, Inlands- und Auslandspolitik auch noch den Bereich Kunst und Wissenschaft abzudecken.

Interessant war seine Idee, für diese Behörde einen Beirat aus Vertretern der übrigen Ressorts, den Bundesstaaten, den Parteifraktionen und den Zeitungen zu bilden. Damit versuchte Deutelmoser, die Propagandaeinrichtung auf eine breite Basis aller wichtigen Kräfte zu stellen, deren Unterstützung dieses Amt dann auch benötigte. Auch von einer Verhinderung einer "... von der OHL betriebenen Militarisierung des Pressewesens" wurde intern von seiner Seite gesprochen[695]. Nach eigenem Bekunden konnte er es nicht zulassen, daβ dem "... Reichskanzler der Hebel aus der Hand genommen wurde." Der OHL sollte ein "würdiger Platz" eingeräumt

---

693 Hürter, *Staatssekretäre,* S.241 ff.

694 Vogel, *Organisation*, S. 32.

695 Koszyk, *Offizier und Pressechef*, S. 534, Anm. 54, Randbemerkung Deutelmosers an seine Denkschrift vom 07.07.1918. Vgl. auch: Vogel, *Organisation*, S. 56, Denkschrift Deutelmosers vom 07.07.1918.

werden, ohne daß der Kanzler dadurch "machtlos" geworden wäre[696]. Direkt verhandelt wurde über diesen Entwurf allerdings nicht mehr. Nach der offiziellen Ablehnung der Ludendorffschen Vorschläge Anfang August durch den Reichskanzler und das A.A. stand die Haltung der Regierung unverändert fest. Die Propagandatätigkeit lasse sich nicht von der Politik trennen, deswegen könne auch nur die Regierung selber die Verantwortung für die Arbeit eines solchen Amtes innehaben[697]. Im Kronrat von Spa wurde am 14. August über ein solches Ministerium dann auch nicht mehr gesprochen. Die Sitzung hatte angesichts der sich dramatisch zuspitzenden militärischen Lage ganz andere Schwerpunkte[698]. Deutelmoser berichtete am 20. August 1918, daß es ihm sogar gelungen war, "selbst Haeften und Nicolai von dieser ganz verfehlten Idee einer Propagandastelle der OHL abzubringen"[699].

Bevor mit der alliierten Offensive an der Westfront der entscheidende Umschwung des Krieges eintrat, bestanden also gravierende Differenzen zwischen der OHL und der zivilen Reichsleitung über die weitere Ausgestaltung der Pressepolitik. Die fortschrittlichere Konzeption hatte sicherlich die Regierung auf ihrer Seite. Die Denkschriften und Anregungen ihres Pressechefs Deutelmoser gingen von einer Einbindung aller zivilen Behörden aus. Die Exekutive konnte nur in engem Schulterschluß mit den im Kaiserreich politisch und gesellschaftlich relevanten Gruppierungen erfolgreich agieren. Die Wahlrechtsfrage war als zentrales innenpolitisches Problem erkannt. Eine positive Lösung wurde gefordert. Die weiteren Fortschritte einer Demokratisierung wurden zum Gradmesser einer in der Öffentlichkeit wirksamen Aufklärungspolitik. Ohne politische Akzentuierung waren Reformen auf dem Feld der Informationspolitik nicht mehr vorstellbar.

Die aktuelle Entwicklung des Krieges bestimmte während dieser Tage erneut die Richtung, nach der die Entscheidungen getroffen werden mußten. Der Primat der Politik wurde wieder einmal hinter die militärischen Interessen zurückgestellt. Dabei war die OHL-Idee eines Propa-

---

[696] KGFA W-10/50 300, Befragung Deutelmosers vom 28.01.1931, Dok. 11-23, hier Dok. 22.

[697] Stegmann, *Inlandspropaganda*, S. 100; bei Stegmanns Datierung der Deutelmoser-Denkschrift (7. Juni) muß es sich um einen (Druck-?) Fehler handeln. Eine Erstellung eines Alternativkonzeptes kann frühestens nach dem 23. Juni erfolgt sein. Koszyks und Vogels Hinweis auf den 7. Juli belegen diese Annahme.

[698] Vgl. Ludendorff, *Urkunden*, S. 499 ff. Stegmann, *Inlandspropaganda*, Anm. 164: Ob die OHL am 05. oder 09.08.18 von diesem Konzept erfuhr, ist dem Schriftwechsel nicht genau zu entnehmen. Vgl. BA, Potsdam, *Stellvertreter des Reichskanzlers*, Nr. 111.

[699] Vogel, *Organisation*, S. 57 f.

gandaministeriums vorerst verworfen worden. Aber statt der erhofften Reformen gab es eine letzte große "Propagandawelle" von ganz besonderem Charakter, die schließlich von der militärischen und der zivilen Reichsleitung gemeinsam getragen wurde.

5.3. Das Scheitern der Propagandaaktion im Spätsommer 1918

Der "schwarze Tag des deutschen Heeres", der 8. August 1918, war das Ergebnis eines erfolgreichen Großangriffs der Entente im Raum von Amiens. Zum zweiten Mal innerhalb kurzer Zeit war mit Hilfe von gepanzerten Kettenfahrzeugen ("Tanks") ein überragender Erfolg der Entente gegen die deutschen Truppen erzielt worden. Der erste Vorstoß, der den eigentlichen militärischen Kulminationspunkt markierte, war von den Franzosen am 18. Juli aus den Wäldern von Villers - Cotterets geführt worden. Die geballte Macht der britischen, französischen und jetzt auch der amerikanischen Truppen traf auf abgekämpfte und erschöpfte deutsche Verbände, die auf einen solchen Angriff nicht vorbereitet waren. Die Bemühungen einer Fortsetzung der deutschen Frühjahrsoffensive waren am 15. Juli zum Stillstand gekommen[700]. Die deutschen Truppen gerieten - selbst noch im Vormarsch befindlich - im Gegenzug mitten in eine feindliche Offensive hinein, welche die militärische Initiative endgültig auf die Entente übergehen ließ. Innerhalb der OHL war schon der 18. Juli als tiefer Einschnitt erkannt worden. Nach dem 8. August sahen selbst kühne Optimisten ein, daß der Krieg nicht mehr zu gewinnen war. Der "Wendepunkt des Weltkrieges", der entscheidende Umschwung an der Westfront, vollzog sich nach jahrelangem, vergeblichem Ringen in einem fast aberwitzig kurzen Zeitraum von nur drei Wochen[701]. Ludendorff war anfangs durch die Ereignisse tief getroffen und in niedergedrückter

---

[700] KGFA W-10/51 841 *Der Wendepunkt der Kriegslage - Übergang der Initiative an den Feind Juni/Juli 1918.* Forschungsarbeit Band XIV. und KGFA W-10/51 842 *OHL-Wochenmeldungen der Armeen vom 1.7.-15.8.1918; Vortragsnotizen der Abteilung "Fremde Heere" vom 15.6.-15.8.1918*, darin u.a. Detailberichte über den allgemeinen Zustand und die Kampffähigkeit der Truppenteile mit Aktenauszügen der OHL zur Lagebeurteilung. Einem, Karl von, *Erinnerungen eines Soldaten 1853-1933*, Leipzig 1933, S. 187 f.

[701] KGFA W-10/50 743, Forschungsarbeit von General von Tieschowitz, *Überblick über die oberste militärische Führung während des gesamten Kriegsverlaufes und Weltkrieg 1914-1918. Weltkrieg der ersten und zweiten OHL*, S. 22 f. Die OHL gab am 02.08.1918 eine entsprechende Verfügung an die Heeresgruppen heraus: "Die Lage verlangt, daß wir uns einerseits auf die Abwehr einstellen, andererseits sobald wie möglich

Stimmung. In Gesprächen am 19. und 24. Juli mit General von Lossberg lehnte er es "aus politischen Gründen ab", zu einer Defensivstrategie überzugehen[702]. Der Generalquartiermeister erkannte zwar den schweren Einbruch, dachte aber, die Situation noch im Griff zu haben. Anfang August glaubte er sogar, daß der "Schatten des 18. Juli" wieder "verwischt" worden sei[703]. Der Verlust der militärischen Initiative des Deutschen Reiches in den Sommermonaten des Jahres 1918 und die großangelegte Gegenoffensive der Alliierten bedeutete in Wirklichkeit innerhalb von nur wenigen Wochen einen völligen Umschwung der Gesamtkriegslage. Von dem ersten Schock des 18. Juli bis zu jenem "Schwarzen Tag des deutschen Heeres" sollte es dauern, bis sich die OHL zur Einberufung einer Krisensitzung auf höchster Ebene entschloß[704]. Wie schon im Juli - trotz tiefer Einbrüche und schwerster Verluste (vor allem durch Gefangene!) der deutschen Armeen - konnte allerdings der feindliche Vormarsch während der folgenden Tage gestoppt werden. Die Katastrophe schien noch einmal abgewendet zu sein. Ludendorff stufte diesen "schwarzen Tag" dennoch offen als Symbol "des Niedergangs unserer Kampfkraft" ein und sah angesichts der Ersatzlage auch keine Aussicht mehr, mit neuen Strategien die Lage noch einmal zugunsten des Deutschen Reiches verändern zu können. "Das Kriegführen nahm damit ... den Charakter eines unverantwortlichen Hasardspiels an. ... (Der Krieg) war zu beendigen"[705].

Die Zeit des Handelns schien gekommen zu sein. Am 14. August trat der Kronrat mit dem Kaiser, dem Kronprinzen, dem Reichskanzler Graf Hertling, Staatssekretär von Hintze, Hindenburg und Ludendorff zusammen.

Doch die gesamte Schilderung der Lage durch die Militärs ließ weder die nötige Offenheit noch entsprechende Konsequenzen erkennen. Alle Teilnehmer der Sitzung waren sich zwar darin einig, daß der Krieg mit militärischen Mitteln nicht mehr zu gewinnen sei, aber es war keine Rede davon, daß ein Zusammenbruch der Front unmittelbar bevorstand. Man flüchtete sich in Pläne zur Einleitung von Friedensverhandlungen mit Hilfe neutraler Mächte (z.B. Spanien) und

---

wieder zum Angriff übergehen ..." Tischowitz datiert den Einschnitt auch auf den 18. Juli 1918. *Der Weltkrieg*, Bd 14, S. 466-560 mit der Verlaufsschilderung der Kämpfe.

702 Lossberg, Fritz von *Meine Tätigkeit im Weltkriege 1914 - 1918*, Berlin 1939, hier S. 346 ff.

703 Ludendorff, *Kriegserinnerungen*, S. 554.

704 Kielmansegg, *Weltkrieg*, S. 656 f. Vgl. Kap. 5.3. Zur exakten Fixierung des Wendepunktes und zur Entwicklung der militärischen Situation.

705 Ebd., S. 551 f.

hatte eher vage Illusionen über die möglichen militärischen Entwicklungen der kommenden Wochen und Monate[706]. In einem weiteren Punkt stimmten die Beteiligten der Sitzung völlig überein; die absolute Notwendigkeit und das Gebot der Stunde lautete: "Strenge innere Zucht. Zusammenfassung der inneren Kräfte mit größter Energie[707]!" Die innere Stabilität sollte also durch eine gezielte (Sieges-) Propaganda erhalten werden. Etwaige Zweifel am Erfolg der deutschen Truppen sollten zerstreut werden. Eine bewußte Vertuschung der wahren Situation wurde billigend in Kauf genommen, um den Feinden innere Stärke vorspielen zu können.

Kielmansegg analysierte stichhaltig, daß sich die OHL, der Kaiser und die politische Führung auch nach dem 14. August, bis weit in den Monat September hinein, immer noch trügerischen Illusionen hingaben, obwohl die Zahl derer zunahm, die auf eine kritische Zuspitzung der Situation hinwiesen[708].

Auch führende Generäle hatten den völligen Umschwung der Kriegslage erkannt. Sie schienen jedoch unsicher zu sein, welche politischen Folgerungen daraus gezogen werden mußten. Bei der Situationsbeschreibung gab man sich keinen Illusionen mehr hin, doch konkrete Überlegungen, wie es nun weitergehen könnte, boten die Heerführer dabei ebensowenig wie Ludendorff an. Zu stark schien die Absolutheit von Sieg oder Niederlage alle Möglichkeiten von Zwischenlösungen auszuschließen[709].

Kronprinz Rupprecht von Bayern hatte den Reichskanzler persönlich bereits am 18. Juli eindringlich auf den Ernst der Lage hingewiesen, bei dem das Deutsche Reich noch vor dem nächsten Winter "... nichts zu gewinnen, aber alles zu verlieren hätte"[710]. Doch es fehlte an entschlossenen Reaktionen nach diesen Erkenntnissen. Wilhelm Groener erklärt sich die Ohnmacht in der Handlungsweise Hindenburgs und Ludendorffs dadurch, daß beide die

---

706 Kielmansegg, *Weltkrieg*, S. 661. Vgl. auch Ludendorff, *Urkunden*, S. 499 ff.

707 Ludendorff, *Urkunden*, S. 500.

708 Kielmansegg, *Weltkrieg*, S. 662. Vgl. auch Mai, *Ende des Kaiserreichs*, S. 147 ff.

709 von Kuhl, *Weltkrieg*, Bd 2, S. 398 ff. Groener, Wilhelm, *Der Weltkrieg und seine Probleme: Der Rückzug*, in: Schriftenreihe der Preußischen Jahrbücher, Bd 231, Heft 3 1933, S. 219-226, hier S. 225. Thaer, Albrecht von, *Generalstabsdienst an der Front und in der OHL*, hrsg. von Siegfried A. Kaehler, Göttingen 1958, hier S. 218 f.

710 Rupprecht von Bayern, *Mein Kriegstagebuch*, 3 Bde, Berlin 1929, hier Bd 2, S. 422 f.

Entwicklung tatsächlich nicht begriffen hatten oder sie nicht mehr begreifen konnten[711]. Rupprecht von Bayern befürchtete auch eine innenpolitische Zuspitzung der Situation: "Die Stellung des Reichskanzlers gilt als nicht mehr sicher. Das Vertrauen zur OHL sei nach den letzten Ereignissen und der durchaus beschönigenden Berichterstattung in der Heimat gründlich erschüttert. Die Leute läsen vielfach nur mehr die feindlichen Heeresberichte, weil sie deren Angaben mehr Glauben schenkten als jenen der OHL[712]." Vor diesem Hintergrund räumte die OHL am 14. August in Spa immerhin indirekt ihre Unfähigkeit ein, den Krieg mit Waffengewalt entscheiden zu können. Hindenburg gab sich dennoch der Hoffnung hin, "... daß es dennoch gelingen werde, auf französischem Boden stehen zu bleiben, und dadurch schließlich den Feinden unseren Willen aufzuzwingen"[713]. Auch der Kaiser sah die Notwendigkeiten einer Verständigung mit dem Feind. Er überschätzte aber - genauso wie der Kronprinz - den Handlungsspielraum der Politik, denn die militärischen Bilanzaussichten waren 'schöngerechnet' worden. Tatsächlich wurde die Zahl möglicher und verbleibender Alternativen von Tag zu Tag geringer.

Graf Hertling schloß sich der Forderung Ludendorffs nach der Aufrechterhaltung der inneren Autorität nahtlos an. Die Reichsregierung und das A.A. sollten dieser Entwicklung auf ihrem Sektor Rechnung tragen. Die Zusammenfassung und Stabilisierung der inneren Kräfte sei gerade in dieser Lage dringlicher als je zuvor. "Bezüglich der Propaganda bestehe schon ein reichhaltiges Programm, das schon verwirklicht würde[714]." Die Stärkung des Siegesglaubens, das bedingungslose Festhalten an den Erfolgszusicherungen waren die Grundlagen für die innenpolitische Propaganda des Spätsommers 1918. Die kriegsmüde Bevölkerung sollte noch ein weiteres Mal in eine zuversichtliche Haltung "gepreßt" werden.

Die Bewertung dieser Besprechung im Kronrat durfte demnach nicht sehr positiv ausfallen. Otto von Moser verurteilte zurecht die "gefährliche Starrheit" Ludendorffs und sah, daß "... das

---

711 Groener, Wilhelm, *Lebenserinnerungen*, hrsg. von Freiherr Hiller von Gaertingen, Göttingen 1957, hier S. 434 f.

712 Rupprecht von Bayern, *Kriegstagebuch*, Bd 2, S. 432.

713 Ursachen und Folgen. Vom deutschen Zusammenbruch 1918-1945 bis zur staatlichen Neuordnung Deutschlands in der Gegenwart, *Der militärische Zusammenbruch des Kaiserreiches*, Berlin 1959, Nr. 345, Protokoll der Besprechung vom 14.08.1918 in Spa, S. 280 f. Vgl. dort Anm. 2: Ludendorff hat nachträglich diese Äußerung Hindenburgs dahingehend geändert, daß aus der eher vorsichtig formulierten Absichtserklärung eine feste Zusicherung wurde.

714 Ebd., S. 281.

Ergebnis dieser nicht in gegenseitiger voller Aufrichtigkeit in die Tiefe gehenden, sondern an der Oberfläche bleibender Beratungen, ein in solcher Stunde doppelt schädlicher fauler Kompromiß war"[715]. Die OHL verharmloste dem Reichskanzler und den Politikern gegenüber die drastische Veränderung der Tatsachen. Die zivile Reichsleitung erkannte die schwerwiegenden Folgen der militärischen Krise nicht. Beide Seiten verharrten, wie Bruno Thoß es treffend ausdrückte, "in einem Zustand "latenter Unschlüssigkeit"[716]. Die Beteiligten waren sich hingegen einig darin, daß es notwendig sei, die Bevölkerung von etwas zu überzeugen, an das niemand mehr ernsthaft glauben konnte. Diese Strategie sollte auch gegenüber den Journalisten auf den Pressekonferenzen beibehalten werden.

Zu Beginn der militärischen Rückschläge in der zweiten Julihälfte hatten die Pressevertreter den Eindruck gewonnen, daß es der OHL gelungen sei, eine schwierige Situation gut zu meistern. Auch nach der von Ludendorff am 25. Juli eingeleiteten Rücknahme der Frontlinie gab sich Major Würz optimistisch. Den deutschen Angriff Mitte Juli bei Reims bezeichnete er zwar als "strategisch mißlungen", meinte aber im Gegenzug: "... unsere Rückwärtsschwenkung ist also nicht der Erfolg eines französischen Sieges, sondern die planmäßige Lösung einer ungünstigen Lage und Umkehrung der Verhältnisse zu unseren Gunsten[717]." Immerhin hatte das KPrA nicht verschwiegen, daß aus dem Angriffskrieg ein Verteidigungskampf geworden war. In der Sitzung nach dem "schwarzen Tag des deutschen Heeres", die am 9. August mit einiger Verspätung begann, weil die Behördenvertreter erst nach und nach eintrafen, ahnten die anwesenden Journalisten schon, daß etwas passiert sein mußte. Dr. Pietsch von der 'Schlesischen Zeitung' kritisierte bereits vor dem Eintreffen von Würz vehement die Praxis der militärischen Berichterstattung, die dazu führe, daß der OHL "... in ihren Berichten, Darstellungen und Vertröstungen kein Wort mehr (geglaubt würde)." Schlagworte wie "propagandistisch grobe Fehler" und "unangebrachte Gängelei" fielen. Die Teilnehmer machten ihrem Ärger darüber Luft, daß sie dieser Informationspraxis "auf den Leim gegangen seien"[718].

---

[715] von Moser, *Oberste Gewalten*, S. 260 f.

[716] Thoß, Bruno, *Nationale Rechte, militärische Führung und Diktaturfrage in Deutschland 1913-1923*, in: MGM 42, 1987, S. 27-76, hier S. 58.

[717] BHStA IV., MKr 14 026, Nr. 398 vom 02.08.1918, S. 14 f.

[718] Ebd., Nr. 400 vom 09.08.1918, S. 10 ff. Teilabdruck auch in *Militär und Innenpolitik*, Bd 2, Nr. 465, S. 1247 ff.

Würz räumte in seinem offiziellen Bericht Verluste ein und sprach von einer "empfindlichen Schlappe", die auch zugegeben werden müßte. Er bat die Pressevertreter allerdings, den starken Erfolg der feindlichen Tankgeschwader nicht zu sehr zu betonen[719].

Auch in den darauffolgenden Sitzungen kreisten die Gespräche und teilweise hitzigen Diskussionen um die Ereignisse des 8. August und den Informationsstil der Behörden[720]. Die Journalisten waren über die Meldungen und Berichte stark beunruhigt, und die Wogen, die durch die Schärfe und Form der Diskussion entstanden waren, glätteten sich erst nach und nach. Würz war sehr daran gelegen, solche kritischen Äußerungen zukünftig im Vorfeld intern zu klären, bevor sie eine Protokollierung erfuhren. Es konnte allerdings keine Rede davon sein, daß das KPrA insgesamt die Schwere der Kämpfe verharmlost hatte, auch wenn der 8. August als ein "Unglücksfall" definiert wurde. Würz ahnte vermutlich selber nicht, welche kriegsentscheidende Bedeutung der Verlust der militärischen Initiative für die deutschen Truppen nach sich zog. Es wurde auch wegen der wechselseitigen Vorstöße der eigenen Truppen und der Feindarmeen den Journalisten empfohlen, darauf zu verzichten, den genauen Frontverlauf zu skizzieren.

Spätestens Mitte August waren sich die Teilnehmer wieder mit breiter Mehrheit darüber einig, daß jegliche Trübung des Siegeswillens mit lähmenden Folgen für die Front verbunden wäre, und deswegen die Berichterstattung weiterhin den nötigen Optimismus und die entsprechende Siegeszuversicht ausstrahlen müsse. Eine Diskussion in der Öffentlichkeit darüber, inwieweit die Verschleppung der Wahlrechtsreform zur Verschlechterung in der Gesamtstimmung in Heer und Heimat beigetragen habe, wollte selbst der Vertreter des 'Vorwärts', Heilmann, möglichst vermeiden[721].

---

719 Die alliierte Panzerüberlegenheit entwickelte sich im Sommer 1918 zu einem großen psycholgischen Problem für die deutschen Truppen. Im Jahr davor waren die ersten Tankangriffe noch an der unzureichenden Zahl und Technik, (Panzerung und Bewaffnung) der Fahrzeuge gescheitert. Die OHL hatte die Wirkung dieser Waffe unterschätzt und die Entwicklung besserer Abwehrmaßnahmen zu spät eingeleitet. Den ca. 3 500 eingesetzten Entente-Tanks standen bis November 1918 nur ganze 45 deutsche Panzerfahrzeuge entgegen. Vgl. Riebicke, Otto, *Was brachte der Weltkrieg?*, Leipzig 1941, S. 64 f. und Deutsches Militär Archiv, *Der Erste Weltkrieg*, Braunschweig 1987, "Waffen und Technik".

720 KGFA W-10/50 744, *OHL zwischen 1914-1918*, enthält Skripte zur Verteidigungsführung zwischen August und Oktober 1918 und eine OHL-Verfügung zum "Taktischen Verhalten zwischen dem 8. und 12. August", in dem das Tankabwehrproblem eingestanden wird. Die erfolgreiche Abwehr sei "reine Nervensache", S. 2 f.

721 BHStA IV., MKr 14 026, Nr. 401 vom 13.08.1918, S. 2 ff.

Obwohl den Journalisten inzwischen erhebliche Zweifel an den Erfolgsaussichten des Krieges für das Deutsche Reich und die Verbündeten anzumerken war, wichen sie von der auch von ihnen mitgetragenen Linie der Behörden - die Zuversicht im Heer und in der Heimat aufrechtzuerhalten - nicht ab. Ihre Loyalität stellten sie in gutem Glauben in den Dienst der Sache, weil sie selber auch immer noch an die Notwendigkeit des inneren Zusammenhaltes der Bevölkerung glaubten. Der Krieg als "latente Ausnahmesituation" rechtfertigte bis zu einem gewissen Grad "kosmetische Korrekturen" an bestimmten Meldungen und gestattete es, besonders negative Nachrichten nicht stärker als nötig in den Vordergrund zu rücken. Damit konnten auch die Teilnehmer der Pressekonferenzen leben, weil sie dachten, auf diese Weise als zuverlässiger Partner der Behörden ihren Beitrag im "vaterländischen" Krieg zu leisten. Die Presse befand sich in einem "Teufelskreis der Berichterstattung", aus dem kein Ausweg in Sicht war. Solange die Autorität der OHL im Meinungsbild der Ressorts und der Öffentlichkeit ungebrochen war und weiterhin akzeptiert wurde, wäre jegliches Mißtrauen einem Verrat gleichgekommen[722]. Weil auch die Politik dazu keine Alternative anbieten konnte, da sie in letzter Konsequenz ebenfalls von der Lagebeurteilung der OHL abhängig war, gab es auch für die Journalisten keine andere Möglichkeit, als unter den arrangierten Bedingungen irgendwie weiterzuarbeiten.

Eine parlamentarische Bestandsaufnahme der sich drastisch verändernden Lage fand jedoch ebenfalls nicht statt. Der Reichstag hatte sich nach der Bewilligung der Kriegskredite am 13. Juli bis zum 5. November vertagt. Die Abgeordneten gingen in die Sommerferien und verzichteten angesichts der immer noch andauernden Offensivbemühungen der OHL auf kritische Debatten. Der "Interfraktionelle Ausschuß" und der "Hauptausschuß" vertagten sich am 12. Juli für zwei Monate. Am 12. September sollte der "Interfraktionelle Ausschuß" wieder zusammentreten, der "Hauptausschuß" erst zwei Wochen später. Der Reichstag hielt dann angesichts der dramatischen Ereignisse Ende September am 5. Oktober zur Vorstellung der neuen Regierung Max von Badens wieder eine Sitzung in Berlin ab, um dann zwischen dem 22. und 26. Oktober noch die Verfassungsänderungen zu beschließen. Bis zum Ende des Krieges ist keine weitere Sitzung

---

722 KGFA W 10/50 743, Tischowitz, *Überblick Weltkrieg 1914-1918*, S. 25. Den "Einfluß von Hindenburg und Ludendorff auf die Reichspolitik" bewertete er bis Ende September als "immer noch sehr groß", obwohl er ihnen "jegliche politische Begabung absprach".

verbürgt[723]. Die Abwesenheit und Untätigkeit der Parlamentarier über die Sommermonate fiel mit den entscheidenden Veränderungen auf den westlichen Kriegsschauplätzen und auf dem Balkan zusammen. Die Stellung der Regierung war ohne die regelmäßigen Zusammenkünfte der Abgeordneten deutlich schwächer.

Dennoch wollte die Reichsleitung das Terrain für die neue Welle der Heimatpropaganda nicht der Regie der OHL überlassen. Ludendorff hatte versucht, Haeften in der Nacht vom 12. auf den 13. August davon zu überzeugen, daß er für die Organisation der staatlichen Propaganda im In- und Ausland in eine neue Stellung in die Reichskanzlei überwechselt. Graf Hertling und Staatssekretär von Hintze konnten sich am 13. August eine Berufung Haeftens als Unterstaatssekretär des A.A. gut vorstellen und dachten daran, dem Ohla-Chef alle entsprechenden Behörden der Exekutive einheitlich zu übertragen. Haeften wäre allerdings nicht dem Reichskanzler, sondern von Hintze unterstellt gewesen. Dagegen wehrte er sich aus persönlicher Aversion gegen Hintze mit aller Macht[724]. Außerdem konnte er sich nur schlecht vorstellen, als Zivilbeamter zu arbeiten. Während der ausführlichen Gespräche mit Ludendorff sagte er, daß ihm ein "Übertritt in die Zivilverwaltung im jetzigen Augenblick, wo militärische Erfolge ausblieben, wie Fahnenflucht vorkomme, als ob (er) das sinkende Schiff verlassen wolle." Er versuchte unmittelbar nach der Kronratssitzung, Ludendorff in einem Gespräch noch einmal von seinem Standpunkt zu überzeugen. Haeften schlug vor, daß Deutelmoser und er gemeinsam dem Reichskanzler für den gesamten Werbe- und Aufklärungsdienst zur Verfügung stünden. Jeder von beiden bliebe jedoch in seiner Abteilung weiterhin souverän tätig. Nur so sähe er auch die Belange der OHL bei der bevorstehenden Kampagne gewahrt. Ludendorff ließ Haeften schließlich freie Hand. Er sollte die nach seiner Auffassung beste Konstellation aktiv mitgestalten helfen[725].

Haeften schilderte die Entwicklung der Ereignisse so: Er sei am 16. August nach seiner Rückkehr nach Berlin in seinem Ohla-Büro mit Staatssekretär von Radowitz zusammengetroffen, der ihm das Angebot der Übernahme in den zivilen Dienst für die bevorstehende

---

723 Lange, *Marneschlacht*, S. 108. Ungenau bei Fischer, *Griff nach der Weltmacht*, S. 845, der die Vertagung von Juli bis Ende Oktober angab.

724 Vgl. dazu Kap. 5.2. mit der Erörterung zwischen Ludendorff und Haeften über die Person Hintzes als möglicher Nachfolger Kühlmanns.

725 BA, MA, *NL Haeften* N 35/5, Der 8. August und seine politischen Folgen, Dok. 31-47, hier Dok. 31 ff. Auch in Auszügen in *Militär und Innenpolitik*, Bd 2, Nr. 362, S. 955 f., Anm. 10.

Aufklärungsarbeit offerierte. Haeften lehnte dies wie schon Ludendorff gegenüber ab und konfrontierte von Radowitz seinerseits mit der von ihm vorgeschlagenen Lösung. In dieser Besprechung wurde kein Einvernehmen erzielt. Während der nächsten Tage fanden dann Gespräche und Verhandlungen statt, an denen auch Deutelmoser direkt beteiligt gewesen ist[726]. Radowitz hatte Deutelmoser am Vortag von den Absichtserklärungen der Spa-Konferenz unterrichtet[727]. Ludendorff stellte von Haeften am 16. August dem Reichskanzler offiziell als "militärischen Mitarbeiter" zur Verfügung. Aus seinem Schreiben geht hervor, daß der Reichskanzler Maßnahmen beschlossen habe, um "... die deutsche Politik im In- und Ausland durch eindrucksvolle, öffentliche, staatsmännische und private Kundgebungen mittels Wort und Schrift zu fördern und die immer mehr hervortretenden schädlichen Wirkungen der feindlichen Propagandareden zu bekämpfen"[728].

Damit war also über die praktische Umsetzung dieser Propagandakonzeption zwischen der OHL und der zivilen Reichsleitung nach wie vor keine Einigung erzielt worden. Es mußte ein Kompromiß für deren Ausgestaltung gefunden werden.

Deutelmoser hatte sich bereits am 11. August über eine völlig unzureichende Informationslage im Hinblick auf die Berichterstattung der aktuellen militärischen Entwicklungen beklagt. Die Meldungen im Ausland schilderten große deutsche Verluste an Menschen und Material. Der WTB-Kommentar zum eigenen Heeresbericht stand immer noch aus, und dem Pressechef lagen nur vereinzelt kleinere Äußerungen vor, die von den Berichterstattern der großen Berliner Zeitungen stammten. Zu diesem Zeitpunkt galt die Sorge Deutelmosers noch in weit stärkerem Maße der Wirkung, die diese Tatsache im Ausland hervorrief, als irgendwelchen Befürchtungen über einen kritischen Zustand der deutschen Frontlage im Westen[729].

Parallel zur Konferenz in Spa besprachen Deutelmoser und KPrA-Chef Würz den "augenblicklichen Tiefstand der deutschen Volksstimmung." Würz kritisierte vor allem die Berichterstattung der MAA/Ohla über die Westoffensive, die "weit übertriebene Hoffnungen" in der Bevölkerung erweckt habe. Die Enttäuschung wiege nun doppelt schwer. Auch die

---

[726] BA, MA, *NL Haeften* N 35/5, Der 8. August und seine politischen Folgen, hier Dok. 42 f.

[727] Vgl. Vogel, *Organisation*, S. 57, Anm. 188.

[728] BA, Potsdam, RK 2 439/3, Schreiben Ludendorffs vom 16.08.1918, Dok. 63.

[729] BA, Potsdam, RK 2 439/3, Schreiben Deutelmosers vom 11.08.1918 an KM, Ohla und Nachrichtenabteilung A.A., Dok. 56a-57.

wirtschaftlichen Schwierigkeiten wären nicht geringer geworden. Dazu käme noch die Zunahme von Gerüchten und "Jammerbriefen" zwischen Front und Heimat, die zusätzlich auf die Stimmung drückten. Würz zeigte sich erleichtert darüber, daß die OHL sich entschieden habe, die Verbreitung von amtlichen und halbamtlichen Kriegsberichten aus der Verantwortung der Ohla herauszunehmen und wieder in die Hände des KPrA zu legen. Er hoffte, daß damit eine Rückkehr zur "früheren Art der Berichterstattung" erfolgen könne. Würz kündigte an, "... besonders zur alldeutschen Presse Fühlung aufzunehmen und sie nachdrücklich zu größerer Sachlichkeit und Ruhe zu ermahnen." Deutelmoser sicherte ihm auf seine Bitte hin zu, dieses Vorgehen "... wie schon in früheren (Fällen) durch mäßigende Einwirkung auf die links gerichtete Presse zu unterstützen"[730].

Beide waren sich allerdings darin einig, daß von dieser Umkehr zu einem bewährten Prinzip, einer eher zurückhaltenden Pressepolitik durch das KPrA, allein "keine durchgreifende Besserung" zu erwarten sei. Dazu bedürfe es einer durch Tatsachen gestützen Belebung positiver Informationen an die Öffentlichkeit.

Im Zuge der nach der Bekanntgabe der Beschlüsse von Spa eingeleiteten Besprechungen legte Deutelmoser am 19. August seine "Notizen zur Propagandafrage" vor[731]. Eingangs wiederholte und begründete er seine schon häufig vertretene Ansicht, daß die Auslandspropaganda den deutschen Bemühungen auf nahezu allen Ebenen überlegen sei. Die einzige Chance für das Deutsche Reich läge darin, dem Inlande den "glaubhaften Beweis für unsere Unbesiegbarkeit" zu liefern, um mit dieser Überzeugung auch im Ausland erfolgreich auftreten zu können. Doch das Vertrauen zu den Behörden sei inzwischen fast gänzlich verloren gegangen, gerade im Hinblick auf die "amtliche Aufmunterung". Deutelmoser sprach die Gründe für die Haltung der Bevölkerung schonungslos aus: Enttäuschung über U-Bootkrieg, Westoffensive, Ernährungslage, Besorgnis über die Ersatzlage an Menschen und Rohstoffen an der Front und in der Heimat; Verärgerung über Verordnungen, Einschränkungen und Verlust der Ordnungsautorität der Behörden; Mißtrauen gegen die Verschleppung der Wahlreform, gegen die Überflutung mit Propagandastoff aus dem In- und Ausland und gegenüber den offenkundigen Streitereien der amtlichen Stellen untereinander; Frustration und Trauer über die Verluste von Angehörigen,

[730] BA, Potsdam RK 2 439/3, Maschinenschriftliche Aufzeichnung Deutelmosers vom 14.08.1918 von der Unterredung mit KPrA-Chef Würz, Dok. 58-62, hier S. 1 ff.

[731] BA, Koblenz, *NL Schwertfeger* Nr. 119, Dok. 48-52. Auch in *Ursachen und Folgen*, Bd 2, S. 287 f.

über zunehmende Not und Verarmung, über die Unmöglichkeit, das Kriegsende abzusehen und über die zunehmenden Auflösungserscheinungen bei den Bundesgenossen; Verhetzung durch feindliche Propaganda, durch Parteigezänk im eigenen Land und aufreizende Haltung der Alldeutschen[732].

Von der Presse versprach sich Deutelmoser nur noch eine begrenzte Wirkung, da sie - auch durch die Zensur - viel Kredit eingebüßt habe und in erster Linie nur noch als Kritikerin gefragt sei. Er verlangte Handlungen und Perspektiven, Reden mit greifbarem Inhalt: "Die Hauptsache ist nicht, was wir reden und schreiben, sondern das, was wir tun." Deswegen kämen auch nur noch Vertrauensleute des Volkes, Staatsmänner, die sich "nicht für faule Sachen einsetzen", für eine solche Kampagne in Frage. Er verwies auf das ZfH-Konzept. "Unser Volk ist stark genug, auch das Schwerste zu tragen, wenn man es nicht beschönigend oder verschweigend belügt ... Ein belogenes Deutschland wäre nicht nur besiegt, sondern auch für immer vernichtet[733]."

Deutelmoser ging es also nicht um die Aufrechterhaltung einer Scheinwahrheit, sondern immer noch um die Stärkung des Glaubens an einen "günstigen Ausgang des Krieges". Gerade aus diesen Ausführungen wird deutlich, daß er die Probleme im Bereich der Informationspolitik der Behörden klar analysierte und auch die Ursachen der gesamten Stimmungskrise in der Bevölkerung realistisch einschätzte. Doch der Selbstbetrug der OHL und der Reichsleitung über den tatsächlichen Zustand der militärischen Lage führte dazu, daß auch diese letzte große Propagandawelle unter einer völlig falschen Einschätzung der Gesamtlage ins Leben gerufen wurde.

Das Ergebnis der intensiven Besprechungen zwischen Haeften, Deutelmoser und den Regierungsstellen lag am 29. August vor. Deutelmoser war es immerhin gelungen, die Einrichtung einer neuen Propagandastelle zu verhindern. Das Resultat der Konsultationen stellte einen Kompromiß dar, dessen Tragfähigkeit auf die gegenseitige Bereitschaft der Zusammenarbeit zwischen Deutelmoser und Haeften zugeschnitten war. Der Staatssekretär des A.A. erhielt die Gesamtleitung über den "Werbe- und Aufklärungsdienst", Deutelmoser kümmerte sich dann um den politischen Bereich, Haeften um die militärischen Belange. Haeften erhielt die Mittlerfunktion zwischen Reichsleitung und OHL und durfte fortan bei allen Pressevorträgen und Sitzungen der Regierung dabei sein. Beide erhielten die Vollmacht, die Pressestellen der anderen Ressorts zur Unterstützung heranzuziehen und direkt mit den Zentralbehörden des

---

[732] Ebd., Dok. 49, S. 2 f. und Dok. 50.

[733] Ebd, Dok. 51, S. 4 f.

Reiches und der Bundesstaaten zu verkehren. Deutelmoser wurde als Chef der Nachrichtenabteilung des A.A. durch deren Dirigenten vertreten, damit er sich voll und ganz dieser "Sonderaufgabe" widmen konnte. Pressechef und Ohla-Chef hatten ständig gegenseitig die geplanten und durchzuführenden Maßnahmen abzustimmen, um ein "einheitliches Zusammenwirken" zu gewährleisten[734].

Diese Vereinbarung unterstrich, daß die politische und die militärische Leitung angesichts der angespannten Situation um eine gemeinsame Lösung bemüht waren. Ludendorff forderte zwar mit aller Macht die innere Geschlossenheit der Heimatfront, überließ dann allerdings weitgehend von Haeften die Wahrung der OHL-Interessen. Bemerkenswert ist, daß er sogar einer Überstellung seines Ohla-Chefs in den Bereich des A.A. nicht ablehnend gegenüberstand. Doch Haeften wollte diesen Wechsel unbedingt vermeiden, und es gelang ihm erfolgreich, diesen Vorschlag der Reichsleitung abzulehnen. Deswegen hat es den Anschein, als ob er als Gewinner der Verhandlungen anzusehen ist. Denn Haeften blieb auf diese Weise in seiner alten Position und sicherte gleichzeitig der OHL den direkten Einfluß auf alle wichtigen pressepolitischen Entscheidungen. Dadurch wird eine Bewertung dieses Kompromisses schwierig:

Für die Reichsleitung war Deutelmoser mit seiner Konzeption der Garant, daß sie die Kampagne in ihrem Sinne mitgestalten konnte. Das war auch nötig, denn der OHL-Mann Haeften dehnte während dieser Phase des Krieges seine Entscheidungsbereich so weit in die zivilen Ressorts hinein aus wie nie zuvor. Die Reichsleitung konnte dagegen nur erfolgreich bestehen, indem sie selbst intensiv in die Gestaltung der gemeinsamen Propagandaarbeit eingriff. Ihr war es immerhin gelungen, die sehr umfangreichen Forderungen der OHL in eine ihr genehme Umsetzung der Pressearbeit einzubinden.

Bei dem getroffenen Arrangement brauchte sich deshalb auch niemand als Unterlegener zu fühlen; mit Ausnahme der Öffentlichkeit allerdings, die trotz dieser Konzentration der Kräfte immer noch nicht erfuhr, wie ernst sich die Lage inzwischen zugespitzt hatte.

---

[734] BA, Potsdam, R.d.I. 14 204, Schreiben Graf Hertlings an sämtliche Reichsämter bezüglich des Werbe- und Aufklärungsdienstes vom 29. August 1918, Dok. 22 f. Hertling erinnerte in einem Zusatz unter dem Schreiben noch einmal daran, seinen "Pressechef ... möglichst früh über alle wichtigen politischen Pläne und Vorgänge zu unterrichten."
Auch bei Ludendorff, *Urkunden*, S. 288 f., aber ohne Zusatz. Vgl. auch Vogel, *Organisation*, S. 57 f.

A.A.-Direktor Deutelmoser und Oberst von Haeften führten den "Werbe- und Aufklärungsdienst" in politischen und militärischen Angelegenheiten mit bisher nicht dagewesenen außerordentlichen Vollmachten. Die große Vortragspropagandawelle von Ende August und September, die sie gemeinsam organisierten, hob sich konzeptionell und in der Auswahl der Referenten (Solf, Graf Hertling, Max von Baden, Gustav Stresemann, Friedrich Naumann u.a., meist aus dem liberalen Lager) deutlich vom Niveau des Vaterländischen Unterrichtes und anderer Vortragszyklen ab. Den Auftakt bildete am 21. August die Rede von R.K.A. - Staatssekretär Solf, über deren inhaltliche Formulierungen bezüglich der Belgienfrage es erneut zu Disputen zwischen Hintze und Haeften kam. Von einer möglichen "Restitution Belgiens" durfte keine Rede sein. Die OHL war nur mit einer Erklärung auf der Grundlage der Reichskanzlerrede vom 13. Juli 1918 über die Selbständigkeit und Integrität des Landes einverstanden, welches sie nach wie vor als "Faustpfand" betrachtete. "Trotz der sich abzeichnenden Niederlage und des Stimmungsumschwunges in weiten Teilen der Bevölkerung, aber auch in Kreisen der Industrie, gab die OHL ihre weitgehenden Zielsetzungen nicht auf, sondern versuchte sogar noch, ihre psychologische Offensive zu verstärken[735]."

Der gewünschte Erfolg dieses "Propagandaschlages" in den nächsten Wochen blieb aus. Es kam zu sehr unterschiedlichen Reaktionen in der Presse und in der Bevölkerung auf die Reden und Vorträge. Das Mißtrauen gegen behördliche Propaganda war durch falsche Versprechungen in der Vergangenheit zu groß geworden. Auch die als Redner eingesetzten, zumeist aus dem liberalen Lager stammenden, bedeutenden Persönlichkeiten kamen gegen das breite Nachlassen der allgemeinen Stimmung nicht mehr an[736].

Die Frontlage im Westen hatte sich durch den Rückzug in die Siegfriedstellung am 3. September scheinbar stabilisiert. Die OHL beruhigte sich und die Regierung mit der Hoffnung, daß es bis zum Jahresende zu keinen größeren Offensivoperationen der Feinde mehr kommen würde. Ludendorff war durch die Rückschläge auch gesundheitlich stark mitgenommen und unfähig, das Scheitern seiner Strategien und die drohende Niederlage einzugestehen und Konsequenzen daraus zu ziehen[737].

---

[735] Stegmann, *Inlandspropaganda*, S. 99.

[736] BA, MA, *NL Haeften*, NL 35/5, Dok. 44 f. Vogel, *Organisation*, S. 58.

[737] Kielmansegg, *Weltkrieg*, S. 662 f. Kaehler, Siegfried A., *Zur Beurteilung Ludendorffs im Sommer 1918* in: Nachrichten der Akademie der Wissenschaften in Göttingen 1953, S. 1-28, hier S. 21.

Deutelmoser sprach am 5. September 1918 von der "Entscheidungsstunde des Krieges" und von einem "nahenden Endkampf", gleichzeitig beschrieb er die Vertrauenskrise des Volkes zur OHL und zur zivilen Reichsleitung. Ohne eine "Willensanstrengung im großen Stil" bestünden keine Erfolgsaussichten mehr. Eine Niederlage drohe. Deutelmoser sah einen Zusammenschluß zwischen Reichstag und Reichsregierung als notwendig an, um "Volk und Regierung neu zusammenzuschweißen". Die noch verbleibende Zeit hielt er bei einer solch konzertierten Aktion für zu knapp, um noch einen Regierungswechsel durchzuführen. Seine Forderung hob zielstrebig auf die notwendige Einheit aller zivilen und militärischen Stellen ab, um ein gemeinsames Regierungsprogramm zu erstellen, daß nach innen die Wahlreform und nach außen erreichbare Mindestbedingungen für einen Frieden enthalten müsse. Die Fraktionsführer sollten es "vertrauensvoll, rückhaltlos offen, ohne jegliche Schönfärberei und Verklausulierung" diskutieren, damit nach Einberufung des Reichstages eine würdevolle Plenarberatung erfolgen könne. Alle großen Fraktionen, auch die Sozialdemokratie, müßten darin eingebunden sein, damit eine Signalwirkung im In- und Ausland von dieser Sitzung ausgehen könne. Die Regierung erhielte durch diese Maßnahme neue Initiativkraft und Festigkeit[738]. Deutelmoser scheute während dieser Phase nicht davor zurück, auch ungewöhnliche Initiativen zu befürworten und weiterzuleiten. Er griff den Vorschlag des sozialdemokratischen Schriftstellers Anton Fendrich auf, eine großangelegte Aktion zur Heimholung von 300 fähigen Journalisten von der Front einzuleiten. Er empfahl Haeften, der ZfH und den Nachrichtenstellen der Reichsämter eine Prüfung dieser Anregung, die der Reichskanzler bereits gutgeheißen hatte. Gerade jetzt müßten sie in ihren Beruf zurückkehren und dem Vaterland dabei noch wertvollere Dienste leisten, als sie das derzeit durch ihre Verwendung in der Armee tun könnten[739].

Die Chancen für eine Umsetzung solcher programmatischen Pläne waren in dieser Phase allerdings gering. Die Skepsis über die Siegesaussichten verstärkte sich trotz der eingeleiteten Maßnahmen beim Pressechef weiter und erreichten einen neuen Tiefstand. Dennoch oder gerade deswegen hielt er gemeinsam mit von Haeften an der Propagandaaktion fest. Der Ohla-Chef war

---

[738] BA, Potsdam, RK 2 439/1, 'Pressechef' - Schreiben vom 05.09.1918, Dok. 272-274, hier S. 1 ff. Dieses Dokument muß versehentlich in diese Akte geraten sein, weil kein inhaltlicher Bezug festzustellen war und nach der Datierung die Einordnung ein Jahr später hätte erfolgen müssen. Vgl. auch Vogel, *Organisation*, S. 58 f.

[739] BA, Potsdam, RK 2 439/3, Schreiben Fendrichs vom 02.09.1918, Dok. 78, S. 1 ff. und Schreiben Deutelmosers vom 08.09.1918, Dok. 79, S. 1 f.

durch General von Winterfeldt, den OHL-Vertreter beim Reichskanzler, am 8. September davon unterrichtet worden, daß sich die Lage an der Westfront "erheblich verschärft hätte"; in OHL-Kreisen habe man bereits erwogen, sofortige Friedensverhandlungen in die Wege zu leiten. Haeften reiste sofort nach Spa und bat Ludendorff am darauffolgend Abend, eine solche Forderung unter keinen Umständen an die Reichsleitung zu richten, für die Staatssekretär Hintze ins Gr.H.Qu. gekommen war. Die Empfehlung der OHL an die Reichsleitung enthielt den Wunsch, "größere Aktivitäten in der Friedensfrage" als bisher zu entfalten, um - wie der Reichskanzler es wenige Tage später formulierte - "einen ehrenvollen Ausweg aus dem Krieg zu finden." Doch nach Auffassung der Militärs konnte von einer "instabilen Situation" keineswegs die Rede sein[740].

Nach wie vor wurde die Lage durchaus zuversichtlich eingeschätzt. Dabei überschlugen sich die Ereignisse, denn nicht nur an der Westfront herrschte Krisenstimmung. Bei den Verbündeten waren die Auflösungserscheinungen nicht mehr zu verbergen. Österreich-Ungarn unterbreitete der Entente am 14. September ein Friedensangebot. Die bulgarischen und die türkischen Armeen standen nach großen Durchbruchsoperationen der Entente kurz vor der Kapitulation[741]. Ohne Berücksichtigung eines möglicherweise drohenden Zusammenbruchs der Mittelmächte arbeiteten Haeften und Deutelmoser an der weiteren Konzeption der Inlandspropaganda und erstellten in der zweiten Septemberhälfte neue Richtlinien und Leitsätze für die Aufklärungsarbeit. Neben der Information der Behörden und Ämter sollte auch ein Erlaß über das Kultusministerium an die Kirchen und Schulen weitergeleitet werden[742]. Die Beurteilung der Frontlage war dabei die grundlegende Voraussetzung für jegliche Informations- oder Aufklärungspolitik. Sie erfolgte durch die OHL, und Deutelmoser erhielt seine Informationen direkt durch Haeften oder KPrA-Chef Würz. Die OHL "verbürgte" sich laut eines Schreiben des KM vom 1. Oktober 1918 mit einer Art Garantie dafür, "... daß die Westfront standhalten wird"[743]. Die Grundlagen für die erwähnten Aufklärungsleitsätze waren am 19. und 20. September erstellt und bearbeitet worden. Das bedeutet, daß die OHL zumindest offiziell bis zu dem Zeitpunkt von diesem Standpunkt noch überzeugt gewesen ist.

---

740 BA, MA, *NL Haeften* NL 35/5, Dok. 46. Kielmansegg, *Weltkrieg*, S. 663.

741 Mai, *Ende des Kaiserreichs*, S. 150.

742 *Militär und Innenpolitik*, Bd 2, Nr. 367 f., S. 968 ff.

743 Ebd., S. 971, besonders auch Anm. 5.

Nach dem Krieg ist es zu scharfen persönlichen Auseinandersetzungen zwischen Deutelmoser und Haeften über diese Feststellung gekommen. Haeften konnte sich an diese Zusicherung in Form einer "Bürgschaft" nicht mehr erinnern und bezweifelte, ob er sie je gemacht, oder ob es sie überhaupt je gegeben habe. Deutelmoser datierte diese Garantieerklärung auf Mitte August oder vor den 19. September zurück. Sein Rekonstruktionsvorschlag ist durch das KM-Dokument zum Teil bewiesen worden. Haeftens Versuch, sich und die OHL aus der Verantwortung zu ziehen, belegt Deutelmosers Befürchtung, daß im Falle einer Bestätigung für den Zeitraum nach dem 19. September "... diese Bürgschaft dann erst recht entweder ihren Mangel an Wirklichkeitssinn oder einen anderen, viel schlimmeren Mangel bekunden würde"[744]. Haeften muß diese Zusicherung in der Kultusministerbesprechung (die zwischen dem 20. und vor dem 26. September stattgefunden haben muß) wiederholt haben, denn sie findet sich in der Fassung des Erlasses vom 1. Oktober 1918 unter Punkt 6 wieder[745].

An dieser Auseinandersetzung der beiden Verantwortlichen für den letzten "Propagandaschlag" wird deutlich, daß sich die Wirklichkeit von den Grundlagen, die als Basis für die Informationspolitik dienten, immer weiter entfernte und damit viele der durchgeführten Maßnahmen ad absurdum geführt wurden. Die Voraussetzungen stimmten schon lange nicht mehr mit der Realität überein. Von einer flexiblen Anpassung oder einer Umstellung konnte keine Rede mehr sein. Die Kampagne "versickerte" angesichts der sich Ende September überschlagenden Ereignisse in der Bedeutungslosigkeit. Die tiefgreifende Ernüchterung und Niedergeschlagenheit ließen sich nicht mehr durch irgendwelche Propagandamaßnahmen verändern[746]. "In den letzten Septembertagen ging die erste Phase des Zusammenbruchs zu Ende, jene merkwürdigen August- und Septemberwochen, in denen sich die militärische Niederlage in schweren Schlägen anbahnte, während OHL und Regierung wie betäubt, halb hilf- und halb ahnungslos verharrten, weil sich das Bewußtsein der neuen Lage nicht anzupassen vermochte[747]." Unter dem Eindruck der erneuten Großoffensive der Entente, dem Zusammenbruch Bulgariens und der sich häufenden katastrophalen Meldungen von allen Frontabschnitten sahen sich hohe Frontoffiziere

---

744 BA, Koblenz, *NL Schwertfeger*, Nr. 504, u.a. Dok. 44, 61, 67, 70 ff., hier Dok. 67 Schreiben vom 06.05.1923, S. 1.

745 *Militär und Innenpolitik*, Bd 2, Nr. 368, S. 971.

746 Mai, *Ende des Kaiserreichs*, S. 170 f.

747 Kielmansegg, *Weltkrieg*, S. 664.

veranlaßt, die Reichsregierung am 26. September umgehend über die "völlige Hoffnungslosigkeit" der Gesamtsituation zu unterrichten. Ludendorffs "letzte Hoffnung" auf eine Lungenepidemie in der französischen Armee vom Vortage zeugte schon von einer fast aberwitzigen fatalistischen Einstellung. Der militärische Offenbarungseid der OHL vom 28. September gegenüber der Regierung, der erstmalig überhaupt die sofortige Notwendigkeit eines Waffenstillstandes forderte, traf fast alle Offiziere und Politiker wie ein schwerer Schock. Das krasse Umschwenken der OHL führte in den nächsten Stunden und Tagen zu einer operativen und organisatorischen Hektik in einem nie dagewesenen Ausmaß. "Täglich", so war es aus dem Gr.H.Qu. zu vernehmen, könne der Westfrontdurchbruch, der gleichbedeutend mit der Niederlage wäre, eintreten[748]. "Schlag auf Schlag waren die Unglücksnachrichten eingetroffen", so beschrieb der Pressechef die völlig angespannte Situation innerhalb seiner Abteilung[749].
Auch die Journalisten spürten diese Entwicklung natürlich. Ihre Kritik und die engagierten Fragen in den Konferenzen waren auch während des Septembers nicht verstummt. Aber sie fühlten sich den Behörden ohnmächtig ausgeliefert. Sie befürchteten ihre vollständige Desavouierung, je mehr sich die Lage zuspitzte. Immer wieder versuchten sie die Vertreter der OHL und der Exekutive zu mehr Offenheit zu drängen. Doch selbst Anfang Oktober kämpften sie noch gegen eine "Mauer des Schweigens". Fast schon resignierend und verzweifelnd klangen Forderungen wie: "Geben sie uns Wahrheit, Wahrheit! Sie diskreditieren uns bis auf die Knochen! Wir erhalten Briefe, die besagen 'Sie lügen! Was sie schreiben ist Blech!' Wenn die Presse nicht ein Mittel in die Hand bekommt, die öffentliche Meinung zu stützen, dann folgt ein noch nie dagewesener Zusammenbruch[750]."
Ein doppelter Kulminationspunkt war erreicht, denn auch die Frage der Parlamentarisierung, mit der sich der "Interfraktionelle Ausschuß", die Parteien und die Regierung selbst während des Septembers immer intensiver auseinandergesetzt hatten, stand an einem entscheidenden Punkt. Staatssekretär Hintze sah als einzigen Ausweg eine "Revolution von oben" mit einer Neubildung des Kabinetts, die von den Mehrheitsparteien des Reichstages getragen wurde. Die OHL und der

---

[748] Zur Abwehrschlacht: *Der Weltkrieg*, Bd 14, S. 614 ff. BA, MA, *NL Haeften* N 35/5, Erlebnisse 1918; auch in *Militär und Innenpolitik*, Bd 2, Nr. 475, S. 1282 ff., hier S. 1283 f.

[749] Deutelmoser, Erhard, *Die amtliche Einwirkung auf die deutsche Öffentlichkeit im Kriege*, in: *Die Deutsche Nation* 1 (1919), S. 18-22, hier S. 20.

[750] Äußerung des Pressevertreters Salzmann ("Vossische Zeitung"), die er nicht nur in der Konferenz aussprach, sondern auch in schriftlicher Form ins Gr.H.Qu. geschickt hatte. BHStA IV., MKr 14 027, Nr. 419 vom 04.10.1918, S. 9 f. Auch in *Militär und Innenpolitik*, Bd 2, Nr. 480, S. 1302 f.

Kaiser schlossen sich der Auffassung Hintzes an, denn eine Friedensofferte konnte nur Erfolg haben, wenn im Ausland der einschneidende Systemwandel auch überzeugend genug zur Geltung gebracht werden würde. Nur dann bestanden noch Aussichten für den Erhalt der Monarchie bei gleichzeitiger Abwehr radikaler revolutionärer Tendenzen im eigenen Land[751].
Der letzte Reichskanzlerwechsel während des Krieges kennzeichnet diesen Einschnitt. Das durch den plötzlichen Druck der Ereignisse getroffene Arrangement zwischen der OHL und der zivilen Reichsleitung ermöglichte Umstrukturierungen der Verfassung, für die im Reichstag über Jahre hinweg vergeblich gekämpft worden war. Graf Hertling sah auf dieser Grundlage keine Möglichkeit in seinem Amt zu verbleiben und trat angesichts dieser Entwicklung sofort zurück. Die Regierungsumbildung brachte als seinen Nachfolger keinen Kandidaten der Mehrheitsparteien (Payer und Fehrenbach lehnten ab). Max von Baden wurde ein Reichskanzler, den unbestreitbar eine liberale Haltung und persönliche Qualitäten auszeichneten. Doch gerade seine fürstliche Herkunft spiegelte monarchische Traditionen in seiner eigenen Person wider und zeigte damit auch die Grenzen dieser Kompromißlösung[752].
Trotz der von ihm eingeleiteten Reformen verharrte auch seine Regierung im Hinblick auf die Zusammenarbeit mit der Presse in den alten Strukturprinzipien. An der einmal eingeschlagenen Strategie änderte sich in den wenigen verbleibenden Wochen kaum noch etwas. Vielleicht war die Zeit dafür zu knapp, den Kurs auf dem Pressesektor kurzfristig noch einmal radikal zu ändern. Selbst eine massive Vermehrung der Sitzungen im Oktober (insgesamt 19 im Vergleich zu 9 und 10 Sitzungen in den Vormonaten) erhöhte qualitativ-inhaltlichen Wert der Konferenzen für die Zeitungsvertreter nur sehr begrenzt. Immerhin: Die Fortsetzung "Endkampf-Kampagne" der OHL scheiterte Ende Oktober am Widerstand der neuen Regierung[753]. Doch auch ohne ihre Einbindung in diese letzte Propagandaaktion hatten die Journalisten indirekt ihren Beitrag an der Entstehung der "Dolchstoßlegende" abgeliefert. Sie propagierten im Einklang mit der OHL bis zum Ende des Krieges Möglichkeiten eines Sieges für das Deutsche Reich. So wirkten sie an der Entstehung des Bildes der Fiktion des "im Felde unbesiegten deutschen Heeres", das durch die mangelnde Unterstützung und die revolutionäre Verweigerung der Heimatfront verraten wurde,

---

[751] Mai, *Ende des Kaiserreichs*, S. 158 ff. Hürter, *Staatssekretäre*, S. 243 f.

[752] Vgl. Kielmansegg, *Weltkrieg*, S. 667 f.

[753] Vgl. Mai, *Ende des Kaiserreichs*, S. 151 f.

ungewollt mit. Eine bittere Erkenntnis für einen Kreis von Personen, die in der überwiegenden Mehrzahl an dieser Ohnmächtigkeit des eigenen Berufsstandes zu verzweifeln schienen.

5.4. Die Oktoberkonzepte greifen nicht mehr

Der Start für den neuen Reichskanzler Max von Baden, der während seiner kurzen Amtszeit auf die Ausführung seiner Regierungsgeschäfte aus gesundheitlichen Gründen (schwere Grippeerkrankung) mehrfach verzichten mußte, und seines Staatssekretärs Solf stand unter sehr ungünstigen Vorzeichen. Auf Drängen der OHL und zahlreicher Regierungsmitglieder entschloß sich Max von Baden gegen seine eigene Überzeugung am Tag seines Amtsantritts zur Absendung der Friedensnote mit der Waffenstillstandsofferte an US-Präsident Wilson. Der neue Reichskanzler befürwortete eigentlich eine andere Vorgehensweise. Er wollte seiner Regierung erst die Möglichkeit zur Profilierung im In- und Ausland geben, um nach einem Friedensangebot in einem zweiten Schritt über einen Waffenstillstand zu verhandeln. Die Gefahren für die neue Regierung lagen somit klar auf der Hand: Die Verantwortung für die zu erwartenden schwierigen Friedensverhandlungen, die sich zu Kapitulationsverhandlungen entwickeln sollten, lagen bei ihr. Parallel dazu hatte sie den Auftrag, die Parlamentarisierung so schnell wie möglich in die Wege zu leiten. Die OHL zog sich geschickt aus der Affäre, indem sie die Ursachen für den bevorstehenden Zusammenbruch vom Versagen ihrer eigenen Strategie in eine Version des "Versagens der Heimat" umwandelte. Somit blieb dem Reichskanzler nur die Möglichkeit, in seiner Regierungserklärung vom 5. Oktober im Reichstag den Vorstoß zu unternehmen, entsprechende eigene Akzente zu setzen. Vor allen Dingen wollte er den Versuch starten, die Öffentlichkeit in dem Glauben zu lassen, daß das Deutsche Reich jederzeit in der Lage wäre, in einem "Endkampf auf Leben und Tod" den Krieg noch eine lange Zeit fortsetzen zu können[754].

---

[754] Mai, *Ende des Kaiserreichs*, S. 152 ff. Epstein, *Erzberger*, S. 293. Dederke, Karlheinz, *Reich und Republik Deutschland 1917-1933*, Stuttgart 1969, hier benutzt 3. Auflage 1978, S. 21 f.

Bei der Vorbereitung der Rede kam es zu Meinungsverschiedenheiten zwischen dem Reichskanzler und seinen Mitarbeitern. Auch die OHL war mit der ursprünglichen Fassung nicht zufrieden. Oberstes Ziel mußte sein, die Parlamentarier und das Volk auf eine einheitliche Linie einzuschwören und nicht "zur Kritik und zur patriotischen Opposition aufzurufen." Diese Einigkeit könnte auch die Entschlossenheit des Deutschen Reiches unterstreichen, mit dem nötigen militärischen Rückhalt in die bevorstehenden Verhandlungen einzutreten. In der Nacht vom 4. auf den 5. Oktober erarbeiteten Haeften und Deutelmoser daraufhin den militärischen Teil der Rede. Deutelmoser beschäftigte sich, nachdem Haeften gegangen war, in der zweiten Hälfte der Nacht mit den außenpolitischen Abschnitten, während Staatssekretär Lewald vom R.d.I. die innenpolitischen Themen bearbeitete. Diese neuen Versionen fanden die Zustimmung des Reichskanzlers und bildeten nach ihrer Zusammenstellung durch Deutelmoser die Vorlage für die Erklärung, die Max von Baden dann am Nachmittag im Reichstag abgab[755].

Die Reformbestrebungen wurden nun auf den Weg gebracht. Auch die Neuordnung des Pressewesens stand dabei auf dem Programm. Bereits am 8. Oktober wurden die Pläne in Angriff genommen, die Unterstellung des KPrA unter den Reichskanzler zu forcieren, um "die Reduzierung dieses Amtes und die Kaltstellung einiger besonders prononcierter Herren" zu erreichen[756]. Am selben Tag war die erste Antwort Wilsons eingetroffen, der seine Schwerpunkte auf die Akzeptanz der 14-Punkte, der Räumung der Gebiete im Westen und auf eine Klärung der innenpolitischen Verhältnisse in Deutschland legte. Die deutsche Antwort (vom 12. Oktober) dokumentierte das Entgegenkommen einer deutschen Regierung, die nun von den Mehrheitsparteien des Reichstages getragen wurde[757].

In einer Besprechung am 11. Oktober unter dem Vorsitz von Vizekanzler von Payer wurden die Weichen für die Reformen in der Informationspolitik gestellt. Als Staatssekretäre nahmen Erzberger, Gröber und Scheidemann daran teil, außerdem waren ein Vertreter des KM, einer der OHL und verschiedene Reichskommissare zugegen:

---

[755] BA, MA, *NL Haeften* N 35/5, Die Entstehung der Rede des Prinzen Max von Baden vom 05.10.1918, Dok. 82-86, hier S. 82 ff.; Zusammenstellung Deutelmosers der Berichte Lewalds, Haeftens und seiner Person zur Reichstagsrede, Dok. 87-93, hier Dok. 87 ff., besonders Dok. 91 f. Vgl. auch *Ursachen und Folgen*, Bd 2, Die Regierung Max von Baden, S. 65 ff. und 71 ff.

[756] BA, Potsdam, RK 2 439/3, Schreiben von Payers an die Reichskanzlei vom 08.10.1918, Dok. 96. Diese Anspielung dürfte sich vor allem auf IIIb-Chef Nicolai und Oberst Bauer bezogen haben, die erklärte Gegner der Demokratisierung waren. Vgl. Vogel, *Organisation*, S. 59.

[757] Kielmansegg, *Weltkrieg*, S. 672.

"1. Sämtliche Nachrichten- und Aufklärungsstellen im Inland und sämtliche Propagandastellen im Ausland werden dem Reichskanzler unterstellt.
2. Die OZ wird dem Oberbefehlshaber unterstellt.
3. Die militärischen Nachrichtenstellen (Ausnahme KPrA) ... werden dem Kriegsminister unterstellt.
4. Die Aufklärungstätigkeit in der Heimat und im Heer geschieht nach einheitlichen, vom Reichskanzler festzusetzenden Richtlinien, wobei die Ansichten der OHL für die Aufklärung im Heer jeweils eingeholt wird[758]."

Dieses Konzept entzog der OHL weitestgehend die Einflußmöglichkeiten auf die Gestaltung der Informationspolitik. Die Reichsregierung war sehr daran interessiert, nun selber die Kompetenzen in der Hand zu haben. Doch die Umsetzung dieser Beschlüsse verzögerte sich. Die militärische Situation wurde darüber nicht besser. Deutelmoser hat den "Spagatschritt", den die Presse unter dieser Konstellation zu vollziehen hatte, in einer Kurzdenkschrift beschrieben. "Die Schwierigkeit liegt vor allen Dingen darin, daß einerseits nichts gesagt werden darf, was sich durch den weiterführenden Gang der Ereignisse als irreführend erweisen würde, daß andererseits auch ein großes Maß an Zuversicht gewahrt werden muß[759]." Die Presse sollte sich auf einem sehr schmalen Grat zwischen Verbindlichkeit gegenüber dem zu sondierenden Verhandlungsterrain und den Verhandlungspartnern auf der einen und einer souveränen, festen, siegessicheren Stimmung auf der anderen Seite bewegen. Ein nahezu unmögliches Unterfangen, das trotzdem irgendwie umgesetzt werden sollte.

Am darauffolgenden Tag bat Ludendorff den Reichskanzler, dafür Sorge zu tragen, daß die Heimatzeitungen an der Westfront ab sofort den Truppen zur Verfügung stünden. Die ständigen Rückverlegungen der Front hätten ein Erscheinen der Armeezeitungen mindestens "vorübergehend", wenn nicht sogar "auf Dauer", unmöglich gemacht[760]. Deutelmoser erwirkte am 13. Oktober, daß angesichts der weiteren Garantie eines einheitlichen Vorgehens der Reichsbehörden unter dem Druck der fast stündlich eingehenden dramatischen Meldungen eine tägliche Zusammenkunft aller Leiter der amtlichen Nachrichtenstellen erforderlich sei. Der

[758] BA, Potsdam, RK 2 439/3, Aufzeichnung der am 11.08.1918 beschlossenen Maßnahmen, Dok. 97. Vgl. auch Nicolai, *Nachrichtendienst*, S. 135. Nicolai schlug vor, das KPrA in ein Reichspresseamt umzuwandeln.

[759] BA, Potsdam, R.d.I. 14 414, Schrift Deutelmosers vom 11.10.1918, Dok. 347-353, hier S. 3 ff.

[760] BA, Potsdam, RK 2 439/3, Schreiben Ludendorffs vom 12.08.1918, Dok. 103.

Pressechef betonte die Wichtigkeit seiner Koordinationsfunktion und setzte sich für die Vorzüge eines schnellen, mündlichen Austausches der Ressortchefs über alle wichtigen Neuigkeiten ein[761].

Die OHL wurde auch Mitte Oktober nicht müde, die Notwendigkeit einer einheitlichen, vaterländischen Stimmung zu fordern und ihre Durchhalteparolen fortzusetzen. Die Regierung arbeitete hingegen weiter an der Umstrukturierung der Organisation der Pressepolitik. Der VDZV startete einen letzten Versuch, der Regierung seine Vorschläge zu den anstehenden Veränderungen zu unterbreiten. Angesichts einer "völlig desorganisierten, in Anarchie verfallenen öffentlichen Meinung" sah Dr. Faber das Deutsche Reich einer Katastrophe entgegentreiben. Die Beratungen des VDZV am 21. Oktober mußten ohne Orientierungen durch den Reichskanzler stattfinden, bis zum Monatsende wartete Faber schließlich auf einen Gesprächstermin[762]. Noch fehlte der neue Ansprechpartner.

Matthias Erzberger wurde vom Reichskanzler am 18. Oktober als sein direkter Vertreter zum Leiter der Propaganda bestimmt, und dies wurde am 21. Oktober auch offiziell bekanntgegeben. Das Konzept der Regierung basierte langfristig nach wie vor auf einer "Reichspropagandazentrale" unter ihrer Kontrolle. Über ihre eigenen Abteilungen konnte sie bei dieser Umorganisation direkt verfügen. Die ZfH wurde aus dem Geschäftsbereich des Pressechefs herausgenommen und Erzberger direkt unterstellt. Man verzichtete auf großspurige Versprechungen und wollte der Bevölkerung den eingetretenen Machtwechsel und die innenpolitischen Veränderungen verständlich machen[763]. Weitere Reformen sollten so zügig wie möglich folgen.

Am 24. Oktober versuchte Hindenburg noch einmal, seinen Einfluß auf die geplanten Reformen geltend zu machen. Nach seinen Vorstellungen sollte der Pressechef gemeinsam mit einem Beirat aus verschiedenen Persönlichkeiten des öffentlichen Lebens von der neuen Zentralstelle aus die notwendigen Weisungen und Richtlinien geben. Das KPrA stünde diesem Amt dann in einer zentralen Beschaffungs- und Vermittlungsfunktion (unter der Verantwortung der

---

[761] BA, Potsdam, R.d.I. 14 440, Schreiben Deutelmosers vom 13.08.1918, Dok. 153 f., S. 1 ff.

[762] BA, Potsdam, RK 2 439/3, Schreiben Fabers vom 19.10. 1918, Dok. 118, S. 1 f.

[763] BA, Potsdam, RK 2 439/3 Telegramm Hindenburgs an Haeften vom 15.10.1918, Dok. 107 f., S. 1 f. Weitere Belege bei Stegmann, *Inlandspropaganda*, S. 102 f.

Reichsregierung) zur Verfügung[764]. Die OHL sah zwar ihre seit langer Zeit vertretene Forderung nach einer Zentralstelle in Berlin erfüllt, ihre eigenen Einflußmöglichkeiten drohten sich jedoch drastisch zu vermindern. Deswegen versuchte Hindenburg mit dem Argument der weiterhin notwendigen Erhaltung der vaterländischen Gesinnung einen indirekten Einfluß zu behalten.

Die Gegensätze zwischen Reichsleitung und der OHL hatten sich schon angesichts der zweiten Note Wilsons vom 14. Oktober verschärft. Eindeutig hatten die USA klar gemacht, daß es zwischen weiterem Widerstand und der Kapitulation nur wenig Spielraum geben würde. Der Zeitfaktor arbeitete außerdem für die vorrückenden Truppen der Entente, die an Verhandlungen nur wenig Interesse zu haben schien. Die dritte Note bestätigte, daß es für das Deutsche Reich keine andere Alternative gab, als alle Kampfhandlungen einzustellen und sich den Bedingungen der Gegner zu beugen, die nach wie vor ihre Zweifel an den Verfassungsreformen hatten[765].

Die OHL hoffte, aus der breiten Empörung der Bevölkerung über die Antwortnoten Wilsons noch einmal Kapital schlagen zu können. Sie beurteilte die Lage an der Westfront zwischenzeitlich wieder etwas günstiger und hoffte, bis zum Frühjahr weiterkämpfen zu können. Haeften machte die mit Ludendorff telefonisch abgesprochene Haltung der OHL in der täglichen Besprechung im A.A. unmißverständlich klar: Sofortiger Abbruch der Verhandlungen und Fortsetzung des Kampfes, weil das "die soldatische Ehre verlange". Die Regierung konnte sich dazu jedoch nicht durchringen, weil sie an den Erfolgsaussichten dieser Aktion schwerwiegende Zweifel hatte. Als Reaktion darauf versandte die OHL abends über die Armeekommandos ein Telegramm und rief darin Heer und Volk zur "Entfesselung eines Verzweiflungskampfes" auf[766].

Haeften hat die Vorgänge, die zu diesem am Abend des 24. Oktober ergangenen Befehls der OHL an das Heer führten, als "Folgen eines Mißverständnisses" gerechtfertigt. KPrA-Chef Würz hätte einen begleitenden Offizier angewiesen, die OHL von dem Besprechungsergebnis zu unterrichten. Dieser Offizier habe dann den Chef der Nachrichtenabteilung der OHL,

---

[764] BA, Potsdam, RK 2 439/3, Schreiben Hindenburgs vom 24.10.1918, Dok. 129 f., S. 1 f.

[765] Kielmansegg, *Weltkrieg*, S. 675 f., Mai, *Ende des Kaiserreichs*, S. 156 f. und Nipperdey, *Deutsche Geschichte*, Bd 2, S. 864 f.

[766] BA, MA, *NL Haeften* N 35/7, Bericht über die Oktoberbesprechungen, Dok. 13. Dederke, *Reich und Republik*, S. 22.

Hauptmann Kroeger, dahingehend falsch informiert, daß Haeftens Äußerungen als eine amtliche Kundgebung aufzufassen wären. Auf die Rückfrage Ludendorffs bei Kroeger habe dieser geantwortet, daß Deutelmoser ihm diese Auskunft bestätigt habe. Diese Angabe beruhte zumindest auf einem Irrtum, denn der Pressechef hatte an dieser Sitzung gar nicht teilgenommen, wie Haeften auch selber bestätigte. Deutelmoser lehnte einen Aufruf zu einer Art "Nationalen Verteidigung" auch ab und hielt ihn für ein aussichtsloses Unterfangen. Das Ergebnis wäre "nach einem moralischen Strohfeuer" nur eine weitere "Verbitterung in der Öffentlichkeit" gewesen, die dann leicht in einen Bürgerkrieg münden könnte[767]. Die "Bombe platzte" in der Pressebesprechung am 25. Oktober, als KPrA-Chef Würz die Pressevertreter über den OHL-Aufruf informierte. Es stellte sich auf Anfrage der Journalisten heraus, daß weder das "Kriegskabinett" noch der Reichskanzler ihre Zustimmung zu dieser Veröffentlichung gegeben hatten. Hindenburg und Ludendorff waren bereits auf dem Weg nach Berlin, als diese Meldung "allenthalben ein Sturm der Entrüstung auslöste", der vor allem das "illoyale Verhalten der OHL gegenüber der Reichsregierung" scharf verurteilte[768]. Hindenburg hat eine Woche später in einem Schreiben an den Reichskanzler persönlich noch einmal die Entstehung des Armeebefehls erläutert. Er bestätigte die telefonische Information an die OHL über die A.A.-Besprechung vom 24. Oktober und versicherte, daß sowohl er selber als auch Ludendorff davon ausgegangen seien, daß die Reichsleitung mit dem Standpunkt Haeftens einverstanden gewesen wäre. KPrA-Chef Würz habe dann am Morgen des 25. Oktober vorgeschlagen, den Inhalt des Telegramms den Pressevertretern unmittelbar (unter Stufe III. - nicht zur Veröffentlichung bestimmt) vorzulegen, damit sie es nicht auf anderem Wege erführen. Zu diesem Zeitpunkt waren Hindenburg und Ludendorff jedoch schon nach Berlin unterwegs, und Würz erhielt das Einverständnis des zuständigen Offiziers für seine Initiative ohne weitere Prüfung. Auch Würz ging davon aus, daß die Reichsleitung einverstanden sei. Die OHL hatte nach Aufdeckung des Irrtums sofort mit einem Stop der Telegramme reagiert, die ihren Armeeaufruf enthielten[769]. Ludendorff versuchte am 25. Oktober allerdings vehement, Payer, der den erkrankten Reichskanzler vertrat, von der Notwendigkeit des ("irrtümlich" mit der Zustimmung

---

767 BA, MA, *NL Haeften* N 35/7, Dok. 14 f. Deutelmoser, *Tagebücher*, IX, S. 8 ff.

768 BA, MA, *NL Haeften* N 35/7, Dok. 16 f. BHStA IV, MKr 14 027, Nr. 432 vom 25.10.1918, S. 7.

769 BA, Potsdam, RK 2 439/3, Schreiben Hindenburgs vom 01.11.1918, Dok. 144, S. 1 f.

der Regierung) eingeleiteten Schrittes zu überzeugen. Sein erneuter Versuch des Umschwenkens scheiterte am Widerstand Payers, der eine weitere Verletzung des Primats der Politik weder hinnehmen konnte noch hinnehmen wollte. Das Vertrauen in die Zusagen und Versprechungen der OHL war zu sehr erschüttert. Ludendorffs Verhalten während der Erörterungen der Vorgänge am nächsten Tag beim Kaiser führte zu seiner Entlassung. Die politische Führung setzte sich dieses Mal durch. Es gelang ihr, Hindenburg im Amt zu halten und Groener am 26. Oktober als Nachfolger Ludendorffs beim Kaiser durchzusetzen. Das Verbleiben Hindenburgs war aus taktischen Gründen gegenüber dem Ausland und zur Beruhigung der Bevölkerung eine wichtige Komponente der Stabilität. Der Abgang Ludendorffs erregte wenig Aufsehen; ein Indiz für den Zerfall der Machtposition der OHL und für die Frustration und die Gleichgültigkeit innerhalb der Bevölkerung gegenüber einem Armeeführer, der länger als zwei Jahre einen großen Teil der Hoffnungen auf einen militärischen Erfolg des deutschen Reiches verkörperte[770].

Haeften hatte das Kriegskabinett am Krankenbett Max von Badens über Ludendorffs Rücktritt unterrichtet. Der Reichskanzler drückte ihm als Zeichen der persönlichen Anteilnahme die Hand, während Haeften diese Geste als vermeintliche Anerkennung für diese Lösung auffaßte. Es kam zu einem hitzigen Wortgefecht, weil Haeften daraufhin den Politikern schwerste Vorwürfe entgegenwarf und die Partei für Ludendorff ergriff. Haeften verließ die Runde zornig und enttäuscht. Aufgrund dieses Zerwürfnisses wurde die Zusammenarbeit der Reichsleitung mit dem Verbindungsmann der OHL von da an auf das Notwendigste beschränkt[771]. Noch am selben Tag telegraphierte Hindenburg durch Haeften an den Reichskanzler und akzeptierte den Entwurf Max von Badens vom 21. Oktober. Die Ohla und das KPrA wurden sachlich dem Reichskanzler unterstellt, während beide Stellen disziplinär noch unter der OHL-Verantwortung verblieben[772].

Deutelmoser fand in diesen Tagen die Zeit für eine Bilanz der Pressepolitik. Die Orientierungen zur Kriegslage, die die OHL herausgegeben hatte, waren noch weit positiver und einseitiger 'geschönt' worden, als er es bis dahin vermutete. Das Bestreben, die Einheitsfront zu halten,

---

[770] Kielmansegg, *Weltkrieg*, S. 674.

[771] BA, MA, *NL Haeften* N 35/7, Dok. 31 ff. Haeften beschrieb den Vorgang: "Seit diesem Auftritt war meine Rolle im Kabinett ausgespielt", Dok. 31.

[772] BA, Potsdam, RK 2 439/3, Telegramm Hindenburgs vom 26.10.1918, Dok. 132. Erzberger verständigte das KPrA am 30.10.1918 über die bevorstehenden Änderungen in der Geschäftsverteilung.

war zwar vom Prinzip her richtig, doch "... das hingebungsvolle, vertrauensselige deutsche Volk ist durch diese Methoden völlig getäuscht worden ... Auch die politische Reichsleitung hat sich täuschen lassen und auf den Irrtümern ganz verfehlte Entschlüsse aufgebaut"[773]. Für ihn persönlich war die "Zwittersituation" als Soldat und politischer Beamter mit Vor- und Nachteilen verbunden. Trotz seiner Kenntnisse in beiden Bereichen saß er häufig unverstanden "zwischen den Stühlen" und hatte sich gegen die politische und militärische Kritik zu behaupten. Deutelmoser litt wie der Reichskanzler während der letzten Oktoberwoche stark unter der Grippe und konnte seine Dienstgeschäfte nur sehr beschränkt wahrnehmen. Das erklärt vielleicht auch seine Abwesenheit bei der Sitzung am 24. Oktober im A.A.[774].

Am 28. Oktober beschloß der Reichstag mit der "Oktoberverfassung" den Übergang zu einem parlamentarischen Regierungssystem. Der Reichskanzler war jetzt an das Vertrauen des Reichskanzlers gebunden. Dennoch verblieben "Reste des konstitutionellen Systems"; das Immediatverhältnis von Heer und Marine zum Kaiser blieb unangetastet und die zukünftige Rolle des Bundesrates war noch nicht eindeutig definiert[775].

Erzberger wurden durch einen Erlaß des Reichskanzlers vom 29. Oktober weitere Referate zugewiesen: Teile der Nachrichtenabteilung des AA, Teile der Auslandsabteilung der OHL, das KPrA (allerdings ohne Feldpressestelle und OZ, die war am 16. Oktober in die Zuständigkeit des KM übergegangen) und alle Lektorate der militärischen und zivilen Ressorts. Am 31. Oktober fand eine letzte größere Besprechung mit dem neuen Staatssekretär statt, auf der die vorausgegangenen Umstrukturierungen besprochen wurden. Als weitere Neuerung kam hinzu, daß die Lesestellen der Ressorts künftig an einer Stelle (Pressewarte) zusammengefaßt werden sollten. Erzberger legte Wert darauf, daß der Vorsitzende der Pressekonferenzen, Major Schweitzer, dafür Sorge tragen möge, "... die dort bisher üblichen Debatten abzustellen." Alle Ressorts durften ihre Mitteilungen künftig nur noch nach entsprechender Orientierung mit den übrigen Stellen und nach Absprache mit dem Pressechef veröffentlichen. Auch die Mitteilungen

---

773 Deutelmoser, *Tagebücher*, IX, S. 22 f. und S. 29 f.

774 Ebenda, S. 39 f.

775 Nipperdey, *Deutsche Geschichte*, Bd 2, S. 867 f., Erdmann, *Weltkrieg*, S. 138 und Dederke, *Reich und Republik*, S. 22.

der OHL fielen unter diese Regelung. Nach der "Telegramm-Panne" vom 24./25. Oktober gab es auch für die Militärs keine Sonderregelungen mehr[776].

Damit war endlich eine verbindliche Absprache der Ressorts unter der Kontrolle der Reichsregierung und des Reichskanzlers vorgeschrieben. Der Pressechef hatte die Koordinationsmöglichkeiten und Kompetenzen, die notwendig waren, um eine einheitliche Orientierung der Journalisten zu gewährleisten. Erzbergers Forderung, die Diskussionen und Gespräche in den Konferenzen zukünftig zu unterbinden, belegt jedoch, wie wenig sich der Demokratisierungsprozeß im Hinblick auf die Meinungsfreiheit bemerkbar machte. Erzberger versuchte sogar noch, mit neuen Richtlinien der ZfH den Abdankungsforderungen der Bevölkerung an den Kaiser entgegenzuarbeiten[777].

Für die Journalisten änderte sich bis zu ihrer letzten Pressekonferenz am 8. November nichts an den bisherigen Informationsprinzipien der Behörden. Erzberger stellte sich sogar auf den Standpunkt, daß er die neuen ZfH-Richtlinien nur über "private Zusendung" verteilen könne, weil er "ressortmäßig keine Beziehungen zur Presse unterhielte." A.A.-Vertreter von Schmidthals, der die Teilnehmer schon über einen längeren Zeitraum mit belanglosen Mitteilungen überhäuft hatte, wurde eindringlich gebeten, bei Erzberger eine Änderung seiner Auffassung zu erwirken. "Wir können doch nicht in einem anderen Sinne schreiben, als die Abgeordneten reden", meinte Georg Bernhard auch im Namen seiner Kollegen. Anschließend kritisierten die Journalisten die vom A.A.-Vertreter skizzierten Positionen als "viel zu passiv, recht unbefriedigend und fast kläglich." Schmidthals wehrte sich mit dem Hinweis, daß hier schließlich kein Parlament sei, sondern eine "... Versammlung von Gentlemen, um Presseangelegenheiten zu besprechen." Die Pressevertreter wandten hingegen ein, daß sich bei objektiver und sachlicher Kritik "...parlamentarische Erörterungen nicht immer umgehen ließen"[778]. Trotz des Appells von Major Schweitzer gemäß der Forderung Erzbergers in der Sitzung vom 31. Oktober, Diskussionen dieser Art nicht zu führen, waren die einmal eingeschlagenen Wege so schnell

---

[776] *Militär und Innenpolitik*, Bd 2, Nr. 370, S. 982 ff., besonders S. 983 f. An der Besprechung nahmen außer Erzberger noch KPrA-Chef Würz, Pressechef Deutelmoser, A.A.-Vertreter von Schmidthals, Oberstleutnant von Bergh vom KM, Major von Stülpnagel von der Ohla (und nicht Ohla-Chef Haeften!) und Prof. Prion vom Reichsschatzamt teil.

[777] Epstein, *Erzberger*, S. 305.

[778] BHStA IV., MKr 14 027, Nr. 437 vom 05.11.1918, S. 12 ff.

nicht zu ändern. Die über vier Jahre praktizierten und gepflegten Formen des Sitzungsablaufs gestatteten keine Rücknahme einmal gewährter Freiheiten.
Die Verfassungsänderungen, die revolutionären Vorgänge, der durch den Reichskanzler erzwungene Rücktritt des Kaisers, der bevorstehende Waffenstillstand und das desillusionierende Ende des Krieges waren zu viele Ereignisse auf einmal, als daß die verantwortlichen Stellen sich unter einem solchen äußeren Druck zu einem Abweichen von ihrer bisherigen Linie hätten entschließen können. Für die Journalisten waren die Veränderungen kaum spürbar, es machte sich eher ein Gefühl der Ohnmacht breit. Das Erahnen und die Angst vor der Katastrophe lähmte sie beinahe[779].
Erzberger wurde mit der Ernennung zum Waffenstillstandskommissar am 6. November 1918 seinem gerade erst übernommenen Tätigkeitsfeld wieder entzogen, und damit blieben seine organisatorischen Änderungen ohne unmittelbare Wirkung[780]. Die Revolution verselbständigte sich, und die OHL erkannte am Abend des 8. November, daß ihre Pläne, daß der Kaiser an der Spitze seiner Truppen die Ordnung im Inneren wiederherstellen könnte, Makulatur geworden waren. Den bürgerlichen Parteien gelang es erst jetzt, die Initiative endgültig an sich zu ziehen. Max von Baden gab am 9. November die Abdankung des Kaisers bekannt und übertrug die Amtsführung an Friedrich Ebert. Scheidemann verkündete vom Balkon des Reichstages die Republik. Die OHL stellte sich nach dem Gespräch zwischen Ebert und Groener in der Nacht vom 9. auf den 10. November an die Seite der neuen Regierung[781].
Am darauffolgenden Vormittag wurde auf Veranlassung Eberts die "Informationsstelle der Reichsregierung" mit Schmidthals als Leiter ins Leben gerufen. Angesichts der instabilen innenpolitischen Situation war es dringend erforderlich, über alle Neuigkeiten auf dem laufenden zu sein, um direkt reagieren zu können. Alle Nachrichten und Meldungen der Behörden wurden dort gesammelt, gesichtet und weitergeleitet. Nach der Entscheidung durch die Regierung gingen sie dann an die Ressorts zurück[782].

---

779 Nipperdey, *Deutsche Geschichte*, Bd 2, S. 871 ff.

780 Vogel, *Organisation*, S. 60 f., Epstein, *Erzberger*, S. 307 f.

781 Nipperdey, *Deutsche Geschichte*, Bd 2, S. 873 ff.

782 BA, Potsdam, R.d.I. 14 204, Schreiben von Reichspräsident Friedrich Ebert vom 12.11.1918. Am 20.12.1919 wurde das gegen Ende 1918 vereinigte Pressebüro des Reichskanzlers und des A.A. zum "Auswärtigen Amt, Presseabteilung der Reichsregierung" zusammengefaßt. Die Pressebesprechungen wurden

Am 11. November um 12.00 Uhr trat dann das von Erzberger unterzeichnete Waffenstillstandsdokument von Compiegne in Kraft. Mit dem Ende des Krieges wurde vor den Augen der Welt der Schlußpunkt unter die wilhelminische Ära gesetzt. Die politische Entwicklung des mit so vielen Hoffnungen gestarteten Deutschen Kaiserreichs konnte mit seinen politischen Ansprüchen nicht Schritt halten[783].

Es war schwer genug für die deutsche Bevölkerung zu begreifen, daß der Krieg verloren war. Durch die während des Krieges verfolgte Pressepolitik der OHL und der Regierungen war die "... Öffentlichkeit verhängnisvoll irregeführt worden ... Die Verkünder des Siegglaubens haben also zunächst sich selbst getäuscht, bevor sie andere täuschten." Deutelmoser nannte Schönfärberei, technische Mängel und Mißgriffe bei der Stellenbesetzung als die Gründe, die einer Wechselwirkung zwischen der Öffentlichkeit und den amtlichen Führern dann auch noch Vorschub geleistet hätten: "Zum Irreführen gehören zwei; einer, der falsche Wege weist, und einer, der sich verleiten läßt, sie zu gehen[784]."

Die amtliche Pressepolitik hatte am Ende des Krieges viel Kredit in der Öffentlichkeit verspielt und das Odium einer schweren Hypothek auf sich geladen, der Bevölkerung nicht die Wahrheit gesagt zu haben. Die Journalisten als Mittler zwischen Staat und Gesellschaft waren ihrer Glaubwürdigkeit beraubt worden und hatten sich ungewollt an ihrer eigenen Diskreditierung beteiligt. Die "Dolchstoßlegende" und die anderen schweren Belastungen, welche die demokratischen Kräfte der jungen "Weimarer Republik" auf sich nehmen mußten, sind auch ein Ergebnis der Strukturen und Strategien, die innerhalb der vier Kriegsjahre die Informationspolitik beherrschten.

---

zu einem wichtigen Bestandteil der Informationspolitik der Weimarer Zeit, sie galten über die Jahre hinweg als "außerordentlich nützliche Einrichtung", Schreiben des A.A. vom 14.10.1926, Dok. 44 f.

[783] Kielmansegg, *Weltkrieg*, S. 696. Nipperdey, *Deutsche Geschichte*, Bd 2, S. 876.

[784] Deutelmoser, *Amtliche Einwirkung*, S. 21 f.

6. Zusammenfassung

Parallel zum Ausbruch des Ersten Weltkriegs im August 1914 geriet das Deutsche Kaiserreich auf dem Sektor der internationalen Nachrichtenversorgung in eine ausgesprochen schwierige Lage. Die Ringverträge, die das WTB bis dahin mit den anderen großen Weltnachrichtenagenturen verbunden hatte, wurden de facto aufgekündigt. Die Entente sorgte gleich zu Beginn des Krieges dafür, daß die deutschen Überseekabel gekappt wurden. Der gesamte deutschsprachige Raum geriet durch dieses Nachrichtenembargo über vier Jahre hinweg in eine permanente Isolation. Die Qualität der WTB-Meldungen litt merklich darunter. Nicht nur im neutralen Ausland sank die Reputation des deutschen Büros spürbar, auch im Inland mehrte sich die Kritik an Inhalten und Verteilungsmodalitäten des WTB, auf dessen Nachrichten die deutsche Presse unter den Kontrollregelungen des Zensurapparates bindend angewiesen war.
Bereits in dieser frühen Phase des Krieges war zu erkennen, daß die verfassungsmäßigen Bedingungen für die ordnungspolitischen Leitlinien der Pressepolitik innerhalb des Deutschen Reiches nicht mehr zeitgemäß waren. Eine veraltete Gesetzgebung und eine Vielzahl von Kontrollvorschriften erschwerten eine effektive Pressearbeit. Die neue Dimension des Krieges machte jedoch Neuerungen in der Informationspolitik dringend erforderlich, um den steigenden Ansprüchen der Öffentlichkeit gerecht werden zu können. Die Presse bemühte sich im Arrangement mit den Behörden und den Zensurbedingungen darum, ihren Aufgaben trotz des latenten Ausnahmezustandes nachzukommen. Die absolut vorrangigen Prioritäten lagen aber auf der militärischer Ebene. Alle anderen Interessen hatten dahinter zurückzustehen.
Die Journalisten waren bereit, ihren Beitrag zum Verteidigungskrieg ihres Vaterlandes zu leisten und ihre Arbeit in den Dienst der Sache zu stellen. Getreu dem Burgfriedenprinzip wollten sie die Durchsetzung ihrer gesellschaftspolitischen Überzeugungen bis nach dem Krieg zurückstellen. Die Verlage und Redaktionen litten dabei allerdings mit zunehmender Dauer erheblich unter den zahlreichen negativen Begleitumständen des Great War. Viele Mitarbeiter wurden eingezogen. Darunter waren auch immer wieder Journalisten, die mit ihren Artikeln den Zorn der Behörden auf sich geladen hatten. Auch Engpässe in der Rohstoffversorgung und steigende Preise brachten die Verlagshäuser in Schwierigkeiten.

Die Erkenntnis, daß dem Einfluß auf die öffentlichen Meinung eine sehr hohe Bedeutung zukam, setzte sich bei den militärischen und politischen Verantwortlichen erst allmählich durch. Der eklatante Mangel an Fachkräften auf dem Pressesektor stellte im Gegenzug letztlich auch die Exekutive vor große Probleme. Die Zensur wurde uneinheitlich gehandhabt, und die Informationen flossen nur spärlich. Den Bedürfnissen der Zeitungen und Verlage wurde selten Rechnung getragen. Die daraus resultierende Uniformität der Blätter wird in ihrer Bedeutung allerdings überschätzt. Sie spiegelte keineswegs den Kenntnisstand der Journalisten wider, die neue Wege beschritten. Aus eher lockeren Zusammenkünften zur regelmäßigen Lagebesprechung bei der Marine entwickelte sich das vielleicht fortschrittlichste Instrumentarium der Informationspolitik: die Berliner Pressekonferenzen. Sie gelangten im Frühjahr 1915 unter die Obhut der OZ, später war das KPrA für ihre Durchführung zuständig.

Das Bedürfnis nach Informationen stieg angesichts der unerwartet langen Dauer des Krieges ständig an. Die Behörden reagierten mit der Einrichtung und dem Ausbau zahlreicher Pressestellen, deren Verkehr untereinander allerdings nur unzureichend geregelt war. Die Ressortvertreter nahmen auch an den Besprechungen mit den Journalisten teil. Die Pressevertreter nutzten jede Gelegenheit zu kritischen Fragen und Einwürfen, obwohl sie kein verbrieftes Antwortrecht besaßen. Den politisch 'rechts' stehenden Journalisten waren die Diskussionen häufig ein Dorn im Auge, weil sie dem Forum den Charakter eines Presseparlamentes verliehen. In der bisherigen Forschung gerieten die Konferenzen hingegen eher in den Verdacht, über die vier Kriegsjahre nur reine Instruktionsstunden der Behörden gewesen zu sein. Beide Eindrücke treffen nur punktuell zu. Mit Berücksichtigung der "Großen Protokolle" ist der Stellenwert der Konferenzen anders einzuordnen. Die Zusammenkünfte erfüllten für die Behörden eher die Funktion eines Instrumentes der "wohlwollenden Reglementierung" der Pressepolitik. Für die Journalisten war es eine Plattform, die ihnen einen Informationsvorsprung verschaffen sollte, den sie im Sinne einer vertrauensvollen Kooperation mit der OHL und der Reichsleitung gegenüber der Meinungsbildung in der Öffentlichkeit einzusetzen gedachten. Eine Lancierung von Nachrichten im Interesse des Deutschen Reiches galt dabei nicht als ehrenrührig. Eine bewußte Irreführung der Öffentlichkeit oder ein Verschleiern der Wahrheit lehnten die Pressevertreter ab. Selbst die 3. OHL stieß hier an ihre Grenzen ihrer häufig überbewerteten Einflußmöglichkeiten auf den zivilen Sektor. Der Ablauf der Besprechungen und der besondere

Stil der Teilnehmer im Umgang miteinander waren Indizien dafür, daβ eine von gegenseitigem Respekt getragene Haltung diesen Eindruck bestätigte.

Bethmann Hollwegs Verzicht auf eine direkte Propaganda- und Pressesteuerung erklärt sich in der Anfangsphase des Krieges mit einer von ihm als angenehm empfundenen Dupliziät der Zuständigkeiten im Bereich des Presse- und Zensurwesens. Die Regierung konnte sich im Hinblick auf die Kriegszieldiskussion und andere innenpolitische Reizthemen auf diese Weise viel leichter in der von ihr gewünschten Zurückhaltung üben. Bethmann Hollwegs "Politik der Diagonale" sollte den Burgfrieden und die innere Einheit sichern helfen. Dieses "System" funktionierte im Hintergrund der vorerst sowieso nicht abzuändernden verfassungsrechtlich verankerten Kompetenzgewalt der Militärs nur begrenzt. Je weniger es dem Reichskanzler gelang, die Spannungen und Gegensätze zwischen den Parteien einerseits, aber auch zwischen der Regierung und den Militärs auf der anderen Seite zu überbrücken, desto schwieriger war diese Linie gegenüber der Presse und der Öffentlichkeit einzuhalten. Die Versäumnisse der zivilen Reichsleitung, sich aktiv an der Entwicklung der Pressedienste zu beteiligen, war dann auch durch den Ausbau der Nachrichtenabteilung des A.A. nicht zu kompensieren.
Die OHL war im Besitz der Machtbefugnisse, um die entsprechenden Organisationsstrukturen aufzubauen. In der Ära Falkenhayn waren die daraus resultierenden Probleme kaum an die Oberfläche getragen worden. Der Generalstabschef überlieβ diesen Bereich seinen Mitarbeitern (u.a. Nicolai, Deutelmoser), die sich mit der Regierung in der Regel arrangierten. Diese Konstellation ermöglichte - nicht zuletzt in Folge des politischen Drucks aus den Reichstagsdebatten über die Zensurfragen - auch Ansätze einer Erleichterung der Arbeitsbedingungen für die Journalisten. Weitere Überlegungen zu Verbesserungen in der Presse- und Informationspolitik folgten. Die Gründung der MAA ist als eine schlüssige Reaktion der Exekutive auf die gestiegenen Bedürfnisse anzusehen.
Mit dem Wechsel in der OHL von Falkenhayn zu Hindenburg und Ludendorff veränderten sich jedoch die Voraussetzungen für die offizielle Informationspolitik des Kaiserreichs grundlegend. Die gegensätzlichen Auffassungen, die das Verhältnis zwischen Bethmann Hollweg und Falkenhayn vor allem im Jahre 1916 belastet hatten, verlagerten sich sehr schnell zu einem politischen Dauerkonflikt zwischen dem Reichskanzler und der neuen OHL. Die Ablösung des alten 'Pressefuchses' Hamman durch den im Umgang mit den Journalisten sehr moderaten

Erhard Deutelmoser war ein Signal dafür, daß nicht nur ein anderer Stil, sondern auch eine neue Konzeption im Umgang mit der Einflußnahme auf die Öffentlichkeit beschritten wurde. Das Erscheinungsbild des KPrA veränderte sich eher negativ; der neue Leiter, Stotten, erfüllte seine Aufgabe nur im Sinne Nicolais und Ludendorffs. Die Journalisten spürten das sehr schnell und so war Stotten nur eine kurze - rückwirkend betrachtet jedoch noch viel zu lange - Amtsperiode beschieden. MAA-Chef Haeften gelang es im Gegensatz dazu erstaunlich schnell, seiner Stelle wieder das nötige Profil zu geben. Er setzte sich über die Widerstände der zivilen Reichsleitung gegen seine Amtsführung erfolgreich hinweg. Deutelmosers Aufgabe gestaltete sich nach seinem Wechsel zur 'anderen' Seite schon deutlich schwieriger. Der Ressortegoismus zwischen den zahlreichen Pressereferaten erschwerte die Abstimmung innerhalb der Exekutive, um die er sich mit pragmatischem Vorgehen stets bemühte. Seine Rolle entsprach, um eine ungewöhliche aber sehr treffende Methaper zu gebrauchen, der eines 'weißen Falken'.

Die Entwicklung der Kriegslage bestimmte mit absoluter Priorität den Handlungsspielraum der (Presse-) Politik. Alle Beteiligten registrierten nach über zwei Jahren Krieg ein Nachlassen der Stimmung in der Heimat und an der Front. Der Krieg zog sich immer weiter in die Länge zog und die Siegesversprechungen der OHL verloren langsam an Wirkung. Es gelang nur noch mit großer Mühe, die Gegensätze zwischen der zivilen und der militärischen Leitung zu überbrücken. Bethmann Hollweg geriet darüber immer stärker in Bedrängnis. Seine 'Politik der Diagonale' scheiterte sicher auch deswegen, weil er es nicht verstanden hatte, die öffentliche Meinung auf seine Seite zu bringen. Die anfänglichen Vorteile seiner zurückhaltenden Linie schränkte nun seinen Handlungsspielraum auf diesem Sektor empfindlich ein. Auch Deutelmoser konnte ihn nicht mehr retten. Zu spärlich blieben die Versuche, eine eigenständige Position der Reichsleitung zu fixieren und diese rechtzeitig genug in der Öffentlichkeit zu verankern. Die 3. OHL verstärkte ihrerseits die Anstrengungen, die Bevölkerung mit Hilfe des "Vaterländischen Unterrichts" weiterhin 'bei der Stange' zu halten.

Das Intermezzo der Kanzlerschaft Michaelis brachte einen wichtigen Fortschritt auf dem Weg einer von der OHL immer wieder geforderten Zentralisierung der Pressepolitik. Doch parallel dazu gewann auch die Arbeit des KPrA durch den Wechsel von Stotten zu Würz im August 1917 wieder an Niveau. Der neue 'Pressechef' Magnus von Braun hingegen agierte allerdings wenig glücklich. Erneut war es Deutelmoser, der in die Pflicht genommen wurde, auch diesen Aufgabenbereich mit zu übernehmen.

Michaelis Nachfolger, Graf Hertling, förderte die Initiativen Deutelmosers, die Bemühungen der zivilen Reichsleitung um ein eigenes Profil zu verstärken. Die ZfH-Gründung war ein Indiz dafür, daβ zwischen der OHL und der zivilen Reichsleitung maβgebliche Auffassungsunterschiede bestanden, auf welche Weise die Aufklärung der Bevölkerung betrieben werden muβte. Der Erfolg der ZfH blieb in einem bescheidenen Rahmen, weil die OHL schon zu lange federführend die Pressesteuerung der Exekutive beeinfluβt hatte. Die Reichsleitung versäumte es, ihrer Politik rechtzeitig auch in der Öffentlichkeit ein entsprechendes Profil zu geben.

In einem waren sich Militärs und Politiker jedoch immer noch einig, und dies sollte sich verhängnisvoll auswirken: Der Glaube an den Sieg durfte nicht zerstört werden. Auch nach dem Scheitern der "Michael-Offensive" vertrauten die Verantwortlichen einer Strategie, die den inneren Zusammenhalt festigen sollte. Beide Seiten verpaβten damit die Chance, gemeinsam mit der überwiegenden Mehrheit der Journalisten die öffentliche Meinung zu kontrollieren. Weder die OHL noch die Reichsleitung schenkten den Pressevertretern oder ihren Verbänden das dazu notwendige Vertrauten.

Die militärische Entwicklung nach dem "schwarzen Tag des deutschen Heeres" lieβ Böses ahnen. Die Versprechungen und Selbsttäuschungen der Verantwortlichen und der nahezu unerschütterliche Glaube an die OHL führten in einen Abgrund. Die Propaganda konnte die Tatsachen nicht ewig verschleiern. Selbst die letzte Regierung unter Max von Baden dachte nicht daran, angesichts der drohenden Niederlage gegen einen inzwischen übermächtigen Gegener und in Anbetracht der revolutionären Strömungen im eigenen Land, den einmal eingeschlagenen Weg zu verlassen. Für die Aufrechterhaltung der Ordnung und die letzten vergeblichen Versuche zur Festigung der inneren Einheit büβten die mit der Pressearbeit befaβten Personen der Behörden und die Journalisten den noch verbliebenen Rest ihrer Glaubwürdigkeit und Integrität ein.

Sie leisteten ungewollte Hilfestellungen für die Entstehung der Dolchstoβlegende. Der gröβte Teil der deutschen Bevölkerung, der immer nur der Sieg vor Augen gehalten worden war, hat die Niederlage nicht verstehen können. Die entscheidenden Kämpfe hatten nicht auf deutschem Boden stattgefunden, der Feind stand nicht im eigenen Land.

Fast wie eine Ironie des Schicksals wirkt es, daß in der letzten Stunde des Krieges ein pressepolitisch sehr engagierter Parlamentarier, Matthias Erzberger, in den Mittelpunkt rückte. Er unterzeichnete am 11. November 1918 die Waffenstillstandsvereinbarungen im Wald von Compiegne. Er besiegelte die Kapitulation und setzte damit als Vertreter der gerade ausgerufenen Republik den Schlußpunkt unter die Existenz des Deutschen Kaiserreiches. Das Signal der tiefgreifenden Wandlung der innenpolitischen Situation in Deutschland wurde in der Stunde der Sieger nur nebenbei bemerkt. Den verantwortlichen Militärs war dieser schwere Weg auf diese Weise erspart worden. Die späteren Schuldzuweisungen gingen zu Unrecht zu Lasten der noch jungen Demokratie und ihrer Vertreter.

Die zentralen Verfassungs- und Führungsdefizite im Kaiserreich verhinderten eine klare Kompetenzzuordnung und Vereinheitlichung der Pressepolitik. Die vielfältigen Möglichkeiten einer modernen Informationspolitik blieben ungenutzt, obwohl sich während des Krieges zahlreiche Einrichtungen entwickelten, die bis in die heutige Zeit für eine professionelle Pressearbeit bürgen. Es wäre von der Öffentlichkeitsarbeit der Militärs und der zivilen Behörden zuviel verlangt gewesen, die gesellschaftspolitischen Strukturgegensätze des Deutschen Reiches zu kompensieren. Der Mißerfolg der deutschen Pressepolitik im Ersten Weltkrieg ist das Resultat mehrerer strategischer Fehlkalkulationen und ungelöster innenpolitischer Grundsatzfragen. Die 'Sieg-Rechnungen' der OHL waren nicht aufgegangen. Alle Konzepte, die darauf aufgebaut waren, mußten zwangsläufig scheitern. Vielleicht erlagen manche Pressevertreter - wegen der vermeintlichen Nähe zu ihren Informationsquellen - noch stärker der trügerischen Verläßlichkeit der OHL-Prognosen als viele andere Menschen in der Bevölkerung, die nach und nach den Glauben an einen Erfolg verloren hatten.

Die deutsche Pressepolitik während des Krieges war besser als der Ruf, der ihr eine zu lange Zeit in der Bewertung anhaftete. Sie verdient eine differenzierte Betrachtung. Ihre unter dem Druck des Krieges entwickelten Strukturen waren moderner und aktueller, als dies dem - seinem Ende entgegengehenden - Kaiserreich bisher zugetraut worden ist.

Die Pressekonferenzen oder die Entwicklungen der Informationsreferate bei den wichtigen staatlichen Stellen und auch bei den Militärs belegen das überzeugend. Doch nur mit einer klaren politischen Linie hätten diese Lenkungsmechanismen effizient eingesetzt werden können. So ähnelte die Pressepolitik einem Orchester, das über gute Musiker verfügt, aber bei dem es mit dem Zusammenspiel nicht so recht klappen will, weil kein Dirigent da ist, der die Richtung vorgibt. Die Einzelinteressen der Ressorts wurden zu häufig in den Mittelpunkt gestellt. Der Burgfrieden allein war kein politisches Programm, was dieses Manko auf Dauer hätte ersetzen können. Ohne eine stringente politische Konzeption und eine tiefgreifende strukturelle Reform der Verfassung des Kaiserreiches hatte die Mobilisierung der Öffentlichkeit wenig Sinn. Mit dem Verlust der Aussicht auf einen militärischen (Teil-) Erfolg schwand auch der letzte Rest Glaubwürdigkeit der Journalisten, die in bester Absicht die Regierung und die OHL bei ihrem 'Existenzkampf' um das Vaterland unterstützt hatten.

Eine gewisse Tragik liegt darin, daß es den Pressereferenten und den Journalisten trotz aller Fortschritte nicht gelang, den 'Teufelskreis der Berichterstattung' zu durchbrechen. Sie wurden damit mehr als sie es verdient hatten in die Verantwortung für eine katastrophale Niederlage gedrängt, die niemand wirklich wahr haben wollte und die plötzlich zur bitteren Gewißheit geworden war. An der Tatsache des verlorenen Krieges hätte auch die beste Informationspolitik der Welt nichts mehr beschönigen können. Doch der tatsächliche Reputationsverlust der deutschen Journalisten, die sich isoliert sahen und sich ihrer Glaubwürdigkeit beraubt fühlten, weil sie in der überwiegenden Mehrzahl bis zum Schluß den Siegesparolen der Exekutive vertraut hatten, hinterließ in der öffentlichen Meinung tiefe Spuren, die weit in die Zeit der Weimarer Republik hineinreichten.

Die wahre Ursache für dieses Dilemma liegt allerdings tiefer und wird von der Vielzahl der Ereignisse fast verdeckt: Die 'vierte Gewalt' konnte ihre Rolle im Deutschen Kaiserreich nicht ausfüllen, weil dem Verhältnis der anderen Gewalten dieses Staates zueinander ein adäquater verfassungsrechtlicher Rahmen fehlte.

7. Abkürzungsverzeichnis

A.A.	Auswärtiges Amt
IIIb	Abteilung des Generalstabes des Feldheeres
BA	Bundesarchiv (Koblenz, Potsdam)
BdL	Bund deutscher Landwirte
BHStA	Bayerisches Hauptstaatsarchiv, Kriegsarchiv, München
Bufa	Bild- und Filmamt
CdI	Centralverband der Industriellen
DDR	Deutsche Demokratische Republik
D.K.	Deutsche Kriegsnachrichten
D.K.W.	Deutsche Kriegswochenschau
DLG	Deutsche-Lichtspiele-Gesellschaft
DNB	Deutsches Nachrichten Büro
DZA	(ehemaliges) Deutsches Zentral Archiv, Potsdam
FR	Frankfurter Rundschau
Gr.H.Qu.	Großes Hauptquartier
Hrsg.	Herausgeber
IfZ	Institut für Zeitungsforschung, Dortmund
KGFA	Kriegsgeschichtliche Forschungsanstalt des Heeres
KM	Preußisches Kriegsministerium
KPrA	Kriegspresseamt
MA	Militärarchiv, Freiburg
MAA	Militärische Stelle des Auswärtigen Amtes
M.d.I.	Preußisches Innenministerium
MGFA	Militärgeschichtliches Forschungsamt, Potsdam/Freiburg
MGM	Militärgeschichtliche Mitteilungen
MKr	Akten des Kriegsarchivs, BHStA, Abt. IV.
MNN	Münchener Neueste Nachrichten
N	Nachrichtenbüro des Reichsmarineamtes
NAZ	Norddeutsche Allgemeine Zeitung

NL	Nachlaß
NSDAP	Nationalsozialistische Deutsche Arbeiterpartei
OberOst	Oberbefehlshaber Ost
OHL	Oberste Heeresleitung
Ohla	Auslandsabteilung der OHL
O.K.M.	Oberkommando in den Marken
OZ	Oberzensurstelle
R.d.I.	Reichsamt des Inneren
RK	Akten der Reichskanzlei
R.K.A.	Reichskolonialamt
RM	Akten des Reichsmarineamtes
RMA	Reichsmarineamt
RPA	Reichspostamt
S.M.	Seine Majestät, Kaiser Wilhelm II.
SPD	Sozialdemokratische Partei Deutschlands
StGKd	Stellvertretendes Generalkommando
TU	Telegraphen Union
UfA	Universum Film Aktiengesellschaft
USA	Vereinigte Staaten von Amerika
VDZV	Verein Deutscher Zeitungsverleger
VKP	verbündetes Kriegspressequartier
WTB	Wolffsches Telegraphen Bureau
ZfA	Zentralstelle für Auslandsdienst
ZfH	Zentralstelle für Heimatdienst

8. Quellen und Literaturverzeichnis

8.1. Archivalien

Bundesarchiv - Koblenz:

Nachlaß Schwertfeger NL 15 Aktenbände 119 und 504

Bundesarchiv - Potsdam:

Nachlaß Otto Hamman 90 Ha 6

Akten der Reichskanzlei:

RK 1 269/1 Mobilmachung Vorbereitung für den Kriegsfall 3. März 1900 - 4. Dezember 1914

RK 1 271 Akten betreffend Belagerungszustand 19.01.1906 - 28.04.1914

RK 1 272 Akten betreffend Belagerungszustand 18.07.1915 - 16.10.1918

RK 1 560 Film 12 569/70 Akten Alte Reichskanzlei

RK 1 561 Film 12 569/70 Akten Alte Reichskanzlei

Registratur 1900 - 1918 Amtliche und halbamtliche Presse:

RK 1 565 Film 12 569/70

RK 1 566 Film 12 571/72

Presse 4 Band 8, 01.06.1914 - 31.12.1916:

RK 1 579 Film 12 577/78

Presse 4 Band 9, 02.01.1917 - 01.05.1918:

RK 1 580 Presse, Nichtamtliche Tagespresse und deren Vertreter

Parlamentarische Bericherstattung 21.03.1908 - 04.05.1918:

Registratur 1900 - 1918, Presse 10:

RK 1 594 Film 12 585/86

RK 1 673 Großer Generalstab 06.12.1916 - 13.07. 1918

RK 1 674 Kriegsernährungsamt 31.01.1917 - 07.02 1919

RK 1 676 Reichs-Arbeitsamt 01.07.1917 - 07.02.1919

RK 1 937 Film 31 343 Reichspressegestz

Reichstagssitzungen, Presse(recht):

RK 1 939 Film 31 343

RK 2 015 Kronrath

RK 2 018 Geheimes Zivilkabinett

RK 2 019 Geheimes Militärkabinett

RK 2 020 Geheimes Marinekabinett

RK 2 021 Preußisches Staatsministerium 23.10.1900 - 14.01.1918

Akten betreffend Krieg 1914, Presse Kriegsakten 10:

Band 1-10:

RK 2 437/3 Film 13 145/46 Band 1: 24.07.14 - 29.10.1914

RK 2 437/4 Film 13 147/48 Band 2: 03.11.14 - 24.02.1915

RK 2 437/5 Film 13 147/48 Band 3: 06.01./25.02.15 - 22.05.15

RK 2 437/6 Film 13 149/50 Band 4: 24.05.15 - 30.06.1915

RK 2 437/7 Film 13 151/52 Band 5: 01.07.15 - 14.10./03.12.15

RK 2 437/8 Film 13 151/52 Band 6: 15.10.15 - 31.12.1915

RK 2 437/9 Film 13 151/52 Band 7: 01.01.16 - 30.03.1916

RK 2 437/10 Film 13 153/54 Band 8: 01.04.16 - 30.06.1916

RK 2 437/11 Film 13 153/54 Band 9: 01.07.16 - 31.08.1916

RK 2 437/12 Film 13 155/56 Band 10: 01.09.16 - 28.10.1916

Band 11 bis 15:

RK 2 438 Film 13 155/56 Band 11: 01.11.16 - 13.02.1917

RK 2 439 Film 13 155/56 Band 12: 15.02.17 - 30.04.1917

RK 2 439/1 Film 13 157/58 Band 13: 02.05.17 - 28.10.1917

RK 2 439/2 Film 13 159/60 Band 14: 02.11.17 - 21.07.1918

RK 2 439/3 Film 13 159/60 Band 15: 24.07.18 - 04.11.1918

RK 2 441 Film 13 163/13 164 Aufzeichnungen aus den Pressebesprechungen vom 10. November 1915 bis 16. Februar 1916 "Große Protokolle".

RK 2 466/4 Presse Akten betreffend 1914, 28. August 1914 - 8. Juni 1916

RK 2 477 Handakten Grundlegende Besprechungen über Kriegsziele pp 5. November 1916 - 27. August 1918

RK 2 479 Informationsstelle der Reichsregierung (sowie Reichs-Pressedienst) vom 31. Oktober 1918 bis 10. Oktober 1919

Akten des Reichsamts des Innern (Presse- und Nachrichtenwesen):

R.d.I. 12 276 Presse- und Nachrichtenwesen Zensurmaßnahmen

R.d.I. 12 276/1 Presse- und Nachrichtenwesen Zensurmaßnahmen

R.d.I. 12 277 Presse- und Nachrichtenwesen Zensurmaßnahmen

R.d.I. 12 278 Zensurmaßnahmen gegen inländische Zeitungen und Zeitschriften 01.12.1917 - 04.11.1918

R.d.I. 12 289 Bilderzensur 07.03.1915 - 09.05 1918

R.d.I. 12 298 Aufklärung der Bevölkerung im Inlande 15. September 1916 - 14. März 1919

R.d.I. 12 326 Das Kriegspresseamt Band 1, 22. September 1915 - 30. Oktober 1918

R.d.I. 12 328 Kriegspresseamt 15.03.1915 bis 05.11.1918 Aufzeichnungen aus den Besprechungen

R.d.I. 12 331 Reichspresseamt 04. - 30. Oktober 1918

R.d.I. 14 192 Wolffs Telegraphen Büro 14.01.1916 - 29.09.1923, Presse- und Nachrichtenwesen Nr.4/2

R.d.I. 14 204 Der Pressechef bei der Reichskanzlei

R.d.I. 14 210 Die Nachrichtenstelle im Reichsamt des Innern 23. September 1913 - 30. September 1921

R.d.I. 14 414 Kriegspresseamt Zensurangelegenheiten 1. August 1916 - März 1919

R.d.I. 14 431 Nachrichtenstelle Band 1 Verhandlungen mit dem WTB Januar 1917 - September 1922

R.d.I. 14 433 Nachrichtenstelle Bestimmungen, Anregungen und Erlasse vom Januar 1917 - Mai 1919

R.d.I. 14 439 In der Pressekonferenz von der Nachrichtenabteilung abgegebene Erklärungen Juni 1917 - März 1923

R.d.I. 14 440 Schriftwechsel mit Pressechef beim Reichskanzler Juli 1917 - August 1919

R.d.I. 14 442/1 Von der Nachrichtenstelle erlassene Verfügungen März 1916 - Februar 1919

Bundesarchiv - Militärarchiv Freiburg:

Nachlaß Hans von Haeften N 35/5 und N 35/7

Nachlaß Alfred von Tirpitz N 253/70

Akten des Reichsmarineamtes (RM), ehemalige Signaturen in Klammern:

RM 3/v. 10 294 - 10 299 (XVII.1.5.8a F 2 353) Bestimmungen über die Zensur Bände 1 - 6:

10 294 Band 1 August 1914 - Februar 1915.

10 295 Band 2 März 1915 - Juli 1915.

10 297 Band 4 Januar 1916 - Juni 1916.

10 299 Band 6 Juli 1918 - Dezember 1918.

RM 3/v. 10 304 (XVII.1.5.10 F 2 355) Pressesitzungen August 1914 - Juli 1916.

Verfügungen der Oberzensurstelle:

RM 3/v. 10 305 (XVII.1.5.11 F 2 355) Band 1 Oktober 1914 - September 1915.

RM 3/v. 10 306 (XVII.1.5.11 F 2 355) Band 2 Oktober 1915 - März 1916.

RM 3/v. 10 307 (XVII.1.5.11 F 2 356) Band 3 April 1916 - März 1917.

RM 3/v. 10 308 (XVII.1.5.11 F 2 356) Band 4 April 1917 - Februar 1918.

RM 3/v. 10 309 (XVII.1.5.11 F 2 356) Band 5 März 1918 - April 1919.

RM 3/v. 10 312 und 10 313 (XVII.1.5.13 F 2 357) Pressebesprechungen, Aufzeichnungen der Oberzensurstelle:

10 312 März 1915 - Januar 1917.

10 313 Februar 1917 - November 1918.

RM 3/v. 10 317 (XVII.1.5.16 F 2 358) Kriegspresseamt, Schriftverkehr September 1915 - Juli 1919.

RM 5/v. 3 783 - 3 788 (P 15, 94 862 - 94 867 F 2 409) Presseangelegenheiten, Schriftwechsel mit Zeitungen und Redakteuren, Materialzusendung, Gesuche und Beschwerden, Material für die Presse (auch zu Schriften und Werken), Vorschläge/Material für die Feldzeitungen und für die Deutschen Kriegsnachrichten (D.K.) beim Kriegspresseamt:

3 783 Band 1 August 1916 - März 1917.

3 784 Band 2 April 1917 - Juli 1917.

3 785 Band 3 Juli 1917 - Dezember 1917.

3 786 Band 4 Januar 1918 - März 1918.

3 787 Band 5 April 1918 - Juni 1918.

3 788 Band 6 Juli 1918 - November 1918.

RM 5/v. 3 798 (Anhang 94 868 F 2 410) Honorierte Artikel für die Presse.

RM 5/v. 3 804 (P 19 F 2 414) Pressesitzungen und Pressebesprechungen.

RM 5/v. 3 794 und 3 795 (P 17 F 2 411) Aufzeichnungen aus den Pressebesprechungen im Reichstag:

3 794 Band 1 April 1915 - Dezember 1917

3 795 Band 2 Januar 1918 - November 1918.

RM 31/v. 763 (III.2.-13. F 4 613) Presse Band 3 1911 -1921.

RM 31/v. 989 - 996 (III. 15.-20. F 4 678) Nebenakten Presse Krieg 1914 - 1918:

989 Band 1 1914 -1916.

Bundesarchiv - Militärisches Zwischenarchiv Potsdam:

Akten der Kriegsgeschichtlichen Forschungsanstalt/KGFA:

KGFA W-10/50 145 Anlagen zur Geschäftsordnung für den Stab eines Armee-Oberkommandos

KGFA W-10/50 298 Forschungsarbeit zur Geschichte des Bild- und Filmamtes (Bufa) von 1931: 1916 - 1919 (Auflösung)

KGFA W-10/50 299 Manuskript Dr. Hans Traub: "Die private deutsche Filmindustrie bei Kriegsausbruch und im weiteren Verlauf des Weltkrieges, Aktenauszüge und Entwürfe, Juli 1938.

KGFA W-10/50 300 Mitteilungen des Ministerialdirektors Deutelmoser über seine Tätigkeit als Leiter des Kriegspresseamtes und als Chef der Pressestelle der Reichsregierung im Weltkrieg 1914-1918 zur Pressepolitik.

KGFA W-10/50 367 Die Entwicklung der Stimmung in der Heimat im Winter 1916/17, Presse und Propaganda. Forschungsarbeit von Oberarchivrat Oberkirchner (Januar 1924)

KGFA W-10/50 743 Forschungsarbeiten von General von Tieschowitz: "Überblick über die oberste militärische Führung während des gesamten Kriegsverlaufs und Weltkrieg 1914-1918. Westkrieg der ersten und zweiten OHL."

KGFA W-10/50 744 OHL zwischen 1914-1918

KGFA W-10/51 500 Die Kriegführung der OHL von Herbst 1916 bis Winter 1916/17; Schriftwechsel zur Entwicklung der Gesamtlage bis zum Frühjahr 1917

KGFA W-10/51 841 Der Wendepunkt der Kriegslage - Übergang der Initiative an den Feind Juni/Juli 1918, Band XIV., Forschungsarbeit

KGFA W-10/51 842 OHL Wochenmeldungen der Armeen vom 1.7.-15.8.1918, Vortragsnotizen der Abteilung "Fremde Heere" vom 15.6.-15.8.1918

KGFA W-10/52 106 Kriegsausbruch, Kriegsschuldfrage

Bayrisches Hauptstaatsarchiv in München, Abteilung IV., Kriegsarchiv (MKr):

MKr 13 908 Akt des Königlichen Bayrischen Kriegsministeriums vom Jahre 1.8.1918 mit 31.8.1918.

MKr 14 025 - MKr 14 027 (Die "Großen Protokolle"):

MKr 14 025 Bund 1 Pressebesprechungen vom 26. Oktober 1917 - 26. April 1918 (Nr. 305 vom 22.10.1917 - Nr. 369 vom 22.04.1918)

MKr 14 026 Bund 2 Pressebesprechungen vom 1. Mai 1918 - 25. August 1918 (von Nr. 370, 25.04.1918 bis Nr. 404 vom 23.08.1918)

MKr 14 027 Bund 3 Pressebesprechungen vom 3.September 1918 - 20.November 1918 (von Nr. 405 vom 27.08.1918 bis Nr. 439 vom 08.11.1918).

MKr 17 144 Referatsakten Presse, Presse während des Krieges, Handakten: Aufzeichnungen der Oberzensurstelle.

Sächsisches Hauptstaatsarchiv Dresden

Akten des Stellvertretenden Generalkommandos des XII. (1.K.S.) Armeekorps:

10 809 Zeitungsartikel, Grenzverkehrüberwachung

11 491 Verzeichnis der Kriegsschriftensammlung

12 559 Innerer Dienst, Bd 1

12 588 Presseangelegenheiten betr. 1914 - 1918

12 589 Veröffentlichung durch Presse-Zentrale Bd 1

Institut für Zeitungsforschung (IfZ), Dortmund

Tagebücher von Erhard Deutelmoser auf Mikrofilm Nr. F 13 373 vom 22. November 1915 - 6. Juni 1948

Politische Tagebücher:

I 22.11.1915 - 10.12.1915, 50 S.

II 14.12.1915 - 26.03.1916, 178 S.

III 15.04.1916 - 09.07.1916, 58 S.

IV 19.07.1916 - 23.07.1916, 23 S.

V 06.08.1916 - 29.08.1916, 75 S.

VI 29.08.1916 - 10.09.1916, 62 S.

VII 10.09.1916 - 03.10.1916, 58 S.

VIII 04.10.1916 - 11.10.1916, 55 S.

IX 30.01.1918 - 22.05.1918, 43 S.

X 24.10.1918 - 13.11.1918, 66 S.

Erinnerungen

I (19.06.1919 - 01.08.1919)

II (04.08.1919 - 24.09.1919)

III (Dezember 1947/Januar 1948)

Aus einer versunkenen Zeit (07.08.1932 - 20.02.1946) Tagebuch über die Kappsche Aufstandsbewegung (mit Notizen über Wirtschafts-Konzerne und Anderes) (12.03. - 04.04.1920)

Gedanken zu "Zwischen Gestern und Morgen" (22.04.1920), sowie Gedichte aus den Jahren 1921 und 1924

8.2. Gedruckte Quellen und Literatur

Afflerbach, Holger, Die militärische Planung des Deutschen Reiches im Ersten Weltkrieg in: Michalka, Wolfgang (Hrsg.), Der Erste Weltkrieg. Wirkung, Wahrnehmung, Analyse, München 1994, S. 280-318.

Afflerbach, Holger, Falkenhayn. Politisches Denken und Handeln im Kaiserreich, München 1994.

Amtliche Kriegs-Depeschen. Nach Berichten des Wolffschen Telegraphen Bureaus, Bände1-8, Berlin 1920.

Audoin-Rouzeau, Stephane, Men at war 1914-1918. National Sentiment and Trench Journalism in France during the First World War, The Legacy of the Great War, Editor Jay Winter, Providence/Oxford 1992. Orginalausgabe: 14-18. Les Combattants des tranchees, Paris 1991.

Auslandsstelle des Kriegspresseamtes (Hrsg.), Handbuch der Auslandspresse, Berlin 1918.

Barkhausen, Hans, Filmpropaganda für Deutschland im 1. und 2. Weltkrieg, Hildesheim 1982.

Bauer, (Oberst) Max, Der große Krieg in Feld und Heimat. Erinnerungen und Betrachtungen, Tübingen 1921.

Bauer, Wilhelm, Der Krieg und die öffentliche Meinung, Tübingen 1915.

Baumgart, Winfried (Hrsg.), Von Brest-Litowsk zur deutschen Novemberrevolution. Aus den Tagebüchern von Alfons Paquet, Wilhelm Groener und Albert Hopmann März bis November 1918. Deutsche Geschichtsquellen des 19. und 20. Jahrhunderts Bd 47, Göttingen 1971.

Basse, Dieter, Wolff's Telegraphisches Bureau 1849 - 1933, München u.a. 1991.

Bernhard, Georg (Hrsg.), Die Kriegspolitik der Vossischen Zeitung, Berlin 1919.

Bethmann Hollweg, Theobald von, Betrachtungen zum Weltkrieg, Bd 2, Berlin 1921.

Bihl, Wolfdieter (Hrsg.), Deutsche Quellen zur Geschichte des Ersten Weltkriegs, Darmstadt 1991.

Binder, Horst, Was wir als Kriegsberichterstatter nicht sagen durften, München 1919.

Boetticher, Friedrich von, Schlieffen, Göttingen 1973.

Bohrmann, Hans und Toepser-Ziegert, Gabriele, NS - Presseanweisungen der Vorkriegszeit, Bd 1, München 1984.

Brandt, Susanne, Kriegssammlungen im Ersten Weltkrieg: Denkmäler oder Laboratoires d'histoire? In: Hirschfeld, Gerhard und Krumeich, Gerd (Hrsg.), Keiner fühlt sich hier mehr als Mensch ..., Erlebnis und Wirkung des Ersten Weltkriegs, Essen 1993, S.241-258.

Braun, Magnus Freiherr von, Von Ostpreußen bis Texas, Stollhamm 1955.

Brühl, Reinhard, Militärgeschichte und Kriegspolitik. Zur Militärgeschichtsschreibung des preußisch-deutschen Generalstabs 1816-1945. Berlin 1972.

Daniel, Ute, Arbeiterfrauen in der Kriegsgesellschaft. Beruf, Familie und Politik im Ersten Weltkrieg, Göttingen 1989.

Dederke, Karlheinz, Reich und Republik Deutschland, Stuttgart 1969, hier benutzt 3. Auflage 1978.

Deist, Wilhelm, Die Politik der Seekriegsleitung und die Rebellion der Flotte Ende Oktober 1918 in: Vierteljahreshefte für Zeitgeschichte 14 (1966), S.341-361.

Deist, Wilhelm, Eine Kontroverse zwischen dem Reichskanzler und dem Oberbefehlshaber in den Marken im Sommer 1915 in: MGM 5 (1969), S.101-119.

Deist, Wilhelm, Flottenpolitik und Flottenpropaganda. Das Nachrichtenbüro des Reichsmarineamtes von 1897 - 1914, Stuttgart 1976.

Deist, Wilhelm, Militär, Staat und Gesellschaft. Studien zur preuβisch-deutschen Militärgeschichte, München 1991.

Demeter, Karl, Das Reichsarchiv, Frankfurt a.M. 1969.

Der Weltkrieg 1914-1918. Die militärischen Operationen zu Lande, Bände 1-14, Berlin 1925 - 1944. Bearbeitet im Reichsarchiv.

Deutelmoser, Erhard, Die amtliche Einwirkung auf die deutsche Öffentlichkeit im Kriege, in: Die deutsche Nation 1 (1919) Nr.10, S.18-22.

Deutelmoser, Erhard, Zwischen Gestern und Morgen. Politische Anregungen, Berlin 1919.

Deutsche Kriegswochenschau hrsg. vom Kriegspresseamt, 2 Bände, Berlin 1916-1918.

Deutsche Lichtbild Gesellschaft (Hrsg.), Der Film im Dienste der nationalen und wirtschaftlichen Werbearbeit, Berlin 1917.

Deutsches Militär Archiv, Der 1. Weltkrieg, Braunschweig 1987.

Diez, Hermann, Das Zeitungswesen, Leipzig 1910.

Direnberger, Erwin, Die Beziehungen zwischen Oberster Heeresleitung und Reichsleitung von 1914-1918 (Diss.phil. Würzburg 1934), Berlin 1936.

Doerry, Martin, Übergangsmenschen. Die Mentalität der Wilhelminer und die Krise des Kaiserreichs, Weinheim, München 1986.

Einem, Karl von, Erinnerungen eines Soldaten 1853-1933, Leipzig 1933.

Epstein, Klaus, Matthias Erzberger and the Dilemma of the German Democracy, Princeton 1959. Deutsche Ausgabe: Matthias Erzberger und das Dilemma der deutschen Demokratie, Berlin 1962.

Erdmann, Karl-Dietrich, Der Erste Weltkrieg, in: Handbuch der deutschen Geschichte Bd 4/I, hrsg. von Herbert Grundmann, Stuttgart 1973.

Faber, Fritz, Dr. Robert Faber in: Neue Deutsche Biographie, Bd 4, Berlin 1959.

Faber, Fritz, Magdeburgische Zeitung (1664-1945), in: Fischer, Heinz-Dietrich (Hrsg.), Deutsche Zeitungen des 17. bis 20. Jahrhunderts, München 1972.

Falkenhayn, Erich von, Die Oberste Heeresleitung 1914-1916 in ihren wichtigsten Entschlieβungen, Berlin 1920.

Falls, Cyrill, The Great War 1914-1918, New York 1959.

Farrar, Lancelot F., Divide and Conquer. German Efforts to Conclude a Separate Peace 1914-1918, Boulder, New York 1978.

Feldmann, Gerald D., Army, Industry and Labor in Germany. The legacy of the Great War, Editor Jay Winter, Providence/Oxford 1992. Zuerst Princeton 1966.

Fiebig - von Hase, Ragnhild, Der Anfang vom Ende des Krieges: Deutschland, die USA und die Hintergründe des amerikanischen Kriegseintritts am 6. April 1917 in: Michalka, Wolfgang (Hrsg.), Der Erste Weltkrieg. Wirkung, Wahrnehmung, Analyse, München 1994, S. 125-158.

Fischer, Doris, Die Münchener Zensurstelle während des Ersten Weltkrieges. Alfons Falkner von Sonnenburg als Pressereferent im Bayrischen Kriegsministerium in den Jahren 1914 bis 1918/19, München 1972.

Fischer, Fritz, Griff nach der Weltmacht, Düsseldorf 1961, hier benutzt 4. Auflage 1971.

Fischer, Heinz-Dietrich (Hrsg.), Pressekonzentration und Zensurpraxis im Ersten Weltkrieg, Berlin 1973.

Flex, Walter, Wanderer zwischen zwei Welten, München 1917.

Förster, Stig, *Mit Hurra und vollem Bewußtsein in die Katastrophe*, in: FR vom 9. August 1994, S. 10.

Förster, Stig, "Selbstmord aus Angst vor dem Tode?" Interview mit Stellungnahmen bekannter Historiker zu seinem Aufsatz "Die Geschichte des Kaiserreichs muß neu aufgerollt werden" in: FR vom 10. August 1994, S. 5.

Fries, Helmut, Deutsche Schriftsteller im Ersten Weltkrieg, in: Michalka, Wolfgang (Hrsg.), Der Erste Weltkrieg. Wirkung, Wahrnehmung, Analyse, München 1994, S.825 - 848.

Ganghofer, Ludwig, Reise zur deutschen Front, Berlin 1918.

Groener, Wilhelm, Der Weltkrieg und seine Probleme. Der Rückzug, in: Schriftenreihe der Preußischen Jahrbücher 231 (1933), Heft 3, S.219-226.

Groener, Wilhelm, Lebenserinnerungen, hrsg. von Friedrich Freiherr Hiller von Gaertingen, Göttingen 1957.

Gross, Heinz-Willi, Die Deutsche-Presse-Agentur; historische Analyse ihrer Organisations- und Machtstruktur, externer Interessensverflechtungen und der Position auf dem bundesdeutschen Nachrichtenmarkt, Frankfurt a.M. 1982.

Groth, Otto, Die Geschichte der deutschen Zeitungswissenschaft, 4 Bände, München 1928.

Guth, Ekkehardt P., Der Gegensatz zwischen dem Oberbefehlshaber Ost und dem Chef des Generalstabs des Feldheeres 1914/15. Die Rolle des Majors von Haeften im Spannungsfeld zwischen Hindenburg, Ludendorff und Falkenhayn in: MGM 35 (1984), S.75-111.

Gutsche, Willibald/Klein, Fritz/Petzold, Joachim, Der Erste Weltkrieg. Ursachen und Verlauf. Herrschende Politik und Antikriegsbewegung in Deutschland, Berlin 1985.

Hamman, Otto, Der neue Kurs. Erinnerungen, Berlin 1918.

Heilbron, Friedrich, Otto Hamman, in: Deutsches Biographisches Jahrbuch, Bd X, Das Jahr 1928, Stuttgart 1931, S.93-108.

Heinemann, Ulrich, Die verdrängte Niederlage, Göttingen 1983.

Herrmann, Karin, Der Zusammenbruch 1918 in der deutschen Tagespresse, Münster 1958.

Herzfeld, Hans, Der Erste Weltkrieg, München 1968.

Hettling, Manfred und Jeismann, Michael, Der Weltkrieg als Epos. Philipp Witkops "Kriegsbriefe gefallener Studenten" in: Hirschfeld, Gerhard und Krumeich, Gerd (Hrsg.), Keiner fühlt sich hier mehr als Mensch ..., Erlebnis und Wirkung des Ersten Weltkriegs, Essen 1993, S.175-198.

Hildebrand, Klaus, Deutsche Außenpolitik 1871-1918, München 1989.

Hindenburg, Paul von, Aus meinem Leben, Leipzig 1920.

Hirschfeld, Gerhard und Krumeich, Gerd (Hrsg.) in Verbindung mit Irina Renz, Keiner fühlt sich hier mehr als Mensch ..., Erlebnis und Wirkung des Ersten Weltkriegs, Essen 1993.

Höhne, Hansjoachim, Die Geschichte der Nachricht und ihrer Verbreiter, Baden-Baden 1976.

Hoser, Paul, Die politischen, wirtschaftlichen und sozialen Hintergründe der Münchener Tagespresse zwischen 1914 und 1934. Methoden der Pressebeeinflussung Teil 1 und 2, Europäische Hochschulschriften, Reihe III, Bd 447, Frankfurt a.M. 1990.

Hubatsch, Walter, Der Admiralstab und die Obersten Marinebehörden in Deutschland 1848-1945, Frankfurt a.M. 1968.

Hürter, Johannes, Die Staatssekretäre des Auswärtigen Amtes im Ersten Weltkrieg in: Michalka, Wolfgang (Hrsg.), Der Erste Weltkrieg. Wirkung, Wahrnehmung, Analyse, München 1994, S.216-251.

Janßen, Karl-Heinz, Der Kanzler und der General, Göttingen 1967.

Johann, Ernst (Hrsg.), Innenansichten eines Krieges. Ein Ausschnitt von Bildern, Briefen und Dokumenten aus der Zeit von 1914 bis 1918, Frankfurt a.M. 1968.

Jünger, Ernst, In Stahlgewittern, Berlin 1919.

Kaehler, Siegfried A., Zur Beurteilung Ludendorffs im Sommer 1918, in: Nachrichten der Akademie der Wissenschaften, Göttingen 1953, S.3-28.

Kellen, Tony, Die Presse als Verleumderin. Ein Beitrag zur Geschichte des Weltkrieges, Regensburg 1918.

Kielmansegg, Peter Graf, Deutschland und der Erste Weltkrieg, Frankfurt a.M. 1968 (inzwischen 2. durchgesehene Auflage, Stuttgart 1980).

Knesebeck, Ludolf Gottschalk von dem, Die Wahrheit über den Propagandafeldzug und Deutschlands Zusammenbruch. Berlin/München 1927.

Knut, Ralf, Vorgeschichte, Gründung und Entwicklung der Universum - Film Aktiengesellschaft im Ersten Weltkrieg, Magisterarbeit Düsseldorf 1993.

Koopmann, Friedhelm, Diplomatie und Reichsinteresse. Das Geheimdienstkalkül in der deutschen Amerikapolitik 1914-1917, Frankfurt a.M. 1990.

Koszyk, Kurt, Deutsche Presse 1914-1945. Geschichte der deutschen Presse Teil III. Abhandlungen und Materialien zur Publizistik, Bd 7, Berlin 1972.

Koszyk, Kurt, Deutsche Pressepolitik im Ersten Weltkrieg, Düsseldorf 1968.

Koszyk, Kurt, Die Wiedergabe alliierter Heeresberichte durch deutsche Zeitungen im 1. Weltkrieg in: Publizistik 13 (1968), Heft 1, S.54-64.

Koszyk, Kurt, Entwicklung der Kommunikationskontrolle zwischen 1914 und 1918, in: Fischer, Heinz-Dietrich (Hrsg.) Pressekonzentration und Zensurpraxis im Ersten Weltkrieg, Berlin 1973, S.152-193.

Koszyk, Kurt, Erhard Deutelmoser - Offizier und Pressechef (1873-1956) in: Publizistik .30 (1985), S.509-534.

Kronprinz Rupprecht von Bayern, Mein Kriegstagebuch, hrsg. von Eugen von Frauenholz, 3 Bände, Berlin 1929.

Kuhl, Hermann von, Der Weltkrieg 1914-1918, Bd I und II, Berlin 1929.

Lange, Karl, Marneschlacht und deutsche Öffentlichkeit 1914-1939. Eine verdrängte Niederlage und ihre Folgen, Düsseldorf 1974.

Lidell-Hart, B.H., The Real War 1914-1918, Bosten/Toronto 1930.

Lossberg, Fritz von, Meine Tätigkeit im Weltkriege 1914-1918, Berlin 1939.

Ludendorff, Erich (Hrsg.), Urkunden der Obersten Heeresleitung über ihre Tätigkeit 1916/18, Berlin 1921. Hier benutzt: Zweite, durchgesehene und ergänzte Auflage, Berlin 1921.

Ludendorff, Erich, Kriegführung und Politik, Berlin 1922.

Ludendorff, Erich, Meine Kriegserinnerungen, Berlin 1919.

Mai, Gunter, Aufklärung der Bevölkerung und Vaterländischer Unterricht in Württemberg 1914-1918. Struktur, Durchführung und Inhalte der deutschen Inlandspropaganda im Ersten Weltkrieg, in: Zeitschrift für Württembergische Landesgeschichte Nr.36 (1977), S.199-235.

Mai, Gunter, Das Ende des Kaiserreichs. Politik und Kriegführung im Ersten Weltkrieg, München 1987.

Matthias, Erich und Morsey, Rudolf (Hrsg.), Der Interfraktionelle Ausschuß 1917-1918, 2 Bände, Düsseldorf 1959.

Matthies, Marie, Journalisten in eigener Sache, Berlin 1969.

Meester, Oskar, Der Film als politisches Werbemittel, Berlin 1916.

Meinecke, Friedrich, Preußisch-deutsche Gestalten und Probleme, Leipzig 1940.

Mendelssohn, Peter de, Zeitungsstadt Berlin, 2. erweiterte Auflage, Frankfurt a.M./Berlin/Wien 1982.

Michalka, Wolfgang (Hrsg.), Der Erste Weltkrieg. Wirkung, Wahrnehmung, Analyse, München 1994.

Militär und Innenpolitik im Weltkrieg 1914-1918. Bearbeitet von Wilhelm Deist. Quellen zur Geschichte des Parlamentarismus und der politischen Parteien, Bd 1/I und 1/II, Düsseldorf 1970.

Mommsen, Wolfgang J., Außenpolitik und öffentliche Meinung im Wilhelminischen Deutschland in: ders. Der autoritäre Nationalstaat, Frankfurt a.M. 1990, S.358-379.

Mommsen, Wolfgang J., Das Zeitalter des Imperialismus. Fischer Weltgeschichte Bd 28, Frankfurt a.M. 1969, hier benutzt Neuauflage von 1991.

Mommsen, Wolfgang J., Der autoritäre Nationalstaat. Verfassung, Gesellschaft und Kultur im Kaiserreich, Frankfurt a.M. 1990.

Mommsen, Wolfgang J., Der Erste Weltkrieg und die Krise Europas in: Hirschfeld, Gerhard und Krumeich, Gerd (Hrsg.), Keiner fühlt sich hier mehr als Mensch ..., Erlebnis und Wirkung des Ersten Weltkriegs, Essen 1993, S.25-41.

Mommsen, Wolfgang J., Die deutsche öffentliche Meinung und der Zusammenbruch des Regierungssystems Bethmann Hollweg im Juli 1917, in: Geschichte in Wissenschaft und Unterricht 19 (1968), S.656-671.

Mommsen, Wolfgang J., Die italienische Frage in der Politik Bethmann Hollwegs in: Quellen und Forschungen aus italienischen Archiven und Bibliotheken 48 (1968), S.282-308.

Mommsen, Wolfgang J., Die Regierung Bethmann Hollweg und die öffentliche Meinung 1914-1917, in: Vierteljahreshefte für Zeitgeschichte 17 (1969), Heft 2, S.117-159.

Moser, Otto von, Die obersten Gewalten im Weltkrieg, Stuttgart 1931.

Mühsam, Kurt, Wie wir belogen wurden. Die amtliche Irreführung des deutschen Volkes, München 1918.

Müller, Georg Alexander von, Regierte der Kaiser? Kriegstagebücher, Aufzeichnungen und Briefe des Chefs des Marinekabinetts. Hrsg. von Walter Görlitz, Göttingen 1959.

Neitemeier, Martin, Die Telegraphen-Union, in: Wilke, Jürgen (Hrsg.), Telegraphenbüros und Nachrichtenagenturen in Deutschland, München u.a. 1991, S.87-134.

Nicolai, Walter, Nachrichtendienst, Presse und Volksstimmung im Weltkrieg, Berlin 1920.

Nicolai, Walter, Geheime Mächte. Internationale Spionage und ihre Bekämpfung im Weltkrieg und heute, Leipzig 1924.

Nipperdey, Thomas, Deutsche Geschichte 1866- 1918. Machtstaat vor der Demokratie, Bd 2, München 1992.

Olberg, (Major) Alfred von, Aus den Geheimnissen der Kriegszensur, in Felger, F. (Hrsg.), Was wir vom Weltkrieg nicht wissen, Berlin 1930.

Osborn, Max, 50 Jahre Ullstein 1877-1927, Berlin 1927.

Petter, Wolfgang, Deutsche Marinegeschichte der Neuzeit. Die Weichenstellungen der Rüstungspolitik in: Deutsche Militärgeschichte, hrsg. vom Militärgeschichtlichen Forschungsamt Freiburg 1977.

Rathert, Helmut, Die deutsche Kriegsberichterstattung und Presse als Kampfmittel im Weltkrieg, Heidelberg 1934.

Remarque, Erich-Maria, Im Westen nichts Neues, Berlin 1929.

Rex, Hermann, Der Weltkrieg in seiner rauhen Wirklichkeit. "Das Frontkämpferwerk", München 1926.

Riebicke, Otto, Was brachte der Weltkrieg? Leipzig 1941.

Ritter, Gerhard, Staatskunst und Kriegshandwerk. Das Problem des Militarismus in Deutschland, Bd 3, München 1964.

Rohkrämer, Thomas, Der Militarismus der 'kleinen Leute'. Die Kriegervereine im Deutschen Kaiserreich 1871 - 1914, München 1990.

Rohwer, Jürgen (Hrsg.), Neue Forschungen zum Ersten Weltkrieg. Neue Folge der Bibliographien der Weltkriegsbücherei Stuttgart, Bd 25, Koblenz 1985.

Sanders, Michael L. und Taylor, Philip M., British Propaganda during the First World War 1914 - 18, London 1982. Deutsche Ausgabe: Bernd Sösemann (Hrsg.), Sanders/Taylor Britische Propaganda im Ersten Weltkrieg 1914-1918, Berlin 1990.

Schenk, Ulrich, Nachrichtenagenturen als wirtschaftliche Unternehmen mit öffentlichem Auftrag, Berlin 1985.

Schieder, Theodor (Hrsg.), Der Erste Weltkrieg. Ursachen, Entstehung, Kriegsziele, Köln/-Berlin 1969.

Schöllgen, Gregor (Hrsg.), Flucht in den Krieg, Darmstadt 1991.

Schüddekopf, Ernst Otto, Der erste Weltkrieg, Gütersloh 1977.

Schwabe, Klaus, Wissenschaft und Kriegsmoral. Die deutschen Hochschulllehrer und die politischen Grundfragen des Ersten Weltkriegs, Göttingen 1969.

Schwarz, Gotthart, Theodor Wolff und das "Berliner Tageblatt". Eine liberale Stimme in der deutschen Politik 1906 - 1933, Tübingen 1968.

Schwedler, Wilhelm, Das Nachrichtenwesen, in: Die deutsche Wirtschaft und ihre Führer, Bd 3, Berlin 1925.

Sösemann, Bernd (Hrsg.), Theodor Wolff, Tagebücher 1914 - 1919, Boppard 1984.

Soutou, Georges-Henri, Die Kriesziele des Deutschen Reiches, Frankreichs, Großbritanniens und der Vereinigten Staaten während des Ersten Weltkrieges: ein Vergleich in: Michalka, Wolfgang (Hrsg.), Der Erste Weltkrieg. Wirkung, Wahrnehmung, Analyse, München 1994, S.28-53.

Steglich, Wolfgang, Die Friedenspolitik der Mittelmächte, Bd 1, Wiesbaden 1964.

Stegmann, Dirk, Die deutsche Inlandspropaganda 1917/18. Zum innenpolitischen Machtkampf zwischen OHL und ziviler Reichsleitung in der Endphase des Kaiserreiches, in: MGM 12 (1972), S.75-116.

Thaer, Albrecht von, Generalstabsdienst an der Front und in der OHL, hrsg. von Siegfried A.Kaehler, Göttingen 1958.

Thimme, Hans, Weltkrieg ohne Waffen. Die Propaganda der Westmächte gegen Deutschland, ihre Wirkung und ihre Abwehr, Stuttgart 1932.

Thoß, Bruno, Nationale Rechte, militärische Führung und Diktaturfrage in Deutschland 1913-1923, in: MGM 42 (1987), S.27-76.

Tirpitz, Alfred von, Deutsche Ohnmachtspolitik im Weltkriege, 2 Bände, Hamburg 1926.

Ursachen und Folgen, Vom deutschen Zusammenbruch 1918 und 1945 bis zur staatlichen Neuordnung Deutschlands in der Gegenwart. Bd 1 Die Wende des Ersten Weltkriegs und der Beginn der innenpolitischen Wandlung, Berlin 1958. Bd 2 Der militärische Zusammenbruch des Kaiserreiches, Berlin 1959.

Valentini, Rudolf von, Kaiser und Kabinettschef. hrsg. von Bernd Schwertfeger, Oldenburg 1931.

Vogel, Walter, Oberst a.d. Dr.h.c. Herwarth von Bittenfeld, in: Zeitungswissenschaft Nr. 18 (1943), S.429-437.

Vogel, Walter, Zur Geschichte der deutschen Pressepolitik im Ersten Weltkrieg 1914/18, in: Zeitungswissenschaft Nr. 16 (1941), Heft 8/9, S.1-108.

Vogt, Adolf, Oberst Max Bauer. Generalstabsoffizier im Zwielicht, 1869 - 1928, Osnabrück 1974.

Vondung, Klaus (Hrsg.), Kriegserlebnis. Der erste Weltkrieg in der literarischen und symbolischen Deutung der Nationen, Göttingen 1980.

Walter, Heinrich (Hrsg.), Zeitung als Aufgabe. 60 Jahre Verein Deutscher Zeitungsverleger, Wiesbaden 1954.

Wehler, Hans-Ulrich, Das Deutsche Kaiserrreich 1871 - 1918, Göttingen 1973, hier benutzt 6. Auflage, Göttingen 1988.

Wilke, Jürgen (Hrsg.), Telegraphenbüros und Nachrichtenagenturen in Deutschland. Untersuchungen zu ihrer Geschichte bis 1949, München u.a. 1991.

Wippermann, Klaus W., Die deutschen Wochenschauen im Ersten Weltkrieg in: Publizistik, Vierteljahreshefte für Kommunikationsforschung, 1971, S.268-278.

Wippermann, Klaus W., Politische Propaganda und staatsbürgerliche Bildung. Die Reichszentrale für Heimatdienst in der Weimarer Republik, Köln 1976.

Witkop, Philipp (Hrsg.), Kriegsbriefe gefallener Studenten, München 1916, hier benutzt 3. Auflage 1928.

Wolff, Theodor, Tagebücher 1914-1919, eingeleitet und hrsg. von Bernd Sösemann, 2 Bände., Boppard am Rhein, 1984.

Wunderlich, Christine, Telegraphische Nachrichtenbüros in Deutschland bis zum Ersten Weltkrieg, in: Wilke, Jürgen (Hrsg.), Telegraphenbüros und Nachrichtenagenturen in Deutschland, München u.a. 1991, S.23-86.

Zglinicki, Friedrich von, Der Weg des Films, Berlin 1956.

Zweig, Arnold, Der große Krieg der weißen Männer, Berlin 1935.